JN296085

安定成長期の
財政金融政策

オイル・ショックからバブルまで

財務省財務総合政策研究所【編】

浅井良夫・伊藤修・寺井順一【執筆】

日本経済評論社

はじめに

　昨年は、わが国が戦後復興のために立ち上がって以来60年の節目に当たりました。振り返れば、昭和30年代から40年代前半にかけて、急速な経済社会発展による「高度成長期」が現実のものとなり、わが国は国際社会への完全な復帰を果たしております。しかし、そうした「高度成長期」も、昭和46年の円切上げと48年の第1次オイル・ショックによって実質的な終焉を迎えました。それまで比較的順調に推移してきたわが国経済に、厳しい試練がもたらされたことは周知の通りです。その後、本書の序章で述べられているとおり、経済成長率の変動は「高度成長期」に比べて小さくなり、その意味で「安定成長期」と呼ぶべき時代が到来しました。

　「安定成長期」は、平均の経済成長率こそ低めであったものの、二度にわたるオイル・ショックの影響、経常収支の黒字拡大とそれにともなう経済摩擦、プラザ合意後の円高不況、バブル経済の発生など経済のファンダメンタルズを揺るがす出来事の連続でもありました。また、この時期におけるわが国の財政金融政策は、経済の安定と国民福祉の充実、さらには対外経済上のプレゼンス拡大などを主要な目標としつつ、ダイナミックな展開を遂げております。本書は、昭和40年代の後半以降において、財政、金融、対外経済のポリシー・ミックスがなぜ必要とされたか、政府部内のどのようなプロセスによって決定されたか、また、それらの諸施策が国内経済に与えた影響などについて、具体的に提示することを目的に執筆したものです。

　目次にもあるとおり、本書では昭和47年度からバブル経済に行き詰まりが見えた平成2年度までを「安定成長期」と位置づけ、この間を「オイル・ショック前後」「国際経済摩擦下」「プラザ合意後」という副題のもとに、昭和47～54年度、昭和55～59年度、昭和60～平成2年度の3期に章区分しており、それぞれ整理分析を試みています。また、各期の財政金融政策を叙述するに当たって

は、「政治経済の概観」「財政政策」「金融政策」「対外経済政策」という節区分のもとに、政府、財務省が果たしてきた役割を中心に広範な事象が取り上げられています。さらに、本文中には図表を豊富に用い、巻末には別途主要な統計を配備しました。そうした意味で本書は、行政の実務者、一般の研究者、学生などにとって、使い勝手のよい内容に仕上がったと考えております。

　なお、本書の編纂事務局としましては、財務総合政策研究所内における財政史研究の成果を踏まえつつ「安定成長期」の財政金融政策史を取りまとめましたが、最終的に本書の英文版を作成する計画であり、その暁には、わが国の経済政策史に関する外国人向けのテキストとして広く活用されるよう念じております。

　平成18年3月

財務省財務総合政策研究所長

森 信 茂 樹

『安定成長期の財政金融政策』編纂事務局

森信　茂樹	財務省財務総合政策研究所長
西村　尚剛	財務省財務総合政策研究所次長
細谷　　章	財務省財務総合政策研究所情報システム部長
野澤　義隆	財務省財務総合政策研究所情報システム部主任調査官
篠原　　弘	財務省財務総合政策研究所情報システム部調査官

凡　　例

1．本書は以下の三者が執筆した。〔50音順〕
　　浅井　良夫　　成城大学経済学部教授
　　伊藤　　修　　埼玉大学経済学部教授
　　寺井　順一　　財務省財務総合政策研究所総括主任研究官

2．執筆分担は以下のとおり。
　　序　章　経済動向の数量的概観　　伊藤　　修
　　第1章～第3章（共通）
　　　　第1節　　政治経済の概観　　寺井　順一
　　　　第2節　　財　政　政　策　　寺井　順一
　　　　第3節　　金　融　政　策　　伊藤　　修
　　　　第4節　　対外経済政策　　　浅井　良夫

3．統計表の「…」は不明、「－」は数値なし、「0」は1未満の数値であり、△はマイナスをそれぞれ表している。

4．固有名詞の表記に当たっては、必ずしも正式名称を使用しなかったものもある。

目次

はじめに

序　章　経済動向の数量的概観 …………………………… 1

　　　　1　成長と経済状況の推移の概観　3
　　　　2　財政の推移　8
　　　　3　金融、物価、資産価格の推移　10
　　　　4　貿易、国際収支、為替レートの推移　14

第1章　オイル・ショック前後の財政金融政策：
　　　　昭和47～54年度 …………………………………… 17

　　第1節　政治経済の概観　19
　　　　1　第1次オイル・ショックまで　19
　　　　2　経済安定化措置と第1次オイル・ショックからの
　　　　　　脱却　24
　　　　3　第2次オイル・ショックの発生　28
　　第2節　財政政策　30
　　　　1　第1次オイル・ショックまでの財政政策　30
　　　　2　第1次オイル・ショック後の財政政策　35
　　　　3　国債大量発行への傾斜と公債政策　49
　　　　4　安定成長と税制再構築　57
　　　　5　国債大量発行時代の財政投融資　66
　　第3節　金融政策　70
　　　　1　第1次・第2次オイル・ショックと金融政策　70
　　　　2　銀行行政の基本的考え方と行政運営　74

　　　　3　国債大量発行と証券市場　83
　　　　4　大衆化の進展と保険業　92
　　第4節　対外経済政策　99
　　　　1　変動相場制への移行と2度のオイル・ショック　99
　　　　2　対外経済政策の基調　109
　　　　3　為替自由化と対外金融・証券業務　119
　　　　4　積極化する対外経済協力　127
　　　　5　東京ラウンドにおける多角的貿易交渉　130

第2章　国際経済摩擦下の財政金融政策：
　　　　昭和55～59年度 …………………………………135
　　第1節　政治経済の概観　137
　　　　1　景気後退と財政再建目標の変更　137
　　　　2　国際経済摩擦下の政策運営　141
　　第2節　財政政策　143
　　　　1　財政再建策の方針転換　143
　　　　2　財政再建のなかでの公債政策　155
　　　　3　増税なき財政再建の原則と税制　163
　　　　4　原資事情の逼迫と財政投融資　168
　　第3節　金融政策　171
　　　　1　金融自由化・行政弾力化の開始　171
　　　　2　銀行行政の自由化・弾力化　174
　　　　3　弾力化する証券市場と行政　184
　　　　4　成熟化する保険市場と行政　188
　　第4節　対外経済政策　190
　　　　1　世界経済の動向　190
　　　　2　貿易摩擦と日米円ドル委員会　194
　　　　3　対外金融取引の自由化と対外金融業務　203

　　　　4　経済協力の推進　208
　　　　5　東京ラウンドの実施と市場開放の推進　209

第3章　プラザ合意後の財政金融政策：昭和60～平成2年度　……213

第1節　政治経済の概観　215
　　　　1　プラザ合意と円高不況　215
　　　　2　景気回復と「バブル経済」の生成から崩壊まで　219
第2節　財政政策　226
　　　　1　内需拡大策と財政政策　226
　　　　2　「バブル経済」のなかでの財政政策　233
　　　　3　財政健全化への見通しと公債政策　239
　　　　4　消費税導入を中心とする税制改正の経緯　245
　　　　5　円高・金融自由化と財政投融資　251
第3節　金融政策　256
　　　　1　金融自由化・国際化と「バブル経済」の発生　256
　　　　2　銀行行政の自由化・弾力化　259
　　　　3　膨張する証券市場　270
　　　　4　自由化・国際化・高齢化と保険　274
　　　　5　「新しい金融制度」の検討　278
第4節　対外経済政策　282
　　　　1　先進国の景気回復と長引く累積債務問題　282
　　　　2　プラザ合意からルーブル合意へ　287
　　　　3　市場開放と円の国際化　293
　　　　4　海外市場でのプレゼンスの増大　306
　　　　5　世界最大の援助国へ　308
　　　　6　貿易摩擦とウルグアイ・ラウンドの開始　310

統　　計　315
あとがき　363
索　　引　365

図表・巻末統計表目次

〈図〉

図序-1	実質国民総支出の成長率	4
図序-2	マクロ財政指標の対GNE比率	9
図序-3	一般会計歳入歳出	9
図序-4	公定歩合と準備預金準備率の推移	11
図序-5	マネーサプライと国民総生産の対前年比上昇率	12
図序-6	卸売物価・消費者物価上昇率	12
図序-7	日経平均株価	13
図序-8	市街地価格指数	13
図序-9	商品貿易（通関統計）	15
図序-10	国際収支	15
図序-11	対米ドル為替相場	16
図1-1-1	原油価格の推移	22
図1-3-1	主要経済部門の資金過不足額（対GNP比）	73
図1-3-2	短期資金市場の量的拡大（残高、昭和44～平成2年）	74
図1-3-3	所有者別持株比率の推移	84
図1-3-4	公社債発行残高の推移	86
図1-3-5	損害保険の元受正味保険料の保険種目別構成比の推移	96
図1-3-6	生命保険全社の総資産とその構成比の推移	97
図1-4-1	外貨準備高の推移（昭和46～54年）	111
図1-4-2	円の対米ドル相場の推移（月末終値ベース）	112
図1-4-3	本邦金融機関・証券会社の海外進出	121
図1-4-4	本邦外債発行状況	123
図1-4-5	延払輸出承認実績の推移	126
図1-4-6	政府開発援助の推移	128
図2-3-1	証券会社のシェアの推移（株式売買高）	185
図2-3-2	証券会社のシェアの推移（公社債売買高）	185
図2-3-3	証券会社のシェアの推移（引受高）	186
図2-4-1	外貨準備高の推移（昭和55～平成2年）	195
図3-3-1	証券による資金調達（国内）	271

図3-3-2	企業の資金調達	271
図3-3-3	金融制度見直しに当たって考えられる5つの方式	280
図3-4-1	東京インターバンク市場米ドル出来高の推移	295
図3-4-2	対米貿易の推移	297
図3-4-3	円借款地域別承認状況（昭和47～平成2年度累計）	309

〈表〉

表序-1	国の一般会計予算の主要経費別分類	10
表1-1-1	物価上昇率（月別）の推移	23
表1-2-1	社会保障関係費の推移	34
表1-2-2	概算要求基準等の推移	42
表1-2-3	一般会計に占める国債費・公債依存度の推移	50
表1-3-1	公定歩合の変更（昭和45～54年度）	71
表1-3-2	金融機関数	76
表1-3-3	金融機関店舗数	78
表1-3-4	拘束預金比率の推移	80
表1-3-5	公社債売買高の推移	87
表1-3-6	免許種類別証券会社数（昭和54年12月末現在）	89
表1-3-7	証券会社数等の推移	89
表1-3-8	証券会社の決算状況	91
表1-3-9	生命保険の年度末現在契約と保険会社総資産の推移	94
表1-3-10	損害保険の年度末現在契約と保険会社総資産の推移	95
表1-4-1	対外・対内直接投資の推移	125
表2-3-1	公定歩合の変更（昭和54～58年度）	174
表2-3-2	金融機関数	178
表2-3-3	金融機関店舗数	180
表2-4-1	対外貸付とユーロ円貸付残高の推移	205
表2-4-2	インパクト・ローンの推移	207
表3-2-1	昭和40年度以降における公債発行の経過	231
表3-3-1	公定歩合の変更（昭和58～平成3年度）	257
表3-3-2	預金金利自由化のプロセス	262
表3-3-3	金融機関数	265
表3-3-4	相互銀行の普通銀行転換	266

表3-3-5　金融機関店舗数 …………………………………………268
表3-4-1　円の国際化 ……………………………………………302
表3-4-2　ユーロ円債及び円建外債の発行状況（昭和47～平成2年）………304

〈巻末統計表〉
1　主要経済指標（一般会計予算・日銀券発行高・マネーサプライ
　・全国銀行・郵便貯金・鉱工業生産・建築着工・卸売物価指数・
　・消費者物価指数・通関統計・企業倒産・株式指数・国際収支・
　・外貨準備高・雇用統計）……………………………………316
　《参考》経済計画の変遷と実績 ………………………………320
2　国民経済計算（新SNA基準）…………………………………322
3　予算審議成立経過一覧（昭和45～平成7年度）………………332
4　国債・借入金等の現在額 ……………………………………339
5　財政投融資計画と実績 ………………………………………340
6　マネーサプライ（各種マネーサプライの年末残高）…………341
7　主要金利水準 …………………………………………………342
8　全国銀行主要勘定 ……………………………………………344
9　生命保険会社契約高及び資産運用状況 ……………………346
10　損害保険会社契約高及び資産運用状況 ……………………348
11　公社債発行・償還・現存額（国内起債分）…………………350
12　株式指数・株価平均（東証第一部）…………………………352
13　輸出入総額（円建・ドル建）…………………………………353
14　外国為替相場 …………………………………………………354
15　国際収支表（IMFベース：円建・ドル建）…………………356
16　対外資産負債残高 ……………………………………………358

序　章　経済動向の数量的概観

本書は、昭和47（1972）～平成2（1990）年度の約20年間にわたる財政金融政策をあとづけようとするものである。これに先立つ期間は高度成長期と呼ぶことが定着しており、戦後およそ10年間の復興過程ののち、昭和30（1955）年頃から平均年10％に近い実質経済成長率を続けてきた。これによって経済水準は画期的に向上し、米欧先進諸国への急速なキャッチアップを実現したのであったが、その過程はまた鋭角的な景気の変動を含んでいた。それに対して本書の対象時期には、スパートの局面は終わり、平均成長率は約4％と半分以下に落ちる一方、成長率の変動は前の時期に比べて小さくなった。この意味で安定成長期と呼ぶ。また経済政策の運営が、かつての高度成長を前提とするものから安定的な成長を目指すものに変わったという面もある。ただし経済が全体として安定していたわけではなく、以下にみるようにむしろ波乱の連続であった。

　この序章では、上記の対象期間を通しての経済動向を、主として数量的に概観する。こうした動向をかたちづくったトピックや政策過程は、以下各章の第1節でまとめている。

1　成長と経済状況の推移の概観

昭和47～54年度　本書の対象期間は大きく3つの時期に分けることができる（図序-1を参照）。

　第1は、昭和47（1972）年度から54（1979）年度までである。

　46年8月のいわゆるニクソン・ショック（またはドル・ショック）によって、戦後長く高成長の基礎条件であった1ドル＝360円の固定為替相場制の時代が終幕を迎えた。財政金融面からの刺激政策が実施され、インフレ圧力と土地等への投機熱が高まったところへ、48年に第1次オイル・ショックが発生して、インフレと投機は狂乱状態となった。転じて抑制策がとられたことを契機に、資本蓄積の過剰が表面化し、戦後経済の画期となる深刻な不況に陥った。49年度には戦後初めて成長率マイナスを記録している。

　こうしたショックと混乱の連続の帰結は、また高成長局面の終焉でもあった。なぜ高度成長が終わったかは簡単ではない。オイル・ショック、資源価格の大

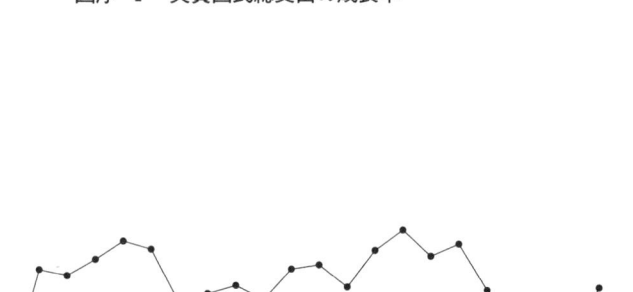

図序-1　実質国民総支出の成長率

出所：内閣府経済社会総合研究所編『長期遡及主要系列　国民経済計算報告（昭和30～平成10年）』（平成13年）より作成。

幅上昇といった外部的ショックだけなら、のちに石油価格は再び大幅に低下しているのだから、成長トレンドの不可逆的な転位（シフト）を説明しにくい。国内条件も含めて、この時期に高成長のメカニズムが失われるに至ったのだと考えるべきであろう。臨海部など重厚長大型の産業立地の余地の減少、それらの産業が軸となった大型化投資の波及のメカニズムの弱まり、豊富であった労働力源の枯渇（人手不足化）、地方から都市への労働力移動がもたらす世帯数増加の消費拡大効果の縮小などといった要因が、相互に関連しあいながらこの時期に発現した。それによって成長経路が下方にシフトすることになった。国際的なショックはこのシフトの引き金となったのである。また以上の要因に示されるように、それは広い範囲にわたる社会構造の転換をも示していた。

　図序-1に戻ると、昭和50年代前半には、成長率は5％弱と高度成長期の半分に落ちている。同時にこの時期は、より低い成長経路への移行過程でもあった。そのため、「ヒト・モノ・カネの減量経営」、資源多消費型から省資源型への産業構造の転換など、社会的な摩擦も伴った。

成長パターンが高度成長期の企業設備投資主導から輸出主導に変わり、貿易収支・経常収支の黒字の拡大傾向が始まる。円相場も、48年のフロート移行ののち傾向的に上昇（円高）を続ける。こうして、成長率の低下にもかかわらず円の増価によってドル表示のGDPはむしろ急速に増加した。ちなみにドル表示の1人当たり国民所得は、昭和30年にはわずか211ドル、45年に1586ドルであったが、50年に3652ドル、60年に8851ドル、そして63年には1万8268ドルに達した[1]。また自動車や電機をはじめとする輸出も急激に伸びたから、世界からみた日本経済のプレゼンスはこの時期に拡大するのである。このもとで、53年には西ドイツ（当時）とともに世界経済の「機関車」役を求められ、そのための財政出動の要因もあって、財政赤字と国債の累増が大規模になった。

　昭和55〜59年度　第2の時期は、昭和55（1980）年度から59（1984）年度までである。

　53・54年になると混乱後の調整もようやく一段落し、新たな安定的成長の軌道に乗るかにみえた。しかしこの両年にかけて、第2次オイル・ショックの発生によって再び資源価格が高騰した。この影響で1980年代初頭は、世界的に第1次オイル・ショック時を上回る深刻さのスタグフレーション（不況とインフレの同時発生）となった。日本経済は、第1次の際には先進諸国で混迷が最も大きかったのに対して、第2次危機では最も安定していた。その理由は2つあろう。1つは、第1次の教訓から、日本銀行が早めに引締め的な金融政策運営を行ったことをはじめ、インフレ抑制に向けた機動的な政策がとられたことである。もう1つは民間企業部門の調整であった。相対価格体系の変化に対応して省資源・省エネルギーへの技術の変化、産業構造の再編を実現し、また労働組合も賃金引上げ要求を自粛して物価と賃金の悪循環を回避した。こうした日本経済の適応力の高さが注目された。

　とはいえ世界的不況の中で、日本経済の成長率も55年度から58年度まで3％前後に低迷した（59・60年度にはやや回復）。この間を特徴づける1つの現象は、ドル高・円安である。53年には1ドル＝200円を突破して一時170円台にま

で進んだ円高は、55年以降200円台に戻って円安に転じた。これはむしろアメリカのインフレ抑制のための高金利と「強いドル」政策によるドル高であった。米レーガン政権はまた「レーガノミクス」により大幅減税を行い、財政赤字ひいては内需を拡大させたため、ドル高とあいまって貿易・経常収支赤字も急拡大した。最大の対米黒字国は日本であって、輸出依存の経済パターンはますます強まった。また貿易収支の不均衡を背景に、経済摩擦、主にアメリカによる不均衡是正の要求が激しくなった。

経済思想の面では、英サッチャー政権・米レーガン政権を筆頭に、「小さな政府」、自由化・規制緩和、市場競争と民間活力への信頼という方向が強まった。ケインズ主義や福祉国家は激しく批判された。この影響も受けて、日本でも、前期に拡大した財政赤字の削減が特に強く目標とされた。

昭和60〜平成2年度　第3の時期は、昭和60（1985）年度から平成2（1990）年度までである。

60年にアメリカ政府は「強いドル」政策を転換し、9月のG5（主要5か国財務相・中央銀行総裁会議）において、国際協調によるドル引下げ、円・独マルク等引上げの為替調整に合意（プラザ合意）、実施した。これを契機に1ドル＝240円台にあったレートが翌年には150円台に突入するまでに、急激な円高が進んだ。その結果、61年には「円高不況」となったが、62年になると輸入原材料費の大幅低下など「円高メリット」の側面が現れ、企業の手元資金は豊富化した。この豊富な資金は、始まりつつあった不動産・株式など資産価格の上昇、取引の活況に向けて流れ込み、銀行の不動産関連融資の増加などによって資金供給と投機的資産取引はさらに乱舞した。日本銀行の金融政策は、円高不況対策、円／ドル・レートの調整、経常収支不均衡対策としての「内需拡大」、62年10月の世界的な株価暴落（ブラック・マンデー）対策といった観点から、緩和・低金利を続けて、投機の膨張をサポートする結果になった。経済の基礎的条件（ファンダメンタルズ）からみて正当な水準を上回って資産価格が高騰することが「バブル」であるが、このバブルが昭和62〜平成2年ほどにわたっ

て発生したと推定されている[2]。日本経済の実力に対する過剰な自信、強気が投機を生み出していた。それはやがて地価高騰、住宅取得の困難などとして社会問題化していった。持てる者と持たざる者の格差も拡大した。

　生じたのはマネーの乱舞と資産バブルだけにとどまらない。実体経済もブームとなった。図序-1のように、この時期の成長率は、61年度の落ち込みのあと、62年度から平成2年度まで久々に5％水準に盛り上がる。設備投資も高水準になった。高級品を含んで消費も拡大した。雇用も増えた。このブーム状態を指して、しばしば「バブル経済」と呼ぶ。この中で税収も増え、平成元年度にはついに特例公債発行ゼロを達成する。

　しかしバブルは崩壊し、反動でブームは停滞に転ずる。平成2〜3年、すなわち本書の対象時期の終わりとともに、それが現実になる。バブル時の過剰の裏返しで、資産価格は暴落し、設備投資や耐久財等の消費は落ち込み、雇用は削減される。企業における負債の過剰、銀行等における不良債権の累積や株式の値下がり損など、バランスシートの悪化が表面化する。「バランスシート調整」、つまり企業の負債返済優先や金融機関の損失処理優先は、支出と資金の流れを阻害し、悪循環を積み重ねていく。特に、戦後初めて金融システムが傷ついたことは重荷となった。こうして長期で深刻な停滞が続くことになる。

　では以下、財政、金融・物価・資産価格、貿易・国際収支・為替レートの順に、通期のデータを掲げ、推移を確認しよう。

〔注〕
1)　新SNAベース。昭和45年まで経済企画庁『長期遡及推計国民経済計算報告（昭和30年〜昭和44年)』（昭和63年）、46年以降は同『国民経済計算年報』平成2年版。『完結昭和国勢総覧』第1巻（東洋経済新報社、平成3年）、137ページによる。
2)　例えば『経済白書』平成7年版。

2　財政の推移

　財政事情の推移を概観しよう。

　まず図序-2で対GNE（GNPと同じ）比での財政規模をみると、国の一般会計歳出（決算）は、昭和45年度には11％ほどにすぎなかったが、56年度には18％を超え、この間に2倍近く上昇した。これは、社会保障費などの傾向的な増加と、景気刺激策としての公共事業の拡大などによってもたらされた。公債依存度の上昇への危機感が高まり、56年には臨時行政調査会（第2次臨調）が発足、57年度予算編成でゼロ・シーリングの方式が導入されるなど、財政再建が取り組まれた。そのもとで58年度以降、上記比率は緩やかに低下を続け、平成4年度に約14％になっている（その後は不況下で再び上昇）。

　国・地方の歳出純計も基本的に同様の動きを示している。昭和45年度の対GNE比18％強から58年度・約30％へと急上昇したのち、平成3年度・約27％まで緩やかに低下する。その後の上昇は上でみた国の一般会計よりも急激である。

　なおこの間を通じて、主要先進諸国との比較では、日本の財政規模はアメリカと並んで小さく、また内容では投資的支出の割合が高いのが特徴である。

　財政投融資（同じく対GNE比）も45年度の約5％から57年度の約8％まで上昇し、58年度から低下するが、62年度から再び上昇を始める点が上記の歳出の動きと異なっている。

　図序-3で国の一般会計の歳出、税収、公債発行の金額の推移をみよう。歳出は56年度まで高率で増加し、57年度から61年度まで伸びが緩やかになったが、62年度から再び増加ペースが高まった。これに対して税収は50年度以降伸び悩む。このため50年度に特例公債の発行が始まり、以後発行額も増加するとともに、ほぼ同額で建設公債も増えていく。60年度前後から税収の増加はやや高まり、公債発行は58年度以降漸減して、平成2（1990）年度には目標であった特例公債発行ゼロが達成される。しかしバブルの崩壊とともに平成3年度から税収の減少となり、再び公債発行は増加を始めるのである。

序　章　経済動向の数量的概観

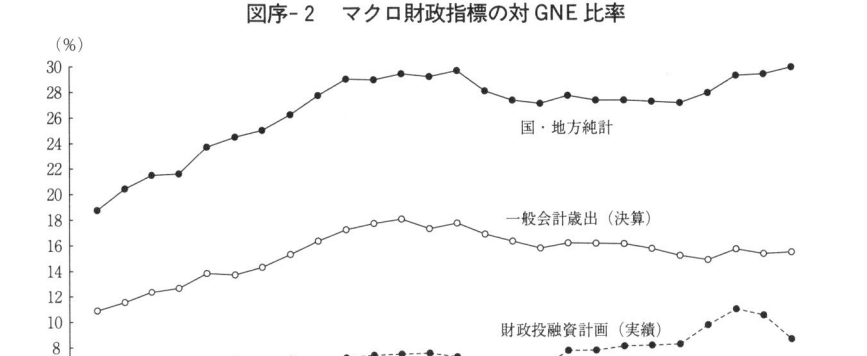

図序-2　マクロ財政指標の対GNE比率

国・地方純計

一般会計歳出（決算）

財政投融資計画（実績）

出所：内閣府経済社会総合研究所編『長期遡及主要系列　国民経済計算報告（昭和30～平成10年）』、大蔵省『財政金融統計月報』第372、541、543号より作成。

図序-3　一般会計歳入歳出

一般会計歳出

一般会計税収

建設公債　　特例公債　　臨時特別公債

出所：大蔵省主計局調査課編『財政統計』各年度、会計検査院事務総長官房調査課『決算統計』平成元～5年度、平成6～10年度より作成。

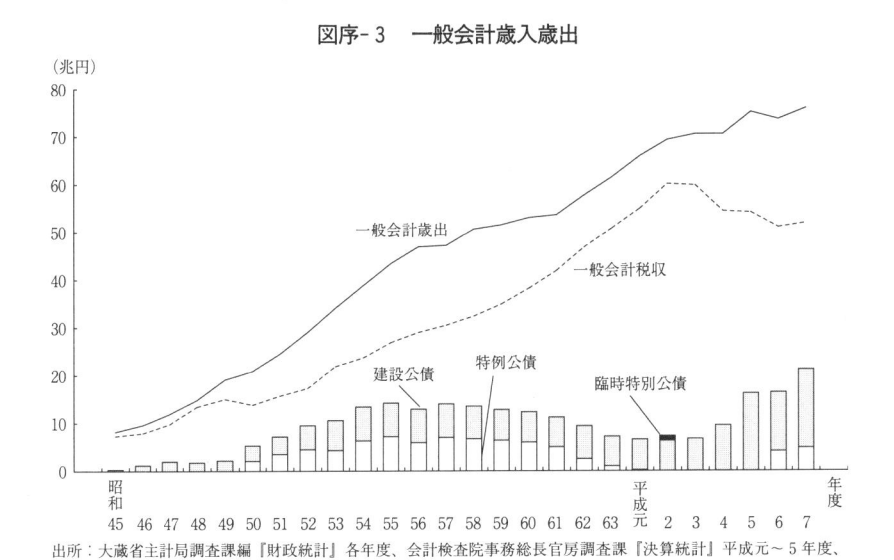

表序-1　国の一般会計予算の主要経費別分類

(単位：％)

	昭和45年度 (1970)	昭和50年度 (1975)	昭和55年度 (1980)	昭和60年度 (1985)	平成2年度 (1990)
社会保障関係費	14.1	19.4	18.9	18.5	16.6
文教及び科学振興費	11.7	12.7	10.5	9.2	7.7
国債費	3.5	5.3	12.6	19.1	20.7
地方財政関係費	21.6	16.2	17.9	18.2	22.9
防衛関係費	7.2	6.6	5.2	6.0	6.1
公共事業関係費	17.2	15.9	15.6	13.0	10.1
その他	24.7	23.9	19.3	16.0	15.9
合　　　計	100.0	100.0	100.0	100.0	100.0

出所：大蔵省主計局調査課編『財政統計』各年度より作成。

　ここで表序-1により、国の一般会計予算の構成の推移をみておこう。この間、急激に増加したのは何といっても国債費である。これによって他の項目の比率には低下のバイアスがかかるが、その中で相対的に地方財政関係費と社会保障関係費が増加し、公共事業関係費、文教科学費、その他が減少する傾向を示す。「その他」の内訳では食糧管理費が45年度5.6％から平成2年度0.6％に減少した変化が大きい。

3　金融、物価、資産価格の推移

　次に、金融、物価、及び資産価格にかかわる動きを整理する。まず図序-4により金融政策の推移をみておこう。

　景気後退とドル・ショックによる先行き悲観から公定歩合引下げなど金融が緩和されたあと、物価の急騰、土地等の投機、さらにオイル・ショックの発生を受けて、昭和47年以降、公定歩合引上げ、預金準備率引上げ、さらに窓口指導の強化など、金融は急激な引締めに転じた。深刻な不況が発生すると緩和に転じ、円高の進行への対処もあって、50年から53年にかけて金融は緩和を続けた。53年から54年には第2次オイル・ショックによるインフレの抑止のため、再び公定歩合の9％への引上げをはじめとする引締め策がとられる。55年以降は、世界的不況下での景気後退への対策、貿易不均衡と対外摩擦を背景とした

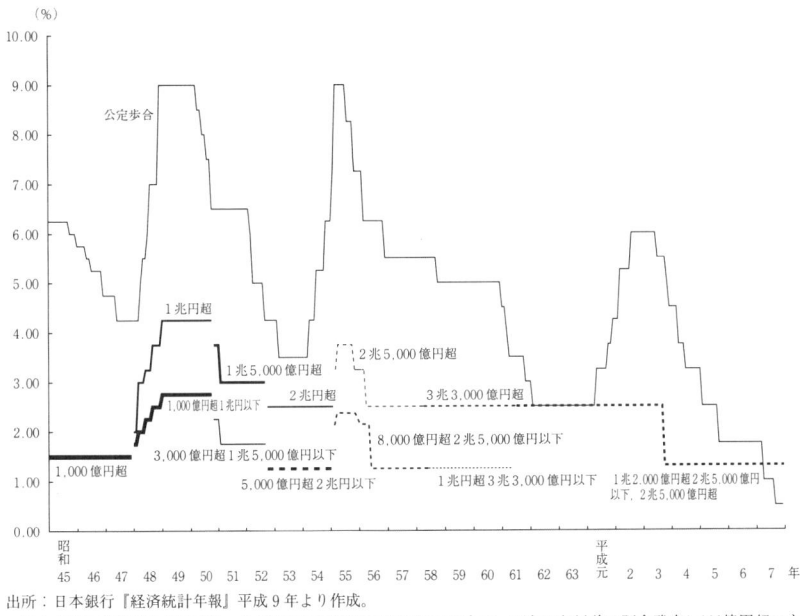

図序-4　公定歩合と準備預金準備率の推移

出所：日本銀行『経済統計年報』平成9年より作成。
注：本図の準備預金準備率は、全国銀行の定期性預金以外の預金で、昭和47年以前は預金残高1,000億円超のものを、昭和48年以降は、預金残高の区分において上位2位までの準備率を掲載したものである。

内需拡大のためなどから、金融緩和が進められた。さらに60年プラザ合意後の急激な円高対策、61年の円高不況対策、引き続いての内需拡大、62年のブラック・マンデーに対応する低金利維持等のため、金融緩和は続けられた。そのもとでバブルが過熱すると、平成元（1989）年5月の公定歩合引上げに始まり、同2年3月の不動産融資に関する「総量規制」なども動員して、強力な金融引締めを行った。しかし結果的には、この引締めは1年以上遅きに失したと考えられている。バブル崩壊後は緩和を重ねていくが、史上空前の金融緩和によっても効果が上がらない状態がその後長く続くことになる。

こうした政策運営のもとで、マネーサプライの動きは図序-5のようになった。M_1とM_2の動きに若干の乖離はあるが、まず昭和46年・47年に前年比20％増を超える大きな山がある。その後伸び率は低下し、特に第2次オイル・ショックに際して引締め的である。再び山が来るのは昭和62年から平成2年前後に

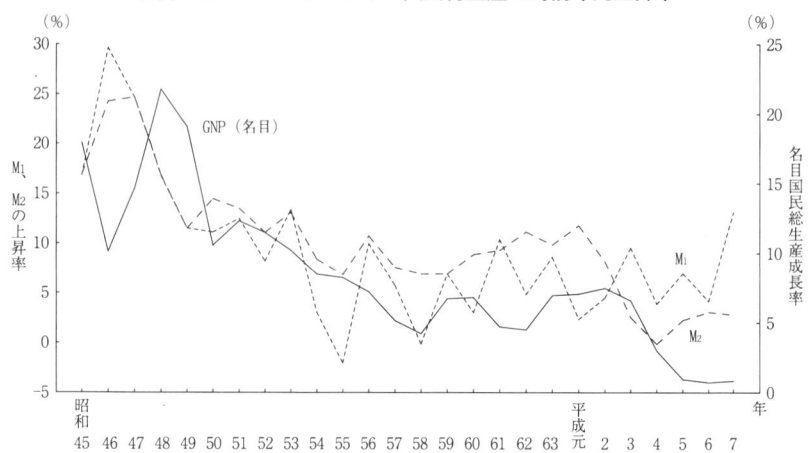

図序-5　マネーサプライと国民総生産の対前年比上昇率

出所：内閣府経済社会総合研究所編『長期遡及主要系列　国民経済計算報告（昭和30～平成10年）』、日本銀行『経済統計年報』平成7年より作成。

図序-6　卸売物価・消費者物価上昇率

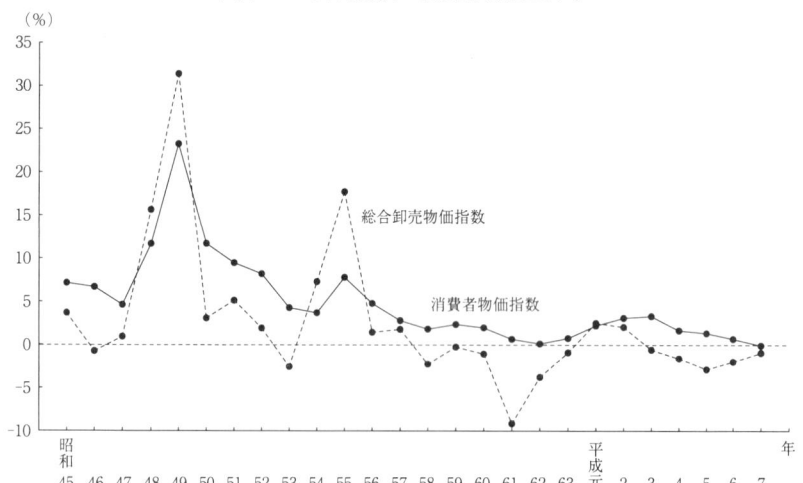

出所：総務庁統計局『消費者物価指数年報』平成7年版より作成。平成2年＝100とした計数で算出。

序　章　経済動向の数量的概観　13

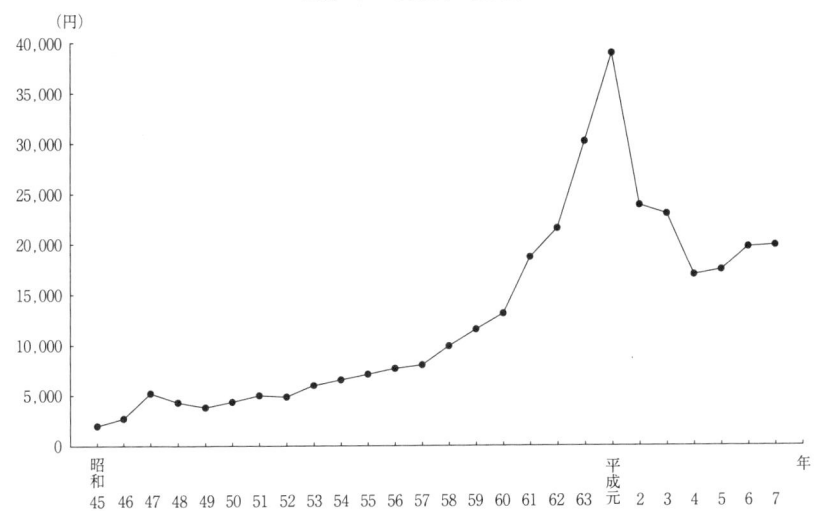

図序-7　日経平均株価

出所：日本銀行『経済統計年報』平成7年より作成。

図序-8　市街地価格指数

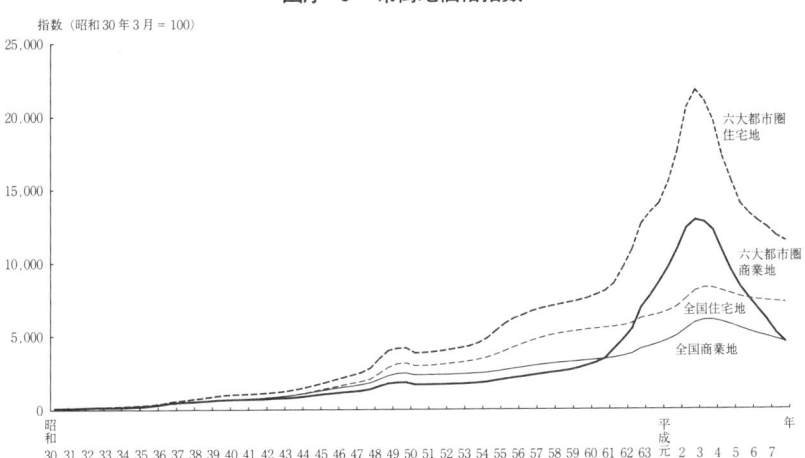

六大都市圏住宅地

六大都市圏商業地

全国住宅地

全国商業地

出所：㈶日本不動産研究所「市街地価格指数」（平成7年9月末現在）より作成。

かけてのバブルの時期であり、M_2で前年比10％を超える増加となっている。

物価動向（図序-6）は、第1次オイル・ショック時の49年に前年比で卸売物価30％超、消費者物価で20％超の上昇を記録する山があったのち、落ち着いた。55年にも第2次オイル・ショックによる上昇があるが、第1次の際に比べると特に消費者物価は小幅上昇にとどまった。その後は極めて安定的な動きとなっており、国際的にも「物価の優等生」であった。特に重要なのは、バブル期にも一般物価は落ち着いていたことであり、これが引締めに入ることを難しくしたのであった。

一方、図序-7（株価）と図序-8（地価）で資産価格の動きをみると、まず株価で47年、地価では48年・49年を山とする上昇があった。そののちバブル期に、株価で60年から平成元年にかけて約3倍に上昇し、地価でもやや遅れて61年から平成3年にかけて約3倍（6大都市圏商業地・住宅地）に上昇する激しい動きとなった。

つまりバブル期に増加したマネーサプライは、財市場で一般物価を上昇させることなく、主に資産市場に流れ込んで、過熱する資産取引を媒介したのだと考えられる。

4　貿易、国際収支、為替レートの推移

対外経済関係について、まず図序-9で貿易をみると、この期間に輸出は力強く伸び続けている。これに対して輸入は、二度のオイル・ショック時に増加するが、55年以降は停滞し、この結果、貿易黒字幅が拡大した。そののち輸入は平成2年から5年にかけて停滞するほかは増加を示す。

なお品目の構成では、輸出は機械類、特に高度技術集約的なものへの集中を強め、輸入では原油など一次産品の比重が下がる一方、製品輸入の割合が増える傾向を示した。昭和60年の急激な円高以降、北米と東アジアを中心に日本からの海外直接投資が激増し、そのもとで東アジア域内での多角的な分業関係が形成されて、域内貿易比率が高まっていった。

国際収支（図序-10）は、二度のオイル・ショック時の原油等の高騰で、経

序　章　経済動向の数量的概観　15

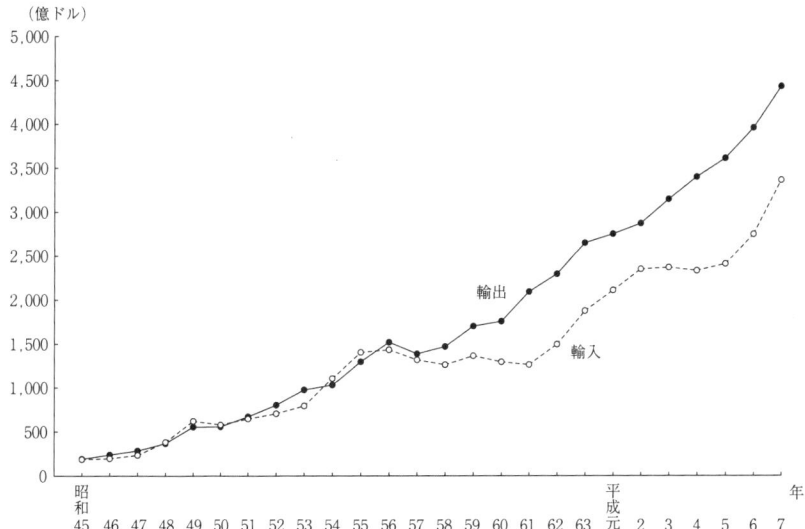

図序-9　商品貿易（通関統計）

（億ドル）

出所：日本関税協会『外国貿易概況』平成8年1月号より作成。

図序-10　国際収支

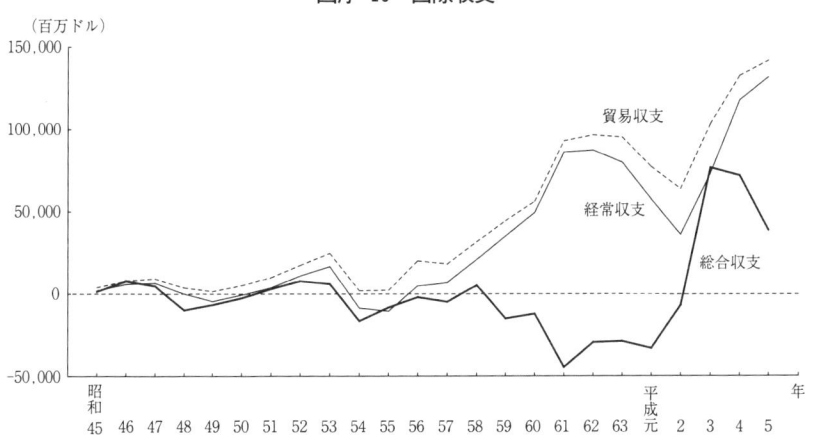

（百万ドル）

出所：日本銀行『経済統計年報』平成6年より作成。

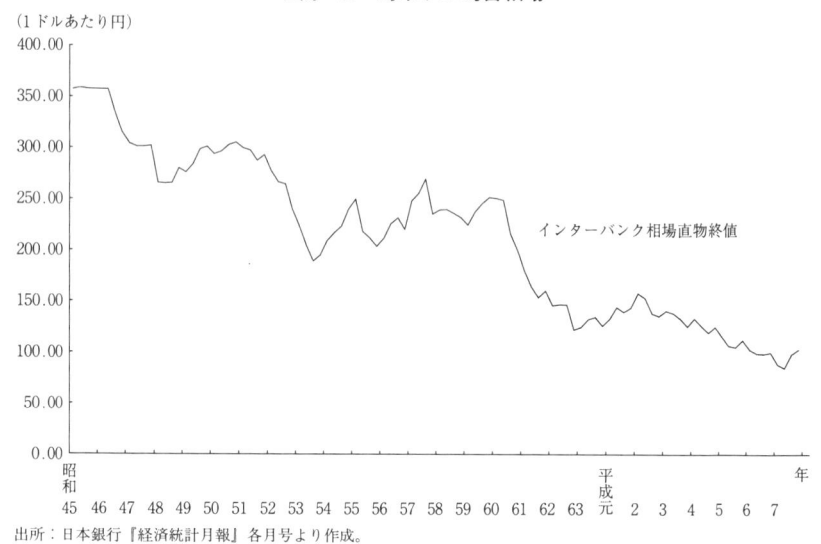

図序-11　対米ドル為替相場

(1ドルあたり円)

インターバンク相場直物終値

出所：日本銀行『経済統計月報』各月号より作成。

　常収支が48～50年、54～55年と赤字になったほかは、黒字拡大の傾向を示した。特に58年以降の黒字の増加は急速であり、摩擦の背景になった。バブル経済下で経常黒字はいったん縮小するが、その後増加傾向に戻った。この反面で資本収支の赤字（資本輸出）は拡大した。

　対米ドル為替相場（図序-11）は、46年8月に1ドル＝360円の固定相場から離脱したのち、同年12月にスミソニアン協定でいったん1ドル＝308円の固定相場（16.88％の切上げ）をとるが、結局維持できず、48年2月に最終的にフロートに移行した。52年から53年にかけて円高が進み、一時1ドル＝200円を突破するが、その後60年までアメリカ高金利の資金吸引により200～250円水準のドル高＝円安が続く。60年9月のプラザ合意以降は急激な円高が進んだ。平成2年に円安に戻したあと、緩やかに円高方向に進み、平成7（1995）年には一時79.75円の最高値を記録した。

第1章　オイル・ショック前後の財政金融政策：昭和47〜54年度

第1節　政治経済の概観

1　第1次オイル・ショックまで

高度成長の翳り　昭和40年代後半は、久しく続いたわが国の高度成長にも翳りがみられる一方、社会福祉や公害対策などの需要増大によって財政規模が急速に拡大し、公債残高が累増し始めた時期であった。また、この間にわが国は戦後最大ともいえる国際通貨危機に巻き込まれ、第4次中東戦争勃発後は第1次オイル・ショックにも直面した。本項ではまず、昭和46年の円切上げから48年の第1次オイル・ショックまでの経済と政治の動向を、財政金融政策と関連づけながら概観する。

戦後復興、高度成長の前提となった1ドル＝360円レートからの離脱によって、わが国経済の成長パターンが大きく転換したという意味で、昭和46（1971）年は極めて重要な年となった。こうした変化は、戦後の自由世界を支えてきたドルを中心とするブレトン・ウッズ国際通貨体制の動揺に起因するものであったが、度重なるドル防衛策にもかかわらずアメリカの国際収支が悪化したため、46年8月15日、ニクソン大統領は自国のドル防衛、雇用促進、インフレ抑制を狙いとする「新経済政策」を発表した。日本国内では、アメリカの輸入課徴金の賦課に伴う対米輸出の減少、内需の停滞などへの懸念から、経済の先行きに対する悲観的な見通しが広がった。これが、いわゆるニクソン・ショックである。また、「新経済政策」にはドルと金の交換停止が盛り込まれていたため、各国は一時的に変動相場制に移行し、わが国も8月28日から変動相場制に移行したが、このことによっても、その後の日本経済へのダメージが懸念され、国内には急速に不況色が強まっていった。そして、12月19日には、スミソニアン会議に基づく多国間通貨調整により、わが国は新たに308円の固定レート（16.88％の切上げ）を決定したのである。以上のような一連の国際金融情勢を背景に、46年後半から47年初にかけての円ベースの輸出は大幅に落

ち込み、外需によっての国内不況からの立直りは困難となり、景気対策は内需拡大を指向することとなった。

　このように、国際金融情勢の混乱は景気の悪化を懸念させるものだったが、円の切上げは、わが国経済の不安定要因の1つを排除することにもなり、各種の経済対策の効果などから、昭和47年には、個人消費、民間住宅投資を中心に景気は緩やかな回復に向かった。そして、このニクソン・ショックを境として、「戦後復興期」とも「高度成長期」とも異なる新たな時代へ向けての財政金融政策が求められることとなったのである。

　ところで、昭和47年には、2つの大きな政治課題が決着をみている。まず、46年6月に日米間で沖縄返還協定が調印され、翌47年5月15日、佐藤栄作内閣の下で沖縄返還が実現した。さらに、佐藤首相の引退後、47年7月には田中角栄内閣が発足し、田中首相は、同年9月に訪中し日中国交を樹立するという成果を収めた。また、その田中首相は7月の自由民主党総裁選挙の際（当時は通産相）に自著の『日本列島改造論』を公約としたが、日本列島改造計画はその後の政局のみならず経済や財政金融のコンディションにも影響を及ぼすこととなった。社会保障の一層の充実を図り、高速道路・新幹線の整備拡充を通じて工場の地方分散と新25万都市の建設を促進するという構想は、国民には新鮮な印象を与え、列島改造計画を実現するための予算措置が進められていった。ところが、そうした田中内閣への期待にもかかわらず、12月の第33回衆議院総選挙で自民党は後退し、社会・共産両党の躍進という結果に終わった。これは、列島改造計画の内容が不明確だったことへの批判、社会福祉や公害対策への取組みが不十分だったことへの不満、さらには、景気過熱・過剰流動性の発生・列島改造計画の相乗効果から生じた地価の急騰に対して、政府が有効な抑制策を打ち出せなかったことへの失望感などが根底にあったと考えられている。

第1次オイル・ショックの発生　昭和46年のスミソニアン国際通貨体制への移行後も、わが国の国際収支は黒字基調で推移し、円の再切上げの圧力が生じてきた。このため、政府は、47年5月に公共事業の施行促進、6月に公定歩合

の引下げなどの景気対策を実施し、5月と10月には総合的な対外経済対策を実施した。こうしたなかで、景気は47年秋以降、設備投資の拡大等により回復テンポを速めていった。また、マクロ面では、通貨調整過程における外国為替特別会計の大幅な散超によって生じた過剰流動性が景気上昇期にインフレ要因となり、夏頃からは諸物価の上昇が目立つようになった。なお、過剰流動性については、46年末から48年にかけて発生していたとの指摘があるが、そこでは、一般的な景気調整のもとにおいて株価と地価が46年末以来いち早く上昇し始めたことが注目される。株価は46年末から上昇、48年1月をピークに反落したのに対して、地価は一貫して上昇傾向を維持していた。このこと自体、過剰流動性のもとでバブルが発生していたことを示すものであった。

昭和47年12月に発足した第2次田中内閣は、48年度予算に列島改造計画・「福祉元年」などに基づく施策を盛り込み[1]、大型予算とすることを決定した。その背景には、円の再切上げを避けるため、国内物価をある程度上昇させ海外物価に近づけることで、わが国の輸出増加を鈍らせるという政府の狙いがあったとされる。しかし、スミソニアン国際通貨体制も長くは続かず、48年2月にはドルの再切下げが実施され、円も再び変動相場制に移行した。円相場は1ドル＝260円台で推移したため、野党は、円高の影響を受ける中小企業などへの追加的予算措置等を要求して、予算審議を中断させるなどの行動をとった。結局、予算は成立したが、48年度に入っても、個人消費、民間設備投資を中心とする旺盛な需要の伸びに海外物価の高騰などの要因も加わり、国内物価の高騰が続いた。

そうした国内情勢に不測の海外要因が加わって、第1次オイル・ショックが発生したのである。1970年代の初め頃から、世界的なインフレ傾向が顕在化し始めていた。図1-1-1にみられるとおり、長らく低迷していた原油価格が上昇に転じ、OPEC（石油輸出国機構）の地位も高まっていた。そうしたなかで、昭和48（1973）年10月、第4次中東戦争が勃発（イスラエルがシリアを攻撃）したことは、OPEC加盟国に石油戦略を発動させる好機を与えることとなった。アラブのOPEC 6カ国（OAPEC）は、10月16日に石油公示価格を21％引

図1-1-1　原油価格の推移

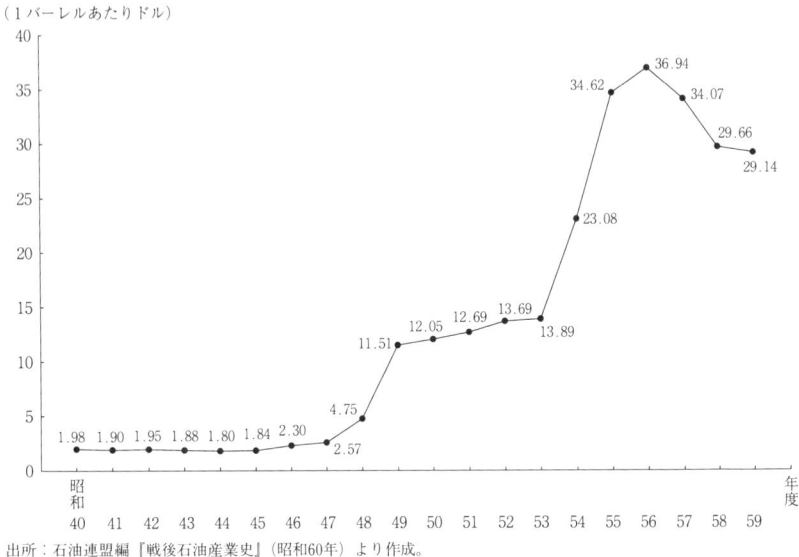

（1バーレルあたりドル）

昭和年度	40	41	42	43	44	45	46	47	48	49	50	51	52	53	54	55	56	57	58	59
	1.98	1.90	1.95	1.88	1.80	1.84	2.30	2.57	4.75	11.51	12.05	12.69	13.69	13.89	23.08	34.62	36.94	34.07	29.66	29.14

出所：石油連盟編『戦後石油産業史』（昭和60年）より作成。

き上げ、20日にはイスラエル支援国への石油輸出停止を決定した。さらに、11月5日に25％の減産を発表、停戦後の12月23日には原油公示価格の引上げを決定し、OAPECは原油価格の大幅な値上げに成功したのだった。

　世界最大の原油輸入国であったわが国経済への影響は甚大であった[2]。第4次中東戦争の勃発後は物価上昇が顕著となるが、それ以前にも、表1-1-1のとおり卸売物価は昭和48年3月、消費者物価は同年5月に前年同月比で10％を超える上昇となっていた。このため、金融面では、48年1月から10月の間に、預金準備率と公定歩合がそれぞれ4回引き上げられ、日銀の窓口規制も強化された。一方、財政面では、48年5月と6月に相次いで公共事業の抑制が決定され、8月には財政執行の繰延べが決定された。また、政府は、このような措置と併せて、物価対策閣僚協議会において、4月と8月に物価対策を決定し、個別物資の価格対策、輸入政策の活用、民間設備投資の抑制等に力を入れた。しかし、これらの対策の効果が十分に発揮されないうちに、10月には第1次オイル・ショックが発生したのである。国内では石油製品の流通がストップし、石

表1-1-1 物価上昇率(月別)の推移
(1) 卸売物価指数の対前年同月比上昇率

(単位:%)

年	1月	2月	3月	4月	5月	6月	7月	8月	9月	10月	11月	12月	年平均	年度平均
昭40(65)	0.5	0.7	0.7	0.9	1.2	0.9	0.7	0.7	0.7	0.9	0.9	1.2	0.8	1.0
41(66)	0.9	1.6	1.8	1.8	1.8	2.8	3.2	3.2	2.7	3.0	2.7	2.7	2.4	2.6
42(67)	3.2	2.5	2.0	1.8	1.6	1.3	1.1	1.1	1.6	1.8	2.2	2.0	1.9	1.5
43(68)	0.9	1.1	1.5	0.9	1.1	1.1	0.7	0.4	0.9	0.4	0.2	0.2	0.8	0.6
44(69)	0.2	0.2	0.4	1.5	2.0	2.0	2.6	3.1	3.0	3.3	3.5	3.9	2.1	3.3
45(70)	4.8	5.0	5.2	5.2	4.7	4.1	3.8	3.4	2.5	2.1	1.7	1.0	3.6	2.2
46(71)	0.0	△0.6	△1.0	△0.8	△0.8	△0.6	△0.4	△0.2	△0.8	△1.0	△1.2	△1.0	△0.7	△0.8
47(72)	△1.0	△0.8	△0.6	△0.6	△0.6	△0.2	△0.4	0.0	1.2	2.3	4.2	5.8	0.8	3.3
48(73)	7.5	9.2	11.1	11.2	12.3	13.7	15.8	17.5	18.9	20.6	22.4	29.0	15.8	22.4
49(74)	34.2	37.2	35.5	35.7	35.4	35.0	34.2	32.6	30.5	28.5	24.9	17.1	31.7	24.7
50(75)	11.0	6.0	4.9	4.4	3.7	2.2	1.1	0.7	0.8	0.9	0.7	0.9	3.1	2.1
51(76)	1.7	3.3	4.2	4.5	4.9	5.6	6.3	6.3	6.4	6.0	6.4	5.8	5.1	5.5
52(77)	4.9	4.6	4.1	3.5	3.3	2.5	1.1	0.9	0.6	0.0	△1.0	△1.5	1.9	0.4
53(78)	△1.5	△1.7	△1.8	△2.2	△2.1	△2.1	△2.5	△3.6	△3.8	△3.9	△3.2	△2.2	△2.6	△2.3
54(79)	△1.6	△0.9	0.1	2.2	3.6	5.2	8.2	10.9	12.6	14.5	16.0	17.4	7.4	13.1
55(80)	20.6	22.3	23.2	24.3	21.6	19.7	18.2	17.2	15.1	13.0	11.6	9.2	18.0	13.3
56(81)	5.2	2.8	1.2	△0.9	0.5	1.1	1.1	0.8	1.1	1.8	1.3	1.3	1.4	1.3
57(82)	1.9	2.7	2.9	2.6	1.1	1.4	1.4	1.4	1.7	1.9	1.9	0.9	1.8	1.0
58(83)	△0.1	△0.7	△1.4	△2.2	△1.8	△2.0	△2.4	△2.9	△3.2	△4.0	△3.6	△2.2	△2.2	△2.4
59(84)	△1.4	△1.3	△1.3	△0.7	△0.1	△0.4	0.0	0.3	0.7	0.4	0.4	△0.3	0.4

出所:日本銀行調査統計局『昭和60年基準卸売物価指数品目・ウエイトおよび接続指数』より作成。

(2) 消費者物価指数の対前年同月比上昇率

(単位:%)

年	1月	2月	3月	4月	5月	6月	7月	8月	9月	10月	11月	12月	年平均	年度平均
昭40(65)	6.9	6.8	7.0	7.9	6.8	6.9	6.9	6.3	6.4	5.9	5.7	6.5	6.6	6.4
41(66)	5.2	6.2	6.0	5.0	4.9	5.3	6.1	4.8	4.5	3.9	4.1	4.4	5.1	4.7
42(67)	4.6	4.2	4.0	3.1	3.1	2.4	2.0	3.6	4.1	5.2	5.9	5.6	4.0	4.2
43(68)	5.3	5.3	5.3	5.2	5.9	5.6	5.7	5.7	6.5	4.7	5.1	3.9	5.3	4.9
44(69)	3.4	3.0	3.9	4.6	4.7	5.8	7.1	7.2	5.6	6.0	5.3	6.4	5.2	6.4
45(70)	7.8	8.5	8.3	8.3	7.6	6.8	6.3	5.8	7.4	8.6	8.6	8.3	7.7	7.3
46(71)	6.3	5.8	5.1	5.6	6.1	6.7	6.7	6.9	8.0	6.4	5.2	4.6	6.1	5.7
47(72)	3.8	4.1	5.0	4.5	4.8	4.4	4.6	5.6	3.3	3.9	4.5	5.3	4.5	5.2
48(73)	6.2	6.7	8.4	9.4	10.9	11.1	11.9	12.0	14.6	14.2	15.9	19.1	11.7	16.1
49(74)	23.1	26.3	24.0	24.9	23.1	23.6	25.2	25.4	23.8	26.2	25.8	21.9	24.5	21.8
50(75)	17.4	13.9	14.2	13.6	14.1	13.4	11.4	10.0	10.3	9.6	8.1	7.6	11.8	10.4
51(76)	8.7	9.3	8.6	9.3	9.2	9.5	9.9	9.2	9.7	8.6	9.1	10.4	9.3	9.4
52(77)	9.2	9.2	9.4	8.6	9.3	8.5	7.7	8.5	7.6	7.5	6.2	4.8	8.1	6.7
53(78)	4.3	4.2	4.5	3.9	3.5	3.5	4.1	4.2	3.7	3.3	3.4	3.5	3.8	3.4
54(79)	3.2	2.4	2.3	2.6	3.1	3.8	4.2	3.1	3.1	4.2	4.9	5.8	3.6	4.8
55(80)	6.6	8.0	8.0	8.4	8.2	8.4	7.7	8.7	8.9	7.8	8.4	7.1	8.0	7.8
56(81)	7.3	6.4	6.3	5.1	5.1	4.7	4.4	4.1	3.9	4.1	3.6	4.3	4.9	4.0
57(82)	3.3	3.1	2.8	2.8	2.3	2.2	1.7	3.1	3.2	3.1	2.3	1.8	2.7	2.4
58(83)	2.0	1.9	2.3	2.0	2.7	2.0	2.2	1.2	0.7	1.4	1.8	1.8	1.9	1.9
59(84)	1.8	2.9	2.5	2.4	2.0	1.9	2.6	1.9	2.3	2.2	2.2	2.6	2.2	2.2

出所:総務庁統計局『消費者物価指数年報』平成2年版より作成。

油を原材料としない商品までもが品薄となった。10月から11月にかけて、トイレットペーパー・洗剤などの買い溜め騒ぎが起こり、いわゆる「狂乱物価」と呼ばれる事態が現出した。

〔注〕
1) 昭和48年度の社会保障予算は、高齢化対策や年金制度改正などを中心に過去10年間で最高の増加率となり、初の2兆円規模で編成された。
2) 当時、わが国の一次エネルギー供給の4分の3は輸入原油によって賄われ、その総量は2億8千万klに上っていた。

2 経済安定化措置と第1次オイル・ショックからの脱却

第1次オイル・ショックへの対応　昭和48年10月からの第1次オイル・ショックによって、わが国経済は、異常なインフレ、国際収支の赤字増大、戦後最大級の不況という3つの難局に同時に直面した。特に物価については、前記のとおり、年初来の景気過熱に伴う物価高にオイル・ショックが拍車をかける形となった。

政府は、このような事態に対処するため、それまでの引締め措置に加え、財政金融の両面から強力な総需要抑制策を実施するとともに、物価対策、エネルギー対策にも重点的に取り組むこととした。このうち財政政策については、昭和48年12月に公共事業の新規着工を抑制すること等を決定したほか、49年度予算編成に当たっても、公共事業費の伸び率がゼロに抑えられた。また、同年度予算の執行段階において、公共事業の施行時期を遅らせる等の措置がとられた。一方、金融政策については、48年12月に公定歩合を大幅に引き上げたほか、選別融資規制を実施し、49年1月には預金準備率を引き上げるなど、厳しい引締め措置をとった。さらに、物価対策については、48年12月22日に、「国民生活安定緊急措置法」及び「石油需給適正化法」を制定し、これらの法律を基軸とした個別の物価対策が展開された[1]。

このように、政府がインフレの収束を最重要課題として各種の施策を実施し

た結果、消費者物価は、昭和49年2月をピークとして徐々に鎮静化し、50年10月には2年半ぶりに前年同月比でひと桁台の上昇率となった。一方、総需要抑制策の効果も浸透していき、景気は過熱の状態から急激な下降を示すに至った。こうして、49年度は戦後初のマイナス成長（実質国内総支出増加率－0.5％）となり、政策の中心課題は、物価安定から景気回復へと軸足を移すこととなった。

一方、昭和49年から第2次オイル・ショック発生前の53年までの政治情勢は、田中金脈問題、ロッキード疑獄と政財界を騒がす事件が連続し、内閣も田中から三木、福田、大平と政権交代が相次ぐこととなった（これらの自由民主党派閥の主導権争いは「三角大福戦争」と呼ばれた）。この間の経緯を順次みていくと、49年10月、自民党総務会で田中首相の金脈問題が取り上げられ、やがて大きな政治問題となった。さらに、同年12月に三木武夫が首班指名され三木新内閣が誕生した。ところが、51年1月から始まった51年度予算審議の過程で、航空業界を巡る汚職事件（ロッキード事件）が明るみになり、予算審議が完全に空転する事態に発展した。結局、ロッキード問題の集中審議、証人喚問等の日程を経て、予算案の提出から107日後の5月8日に予算の成立をみることとなった。「偽りのない政治」をスローガンに出発した三木内閣も、やがて51年12月の第34回衆議院総選挙敗北の結果を受け、福田赳夫に内閣を引き継ぐこととなった。なお、この間に、大平正芳蔵相のもとで昭和50年度補正予算における特例公債の発行が開始され、国債の大量発行時代が訪れることとなったのである。

昭和52年の政局は、ロッキード事件の灰色高官名簿の公表と国政調査権の問題（福田一法相発言）で紛糾した国会が流会となり、52年度予算の審議が中断した。こうしたロッキード事件がらみの問題のほかにも、その後の予算審議を通じては、野党5党の1兆円減税案の提出など政府・自民党が早急な対応を迫られる局面が現出した。

一方、第1次オイル・ショックの発生を契機に、経済社会情勢の急激な変化、財政状況の悪化への対応を迫られることとなった政府は、本格的な行政の改

革・合理化に取り組むこととなった。昭和52年2月、福田首相は西村英一行政管理庁長官に行政改革に関する指示を出し、内閣に行政改革本部が設置された。そこでは行政機構、定員管理、特殊法人、審議会、補助金、行政事務が主要検討事項とされ、9月には「行政改革について」、12月には「行政改革の推進について」がそれぞれ閣議決定された。

翌昭和53年11月、自民党の総裁予備選挙において大平正芳が福田赳夫に圧勝し、本選挙を待たずに福田首相は辞任、大平新内閣が発足した。なお、こうした政権交代による政治の空白から、54年度予算は越年編成を余儀なくされた。

安定成長路線への政策転換 わが国経済は、戦後初のマイナス成長を経験したものの、昭和50年春以降は緩やかな景気回復過程をたどり始めた。この時期においては、従来の高度成長路線から安定成長路線への政策転換が行われたとみることができるが、このような内外環境の変化に適合するための転換期にあっては、成長率の低下と、産業構造の変化に伴う摩擦的な問題とが生じるところとなった。このうち後者については、景気回復の業種別跛行性、雇用面の回復の遅れ、高水準の企業倒産などが指摘された[2]。政府は、景気の着実な回復を図り、回復過程において生じたこのような諸問題に対処するため、50年以降積極的な財政金融政策を展開し、4次にわたる景気対策（50年）、7項目対策（51年）、4項目対策・2項目対策・総合経済対策（52年）、7項目対策・総合経済対策（53年）と累次の対策を行っていった。このうち、財政政策では、公共事業等の施行促進、公共投資の追加、住宅投資の推進等の景気対策が盛り込まれた。また、50年度補正予算以降は、景気回復に重点を置いた積極的な予算編成となり、特例公債を含む多額の公債が発行されることとなった。公債依存度の推移を決算ベースでみると、49年度の10.6％から、50年度の24.6％、51年度28.7％、52年度32.5％、53年度30.6％と、かつてない高い水準となっている。一方、金融政策では、公定歩合が50年4月から10月にかけて4回引き下げられ、さらに、52年3月から53年3月にかけても4回引き下げられた。このような相次ぐ緩和政策により、公定歩合は戦中戦後の一時期を除いて最低の水準（3.5

％）となった。そのほかの金融政策としては、市中貸出金利の低下促進、中小企業金融の円滑化、住宅金融の促進などが図られた。

なお、国際金融面では、第１次オイル・ショックにおける原油価格の高騰がわが国の国際収支に大幅な赤字をもたらした。しかし、それも昭和50年度には経常収支で均衡を回復し、51年度には経常収支、総合収支ともに黒字を計上するに至った。その背景には、世界経済の回復に伴ってわが国の輸出が増大した一方、国内需要に回復の遅れがみられ、原材料在庫が高水準となったこと等から輸入が低調に推移したことなどがあった。その後の国際収支は52年度も大幅な黒字を続けたが、アメリカをはじめ国際収支の赤字に苦しむ先進諸国からの対日批判が噴出した。円の対ドル・レートは、このような国際収支の黒字基調を反映して、52年初の１ドル＝290円水準から上昇し、53年４月には１ドル＝220円を割り込んだのである。このため政府は、わが国の経常収支の黒字幅を極力縮小し、世界経済との調和を図る方針を明確にし、52年９月以降は内需拡大によって輸入の増大を図るとともに、原油など個別の輸入促進措置を盛り込んだ対外経済対策を実施することとなった。

第１次オイル・ショックからの脱却　第１次オイル・ショック後の物価関連の具体的施策については、物価全般に落着きがみられるようになった昭和50年度から公共料金が順次改定され、個別物資の価格に対する介入も51年５月には全面解除となった。さらに、52年の円高局面では、円高効果が国内販売価格に反映されるよう輸入消費財を中心とする輸入価格動向調査が実施され、その結果が消費者に情報提供された。また、53年９月の総合経済対策の一環として実施された物価対策では、消費者に対する円高差益の還元が図られたのだった。

これまでみてきたように、第１次オイル・ショックの発生によって、わが国経済は異常なインフレの発生、国際収支の赤字増大、戦後最大級の不況といった環境変化に次々と見舞われ、政府は大幅な政策転換を余儀なくされた。この間には、昭和50年の春頃から次第に総需要抑制策が緩和され、その後は累次の財政金融政策によって内需の拡大が図られたが、52年初以降の円高が国際収支

バランスの回復や物価安定などに寄与する結果となったことにも注目する必要があるだろう。なお、こうしたプロセスは、景気の自律的かつ持続的な上昇に必要な条件を整える調整過程であったと考えられる。しかも、48年に発生した第1次オイル・ショックから5年後の53年には、そうした調整がほぼ完了し、わが国経済は自律的かつ持続的な景気拡大への道筋を歩み始めたのである。この間に整備された条件とは、上記のような物価の安定、国内需要を中心とする着実な景気回復、国際収支の均衡化などであった。こうして、50年度の成長率はプラス（実質国民総支出増加率4.1％）に転じ、その後54年度までは4～5％水準で安定的に推移した。また、寄与度の内訳をみると、52年度までは外需中心、53年度からは内需中心の成長であった。

〔注〕
1) 昭和49年1月には、家庭用灯油・液化石油ガス・トイレットペーパー・ちり紙が「国民生活安定緊急措置法」に基づく指定物資とされ、標準価格が設定された。
2) 経済企画庁『経済白書』昭和51年版4～18ページを参照。

3　第2次オイル・ショックの発生

イラン政変と第2次オイル・ショックの発生　第1次オイル・ショックに対する調整過程を脱し、わが国経済は持続的な景気拡大のプロセスに入るかにみられたが、昭和53（1978）年から54年にかけてのイラン政変（パーレビ国王の失脚とホメイニ師の復権）を契機とする原油価格の上昇（図1-1-1を参照）と原油供給の削減によって、第2次オイル・ショックが公然化することとなった[1]。政府は再び訪れた高インフレ、国際収支の悪化及び不況に対応するため、財政金融政策や個別の施策を通じていち早く経済コンディションの回復に総力をあげる姿勢を示した。

当時の物価情勢は、表1-1-1のように、卸売物価が昭和53年末から上昇し始め、消費者物価も54年央あたりから徐々に騰勢を強めていった。これに対し

政府は、公共事業の執行に当たって物価の動向に注意を払うなど、インフレの抑制に重点を置いた財政政策を実施した。金融政策では、日銀は54年初から政策運営の重点を物価抑制の方向に変更し、同年中に公定歩合を3回にわたり引き上げた。その後、55年に入ると、海外商品市況が高騰し、物価情勢は一層警戒を要する状況となった。このため、日銀は同年2月と3月に相次いで公定歩合を引き上げて、第1次オイル・ショック直後の水準（9.0％）とした。また、同年3月と4月の2回にわたり預金準備率を引き上げるとともに、窓口指導を一層強化するなど、量的な面からも引締めを推進した。一方、物価対策については、54年2月、11月、55年3月の物価問題関係閣僚会議において当面の措置が決定され、公共事業抑制に加えて便乗値上げの防止など第2次オイル・ショック終結へ向けての機動的な対応策が繰り出された。なお、54年度の経済情勢を概括すれば、物価、国際収支など新たに対応を迫られる問題が発生したとはいえ、全体としては、第2次オイル・ショック発生直後からの困難な調整過程を乗り切り、自律的な景気拡大へ向けて着実な動きを示したといえる。しかし、その一方で、世界的な景気停滞を背景にわが国の内需拡大を求める他の先進国の声が高まり、財政面では支出膨張圧力が強まった結果、政府が掲げる公債発行の抑制は困難な情勢が続いたのだった。

財政再建目標の設定　そうした経済情勢のなかで、昭和54年1月に政府は、長期経済計画「新経済社会7カ年計画の基本構想」を閣議で了解し、財政面では特例公債依存からの脱却を企図するとともに、目標年度を59年度に設定した[2]。その背景には、財政赤字の増大、特に特例公債の大量発行が深刻な問題となるにつれて、財政再建への具体的な道筋を示すことの必要性が言われるようになったことなどがあった。大蔵省においても、同じタイミングで「財政収支試算」を国会に提出したが、その内容は大幅な税収増加を前提とするなど、厳しい財政事情を浮き彫りにするものであった[3]。

一方、第2次オイル・ショックが発生した昭和54年の政局は、「三角大福戦争」の渦中にあった大平正芳首相を中心に動き、10月の第35回衆議院総選挙敗

北後のいわゆる「40日政争」を経て、11月の自民党総裁選挙は大平・福田の決戦投票に持ち込まれ、大平続投が決定した。また、第2次大平内閣の蔵相には竹下登が就任し、自らの蔵相時代に特例公債の発行を開始した大平首相とともに、財政再建の目標である「昭和59年度特例公債依存脱却」へ向けての第一歩を踏み出すこととなったのである。そうした経緯については次節で詳しく述べることとする。

〔注〕
1)　イランは、政変によって昭和53年12月26日から（54年3月5日まで）石油輸出を完全に停止し、世界の石油需給を一気に逼迫させた。また、OPEC加盟国は54年1月1日以降、原油価格を数次にわたって引き上げた。こうした情勢を受けて、1月17日には、アメリカ系石油会社のカルテックス社が対日原油供給の削減を通告し、他の国際石油資本（メジャー）もこれに追随したのである。
2)　最終的な「新経済社会7カ年計画」の策定は昭和54年8月であった。なお、政府の長期経済計画の変遷とその実績については、巻末統計を参照。
3)　大蔵省が初めて国会（昭和51年2月6日、衆議院予算委員会）に提出した「財政収支試算」については、第2節の第2項を参照。

第2節　財政政策

1　第1次オイル・ショックまでの財政政策

対外経済問題と不況への対応　昭和46年度予算編成までは高度成長の追い風のなかにあり、財政運営は比較的順調であった。しかし、その執行段階になると、第1節で述べた内外要因などによって財政当局は極めて困難な対応を強いられることとなった。46年8月のニクソン・ショック以後、財政の当面の課題は、経済不安の払拭と不況対策に絞られていったのである。

昭和47年度予算編成は、46年8月末の概算要求の前後に国内外で多くの問題が発生し、例年になく多くの課題を抱えていた。即ち、6月の第9回参議院選

挙では、政府の福祉政策や公害対策の不備を突いた日本社会党が躍進し、日米間の沖縄返還交渉が最終段階を迎えたことによって、沖縄振興対策は目前の課題となっていた。さらに、各省からの概算要求提出後も、ニクソン・ショックや変動相場制移行に伴う不況への対応が必要となった。47年度予算は、上記の参議院選挙結果を受け、社会保障関係だけでも、高齢者向けの社会保障施策の充実、老人医療費自己負担分の公費負担による軽減、老人福祉年金の給付額の引上げ、診療報酬の引上げ、政府管掌健康保険の定率補助など、検討課題が山積みであった。さらに、公共事業関係では自動車重量税の平年度化に伴う道路予算の大幅な増額、そのほか第4次防衛力整備計画や日本国有鉄道の補助金増額なども重要な課題であった。一方、歳入面については、当初から期待された施策の実行と景気対策のための財源を多額の公債発行で賄う方針が固められた。そこで問題となったのが、公債金を特例公債まで拡大するかどうかであった。

昭和46年12月に提出された財政制度審議会の建議では、公債発行が多額となることを容認しつつも、建設公債・市中消化の原則の遵守、減税は長期的観点から慎重に対処すること、などが示された。これらを踏まえ、年末に閣議決定された予算編成方針では、通貨調整に伴う国際経済環境の新たな展開に即応し、国内経済の停滞克服と国民福祉の向上を期することを基本として、財政規模の積極的な拡大を図り、1兆9500億円の公債を建設公債で発行することが決定された。こうして、47年度政府予算案は、公共事業のシェア拡大、老人医療費の無料化など社会福祉優先を特色とする各種の施策が盛り込まれ、一般会計歳出11兆4677億円、対前年度当初予算比は21.8％増と41年度以来の高い伸びとなった。

なお、昭和47年度予算の執行に当たっては、政府はその実効性を高めるため、5月に上半期の公共事業契約目標を72.4％と定めた。これは、47年度予算の成立が遅れ、1カ月の暫定予算を組まざるを得なくなったことによるもので、景気対策の遅れを取り戻す措置であった。また、そのほかにも対外経済緊急対策に基づく公定歩合の大幅な引下げや財政投融資の追加が行われ、10月にはそうした一連の政策の総仕上げとして、自由化と関税引下げ等による輸入拡大・輸

出の適正化などを内容とする「対外経済政策の推進について」(第3次円対策)が決定されるとともに、本予算と同様に景気対策としての公共投資を主軸とする47年度補正予算が編成され、11月13日に成立した。

列島改造ブームのなかの積極大型予算　昭和47年のわが国経済は、不況対策と対外経済問題に追われた前年とは異なり、年初以降内需中心の緩やかな景気回復に転じ、秋以降は順調な回復がみられた。47年7月に佐藤栄作内閣の後を受けて成立した田中角栄内閣は、積極政策を目指してその実現を48年度予算に期すこととなった。47年8月末の概算要求に9月末までの追加要求が認められ、これらを含めた各省の要求総額の対前年度比は、公共投資関連が38.0％増と極めて高く、このうち生活環境施設整備費は82.3％増、住宅対策費は56.9％増に膨れ上がっていた。このように、日本列島改造を標榜して立ち上げられた内閣であったため、予算編成に際しての各省庁の概算要求は例年になく積極的なものとなった。さらに、懸案となっていた第4次防衛力整備計画（昭和47～51年度）も10月には閣議決定された。

　こうして編成された昭和48年度政府予算案は、一般会計歳出14兆2841億円、対前年度当初予算比は24.6％増と47年度の伸び率を上回る積極大型予算となった。歳出の構成では、社会保障関係費のなかでも社会福祉費の伸びが大きく、その重点は、老人医療費無料化措置の範囲拡大、老人ホーム運営費の増額やホームヘルパーの増員等に置かれた。また、年金制度の拡充、政府管掌健康保険の財源対策、児童手当の対象拡充などが図られた。公共事業関係費は、大蔵原案では列島改造ブームの割には伸び率が低かったが、復活折衝で上積みがなされた。そのほかでは、大気・水質汚染対策、公害防止技術の開発、公害被害者の救済対策等の施策が一段と強化され、環境保全・公害対策費全体では対前年度比61.7％増という著しい伸びとなった。また、歳入面では、大幅な税の自然増収を見込むとともに、公債発行額を前年度よりも3900億円多い2兆3400億円とした。

　積極大型予算への評価については、物価と地価の騰貴が明らかになっていた

にもかかわらず、また、引締め政策への転換の必要性が一部で唱えられていた時期にこうした大型予算を編成したことは、物価の安定という立場からは問題があったとする考え方がある。しかし、一方では、当時の経済界には景気対策としての財政出動や、円再切上げを回避するための調整インフレを求める空気があったことから、政府には国内物価をある程度上昇させて国際物価に近づけることでわが国の輸出増加の勢いを緩和し、円再切上げを求める国際世論を鎮静化させようとする意図があったのではないか、との指摘もある。

　昭和48年度における財政運営は、列島改造計画関連の予算事項をこなしつつ、年初来の新たな事態に同時に対応していくこととなった。田中首相の施政方針演説（48年1月26日）では、円再切上げの回避に向けての努力が約束されたが、その後48年2月の変動相場制移行を機に、円の対ドルレートは急上昇に転じたのである。併せて、48年は年初から卸売物価が高騰し、やや遅れて消費者物価も騰勢を強めていった。また、民間設備投資が一段と拡大し、景気過熱の傾向がみられた。このため政府は、暫定予算を組み、48年度予算の成立を待って公共事業の弾力執行に乗り出し、景気の過熱に対処する姿勢を鮮明に示した。公共事業については、5月に上半期の契約目標を6割以内に抑えることを決め、6月にはそれをさらに5割以下とすることを決定した。しかし、政府サイドでは公共投資の圧縮・繰延べを実施したが、民間企業の投資意欲は依然旺盛であり[1]、円相場の上昇にもかかわらず輸入物価は上昇を続けた。また、卸売物価の上昇にも拍車がかかった。この間、日銀は、公定歩合を4月2日に続いて5月30日、7月2日、8月29日と段階的に引き上げた。こうした状況下で、10月には第1次オイル・ショックが発生することとなった。

福祉元年の財政施策　戦後の経済成長が福祉の向上に大きく貢献したことは明らかであるが、高度成長が終焉を迎えようとした時期には、そうした成長が必ずしも福祉の増大に繋がらないことが認識され始めていた。完全雇用がほぼ実現し消費水準が向上する一方で、環境破壊、大都市の過密と混雑、地域社会の崩壊など様々な問題が噴出したのである。このため、政府に対しては、資源

表1-2-1　社会保障関係費の推移

(単位：億円、％)

年　度	生活保護	社会福祉	社会保険	保健衛生対策	小　計(A)	失業対策(B)	合　計(A＋B)	増加率
昭46(71)	2,503	1,419	7,022	1,601	12,545	896	13,441	―
47(72)	3,100	1,951	8,482	1,816	15,349	1,066	16,415	22.1
48(73)	3,555	3,224	11,199	1,998	19,977	1,169	21,145	28.8
49(74)	4,430	4,311	16,596	2,179	27,517	1,391	28,908	36.7
50(75)	5,347	6,169	23,277	2,738	37,532	1,737	39,269	35.8
51(76)	6,332	7,878	28,369	2,962	45,540	2,537	48,076	22.4
52(77)	7,227	9,579	34,062	3,243	54,112	2,807	56,919	18.4
53(78)	8,383	10,970	41,574	3,604	64,531	3,280	67,811	19.1
54(79)	9,223	12,318	47,087	3,866	72,494	3,772	76,266	12.5
55(80)	9,559	13,698	51,095	3,981	78,333	3,791	82,124	7.7
56(81)	9,919	14,959	55,555	4,115	84,548	3,822	88,369	7.6
57(82)	10,456	17,200	55,169	4,254	87,079	3,769	90,848	2.8
58(83)	10,858	19,184	53,379	4,264	87,685	3,712	91,398	0.6
59(84)	11,394	19,992	53,479	4,670	89,535	3,675	93,210	2.0
60(85)	10,815	20,042	56,584	4,621	92,062	3,673	95,736	2.7
61(86)	11,101	19,001	59,640	4,961	94,703	3,642	98,346	2.7
62(87)	11,147	20,158	60,974	5,006	97,286	3,610	100,896	2.6
63(88)	10,897	20,827	63,449	5,071	100,245	3,600	103,845	2.9
平元(89)	11,416	22,309	66,412	5,269	105,406	3,541	108,947	4.9
2(90)	11,087	24,056	71,947	5,587	112,677	3,471	116,148	6.6

出所：大蔵省『予算及び財政投融資計画の説明』各年度版より作成。
注：本表は主（重）要経費として公表された社会保障関係費の当初予算額である。

配分と所得再分配の両面にわたる積極的な役割と、福祉向上へのさらなる努力とが求められるようになっていた。

　このような背景のもとで、昭和48年度の社会保障予算は、表1-2-1のとおり過去10年で最高の増加率（28.8％）となり、初めての2兆円予算となった。その内訳では、前記のとおり老人医療・老人福祉対策を中心とする社会福祉費、年金制度の拡充を中心とする社会保険費の伸びが著しかった。ところで、その48年度予算が「トリレンマ克服予算」と呼ばれたのは、福祉の充実のほかに、国際収支の均衡回復（貿易黒字の是正）、物価の安定という同時達成困難な課題を負っていたからである。大蔵省は当初、これらの同時解決が決して不可能ではないとの見方のもとに予算編成に臨んだ。貿易黒字問題に限ってみても、

輸入自由化など経済構造転換の余地が残されており、さらに国民福祉向上のための施策は貿易黒字問題の解決に寄与することにもなる。したがって、物価安定の施策を含め、財政金融政策や総合的な物価安定政策を多角的に運営することで、この課題はクリアできると考えられたのであった。しかし、こうした目論見は、48年度予算の執行段階における第1次オイル・ショックの発生によって打ち破られてしまう[2]。政府は当面、次項で述べるような石油緊急対策をはじめとする総合的な物価対策、財政執行の繰延措置、さらには48年度補正予算及び49年度予算の編成等によって、総需要抑制、物価の鎮静化を最優先に取り組むこととなった。

〔注〕
1) 昭和48年にみられた投資需要には、製品需要の逼迫や値上がり期待があったことが指摘されている。
2) 昭和48年度経済の異常さは、名目成長率、卸売物価・消費者物価上昇率、貿易収支などの政府の見通しと実績との大幅な乖離に現れている。

2 第1次オイル・ショック後の財政政策

総需要抑制を掲げた補正予算 第1次オイル・ショックの深刻な影響に対処するため、昭和48年11月16日に「石油緊急対策要綱」が、次いで、12月22日に「当面の緊急対策について」が決定され、総需要抑制の強化、公共料金等の抑制、生活必需物資の確保及び価格安定等が図られた。財政面の政策では、財政投融資計画の4次の追加、48年度補正予算の編成など、主として物価・賃金の上昇に対応する受け身のものとなった。このうち補正予算は12月14日に成立をみたが、当初予算の6.9%に相当する9885億円の大型補正となった。その内容をみると、歳出では、給与改善費等の追加補正が1兆2017億円に対して、減額補正が2132億円、歳入では、税収主体の追加補正が1兆5185億円に対して、減額補正が公債金減額の5300億円であった。したがって、歳出の減額と歳入の追加との合計1兆7317億円が補正財源とされ、そのうち約7割が歳出の追加に、

約3割が公債減額に充てられたことになる。この5300億円に上る公債金減額に象徴されるとおり、48年度補正予算は、名目成長率の大幅上昇と物価高騰をストレートに反映したものであった。即ち、歳入面には大幅な税収増加が反映され、歳出面では給与改善費等の追加が中心となって、総需要抑制・物価の安定を最優先とする姿勢が貫かれたのである。

緊縮型の49年度予算　昭和49年度予算編成に当たってはまず、48年7月に概算要求枠（シーリング）を従来どおり一律25％増以内とすることなどが閣議決定された。このように、49年度予算を緊縮型の予算とするという方向づけがなされ、予算規模の圧縮、公債依存度の引下げが検討されるとともに、具体的には公共事業の抑制と社会保障施策の推進が課題とされた。さらに、第1次オイル・ショックの発生によって、政府は財政金融の両面から強力な総需要抑制策を実施することとし、49年度予算の公共事業関係費は伸び率ゼロに抑えられることとなった。

折りしも、愛知揆一蔵相（昭和48年11月23日に急死）を引き継いだ福田赳夫蔵相は、昭和49年1月21日の財政演説において、「物価の安定を実現するためには、まず何をおいても総需要の抑制を図ることが肝要であります。財政金融諸施策の運営に当たっては、その眼目をこの一点に絞って臨む所存であります」と述べている。こうして、49年度政府予算案は、一般会計歳出が17兆994億円、対前年度当初予算比で19.7％増となり、その増加率は前年度（24.6％）を大きく下回るものとなった。歳出の内訳では、公共事業関係費を48年度当初予算額を下回る規模に圧縮しつつ、住宅対策費・生活環境施設整備費等については国民福祉向上の観点から手厚く配分された。また、所要経費の増加項目をみても、当然増経費の急増と地方交付税交付金の大幅増加のほかは、社会保障関係費の増加率が48年度を抜いて過去最高（36.7％増は安定成長期のピーク）となったことが目立っている。社会保障については、既に48年度において年金制度改正や児童手当制度の拡充によって福祉予算を維持しようとするスタンスが示されていたので、これは既定の施策と理解された。新たな制度改正として

は、老齢福祉年金及び母子福祉年金の給付額引上げや児童手当の支給対象の拡大などがあった。一方、歳入面では、公債発行額を前年度よりも抑えて 2 兆1600億円とし、公債依存度の低下が図られた。

　昭和49年度予算の執行は、上半期から抑制基調でスタートした。政府は、まず10日間の暫定予算を組み、49年度予算の成立を待って財政執行の抑制を閣議決定し、第 1 四半期の契約率を 2 割強に抑える方針を示した。こうした政策の効果は、年央には物価の落着きとなって現れたが、先行需要の根強さもあり、7 月の閣議では総需要抑制策の継続が確認された。こうした財政執行の抑制措置は、第 1 次オイル・ショック後の物価の急騰と上昇持続の過程では当然の施策として理解されたが、公定歩合引上げなどの金融政策を含め、物価抑制政策をいつ解除するかのタイミングが問題となった。

　緊縮型から拡大型へ　昭和49年 7 月 7 日の第10回参議院選挙直後、三木武夫副総理が田中角栄首相の政治姿勢を批判して辞任するという事態が発生した。これに次いで、福田赳夫蔵相、保利茂行政管理庁長官が辞任し、自民党の挙党体制が崩壊する。外相から蔵相に就任した大平正芳のもとで予算編成作業が本格化し、50年度予算は拡大基調に転じることとなった。

　しかし、この予算の特色は当初から方向づけられていたものではなく、むしろ、当初は予算規模の圧縮、大型の所得税減税の見送り、公債依存度の引下げなど、引締め基調の維持が目標とされていた。実際に、 8 月30日には財政執行の繰延べが閣議決定され、第 3 四半期の公共投資の契約抑制が決定される。さらに、財政制度審議会の建議においても、昭和50年度予算の規模の圧縮、公債発行の縮減、租税負担の調整等が要請され、予算編成方針では抑制的な基調が堅持されることとなった。ところが、田中内閣から三木内閣への交代後、50年度予算に先立って編成された49年度補正予算（12月23日成立）は、必ずしも政策意図によるものではなかったが、物価高騰に対処するため必然的にかなりの拡大型となった。その規模は、48年度補正予算の倍増となる 2 兆987億円で、補正財源の一部に 1 兆6120億円の税収を計上したが、地方交付税交付金、公務

員給与改善費、米価引上げに伴う食糧管理特別会計への繰入れなどを中心とする歳出増加も大きく、ここでは公債金の減額は行われなかった。

　明けて昭和50年に入った頃からは、緊縮型の49年度予算の浸透もあって景気回復は鈍化し、むしろ大幅な税収不足が見込まれるようになった。企業の生産活動の減退、企業収益の悪化、雇用不安が顕在化したのである。本章第1節の第2項でも述べたが、この時期においては、従来の高度成長路線から安定成長路線への政策転換が行われたとみることができる。即ち、政府は景気の着実な回復を図り、業種別の跛行性、雇用面の回復の遅れ、高水準の企業倒産などに対処するため、積極的な財政政策へと方向を転換したのだった。50年度政府予算案の一般会計歳出は21兆2888億円、対前年度当初予算比で24.5％増と、その増加率は48年度予算に次ぐ大きなものとなった。歳出の内訳では、社会保障関係費が、生活保護世帯・老人等に対する施策強化を中心に1兆361億円の大幅増加（35.8％増）となり、総額は3兆9269億円に上った。また、地方交付税交付金も、1兆264億円と大幅に増額され4兆4086億円に達した。公共事業関係費の伸びが抑えられた反面、当然増経費の伸びは49年度を上回り、全体として拡大型予算を強く印象づけるものとなったのである。

　大幅な税収不足への対応　総需要抑制によって昭和49年度は戦後初のマイナス成長となったが、生産活動の減退や失業増加などの不況現象は、物価高騰を克服する過程で生じた副産物とみなされていた。そうしたなかで、不況色が強まりスタグフレーションの様相が明らかになるにつれて、不況によってもたらされた大幅な税収不足（歳入欠陥）が問題化していった。

　その後は、前記のとおり昭和50年に入った頃から税収動向が当初の予測とは異なり、補正後予算ベースでの49年度の税収不足額は7711億円が見込まれた。この不足額に対しては、50年4月15日に「国税収納金整理資金に関する法律施行令」の改正が閣議決定され、4月に収納される税収を新旧いずれの年度の所属とするかの区分に当たって、納税義務が成立する日によって区分することとされた。つまり、従来の方法では50年度の税収となるべき税であっても、49年

度中に納税義務が発生したものについては49年度の税収とする、という方法が採られたのである。これによって、49年度税収に4330億円が組み込まれ、ここまでの処理で49年度の税収不足は3381億円となった。さらに、税外収入の増収が2599億円見込まれたことと、歳出面で不用額1810億円が生じ、最終的には、これらの処理によって49年度税収不足額は全額補填され剰余金すら生み出された[1]。

さらに、昭和50年度も大幅な税収不足が見込まれ、高度成長期にはみられなかった自然減収という事態すら予測された。こうした自然減収は、不足する財源を公債収入に求めた場合は巨額の特例公債に依存することとなり、さらに、その傾向が継続することによって、その後の財政運営の重い足枷になることが懸念された。

財政制度審議会では昭和50年3月以降、財政硬直化を打開するための方策について本格的な検討を進めていたが、その検討課題に税収不足への対応問題が加えられることとなったのである。こうして、同審議会は7月21日に「安定成長下の財政運営に関する中間報告」を大平蔵相に提出した。そこにおいては、①多額の税の自然増収は期待できないこと、②国債費累増の恐れがあること、③社会保障関係費等による財政負担が増大すること、を財政を制約する3つの条件として指摘し、財政合理化の観点から、予算の増加慣行の見直し、財政依存の排除、補助金の整理合理化、社会保障・公共料金・地方財政等の見直しの必要性が特に強調された。

他方、昭和50年度に入ってからの財政運営は、その重点を物価の安定から不況の克服へとシフトさせなければならなかった。50年2月の第1次景気対策（中小企業向け融資の円滑化、公共事業契約枠の消化促進等）、3月の第2次景気対策（公共事業費の円滑な執行等）、6月の第3次景気対策（住宅建設の促進、公害防止対策向け融資の拡充等）と累次の景気浮揚策が打ち出され、さらに政府は、民間設備投資・消費・輸出等の最終需要が伸び悩むなかで、9月には第4次景気対策（公共事業の追加、金利水準の引下げ等）を策定した。これによって、財政経済の政策スタンスは、総需要抑制政策から景気対策へと明確

に転換されることとなった。なお、こうした積極的な財政金融政策、即ち、4次にわたる景気対策の実施とこれに呼応する日銀の公定歩合の引下げ等は、変動する国際経済の諸課題に対して、わが国がどのような姿勢で取り組もうとするかを示すものであった。

　そうしたなかで、11月7日には、昭和50年度補正予算が成立した。その内訳をみると、歳出では、公共事業費・給与改善費等の追加補正が8230億円に対して、減額補正が地方交付税交付金の減額（1兆1005億円）等からなる1兆2747億円、歳入では、法人税・所得税などの税収と専売納付金の減額補正4兆197億円に対して、追加補正が公債金を中心とする3兆5680億円であった。したがって、補正額としては、大幅な税収不足を反映して4516億円の減額となった。ところで、地方交付税交付金については、ベースとなる国税3税（所得税・法人税・酒税）の減額に伴い上記のとおり一般会計からの受入れが大幅に減額されたが、地方財政運営への配慮から、地方交付税交付金総額は当初予算どおりに確保された。この点について少し詳しく述べると、地方交付税交付金の所要額は、減額された1兆1005億円のほかに地方公務員給与の改定等にかかる追加分の415億円があり、合計では1兆1420億円の手当てが必要であった。このため、まず資金運用部資金から交付税及び譲与税配付金特別会計に1兆1200億円の借入れを行い、あくまで50年度限りの特別措置として、一般会計に計上した臨時地方特例交付金220億円を受け入れることとした。しかし、交付税及び譲与税配付金特別会計による資金運用部借り入れについては、その後も10年以上にわたって地方財政への大規模な補填措置として定着し、借入れ合計額も累増していった。

　結局、昭和50年度の3兆8790億円に上る税収不足については、上記のとおり補正予算で対処することとなり、5兆4800億円の公債発行が行われたのだった。公債金の内訳は、「昭和50年度の公債の発行の特例に関する法律」に基づく特例公債2兆2900億円と、建設公債1兆1900億円であり、補正の目的が税収不足対策にとどまらず、公共事業の追加による景気対策の促進にあることを示すものとなった。なお、「財政法」第4条の規定による建設公債のほかに、特例法

によった理由としては、歳入不足があまりにも大きすぎたことや、特例法の制定によっていかに異例な法律によっているかを印象づける狙いがあったとされる。このような経緯によって、50年度補正予算から、特例公債への大規模かつ継続的な依存体制が開始することになったのである。

しかし、特例公債に依存した財政自体は健全性を損ねているものであり、財政の本来あるべき姿とはいえず、堅実な財政にできるだけ早く復帰することが政府の重要課題となった。

　公債大量発行下の積極予算　その後のわが国経済は、昭和50年中の4次にわたる景気対策の効果もあり、50年度末には足踏み状態を脱して回復の兆しが見え始めた。財政運営の基本姿勢は既に大きく転換していたが、51年度予算編成は、50年7月の財政制度審議会の「安定成長下の財政運営に関する中間報告」を実行に移し、予算規模の増大抑制と経費の合理化を徹底することとなった。また、その指針となるべき概算要求枠は、表1‐2‐2のとおり、43年度以来続いた25％増から15％増へと引き下げられた。

　昭和51年度政府予算案は、一般会計歳出を24兆2960億円、対前年度当初予算比で14.1％増と極力抑制したが、税収の不振による歳入不足にどう対処するかという課題を負いつつ、同時に公共事業などによる景気対策も進めなければならなかった。歳出面において、総需要創出効果の大きい公共事業関係費等への重点配分がなされ、例年どおり社会保障施策の充実（生活扶助基準の引上げ、年金額の引上げ等）が図られたことは、新しい経済成長パターンへの適合を示すものでもあった。こうして、歳入面では税収不足を補うための公債発行額が前年度を5兆2750億円上回る7兆2750億円に増大し、公債依存度は前年度を20.5ポイント上回る29.9％と、戦後最高の水準となった。しかも、公債金収入の5割強に当たる3兆7500億円が初めて当初予算から計上された特例公債であった。

　ところで、予算の国会審議においては、野党から特例公債依存から脱却できる目標年度とその対策について提示要求がなされた。このため大蔵省は、51年

表 1 - 2 - 2　概算要求基準等の推移

36～39年度予算概算要求枠	50％増の範囲内
40～42年度予算概算要求枠	30％増の範囲内
43～50年度予算概算要求枠	25％増の範囲内
51年度予算概算要求枠	15％増の範囲内
52年度予算概算要求枠	一般行政経費　10％増 ┐の合計額の範囲内 そ　の　他　15％増 ┘
53、54年度予算概算要求枠 （閣議了解）	一般行政経費 ┌経常事務費　 0 └そ　の　他　 5％増 ┐の合計額の範囲内 そ　の　他　13.5％増 ┘
55年度予算概算要求枠（54.7.31）	一般行政経費　　 0 ┐の合計額の範囲内 そ　の　他　10％増 ┘
56年度予算概算要求枠（55.7.29）	一般行政経費　　 0 ┐の合計額の範囲内 そ　の　他　7.5％増 ┘
57年度予算概算要求枠（56.6.5）	0
58年度予算概算要求枠（57.7.9）	マイナス 5 ％の範囲内（除く投資的経費）
59年度予算概算要求枠（58.7.12）	経常部門　マイナス10％ ┐の合計額の範囲内 投資部門　マイナス 5 ％ ┘
60年度予算概算要求基準（59.7.31）	経常部門　マイナス10％ ┐の合計額の範囲内 投資部門　マイナス 5 ％ ┘
61年度予算概算要求基準（60.7.26）	経常部門　マイナス10％ ┐の合計額の範囲内 投資部門　マイナス 5 ％ ┘
62年度予算概算要求基準（61.7.21）	経常部門　マイナス10％ ┐の合計額の範囲内 投資部門　マイナス 5 ％ ┘
63年度予算概算要求基準（62.7.31）	経常部門　マイナス10％ ┐の合計額の範囲内 投資部門　　　　 0 ％ ┘
平成元年度予算概算要求基準（63.7.15）	経常部門　マイナス10％ ┐の合計額の範囲内 投資部門　　　　 0 ％ ┘
2 年度予算概算要求基準（元.7.11）	経常部門　マイナス10％ ┐の合計額の範囲内 投資部門　　　　 0 ％ ┘

出所：財政調査会編『国の予算』各年度版より作成。
注：昭和63年度～平成 2 年度については、上記のほか、産業投資特別会計繰入（NTT株式の活用）がそれぞれ13,000億円計上された。

2月6日の衆議院予算委員会において、55年度までの歳入歳出の見通しを試算した「財政収支試算」を初めて提出した。そこでは、特例公債発行額がゼロになる目標時点として54年度、55年度の2つのケースが示されたが、その前提を高めの税収確保に置く内容となっていた。また、55年度を目標時点とするケースにおいては、増額を行っても建設公債を含む公債残高が51兆円強と推計され、その後における緊縮予算の必要性が示唆されていた。いずれにせよ、こうした「財政収支試算」によって、中長期的な視点に立った予算編成への本格的な取組みがなされるようになったのである。

前記のとおり、安定成長路線への政策転換が図られつつあった昭和51年度予算の執行段階では、経済の転換期にみられるような成長率の低下、業種別の跛行性・雇用回復の遅れ・企業倒産の増大など、産業構造の変化に伴う摩擦的な問題が生じていた。そのため、景気回復過程での摩擦を緩和し、持続的な安定成長路線に円滑に乗せていくことを目指して、経済対策閣僚会議は51年11月に「当面の経済情勢とその対策について」を決定した。これをもとに、公共事業の執行促進等、日本国有鉄道・日本電信電話公社の工事削減分の一部復活、住宅建設の促進、電力・石油精製業等の民間設備投資促進、プラント輸出の推進、中小企業対策、雇用面の措置の7項目の措置が講じられることとなり、51年度補正予算が編成（52年2月22日成立）された。

次に、昭和52年度予算については、大幅な自然増収が期待できない状況から、特例公債依存からの脱却の方策をさらなる歳出削減に求めることとし、概算要求枠について一般行政経費は10%増、その他（政策的経費）は15%増の範囲内とし、51年度よりもさらに厳しい基準を設けた。しかし、その一方で、国債費、地方交付税交付金、社会保障関係費、人件費等を合わせた当然増経費の増額が前年度を大きく上回る情勢であった。

一方、昭和51（1976）年にプエルトリコで開催されたサンファン・サミットの前後から、当時良好な経済パフォーマンスを示しつつあったアメリカ、西ドイツ、日本が機関車となって世界経済を牽引する役割を担うべきだとする「機関車論」が一部の国の政策担当者によって主張され、そのための内需拡大の要

請がわが国の財政面にも反映される情勢となっていった。したがって、財政健全化を目指すわが国の財政当局にとっては、二つの課題を同時に満足させるべき52年度予算の実現を迫られることとなり、一般会計歳出を28兆5143億円、対前年度当初予算比で17.4％増とし、物価の安定に努めつつ景気の着実な回復を図るという基本方針のもとに、公共事業関係費を21.4％増とする政府予算案が編成された。このようにして、51年度、52年度は、予算編成時点における景気回復の遅れと経常収支黒字とを背景に、公債の大量発行（51年度は7兆2750億円、52年度は8兆4800億円）による積極予算が組まれたのだった。こうした政策スタンスに基づく切れ目のない公共投資の効果が徐々に浸透し[2]、52年11月以降、生産は上昇基調となり、53年3月の生産出荷はオイル・ショック前を上回る水準となった。

　続く昭和53年度予算の概算要求枠は、経常事務費以外の一般行政経費は5％増、その他は13.5％増の範囲内とされた。このシーリングは52年度よりもさらに圧縮されており、50年度以降の3カ年にわたって歳入の約3割を特例公債を含む公債金収入で賄うという財政の異常事態に対処するためのものだった。他方、景気対策への要請が強まったことを背景に、53年度予算は52年度補正予算（第2次）と合わせた15カ月予算として編成され、住宅対策をはじめとする公共事業の拡充など景気刺激のための思い切った施策が盛り込まれた。これらによって、結局、53年度政府予算案は、一般会計歳出34兆2950億円、対前年度当初予算比20.3％増となり、前年度を2兆5050億円上回る10兆9850億円の公債発行が容認された。

　決算調整資金の創設　第1次オイル・ショック以降は、景気のわずかな落込みによってもかなりの規模の税収不足が生じるようになっていた。このような予見し難い税収の落込みによって歳入不足となる場合は、歳出削減、もしくは、補正予算によって対処するのがそれまでの通例であった。しかし、こうした事態が年度末近くや年度経過後に発生すると、結果的に赤字決算となり、補正予算では対処できないこととなる。このため、大蔵省、財政制度審議会において

は、一般会計に特定の資金を設け、決算上の不足が生じる場合にはその資金を取り崩して歳入不足を補塡する方法が検討された。昭和53年度予算は、上記のとおり15ヵ月予算として編成されたが、この時、「決算調整資金」に関する法律を制定し、税収減が一定規模を上回ることとなった場合に備えて決算調整資金を創設し同資金への繰入れに必要な経費を計上することとなった。

「決算調整資金に関する法律」は昭和53年2月18日に制定されたが、これに先立つ財政制度審議会の検討のなかでは、その主旨及び留意点について、①決算上の不足の処理が当該年度限りで完結処理され翌年度の財政運営に直接影響を及ぼさない制度にすること、②財政運営が安易化しないように歯止めを備えていること、③現行「財政法」に規定する諸原則に沿うようにすること、といった考え方が示された。なお、このように国の財政が特定の目的のために資金を保有することについては、必要な経費の財源は随時国民に負担してもらうという財政本来の姿に沿わない面もある。しかし、特別な理由が存在する場合等において、特別の資金の活用によって効率的な財政運営が可能となる場合には、そうした特別の資金を保有することが「財政法」(第44条)で認められているのである[3]。

日独機関車論と景気対策の強化 第1次オイル・ショックから5年を経過して、昭和53年度には初めて内需主導型の経済となり、特に年度の後半は、民間需要を中心とする緩やかな自律回復が続くようになった。これは、53年4月以降の公共事業等の執行促進、7月のボン・サミットにおける7％成長の決意表明、9月の総合経済対策を受けた53年度補正予算の編成(10月12日成立)等、内外経済環境への適応努力によってもたらされた成果であった。

まず、昭和53年度の前半では、急激な円高による輸出の大幅な減少が景気回復を遅らせ、国際収支面でも経常収支の大幅な黒字傾向が続いた。こうした経済情勢のもとで開催された7月のボン・サミットでは、「日独機関車論」が話題となり、わが国は、①内需を中心に前年実績を約1.5％上回る7％の実質成長率を達成するよう努力する、②経常収支の黒字縮小のため輸入の増大と輸出

の抑制を図る、③政府開発援助を3年間で倍増する、という決意表明を行った。こうして政府は、財政面からのさらなる内需追加措置として、公共投資の大幅な追加による内需拡大策を軸とする総合経済対策を決定した。そして、この対策の実施に要する国費を追加するために53年度補正予算が編成され、10月12日に成立した。

このような補正予算での公債発行の追加もあって、昭和53年度の公債依存度は前年度に引き続き高いものとなった。このため、54年度予算編成では財政健全化が早くから重要課題として認識され、財政制度審議会は政府に歳出抑制による財政健全化、即ち、特例公債の削減、経常事務費の伸び率抑制等を要請した。また、概算要求枠を53年度と同水準とし、補助金の整理を強化するなど厳しい条件がつけられた。さらに、同審議会からは、行政改革を含めた経費抑制等によって財政再建を図るべきだとの意見が出されたが、自民党、産業界ともに景気刺激型の予算編成に強い期待を示した。こうした背景のもとに決定された54年度政府予算案は、一般会計歳出38兆6001億円、対前年度当初予算比では12.6％の増となった。経費別の内訳では、公共事業関係費が20.0％増、社会保障関係費が12.5％増と引き続き大幅に増額され、歳入面では、税収の不振により公債金は前年度を4兆2850億円上回る15兆2700億円、特例公債は8兆550億円に膨れ上がった。公債依存度39.6％は安定成長期のピークをなすものであり、また、この予算の主要経費別歳出額のうち国債費の伸び（26.6％）が最も大きく、その額が4兆円に達したことも象徴的な出来事であった。

59年度特例公債依存脱却の目標　昭和54年1月31日に大蔵省は、54年度予算案に即した財政の将来像を示すものとして、「財政収支試算（54年度ベース）」を国会に提出した。この試算は、1月25日に閣議で了解された「新経済社会7カ年計画の基本構想」との整合性を図りつつ、積上げ方式ではなくマクロ的手法によって計画最終年度である60年度の財政収支の姿を示したものであったが、当該長期経済計画においては、財政面で特例公債依存からの脱却を企図し、その目標年次を59年度とするものであった（「昭和59年度特例公債依存脱却の目

標」）。このように、「新経済社会7カ年計画の基本構想」では財政再建が1980年代前半における新たな安定成長軌道を目指すための重要な政策目標の1つとされ、その理由には、財政が本来有する諸機能を回復させることが不可欠の要件であること、財政危機を放置した場合に生じる財政インフレや人口高齢化社会下での福祉水準の低下という副作用に明確な認識をもつ必要があること等を、経済計画という国民的合意形成の場において強く主張しなければならないと考えられたことなどがあった。

　一方、大蔵省の「財政収支試算」では、昭和54年度の歳出38兆6000億円に対して59年度64兆9700億円、税収は54年度21兆4870億円に対して59年度56兆1500億円、公債金収入は、建設公債が54年度の7兆2100億円に対して59年度12兆3400億円、特例公債は54年度8兆500億円から59年度はゼロ、と試算されていた。このように特例公債依存からの脱却目標年次を59年度とした背景には、60年度からは50年度発行の特例公債の現金償還が本格的に始まり、償還財源の手当てが必要とされたことなどがあった。また、この目標は、上記のとおり試算の対象期間における大幅な税収増加が前提となっていた。

　第2次オイル・ショック下の財政政策　昭和54年度のわが国経済は、イランの政情不安に端を発した原油価格上昇の影響から、卸売物価の急騰や経常収支の悪化が目立ったものの、政府による機動的な財政金融政策の発動などから着実な景気回復の過程をたどった。まず、54年度予算成立直後の4月6日には、「公共事業等の事業施行について」が閣議決定され、公共事業等の実施に当たっては、景気回復基調の定着に資するとともに物価動向にも十分留意するという、景気と物価の両睨みの姿勢が示された。具体的には、上半期の公共事業等の契約目標率を52、53年度（ともに上半期目標率73％）よりも低目の65〜70％となるよう機動的な施行を図ることなどであった。また、下半期についても、10月の54年度第3四半期の公共事業等施行に関する閣議決定において、契約目標率を例年どおり80％程度とする中立的な財政執行の方針が決定された。

　しかし、その後、物価動向がさらに警戒を要する情勢となったため、昭和54

年11月27日には「物価対策の総合的推進について」が決定され、財政面では、公共事業等の執行について、経済の動向に細心の注意を払い、物価上昇が加速することのないよう配慮することが確認された。なお、昭和54年度全体としては、物価、国際収支等の問題を抱えることになったものの、オイル・ショック後の調整過程を乗り越えて自律的な景気回復が実現し、税収の増加も見込める財政状況となったのである。このため、55年2月14日に成立した54年度補正予算では、1兆円を上回る規模の公債減額が図られた。

ここで、昭和54年度補正予算における公債金減額について少し詳しく述べると、まず、補正の規模は54年度当初予算の2.8%に相当する1兆674億円となった。歳出では既定経費と公共事業予備費の修正減少額が2746億円、歳入では税収、前年度剰余金受入れ等の差引純増額が2兆2874億円、合計で2兆5621億円を補正財源とし、このうち1兆3421億円を追加歳出額に配分するとともに、1兆2200億円が公債金の減額に充てられた。なお、公債金減額に当たっては、特例公債の減額が特に重視され、その額は1兆1380億円とされた。54年度当初予算では15兆2700億円という巨額の公債金収入を見込んでいたが、景気回復による税収増加の後押しによって、多少とも公債発行額を圧縮することとなったのである。こうした補正の結果、54年度の公債依存度は、当初予算の39.6%から35.4%へと低下した。

〔注〕
1) 昭和40年代には、49年度以前にも42、43年度が予算補正後に税収不足となったが、これらの年度においては税外収入の増収と歳出不用額の計上とによって対処された。また、40年度は、税収不足が早期に見込まれたため、まず予算補正によって当初予算の税収見積もりを減額し、最終的に歳入不足を特例公債の発行によって穴埋めするという方法が採られた。
2) 昭和52年度予算の執行段階においては、4月19日に公共事業等の上半期契約目標率を過去最高の73%とし、41年度以来となる公共事業等施行推進本部の設置を決定した。
3) 本節では、国税収納金整理資金（昭和29年創設）と決算調整資金について触

れたが、このような一般会計所属の資金としては、特別調達資金（同26年創設）、経済基盤強化資金（同33年創設）、農業近代化助成資金（同36年創設）がある。

3　国債大量発行への傾斜と公債政策

ニクソン・ショック後の公債政策　既に述べたように、昭和46年8月のニクソン・ショック以降、わが国では景気停滞の様相が濃くなり、46年度補正予算から48年度予算にかけて積極的な財政運営が展開された。その結果、42年度以降低下を続けていた公債依存度は、表1-2-3のとおり、46年度当初予算の4.6％から47年度当初予算では17.0％と、急激な高まりをみせた。

昭和47年度の経済運営は、景気回復と国際収支ギャップの解消を期した当初予算、11月13日成立の補正予算など、公債を活用した積極的な財政金融政策が行われた。また、補正予算による公債発行の追加と合わせて、47年1月からは長期国債として10年債（表面利率7.0％）の発行が行われた[1]。47年度予算においては、公債発行額は1兆9500億円（以下、いずれも当初計画額）と急増したが、このうち資金運用部引受けは2500億円、市中消化はシンジケート団（以下、「シ団」と呼ぶ）の引受け分1兆7000億円であり、市中消化の比率は前年度を大きく上回り9割近くとなった。47年6月24日には公定歩合が4.75％から4.25％に引き下げられ、預貯金金利も11年振りに引き下げられた。このように低金利の足並みが揃うなかで、長期金利の引下げも軌道に乗り、長期国債の表面利率も7月債から6.5％へと引き下げた。

昭和48年度予算の編成に当たっては、公債発行の規模を2兆3400億円に増大させたものの、公債依存度は16.4％と47年度よりも僅かに抑制された。また、公債の市中消化額を1兆8700億円に留め、資金運用部引受けを前年度の2500億円から一挙に4700億円に引き上げた。こうして、48年度の公債発行計画は、47年度補正予算当時の積極型とは異なる性格となった。また、第1次オイル・ショックに対処するための補正予算が12月14日に成立し、税収の増加見通しのもとに公債発行額が5300億円圧縮された。なお、48年度中は、公定歩合の引上げ

表1-2-3 一般会計に占める国債費・公債依存度の推移

年度	一般会計歳出 (A)(億円)	公債発行額 (B)(億円)	公債依存度 (B/A)(％)	国債費 (C)(億円)	一般会計に 占める国債費 (C/A)(％)
昭46	94,143	4,300	4.6	3,193	3.4
47	114,677	19,500	17.0	4,554	4.0
48	142,841	23,400	16.4	7,045	4.9
49	170,994	21,600	12.6	8,622	5.0
50	212,888	20,000	9.4	10,394	4.9
51	242,960	72,750	29.9	16,647	6.9
52	285,143	84,800	29.7	23,487	8.2
53	342,950	109,850	32.0	32,227	9.4
54	386,001	152,700	39.6	40,784	10.6
55	425,888	142,700	33.5	53,104	12.5
56	467,881	122,700	26.2	66,542	14.2
57	496,808	104,400	21.0	78,299	15.8
58	503,796	133,450	26.5	81,925	16.3
59	506,272	126,800	25.0	91,551	18.1
60	524,996	116,800	22.2	102,242	19.5
61	540,886	109,460	20.2	113,195	20.9
62	541,010	105,010	19.4	113,335	20.9
63	566,997	88,410	15.6	115,120	20.3
平元	604,142	71,110	11.8	116,649	19.3
2	662,368	55,932	8.4	142,886	21.6

出所：大蔵省『財政金融統計月報』第480号より作成。
注：当初予算ベース。

に合わせて、8月債から10年利付国債の表面利率が7％に引き上げられ、さらに、公定歩合が12月22日には2％ポイント引き上げられて9％水準となったため、1月債からは表面利率がそれまでの7％から7.75％まで引き上げられた。

　昭和49年度予算では、公債発行額は2兆1600億円であった。これは、当初計画比では減額だが、48年度補正による減額後の1兆8100億円を大きく上回っていた。ここでは、48年度をほぼ踏襲する形で資金運用部引受け4200億円、市中消化1兆7400億円が予定された。資金運用部による国債引受けの資金は、主に前年度の余裕金であった。ところが49年度においては、一般会計予算における総需要抑制政策との整合性をとる意味から、財政投融資計画での資金運用部資金の運用を抑制し、これによって生じた資金で国債を引き受けたのである。こ

れは、経済情勢に応じて財政投融資の運用規模を調整するというフィスカル・ポリシーであり、以後はこうした考え方のもとで資金運用部による計画的な国債引受けが行われることとなった。なお、公債発行実績の増大によって国債市況が年央以降は下落し、これに対処するため、10年利付国債は10月債から表面利率が 8 ％に引き上げられた。

公債発行政策の転換と大量発行時代の到来　昭和49年度に引き続いて総需要抑制の方針で編成された50年度予算においては、公債発行額は 2 兆円とされ、49年度を1600億円下回るものとなった。このうち資金運用部引受けは4200億円、市中消化としてはシ団引受け 1 兆5800億円が予定された。

そうしたなか、昭和50年 4 月15日の衆議院大蔵委員会で、大平蔵相が50年度の税収不足を認め、財源難が大きくクローズアップされた。この時問題となったのは、不足する財源を建設公債で賄うことができないため、かつて40年度に実施した特例法による公債発行に依らざるを得ないことであり[2]、また、その不足額が 3 兆4800億円と巨額であるため発行する公債の消化をどのような方法で実行するか、であった。さらには、政府にとってこうした事態は、51年度以降も継続する困難な問題として受け止められた。

このような税収不足に対応する補正予算は昭和50年11月 7 日に成立したが、それに先立つ10月 8 日に国債発行等懇談会が開催され、そこでは大蔵省から 3 兆4800億円の公債増発が提示され了承された。当初の予定額である 2 兆円を大きく上回る追加補正であり、そのうち建設公債は 1 兆1900億円、残りの 2 兆2900億円を特例公債によることとした。こうして、12月25日には「昭和50年度の公債の発行の特例に関する法律」が制定されたのである。なお、この時は、法案の成立が遅れたため、法案成立までに建設公債の発行を完了し、一方で12月の国庫の資金繰りの必要から同月中の短期間に特例公債2350億円を発行するという、異例の措置となった。

以上のような経過によって、昭和50年度以降は特例公債の発行を伴う公債の大量発行時代が到来したのだった。しかし、当初からこのような大量発行が継

続すれば、市中金融機関の国債保有高が急増し、円滑な引受けが困難になることが予想された。そのため大蔵省は、市中金融機関の負担軽減、個人の金融資産選考への配慮、国債市場の発達、発行条件の改定、販売体制の強化、流通市場の整備、新種国債の発行など、様々な角度から対応策を検討することとなった。

続く昭和51年度予算では、公債発行額は7兆2750億円と一挙に増大し、50年度当初計画を5兆2750億円、同補正後を1兆7950億円上回る規模となった。また、このうち資金運用部引受けは1兆円に倍増し、シ団引受けは6兆2750億円と4倍近くまで膨れ上がった。51年度予算の大きな特色の1つは、戦後初めて特例公債を当初予算に組み込み、所得税減税を見送ったことであった。その特例公債の規模は3兆7500億円、発行承認は国会での継続審議となり、10月15日にようやく成立した。また、その後の予算補正で公債金全体としては1000億円の追加がなされた。なお、翌52年の1月には、個人消化促進策として、額面総額989億円の5年物割引国債が発行された。これらの対応以外にも、年度当初以来の大量発行によって軟弱な市況が続いたため、6月と12月には日銀によって長期国債の買オペレーションが実施された。

一方、昭和51年度は、大蔵省による初の中期的「財政収支試算」によって特例公債依存脱却の目標年次（54年度及び55年度の2つのケース）が示された年であった。財政制度審議会の52年度予算編成に関する建議においても、高度経済成長に慣れた財政運営を抜本的に転換して財政体質改善のための努力を行うことが不可欠である、とされた。しかし、膨張を続ける歳出と伸び悩む税収との構造的なギャップが特例公債の発行を伴う大量の公債発行によって穴埋めされるという傾向は、その後も長らく継続することとなったのである。

国債大量発行の本格化と国債流動化の開始　昭和52年度は、公債発行の条件に恵まれた年であり、また、国債の流動化（市場での売却）が開始された年でもあった。52年度予算の公債発行額は8兆4800億円となり、前年度を1兆円以上上回った。このうち資金運用部引受けは前年度の当初計画と同額の1兆円が

予定され、市中消化は7兆4800億円であった。公定歩合は、52年3月12日、4月19日、9月5日、53年3月16日と累次に引き下げられ、52年度末には3.5％の戦後最低水準となった。これに伴う金利低下で国債市況は活況を呈し、10年利付国債の発行条件も次々に改定された。表面利率では、49年10月以来維持されてきた8％から、5月債は7.4％、7月債は7.2％、8月債は6.9％、10月債は6.6％と累次に引き下げられた。こうした状況下で、10月24日に第1次補正予算が成立し、建設公債2510億円増、特例公債1120億円減、公債金全体としては1390億円が追加された。さらに、53年1月31日に成立した第2次補正予算では、建設公債3470億円増、特例公債1兆190億円増、公債金全体としては1兆3660億円が追加された。これらによって、補正後の公債発行額は総額で9兆9850億円に達し、10兆円時代は目前となったのである。

　翌昭和53年度は、前年度に比べ公債発行の環境には恵まれなかった。53年3月16日に公定歩合の引下げがあり、4月発行分の10年利付国債の表面利率は6.1％に引き下げられものの、その一方で、53年度予算の公債発行額は52年度補正後をさらに上回って10兆9850億円と初めて10兆円の大台に達した。この年は、原資難を理由に資金運用部の引受け予定はなく、市中消化として公募入札1兆円のほかはシ団が引き受けた。その後は、市況が弱含みとなり、金利の底打ち感もあって国債の流通利回りが上昇傾向を強め始めた。国債の種類の多様化を検討してきた大蔵省は、5月になってシ団に中期国債案の骨格（3年物利付国債、公募入札、53年度発行額は1兆円を限度等）を示し、6月には3000億円を発行した。これは、中期債で公募入札という戦後の公債政策上初の試みであった。結局、中期債は予定額を大幅に上回る応募で入札された。また、7月には、金融機関経理の健全性を確保する目的から国債価格変動引当金制度が創設され、9月期決算から実施された。しかし、その結果、金融機関の債券売却が促されて国債市況の軟化に繋がった。こうした事態に対処するため、9月には資金運用部によって3063億円の市中買入れが行われた。その後も、10月12日に成立した53年度補正予算による公債の増発3000億円（2年物利付国債）を資金運用部による引受けとし、シ団の引受けを極力抑える方法によって国債市況の軟化に

対処した。このようにして、公債の資金運用部による引受けが、国債消化を安定化させるために重要な役割を果たすようになっていった。

一方、国債の流動化については、昭和52年4月以降、借換問題のない特例公債から開始された。以後、平成7年9月に国債の売却自粛措置が撤廃されるまで、流動化が徐々に進展することとなったのである。そもそも、昭和40年代においては、シ団が引き受けた国債は1年経過すると日銀の買オペレーションによって殆どが買い上げられ、流通市場へ売却する必要性が薄かった[3]。このように、国債は他の公社債に比べても流動性が劣っていたため流通市場での評価は低く、そこで決定される流通利回りは債券の信用度の格差を正確に反映したものではなかった。さらに、50年度以降は、公債の大量発行に伴い買オペレーションによって吸収される国債の比率が低下し、金融機関が保有する国債は増大する。国債の評価損、売却損を恐れた都市銀行などは、国債の売却によって資金ポジションを改善したいと当局に要求するようになった。こうして、国債流動化の本格的な検討が52年初から始まり、4月以降は、発行後1年後の特例公債の売却が可能となった。また、10月以降は、発行後1年後の建設公債の売却も可能となった。こうしたなかで発表された国債管理政策研究会のペーパー（52年6月）では、①特に都市銀行・地方銀行においては、恒常的な資金偏在、引受シェアと資金量とのアンバランス、国債保有増加による流動性への影響、ポートフォリオ・マネジメントの問題などから、国債流動化の要請が強まっていること、②債権流通市場は発展してきているが、一気に大量の国債の流動化を吸収するには問題があり、市場の一層の整備が必要であるとともに、流動化に伴う制度の整備として借換方式の改善が重要であることなどが指摘され、大蔵省は国債流動化へ向けての環境整備を本格的に推進することとなったのである。

特例公債依存脱却目標と公債依存度のピーク　昭和54年1月には「59年度特例公債依存脱却の目標」が明らかにされたが、当時国会で審議されていた54年度予算案には、公債金収入として15兆2700億円が計上されていた。結局、54年

度の公債発行当初計画額は15兆2700億円の巨額に上り、しかも特例公債が8兆550億円と初めて過半を占めた。公債依存度39.6％は、50年度の9.4％から実に30ポイントもの上昇であった（表1-2-3を参照）。また、53年度では引受け予定がなかった資金運用部が54年度は1兆5000億円を引き受けることとしたほか、公募入札を2兆7000億円に拡大し、シ団引受けは前年度とほぼ同じ規模の11兆700億円が予定された。

　昭和54年度の国債市況は、53年度よりもさらに厳しさを増した。54年3月に既に6.5％に引き上げられていた10年利付国債の表面利率は、公定歩合が54年4月17日から5回にわたって引き上げられたことを受けて、4月債が7.2％、8月債が7.7％、さらに55年の3月債は8.0％へと累次に引き上げられた。こうした急速な金利上昇局面のなかで、金利の先高観が醸成され、景気回復による資金需要の増大もあって、金融機関の国債売却が始まり、国債市況は悪化することとなったのである。大蔵省では、54年初来の国債市況の軟化を受けて、国債管理政策全般にわたる検討を加えることとし、同年5月の国債発行等懇談会では「当面の国債管理政策について」（いわゆる「7項目対策」）が発表された。これにより、発行額の圧縮とシ団引受けの軽減などが実施に移されることとなり、6月の国債整理基金による買入れ、7月の資金運用部資金による買入れによって、1兆円以上の国債の吸収が図られた。なお、公募入札の不振などに対処するため、結局は公債発行額を削減することとなり、年度末の補正予算においても、税収の増加に即して公債発行を1兆2200億円削減した。

　しかし、公債の大量発行が定着して以降、昭和53年度には公債発行額が10兆円を超え、54年度には15兆2700億円となって公債依存度も39.6％のピークに達した。政府においては、その後もこのような大量の公債に依存する状況が続けば財政が硬直化し、財政の機動的な運営が困難になりかねないという判断から、公債依存体質からの脱却が、将来における経済の安定的発展と国民生活の向上とに不可欠の条件としてより強く認識されるようになった。

資金運用部による国債の市中売却と市中買入れ　大蔵省の資金運用部は、郵

便貯金や厚生年金等として集まった資金を、公庫、公団、地方公共団体などに財政投融資計画によって運用するほか、毎年度発行される国債の約1割から2割を引き受け、保有していた。しかし、昭和52年度における総合経済対策などの追加的財政需要の財源を確保するため、53年1月に、保有国債を国債整理基金を通じて市中に売却した。こうした市中売却はその後も行われたが、当時は償還期限の短い国債は買いオペレーションによってほとんどが日銀に吸収され、市中残高は僅かであったため、資金運用部による国債放出が市中での中期国債の発行と同様の効果をもち、市場の短期・中期資金運用のニーズに合致することとなった。なお、国債整理基金を通じて売却が行われたのは、同基金が一旦買い取ることによって、その後の財政年度にとらわれず市場の動向をみながら売却できたこと、また、同基金は国債の償還・借換え・消却などを通じて国債市場を円滑に維持する役割があったことによるものである。

　一方、昭和53年9月からは、資金運用部による国債の市中からの買入れも行われている。資金運用部では、郵便貯金などの預託金や、貸付先の各機関・地方公共団体からの回収金の受入れを行っていたが、そうした受入れと財政投融資計画による運用の実行との間には、常に時期的なズレが生じていた。そして、そうしたズレによって生じた手元資金は通常、政府短期証券の形で保有されていたが、資金運用部資金の利回りの向上を図るとともに国債市況の回復に資するため、上記のとおり、国債の市中からの買入れが実施されたものである。こうして、公的資金が公社債市場に買い手として参加する道が開かれ、54年7月からは、資金運用部による国債の市中からの現先買入れも行われるようになった[4]。

〔注〕
1)　昭和40年度に公債発行を開始した時点では、7年債の1種類のみだった。この7年債が、46年度以降は10年債として発行されたのである。
2)　わが国経済は、昭和39年度央からオリンピック景気後の不況に陥り、40年に入るとさらに深刻化し、当初予算に比して税収が不足することが見込まれたた

め、「昭和40年度における財政処理の特別措置に関する法律」を制定し、40年度補正予算によって、41年1〜3月に歳入補填のための特例公債（いわゆる赤字公債）を発行した。なお、50年度以降の特例公債の発行に当たっては、単年度の法律で措置されている。
3) 昭和40年度から49年度の間における国債の市中消化額は8兆4890億円であったが、そのうちの75％弱に当たる6兆3374億円が41年度から50年度の間に、日銀買オペレーションの対象となった。
4) 現先取引は、一定期間後に一定の価格で買い戻す、または売り戻すことを予め約定して債券を売る、または買う取引のことである。

4　安定成長と税制再構築

長期税制のあり方答申以後　昭和30年代の後半からは、政府税制調査会（以下、「政府税調」と呼ぶ）の答申を基に税制改正が行われるというスタイルが定着した。その政府税調が昭和46年8月に取り纏めた「長期税制のあり方についての答申」では、租税負担の緩やかな上昇を認め、租税体系は間接税の適切な地位を維持する、という考え方が示されている。また、間接税の関係では、個別消費税の課税範囲の拡大の検討とともに一般消費税への移行についても検討することが政府に求められた。さらに、ニクソン・ショック後は、年度毎の税制改正について、税制による不況対策、特に所得税等の減税の早期実施が要請される状況となった。以下では、上記の答申を踏まえながら、昭和54年度までの税制改正の動向についてみていくこととする。

「長期税制のあり方についての答申」が示される前から、国内景気の停滞と、それによる税収不足が問題視されていた。政府は不況対策の検討を、また、大蔵省はそのための減税についての検討を進めていた。折から、昭和46年8月にニクソン・ショックが発生し、その経済的影響の大きさからも、不況対策のための税制改正が緊急課題となった。10月に行われた政府税調の審議過程では、当面の景気対策として所得税減税の必要性が是認され、最終的には46年4月に遡って実施された。

昭和47年度税制改正の答申は46年12月27日に纏められたが、地方税について

は一般減税を行うが国税についてはそうした減税を行わず、所得税では老年者扶養控除の創設、寡婦控除の適用範囲の拡大が盛り込まれた。また、法人税の付加税率を2年間延長して存続させたほか、航空機燃料税を創設、医師の社会保険診療報酬課税の特例の是正に取り組む姿勢も示された。さらに、47年1月25日に閣議決定された政府の「税制改正要綱」には、自民党が求めた持家取得控除制度の創設が加えられた。そのほかでは、不況対策の一環としての中小企業減税、問題が深刻化していた公害防止対策等について特別措置の強化が行われた。

　小規模企業課税と土地課税の見直し　昭和48年度税制改正では、政府税調の主な検討課題は、医師の社会保険診療報酬課税、小規模企業課税（事業主報酬制度の導入問題）、土地譲渡所得の分離課税であった。このうち事業主報酬制度については、いくつかの経緯があった。即ち、43年度には個人企業の専従者給与の完全控除が認められていたが、全国青色申告会や通商産業省などからは、さらに事業主報酬への控除制度の導入を求める声が高まっていた。しかし、政府税調では、個人企業の事業主が自分に給与を支払うこと自体無意味であり、給与所得控除制度の乱用であるとして、こうした租税特別措置の導入に反対の姿勢を示した。その後、事業主報酬に控除を認めることへの代償措置として、46年度に青色事業主特別経費準備金制度、47年度には同制度に代わる青色申告控除が創設され、個人企業の所得税負担を軽減する流れができあがったのである。また、土地譲渡所得の分離課税については、44年度に導入されて以降、法人の土地取得を助長する結果となっていたため、土地課税のあり方を基本的に見直す方向で審議がなされた。加えて、田中角栄首相が公約した5000億円減税について政府税調がどのように対処するかに多方面から関心が集まった。結局、47年12月30日に纏められた48年度税制改正の答申では、所得税、住民税の減税が認められたが、社会保険診療報酬課税の見直しについては見送られた。なお、その前日発表された自民党税制調査会の「税制改正大綱」では、政府税調が基本的な税制に取り入れないこととした事業主報酬制度について、その創設が盛

り込まれており、また、土地税制については投機的な取引の抑制に向けて政府に早急な結論を求める内容となっていた。翌48年1月8日の政府「税制改正大綱」では、懸案の事業主報酬制度を5年間の特別措置として創設する一方、土地税制についても早急に結論を出す方針を示した。そのほか政府の大綱には、所得税について各種控除の引上げによる減税、相続税では基礎控除額の5割引上げによる減税など、また、福祉対策・公害対策・住宅対策についての特別措置が盛り込まれた。その後、政府税調の答申を待って1月19日に閣議決定された48年度の「税制改正要綱」では、大綱に示された内容のほかに、土地税制について、地方では特別土地保有税を課し、国税では法人の土地譲渡益に重課するとともに、譲渡所得の特別控除額を引き上げることとした。

第1次オイル・ショックのなかでの所得税・法人税改正　昭和49年度の税制改正については、政府は早くから所得税の課税最低限の大幅引上げなど、目玉となる改正事項を掲げ、政府税調での検討を進めた。これは、田中首相が48年春の衆議院大蔵委員会で、49年度中に大規模な減税を行うべきだと答弁したためで、その後いわゆる「2兆円減税」の実施が検討されることとなったのである。48年秋の政府税調の審議段階では、給与所得者の負担軽減のため給与所得控除を大幅に引き上げる方針が固められていた。その同じ時期に、第1次オイル・ショックが発生したが、所得税・法人税・住民税の負担のあり方を始めとする税制の検討はそのまま継続された。さらに、間接税・租税特別措置の審議結果を加えた答申が12月21日に提出された。その答申では、給与所得控除の大幅引上げと適用所得階層区分の拡大などから所得税減税の規模は約2兆円とされ、法人税については、税率の引上げなど課税が強化された。オイル・ショックの影響を見守るべきだとする慎重論があるなかで、田中首相と自民党の強い意向で、答申内容は政府税調の当初の方針に沿ったものとなったのだった。

　当時、大蔵省の考え方は、所得税の引下げ、法人税の引上げ、間接税の充実を柱とする税制改正によって、税構造全体を望ましい形にすることができる、というものであった。特に、法人税率は基礎税率が36.75%から40%に引上

げられたが、その背景には、実効税率が欧米の水準よりも低く、わが国の法人にも国際競争力が備わってきたため税負担が増加しても国際競争から脱落することはないと判断されたことなどがあった。また、政府の長期経済計画(「経済社会基本計画」)では、国民の税負担の上昇を見込んでおり、法人税と間接税の増税が必要とされる情勢にあったのである。しかし、昭和49年1月11日に閣議決定された49年度「税制改正要綱」に基づく改正は、その実施段階で十分な効果を上げるには至らなかった。即ち、オイル・ショックによる物価の高騰と名目賃金の大幅上昇によって、所得税減税が物価調整減税へと性格を変え、企業利得の減少で法人税の収入増加が期待できない状況となったのである。

租税特別措置の是正に向けての検討 大蔵省は、昭和49年度と50年度の税制整備を一体として進めたい意向を持っていたため、49年度改正で所得税減税と法人税増税を実現させたのに次いで、租税特別措置における医師の社会保険診療報酬課税の特例(いわゆる医師優遇税制)の是正、利子・配当の分離課税といった懸案の処理に当たることとした。政府税調の特別部会報告は、医師の所得課税で、必要経費を一律に72％として認めていることについて、このような必要経費率を改め実際経費率と特別控除の仕組みとするよう求めた。さらに、12月27日の50年度税制改正の答申では、所得税の人的控除の引上げとともに、社会保険診療報酬課税の特例の是正、土地の譲渡所得への課税強化、利子・配当所得への課税強化などが要請された。なお、答申に盛り込まれたそのほかの内容として、物価上昇の関連では、相続税・贈与税の負担増加という影響に配慮し、大幅な軽減措置が求められた。

ところで、租税特別措置の目的は、貯蓄の奨励、環境改善・地域開発等の促進、資源開発の促進等、技術の振興・設備の近代化、内部留保の充実・企業体質の強化など多岐にわたっている。そして、各々の措置が、個別の経済主体の利益に深く関わってきた。このため、租税特別措置のあり方を巡っては、昭和30年代の初頭から様々な議論が展開されたが、政府税調では、この措置による税負担の不公平を可能な限り是正し、制度の長期化、既得権化を避ける方向で

見直しが検討されてきた。また、そうした考え方から、各年度の税制改正において租税特別措置の改廃が図られてきたのだった。ただし、政府税調が取り組んできた医師優遇税制の見直しについては、49年12月25日に決定された自民党の「税制改正大綱」には盛り込まれず、また、50年1月24日に閣議決定された「税制改正要綱」においても、この問題の解決は先送りされた。

財政運営方針の転換に対応した税制　本予算の成立後に大幅な税収減が見込まれた昭和50年度は、その財政運営の方法において大きな転換を求められることとなった。この年は補正予算で特例公債を発行し、以後公債依存の傾向が強まったことで知られるが、税制面については、当然ながら極力税収増加を図る方向で政府税調の審議が進められた。また、財政制度審議会も増税と歳出合理化を求め、自民党税制調査会では新税創設の検討姿勢が示された。こうした状況下で、51年度税制改正は、所得税減税の見送り、租税特別措置の見直し、自動車関連税制の強化等が打ち出され、租税特別措置については、社会保険診療報酬・交際費・引当金等の見直しに焦点が絞られていった。50年12月23日に提出された政府税調の答申では、中期的にみて負担水準の上昇を予測せざるを得ないとの前提のもとに、不公平税制の是正による増収措置を講じる姿勢が示された。なかでも租税特別措置の整理合理化として、11項目が廃止、58項目が縮減の対象とされた。また、その他の増収策として自動車関連諸税の税率引上げが求められた。

　その後も、特例公債依存体質からの脱却を企図した方策としての税制改正の検討が進められた。例えば、ＥＣ型付加価値税をはじめとする各種の新税についての論議の高まりがそれである。政府税調では、所得課税については、不公平の段階的是正を目指した利子・配当所得の総合課税が取り上げられ、資産課税と消費課税については、富裕税・付加価値税の創設が課題となった。特に当時の雰囲気として、諸外国との比較において間接税の負担水準が低いという共通認識のもとで、この間接税改革が「中期税制」の最重要課題となることが肯定的に受けとめられていた。また、そのほかにも、引き続き租税特別措置の見

直しによる税収増加の期待が強調され、その象徴ともいうべきものとして社会保険診療報酬課税の特例是正が論じられたのであった。昭和51年12月に纏められた「中期税制」の中間報告では、所得税には増税の余地があり、また、一般消費税の創設を検討すべきである、とされた。こうして、52年度税制改正は、政府税調の答申によると、52年度で財政収支を一挙に回復させるような大幅な増税を実行する段階ではないとの基本認識のもとで、景気対策と生活安定のための所得税減税を物価調整の程度で行うこととし、他方、租税特別措置の見直しについては、利子・配当所得の税率引上げ及び交際費課税の強化等が求められた。

なお、昭和52年度税制改正に当たっての与野党折衝で、議員立法による税額控除方式の所得税の「戻し税」が決定した。政府は当初、財政難を理由に52年度も減税を行わない方針を明らかにしていたが、51年12月に首相に就任した福田赳夫は、物価調整減税を実施せざるを得ない状況と判断するに至ったのだった。ただし、財政難への配慮として所得税減税と法人税増税を組み合わせることとし、ネットでは初年度は減税の方が上回るが、平年度はむしろ増税になる改正となった。その背景には、12月の衆議院総選挙において与野党の勢力が伯仲し、野党の声を予算に反映させなければ予算成立が難しい状況となったことなどがあった。大蔵省は、課税最低限や税率を調整することで望ましい所得税構造にすべきだと主張していたが、「戻し税」であれば臨時的措置と考えられ最終的に同意したのだった。なお、財源には51年度の剰余金を充て、その減税の規模は3000億円、実施は52年7月であった。こうした「戻し税」減税は、53年にも実施されたが、この時は、財源を剰余金に求める状況にはなく、国債財源によって措置された。

ところで、昭和52年7月の第11回参議院選挙前に、坊秀男蔵相は一般消費税の導入に向けて積極的な姿勢を示したが、政党内にはその導入は経済の悪化を招きかねないとの観点から、否定的な見解が聴かれる状況にあった。一方、政府税調は53年度税制改正の審議検討段階で、困難な財政状況を改善する目的から、有価証券取引税の引上げ、酒税の引上げなど増税型の税制改正を課題とし

つつ、一般消費税の創設を取り上げたのである。

一般消費税導入への模索　昭和40年代の半ばには、経済政策は福祉の増大や社会資本の充実にウェイトを置くようになっていた。そうしたなかで、政府税調においても、増大する財政支出を賄うための間接税の大胆な見直しが検討されていた。そして、40年代後半における間接税改正の焦点は、一般消費税の創設問題に移っていったのである。

本項の冒頭で紹介した「長期税制のあり方についての答申及びその審議の内容と経過の説明」（昭和46年）によると、国民の消費行動が急変していくなかで、個別消費税の対応の遅れを改善することこそが一般消費税導入の根拠である、という主張がなされている。ただし、導入のタイミングについては、「こうした各種の方式（所得税への依存度を高める、法人税の負担を高める、一般消費税を導入する：筆者注）のなかでどれをとるか、それは結局はその時点での国民の選択の問題であると考えられる」と述べるに留められていた。その後は、ニクソン・ショック、2度のオイル・ショックといった事態のなかで、間接税強化の論議は一時棚上げとなったが、昭和50年度における特例公債の発行などから、財政硬直化への懸念が高まり、大蔵省は財政危機キャンペーンを展開することとなった。さらに、51年度以降は「財政収支試算」が作成され、特例公債依存体質からの脱却のためには、租税負担率の大幅な引上げが必要となることなどが明らかにされた。こうした経緯からも、一般消費税導入へ向けての検討はますます本格化していった。

一般消費税の創設を巡る論議の視点についてはこれまで述べたとおりであるが、昭和51年7月には政府税調に技術的問題の検討を目的とする作業部会が設けられた。また、52年10月の「中間答申」でも、財政再建には既存の税では限界があり、一般消費税の導入を考えるべきである、との考え方を明確にした。しかし、導入の時期は示されず、その導入に当たっては不公平税制の是正が前提となるという条件が付けられた。

その後も、「中間答申」で明示された一般消費税の導入実現が大蔵省の課題

となり、昭和54年度税制改正の検討項目の1つとして政府税調の審議が続けられた。当時の財政状況は、53年度予算編成で法人税収の前倒しを行うなど、税収不足から困難に直面していた。54年度以降も苦しい財政運営を強いられることは必至の状況であり、それらを考慮に入れて、53年6月に一般消費税の具体的な検討が開始され、9月にはその骨格を固めることが目標とされた。この間、税制調査会長の審議経過の報告によって、一般消費税のアウトラインがより具体的に知られるようになっていった。こうして、9月初めには一般消費税の試案が纏まり、従来の間接税の合理化を前提としつつ、小規模業者を課税対象から除外し、取引高税とどのような点が異なるか等についての考え方が示された。また、自民党税制調査会の「税制改正大綱」も一般消費税の導入を是とし、55年度中の実施を求めた。

　昭和53年12月の政府税調の答申（答申の別紙として「一般消費税大綱」が示された）では、52年11月に福田赳夫首相が諮問した「国民経済の健全な発展を目途としつつ、国、地方を通じて財政体質を改善するため、税制上とるべき方策」という課題に応える形で、一般消費税の導入が避けられないものであるとの認識が強調され、実施時期を55年1月とする一般消費税の内容が具体的に提示された。また、大平正芳新内閣の金子一平蔵相は、54年1月25日の財政演説で、「現在の財政収支の不均衡は、もはや一般的な税負担の引上げによらなければ、経済の安定、福祉の向上という財政本来の使命を果たすことができないところまで来ているのであります」と述べ、新しい税制に対する議会と国民の理解を求めた。しかし、野党各党は歳出削減や不公平税制の是正が先であるとして攻撃し、10月の第35回衆議院総選挙が迫ると、野党ばかりか自民党内からも一般消費税導入への反対論が強まる情勢となった。こうして、大平首相は遊説先の新潟市で同税の55年度中の導入を断念する意向を表明するに至った。さらに、自民党の総選挙敗北を挟んだ年末の国会では、衆参両院の本会議において「財政再建に関する決議案」が可決（12月21日）され、財政再建は一般消費税に依らず、行政改革による経費節減、歳出の節減合理化、税負担公平の確保、既存税制の見直し等を抜本的に推進することにより財源の充実を図るべきであ

る、とする決定がなされた[1]。

　第2章第2節で述べるとおり、その後も政治状況が一般消費税の導入を拒否し、財政再建を推し進めようとする政府の意図に対応した形での税制改正の実現は、引き続き困難な状態が続くのである。

　医師優遇税制等の見直し　既にみてきたように、租税特別措置である社会保険診療報酬課税の特例を是正するための検討は積年の課題となっていた。特に、一般消費税の検討と併せて、昭和54年度税制改正の検討段階では、租税特別措置の整理合理化の検討が進展し、価格変動準備金の廃止が強調され、社会保険診療報酬課税の問題にも厳しい姿勢が示された。

　このような背景のもとで、昭和54年度の税制改正が行われ、揮発油税等の税率引上げ、租税特別措置の見直しが進められた。このうち租税特別措置については、社会保険診療報酬課税の特例の是正がようやく実現することとなり、段階的な控除率のもとで診療報酬に対する税負担の引上げが決定された。即ち、医師の所得課税について、必要経費を一律に72％として認めていたものを、社会保険収入2500万円までは72％、3000万円までは70％、4000万円までは62％、5000万円までは57％、5000万円超は52％を認めることとしたものである。そこにおいては、5000万円に達するまでは社会保険医の公共性を考慮する、という政府税調と大蔵省の考え方が反映されたとされる。そのほかの見直し項目としては、有価証券譲渡益課税の強化、交際費課税の強化、法人の貸倒引当金の法定繰入率の引下げなどがあった。なお、これらを含む54年度の税制改正は、一般消費税導入のための地固めとして不公平税制の是正についての取組みが行われた、という側面をもつものであった。

〔注〕
1)　この決議案は、第2次大平内閣の蔵相に就任した竹下登を中心に取り纏められたものであった。決議文では、「一般消費税（仮称）」とわざわざ（仮称）を付しているが、これは、政府税調が示した仕組みの一般消費税は財政再建の手

段として否定されたものの、消費一般に負担を求める間接税がすべて否定された訳ではないと読めるようにしてあったものとされる。

5　国債大量発行時代の財政投融資

財政投融資計画の拡大　「第二の予算」とも呼称される財政投融資計画の規模は、昭和40年代当初にいったん著しく増大したが、その後は46年度まで比較的穏やかな推移を示していた。しかし、47年度及び48年度は、ニクソン・ショック後の対策、第1次石油危機対策などで予算規模が拡大したことに伴い、財政投融資計画額は巻末統計5のとおり著しく増大した。また、47年1月からは10年物国債の発行が始まり、従来抑えられていた資金運用部資金による引受けが一挙に増大し、後述する財政投融資計画の追加と合わせて、原資対策が47年度以降の新たな課題となった。

その後、昭和49年度から54年度までの財政投融資計画額の推移は、一般会計予算が49年度には抑制基調に転じたことから伸び率が比較的落ち着くこととなったが、後述のとおり、総需要抑制による摩擦やひずみが顕在化したことによって、それらへの対応が年度途中における財政投融資の追加によって補正され、改定計画ベースの伸び率は当初計画のそれとは異なる推移となった。例えば、53年度の当初計画額は一層の内需振興に寄与するため対前年度比で18.7％増と49年度以降では最も高い伸び率となったが、年度内の追加が1回であったため、改定計画の伸び率は前年度のそれ（3回の追加により22.3％）の約半分11.6％となっている。

ところで、そもそも財政投融資には財政の機能を補完する役割があり、その結果、計画総額が景気対策の規模を示すものともなった。財政投融資資金は、そのほとんどが直接間接に事業費として活用されるものであるため、景気刺激効果は一般会計歳出よりも大きいとされている。また、そこにおいては、政府保証債などによる外部資金への依存が減少し、政府内資金による財源調達が中心となっていった。さらに、政府の財政難が、上記のとおり資金運用部の国債引受けを増加させることともなったのである。

景気対策としての財政投融資計画の追加　財政投融資計画の追加は、昭和46年度に7890億円と一挙に大きくなり、その後もそれを上回る追加が行われていった。例えば、49年度における財政投融資計画の追加は、10月、11月、12月、50年1月、3月の5次（合計1兆2058億円）に及んだが、これらは上記の需要抑制策によって生じたひずみの解消を企図したものであり、住宅建設、中小企業対策、地方の生活関連事業等が対象となった。

　第1次オイル・ショックの国内景気への影響は予想以上に大きく、景気回復の鈍さが財政状況に反映される結果となった。昭和49年度の税収不足への対応については本節の第2項で述べたとおりであるが、政府は、50年9月の経済対策閣僚会議で、単なる税収不足への対応に留まらず、財政金融両面にわたる総合的な景気対策によって景気の着実な回復と雇用の安定を期することとし、補正予算の編成と合わせて財政投融資の追加を決定した。財政投融資計画の追加は、9月、10月、11月に実施され（合計1兆3957億円）、財政投融資計画額は、当初の9兆3100億円から10兆7057億円に拡大した。なお、景気対策としての追加は9218億円であったが、それに日本国有鉄道の財源不足対策と地方財政対策が加わったものである。このように、補正予算は税収補塡に重点が置かれ、景気対策はもっぱら財政投融資に求められたのだった。

　さらに、昭和51年11月12日の経済対策閣僚会議において「7項目対策」が決定され、51年度補正予算と合わせて財政投融資計画の追加が行われた。11月の4360億円の追加は住宅対策・中小企業対策であり、12月の2079億円の半分以上が地方財政対策だった。また、52年度も政府は、景気回復と雇用回復を図るため、9月の経済対策閣僚会議で総合経済対策を決定し、2次にわたる補正予算と合わせて財政投融資計画の追加を決定した。追加は、9月、11月、12月に実施された（合計1兆3878億円）が、やはり住宅対策・中小企業対策・地方財政対策を中心とするものとなった。

　昭和53年度は、前年度に続いて貿易黒字の増加が対外不均衡を生み出し、内需振興を求める外圧への対応が迫られた。9月には、貿易黒字の縮小をも期した総合経済対策が決定され、補正予算の編成と合わせて財政投融資計画が追加

された。追加額は公共投資と地方財政対策に注入された。一方、54年度予算は、予算規模が抑制され、財政投融資計画の伸び率も53年度の18.7％から13.1％に抑えられた。そのため追加額についても、前年度の1割弱まで縮小することとなった。

なお、財政投融資の追加においては、景気対策の一環としての政府系中小企業金融三機関（国民金融公庫、中小企業金融公庫、商工組合中央金庫）への追加の例にみられるように、中小企業金融対策にも十分な配慮がなされた[1]。

国債引受けの増大と原資計画　昭和50年度以降は、財政投融資における国債引受額が増大した時期である。

前記の昭和50年度中における財政投融資の追加と合わせて、資金運用部による国債引受けの増額4200億円（当初計画4200億円、改定計画8400億円）が決定された。また、この時、地方財政対策3700億円のほかに、地方交付税減額の補塡のため交付税特別会計に1兆1200億円を貸し付けることが決定された[2]。財政投融資計画の追加1兆3957億円以外にこの両者のための多額の資金供給が必要となったもので、このうち600億円を政府保証債の増額によって、残りを資金運用部保有国債等の売却で賄われた。46年度以降の財政投融資計画額の急速な増加の過程においても、資金運用部はそれを賄う余裕を残してきたが、この50年11月の対応によって、その余裕の多くを失うこととなったのである。

昭和51年度も、景気回復への期待は財政投融資に求められた。51年度の計画は、51年度予算の公債金が7兆2750億円へと拡大したことを受けて、国債引受けに1兆円を充て、原資を充実させるため政府保証債を90％増の7676億円（50年度は4039億円）とし、郵便貯金を25.9％増の5兆1000億円として、当初計画額は総額10兆6190億円となった。さらに、52年度についても、資金運用部による国債引受けが1兆円予定された。なお、53年度については、資金運用部資金の増加見込みが小規模であったことなどから国債の引受けは予定されなかった。

続く昭和54年度予算は、予算規模が抑制され、前記のとおり、財政投融資計画の伸び率も抑えられた。53年度は厳しい原資事情であったことから資金運用

部による国債引受けは見送られたが、54年度は新規国債が15兆2700億円（前年度当初比で4兆2850億円増）の多額となったため、資金運用部による1兆5000億円の国債引受けが予定された。それが可能となったのは、政府保証債を前年度と同様大幅に増発したこと、資金運用部資金において回収金等が大きく増額できたこと等によるものであった。

　このように資金運用部資金は、公債の大量発行時代の到来によって国債引受けへの資金配分に重点が置かれるとともに、国債引受けを通じた国債消化の安定化のために重要な役割を果たすようになっていった。そうした資金配分の変化については、当時は、本来の余裕金を超えた国債引受けは財政投融資の資源配分機能を脆弱化させるのではないか、資金運用部の国債引受けと保有国債の日銀への売却が同時に行われれば財政インフレを招くのではないか、また、資金運用部の対市中売買操作（本節の第3項を参照）が金融政策と整合しないのではないか、といった懸念の声も上がっていた。その一方で、高度成長期後における財政投融資の対象領域が縮小傾向にあることを視野に入れつつ、国債への運用にシフトしていくべきではないか、という意見も示された。そして、現実の趨勢としては、公債の大量発行が継続されるなかで、国債引受けの増大と財政投融資計画の規模の拡大とが並行して進められることとなったのである。

〔注〕
1) 財政投融資の追加は、景気対策に限られたものではなく、例えば災害復旧事業などの資金需要に対応するための追加や、景気に対して抑制的に運営しなければならない局面において中小企業に不当なしわ寄せが及ばないために政府系中小企業金融三機関等に対する追加を行うというケースもあり、財政投融資の追加の内容は多様である。
2) 地方交付税は、所得税・法人税等の国税の一定割合を地方団体に交付する制度であるが、昭和50年度をはじめ、当初予算で見積もったそれらの税収を確保できないことがたびたびであった。そのため、当初予定した交付税額を保証し、地方財政運営の混乱を避ける目的から、こうした資金運用部からの貸付が行われたのである。

第 3 節　金融政策

1　第 1 次・第 2 次オイル・ショックと金融政策

第 1 次オイル・ショック前後の金融政策　まずマクロ金融政策の運営をあとづけよう。表 1-3-1 にはこの時期の公定歩合の変更をまとめてある。これによると昭和48年春まで金融は緩和されている。これは、経常収支黒字のもとで固定相場制を維持（円切上げ回避）するために内需を拡大しようとしたこと、次いで46年 8 月の円切上げ実施による不況を懸念してのものであった。

　しかしそのもとでマネーサプライは急増して、物価上昇と土地等の投機が進行し、やがて第 1 次オイル・ショックが加わって、それらは「狂乱」状態となった。そこで48年 4 月に公定歩合を0.75％引き上げて5.0％としたのに始まり、相次いで引締めを実施して12月には9.0％とした。49年になると生産活動はマイナスとなり、スタグフレーションの状態に陥った。日本銀行は、物価をにらみつつ、慎重に50年 4 月の公定歩合引下げから緩和に移った。この際に問題になったのは、従来と同じく郵便貯金金利の引下げである。郵政省は、郵貯金利の引下げは庶民の利益に反すると主張して金融政策との同調に抵抗した（経済の視点からは、金利を下げなければ不況を悪化させて庶民の利益に反するのである）。結局、公定歩合は同年10月に6.5％まで引き下げられた。

　その後、52年から急速な円高が進んだため、同年には公定歩合をさらに引き下げ、53年 3 月には3.5％とした。それと同時に円売り・ドル買いの為替介入を実施し、円急騰を阻止しようと努めた。

経済安定化措置　「狂乱物価」と土地等投機に対して、政府は「経済安定化措置」を実施した。金融行政でも次のようなものが発動された。

　第 1 は中小企業金融対策である。原材料の入手難や取引先の倒産などによる深刻な経営悪化を避けるため、政府系金融機関の融資促進、総需要抑制策から

表 1-3-1　公定歩合の変更（昭和45～54年度）

年月日	%	年月日	%	年月日	%
昭和45.5.15	6.25	48.5.30	5.50	52.3.12	6.00
10.28	6.00	7.2	6.00	4.19	5.00
46.1.20	5.75	8.29	7.00	9.5	4.25
5.8	5.50	12.22	9.00	53.3.16	3.50
7.28	5.25	50.4.16	8.50	54.4.17	4.25
12.29	4.75	6.7	8.00	7.24	5.25
47.6.24	4.25	8.13	7.50	11.2	6.25
48.4.2	5.00	10.24	6.50	55.2.19	7.25

出所：日本銀行『日本銀行百年史』資料編（昭和61年）より作成。

の例外化などを行った。

　第2は購買力吸収を目的とした貯蓄増加策である。48・49年にかけて、中期（2年定期）預金の創設、少額貯蓄非課税制度（マル優）や勤労者財産形成制度（財形）の上限額の引上げなどを実施した。

　第3は融資規制である。47年に不動産関連融資の抑制指導（「質的融資規制」）を開始したのち、オイル・ショックの発生を受けて48年末には「選別融資」を実施した。これは、国民生活の安定に緊急に必要な資金を優先し、土地取得、買占め・売惜しみなど投機促進の恐れのある資金等を抑制するよう、金融機関の融資の指針を示したものである。また、49年12月の通達により「大口融資規制」（普通銀行の場合、1債務者向け貸出は銀行の自己資本の20％を超えてはならない）を実施した。この規制は、リスクの分散のため、当局が古くから導入を目指してきたが、銀行業界の反対で実現しなかったものである。この内容はのちに新銀行法に取り入れられた。

　第2次オイル・ショック前後の金融政策　前述のように、公定歩合は昭和53年3月以来3.5％の低水準に置かれていたが、同年末のOPEC（石油輸出国機構）総会決議以降、原油価格は再び大幅に上昇することになった（第2次オイル・ショック）。

　第1次危機の教訓からインフレ回避重視の姿勢を強めていた日本銀行は、速

やかに警戒的なスタンスをとった。54年第1四半期から窓口指導をきつめに運用し始めたのに続き、表1-3-1のとおり54年4月以降、たてつづけに公定歩合を引き上げて引締めを強化した（公定歩合は55年3月に9.0％に引き上げられる）。預金準備率も引き上げられた。

　こうした速やかで果敢な引締め政策の結果、輸入物価や原材料価格が大幅に上昇したのに対して、完成品段階にいくほど価格上昇を小幅にとどめることができた。すなわちホームメイド・インフレの抑制にある程度成功したのである。

金融構造の変化　この間、高度経済成長の終焉に伴い、金融構造にも歴史的な変化が生じた。

　まず資金循環の構造が変わった（図1-3-1）。成長率が低下し、それに伴って爆発的な投資増加の局面を終えたことにより、資金不足を基調とする時代は去った。それは法人企業部門の資金不足が大幅に縮小したことに現れている。代わって資金不足（赤字）主体として拡大するのが政府部門と海外部門である。海外部門の資金不足は日本の経常収支黒字の定着を示し、資本は純流出となる。政府部門は、企業投資の縮小がもたらす総需要の不足分を補ってバランスさせる形で、財政赤字を拡大した（財政支出の増加と税収の伸び悩み）。

　成長率の低下により、マネーサプライの伸び率の水準も基調として低下する。また、かつて高成長・高投資がもたらす高圧のもとで押し上げられていた市場均衡利子率の水準も低下に向かう。

　財政赤字は公債発行を増加させ、その残高を累積させた。それは金融システムにも大きな変化をもたらす。大量の公債は金融機関によって消化されたが、やがて保有が重荷となり、売却制限の緩和の要求が高まる。金融機関引受国債の売却制限の緩和は昭和52年に始められた。同年4月に特例（赤字）国債、10月には建設国債を、発行後1年経過後に売却できることとされた。以後しだいに制限は縮小されていく。これによって、52年以降、国債流通市場が急速に拡大を始めた。この市場は自由金利市場のコアとなるものであり、その発達は連鎖的に影響を広げていくことになる。自由金利市場が拡大すると、例えば高金

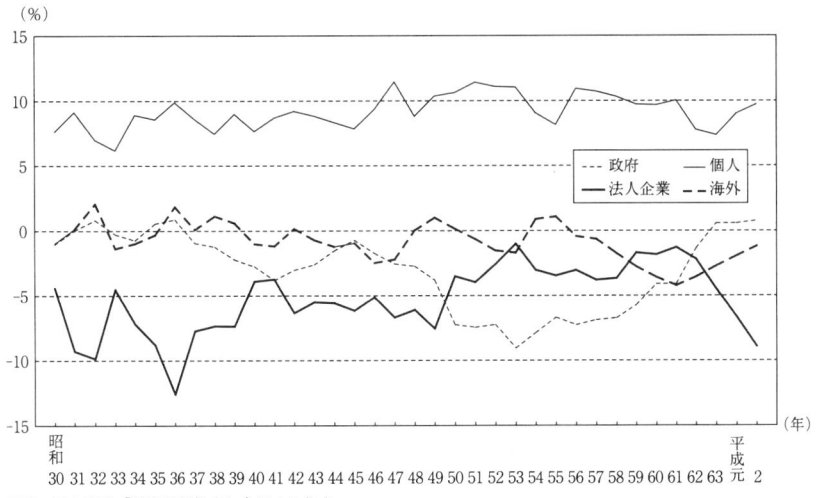

図1-3-1 主要経済部門の資金過不足額（対GNP比）

出所：日本銀行『資金循環勘定』各号より作成。

利時には規制金利市場から自由金利市場へ資金供給がシフトして（disintermediation：間接仲介離れ）、撹乱を起こす。それを避けるために金利の自由化が迫られるようになる。

　金融政策のあり方にも影響は及ぶ。高度成長期の主な政策手段は、公定歩合操作、それと連動する規制金利体系のシフト、市場金利を下回る公定歩合のもとで生ずる日銀貸出への超過需要の充足度を操作する日銀信用割当、及び道徳的説得の一種である窓口指導（市中銀行の四半期ごとの貸出増加額にガイドラインを示す指導）であった。銀行貸出の量的な操作が大きな重要性をもっていたといえる。

　国債流通市場を基点に自由金利市場が拡大し、各市場の連動（裁定）関係が強まると、金融政策もしだいに金利変動メカニズムを用いるものに移っていく。日本銀行も短期金融市場の自由化・整備を進めた。53年にはコール・レートの弾力化、期間の多様化を実施し、54年4月にはコール・レートの建値を廃止して、市場の需給関係がより正確に反映されるようにした。図1-3-2にみるように短期金融市場は拡大していった。

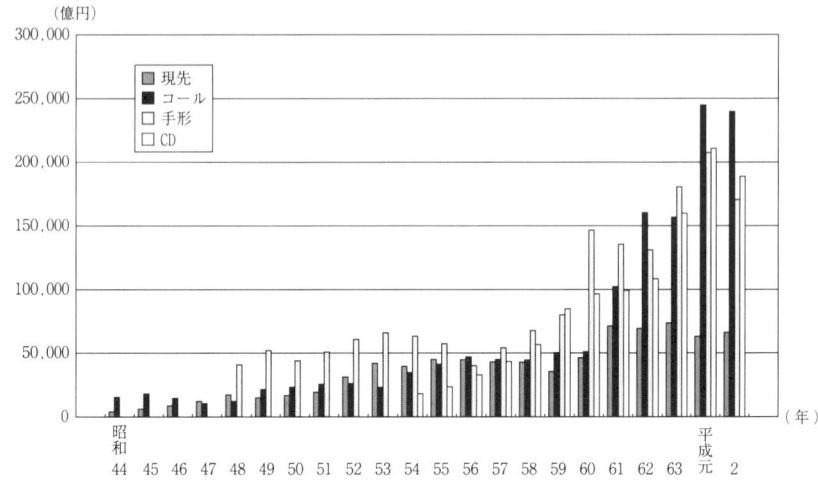

図1-3-2 短期資金市場の量的拡大（残高、昭和44〜平成2年）

出所：大蔵省『財政金融統計月報』第323号、日本銀行『経済統計月報』各号より作成。

2　銀行行政の基本的考え方と行政運営

金融行政の基本的考え方　この期の前半の金融行政は、インフレと投機の盛行、次いで深刻な不況という大きな変動に対する緊急の安定化措置に追われた。しかしそれと同時に、長い目でみて経済金融環境が根本的に変わりつつあり、金融機関も行政も新たな方向を模索しなければならないと意識された。

その基本方向は、昭和52年7月の坊秀男大蔵大臣の演説（全国銀行大会）において、おおよそ次のように示されている。——もはや高度成長は期待できず、新たな経済構造に対応しなくてはならない。金融機関は、社会のニーズに応え、また公共的役割を果たすために、適正な競争原理のもとで、自己責任原則に立って効率化を進める必要がある。行政も、過保護や悪平等を廃さなければならない。

こうした新しい方向を検討するために、公式の金融制度調査会とは別に、銀行局長を囲む研究会（私的諮問機関）として金融問題研究会を設置し（52年7月）、今後のビジョンについて自由に討議を行った。

その結果、53年5月に銀行局長への報告書が提出されたが、その骨子は次のようであった。——高度成長は終わり、企業部門の大幅な資金不足は解消する。これにより金融機関は、従来の拡大基調が不適当となる、利鞘が縮小する、収益性の低い分野が融資対象として増加する、などの困難に直面する。同時に社会の要求も多様化しつつ厳しくなる。したがって金融機関は、公共的要請に応えながら効率化（コスト低減と収益性向上）を進めなければならない。提携や合併もありうる。効率化のための要点は、適正な競争原理の活用、特に金利機能の活用と業務多様化である。業務多様化については、分業の垣根を低め、相互乗入れした上で、それぞれ独自に専門化を追求すべきである。公共性の面では、預金者保護、信用秩序の維持とともに、社会の要請に即応した仲介機能が求められる。

このように、ある程度明確に展望を打ち出し、以後の行政の基盤的考え方として用いられた。

続いて国際化についても54年6月に報告書を提出し、以下のように述べている。——各国の自由化努力によって進みつつある国際化の成果は貴重なものであり、わが国の金融機関も対等で自由な競争を進めるべきである。ただし、わが国金融機関の国際業務はいまだ途上段階にあるから、固有のリスクへの管理体制の整備、情報能力や証券業務の強化、国内と異なる自由市場にふさわしい行動原則などが特に必要であり、行政としても相互主義への調整を図らなければならない。

銀行等の参入・退出・合併　以下では実際の行政をあとづけよう。まず参入・退出等の管理である。高度成長期に引き続き、この期の金融業の産業組織は表1‐3‐2のように安定的であった。

大手行グループでは、都市銀行は、昭和48年の太陽・神戸合併ののち12行で変化はない。三井、三菱、住友、富士、第一勧業、三和、東海、大和、太陽神戸、協和、北海道拓殖、埼玉の12行である。外国為替専門銀行は東京1行、長期信用銀行は日本興業、日本長期信用、日本債券信用の3行、信託銀行も三菱、

表1-3-2　金融機関数

年　末	昭和49	50	51	52	53	54
都市銀行	12	12	12	12	12	12
外国為替専門銀行	1	1	1	1	1	1
長期信用銀行	3	3	3	3	3	3
信託銀行	7	7	7	7	7	7
地方銀行	63	63	63	63	63	63
相互銀行	72	72	71	71	71	71
信用金庫	476	471	470	468	466	462
信用組合	491	489	488	487	486	483

出所：日本銀行『経済統計年報』昭和55年。

　住友、三井、安田、東洋、中央、日本の7行で、それぞれ変化がない。

　地域金融機関では、地方銀行も63行で変わらない。相互銀行は、昭和51年に弘前相互銀行と青森銀行が合併して「みちのく銀行」となり、72行から71行に減少した。これは地方銀行・相互銀行の初の異種合併のケースとして注目されたが、当局としては地元経済にプラスであると判断して歓迎した。信用金庫・信用組合は主に合併により毎年数庫・組合ずつ減少した。

　店舗行政　この期の当初には、昭和48年2月の通達が店舗行政の基本方針であった。その内容は、①利用者の利便のため、店舗新設を1行年2店とする（従来1店）、②今後、店舗内示は2年度分まとめて行う（したがって2年度分で4店舗）、③団地等店舗を枠外として認める、④配置転換は過密店舗の整理等以外は認めない、などであった。④は、過疎地等からの撤退が地元との摩擦を生ずるケースに対処したものである。

　しかし、折からの土地投機・地価高騰を促進しないための緊急対応として、49年度の店舗設置内示分は凍結とした。また50・51年度分の内示も通常4店舗のところ2店舗とし、しかも50年度は内示を行わないことにした。このように店舗設置は抑制的に取り扱われ、内示店舗数（都銀・地銀・相銀・信金計）は48・49年度の876から50・51年度は531に減少した。なお枠外の団地等店舗は同じく237から450に増えている。

52・53年度の内示は抑制をやや緩めて2年度で3店としたが、うち2店は近くに金融機関店舗がない場合とするとの条件を付した。また枠外の団地等店舗に「金融機関過疎地店舗」（およそ半径1km内に金融機関店舗がない地域への設置）という新たな範疇を導入して、より弾力化し、これを含む団地等店舗を2年度で3店認めた。さらに、上述のように配置転換は抑制してきたが、これを緩め、地元の不便が特段でなければ、経営効率化を重視して認めることにした。

　このように、駅前などの一等地（繁華地区）の大型店舗はほぼ飽和に近いので、店舗配置はより地域に密着し小型店舗や機械化店舗を中心にすべきであるとの行政基調がとられた。

　このことをより明示したのが54・55年度店舗通達である。そこでは店舗を「イ・ロ・ハ・ニ」の4類型に区分した。㈤周囲500m以内に金融機関店舗のない「非競合地」の一般店舗、㈹非競合地ではないが利用者の急増などの条件がある一般店舗、㈥小型・機械化店舗、㈡団地等店舗、がそれである。その上で、2年度について次の認可方針とした。①一般店舗は2店以内、うち1店以上はイ型。②ハ型と代理店を合わせて4店以内。③ニ型は大幅ではないが弾力的に扱う。④配置転換は前期の原則に沿って認める。

　この結果、店舗数は表1-3-3のように推移した。

経営諸比率指導　経営諸比率指導は、従来に引き続き、次の5項目について行った。
① 　経常収支率規制

　　経常収支率（経常支出／経常収入）規制は、コストの支出を抑え、銀行の安定性を向上させる目的のもので、戦後初期に重要であったが、昭和43年に廃止された。ただし経費率の逓減と株式配当の抑制の指導は続けられた。
② 　預貸率規制

　　貸出／預金（期末残高ベース）80％以内を基準として貸出増加の抑制を狙ったが、特に都市銀行では基準を上回り続けた。

表 1-3-3　金融機関店舗数

年　末		昭和49	50	51	52	53	54
都市銀行							
	本　店	13	13	13	13	13	13
	支　店	2,427	2,465	2,489	2,516	2,561	2,584
	出張所	26	31	38	44	49	58
長期信用銀行							
	本　店	3	3	3	3	3	3
	支　店	38	40	43	46	47	50
	出張所	－	－	－	－	－	－
信託銀行							
	本　店	7	7	7	7	7	7
	支　店	277	282	286	287	293	295
	出張所	－	－	－	－	－	－
地方銀行							
	本　店	63	63	63	63	63	63
	支　店	4,549	4,641	4,824	4,924	5,059	5,139
	出張所	178	196	241	266	277	298
相互銀行							
	本　店	72	72	71	71	71	71
	支　店	3,122	3,219	3,287	3,353	3,473	3,594
	出張所	37	32	28	29	30	47
信用金庫							
	本　店	476	471	470	468	466	462
	支　店	3,933	4,085	4,310	4,466	4,709	4,836
	出張所	59	59	57	54	56	52
信用組合							
	本　店	491	489	488	487	486	483
	支　店	1,655	1,718	1,790	1,862	1,926	1,967
	出張所	62	62	54	52	47	54
郵便局		21,865	22,016	21,502	21,681	21,884	22,074

出所：日本銀行『経済統計年報』昭和55年。
注：外国為替専門銀行は都市銀行に含まれる。

③　不動産比率規制

　営業用不動産／狭義自己資本を基準50％以内、目標40％以内としたが、都市銀行では50％超が続いた。

④　流動性資産比率規制

流動性資産／預金30％以上を目標としたが、1970年代末まで未達成であった。なお流動性資産の定義は貸出以外の資産で、主に証券であるが、そのうち株式保有は奨励しない扱いであった。
⑤　自己資本比率規制

広義自己資本／預金10％以上を目標とした（分母を預金としたのは自己資本を預金の支払準備と位置づけたからである）が、一貫して未達成であり、かつ低下した。

——以上にみるように、規制目標値をクリアーしない場合も多く、その場合も厳密な罰則が用意されているわけではなかった。厳密な基準達成ではなく、目標に向けた現実的な改善を促す効果が狙いであったといってよい。

その他の行政事項

CDの創設　昭和54年、自由金利商品であるCD（譲渡性預金 Negotiable Certificate of Deposit）が創設された。これは金利自由化を銀行部門に進める大きな一歩であった。CDは昭和36年にアメリカで発行されたもので、日本では45年に時期尚早として見送られた経過があるが、条件が変化して金融自由化が進み始めたことから、53年の金融制度調査会で導入が了承され、54年3月の銀行局通達によって制度が発足した。5月に各金融機関から第1号が発売された。

拘束性預金自粛指導　歩積・両建は、銀行が融資先に融資する一方で預金を要請することで、古くからの商慣習である。戦後は金利が低位規制されたため、銀行はこれによって実効金利を調整した。しかし、高成長下で資金需要が強いことを背景に、銀行側がその優位な立場を利用して半ば強制的に要求する「拘束性預金」となっているとの中小企業等の声により社会問題化し、当局も自粛指導を続けてきた。表1-3-4は拘束性預金の実態調査の推移であるが、昭和50年代以降、縮小していることがわかる。長期にわたったこの問題も、高成長の終焉、高圧の資金需要の消滅という条件の変化によって解決をみたといえる。

表1-3-4 拘束預金比率の推移

(単位:%)

調査回数	調査年月	狭義の拘束預金比率	事実上の拘束預金比率	広義の拘束預金比率
第1回	昭39. 3	—	—	29.3
第5回	41. 5	14.5	10.6	25.1
第10回	43.11	9.8	15.5	25.3
第15回	46. 5	8.5	12.2	20.7
第20回	48.11	4.1	13.5	17.6
第25回	51. 5	2.7	14.1	16.8
第30回	53.11	1.5	8.8	10.3
第33回	56. 5	1.5	7.7	9.2
第34回	57. 5	1.3	7.8	9.1
第35回	58. 5	1.3	7.4	8.7
第36回	59. 5	1.2	7.0	8.2
第37回	60. 5	1.2	6.2	7.4
第38回	61. 5	1.0	6.1	7.1
第39回	62. 5	1.0	6.0	7.0

出所:銀行局金融年報編集委員会編『銀行局金融年報』昭和63年版(金融財政事情研究会)、80ページ。

注:上表の算式

(1) 狭義の拘束預金比率 $= \dfrac{\text{狭義の拘束預金の総合計額}}{\text{借入金の総合計額}} \times 100$

(2) 事実上の拘束預金比率 $= \dfrac{\text{事実上の拘束預金の総合計額}}{\text{借入金の総合計額}} \times 100$

(3) 広義の拘束預金比率 $=$ 狭義の拘束預金比率 $+$ 事実上の拘束預金比率

銀行検査 最初に戦後の銀行検査について簡単に説明しておこう。

日本の金融行政では、銀行局の銀行課・中小金融課などのいわゆる原課(行政各課)の行う監督行政と、検査部等の行う検査とを、「車の両輪」と位置づけてきた。すなわち監督行政が時々に掲げる重点方針に沿って検査を行い、逆に検査で明らかになった事実を考慮して監督行政方針を策定する。人事面でも、検査官をスペシャリストとして扱うアメリカとは異なり、両部局の交流を図り、双方に通暁する人材育成を行ってきた。

検査の体制は、この時期を通じて、大蔵本省検査部に80人前後、財務局に200~240人前後であり、これはアメリカなどと比べると格段に少ない。対象の

分担は、本省検査部が都市銀行、長期信用銀行、信託銀行、保険会社（及び地方銀行・相互銀行）、財務局が信用金庫、地方銀行・相互銀行（地銀・相銀のうち大手のもの及び特に注意すべきものは本省と財務局の共同検査）、保険の募集取締り、都道府県が信用組合、となっていた。財務局の検査担当者は大蔵本省、都道府県の検査担当者は財務局において研修を行い、ノウハウの共通化を図った。

　本省検査部の代表的な検査の方法は次のようであった。

　検査班が5～10人で編成される。大手行などが対象の場合は主に資産査定担当の応援がついて10数人になる。内示（検査対象の指示）が出ると、まず1週間程度で準備を行う。主な作業は、前回検査資料、各種経営指標データ（過去3～5年程度にわたる同業態、同地域、同規模金融機関との計数比較表で、昭和47年頃からコンピュータ化された）を検討し、さらに行政課からの資料提供・聞取りをへて、対象機関の状況、特に問題点を把握し、検査のポイントを絞ることである。

　次に対象機関に出向くが、これには総合検査と部分検査、また一般（定例）検査と特別検査とがある。総合検査、一般検査が通常のものであり、部分検査は資産査定のみ・経営管理チェックのみというように調査項目を絞って行うもの、特別検査は特定の目的で非定例的に行うものをいう。

　第1段階は現物検査（現物）及び実地調査（実調）である。現物検査は、選定した店舗に臨店し、原則2日をかけて、照合作業（元表・日計表と現金残高、契約書と現物などの合致ぶりのチェック）、共通事項（貸出の対象業種・資金使途・返済条件・信用調査の適否、不正預金の存否、記帳管理ぶりなどの調査）、個別事項（個別業務項目のチェック）、の3項目の調査を行う。これに対して実地調査は、事前調査でピックアップされた問題点をチェックするものである。両者とも講評を行って終了する。

　次が本検査となる。金融機関から提出された資料と現物・実調で収集した資料をもとに、1週間から10日かけて行う。その中心は資産査定、中でも貸出金調査である。計数の検討、貸出管理の調査などであるが、特に問題債権・大口

貸出については詳細にチェックする。専担ごとのヒアリングをへて、最後に頭取以下役員に対し講評を行って終了する。

本省に帰ると、検査班から本部に対して報告会を行う。結果は示達書として発せられ、銀行局全体に回って利用される。

最も重要な貸出資産の査定は次の4分類である。

- 第Ⅰ分類……健全資産
- 第Ⅱ分類……問題債権（将来回収不能に陥る恐れのあるもの）
- 第Ⅲ分類……損失の発生が見込まれるが損失額の確定しえないもの（50％を正味自己資本査定上損失とする）
- 第Ⅳ分類……回収不能または無価値と判定される資産

第Ⅱ分類以下を分類資産と呼び、その割合を分類率という。分類率はおおよそ、大手銀行1％台、地方銀行2％台、相互銀行3～4％台、信用金庫がその2倍程度であるのが通常であった。

この時期には、過剰流動性ブーム下の貸出増に続く不況により、昭和51から53年度にかけて不良債権の増加、分類率の上昇がみられた。不動産業とサービス業が中心であった。発生原因としては、業容拡大優先による安易な貸し進み、大企業の信用の過信、内部管理の厳正を欠き権限を逸脱した融資、審査の不十分、有力者の要請に引きずられたケース、流用監視の不在などが繰り返し指摘された。なお54年度には景気回復を受けて分類率は改善した。

金融制度調査会の審議——「普通銀行のあり方」 昭和50年5月、金融制度調査会は大蔵大臣から、銀行法などの法令・制度について諮問を受け、以後4年にわたる審議を経て、54年6月に答申「普通銀行のあり方」を提出した。これが銀行法改正の基礎となった[1]。

審議では、「今後のわが国の経済構造および金融構造について」「銀行の役割について」「銀行業務の範囲について」「銀行経営上の諸原則について」といったかなり基本的な事項に時間をかけた。この背景の1つには、50年の諮問当時、狂乱物価以来の大企業批判、銀行批判の世論の高まりがあり、このもとでは時

間をかけて冷静な検討を可能にすべきとの判断があった。もう1つは、経済基調の根本変化に対応して基礎から再検討する必要があったことである。

答申は次のような要点を含んでいた。

○高度成長から安定成長への移行に伴って、企業部門の強い資金需要の縮小など金融環境も変化する。このもとで基本的に必要とされるのは効率性であり、市場メカニズム・競争原理を活用することである。同時に、社会的な公正、銀行の公共性も確保されなければならない。

○このため、金利機能の活用（自由化・弾力化）、業務範囲の弾力化、経営効率化、各業態の専門性の発揮、行政の弾力的運用と同時に、信用秩序維持・預金者保護のための健全性確保も図らなくてはならない。

○以上をふまえ、銀行法の全面的改正が適当である。具体的には、基本理念を示す目的規定、免許・認可等の基準の規定、健全性確保のための原則（資本充実、資産の流動性、大口融資規制など）の規定、ディスクロージャー規定、監督・命令に関する規定などを整備すべきである。

――これらのほか、銀行の証券関係業務、すなわち国債窓販（新発国債の募集取扱い）とディーリング（既発公共債の売買）の規定が、証券との業際問題として特に問題となり、大蔵省の調整に委ねられた。

〔注〕
1) 答申と関連資料は大蔵省銀行局内金融制度研究会編『普通銀行のあり方と銀行制度の改正――金融制度調査会の答申』（金融財政事情研究会、昭和54年）。

3　国債大量発行と証券市場

証券行政については、まず証券市場の状況とそれに対する行政、次いで証券業者に対する行政、の順で記述する（第2・3章も同様）。

株式保有の法人化と機関化　株式市場では、保有構造（株主構成）の変化が大きな問題であった。図1-3-3が示すように、財閥解体など戦後改革措置に

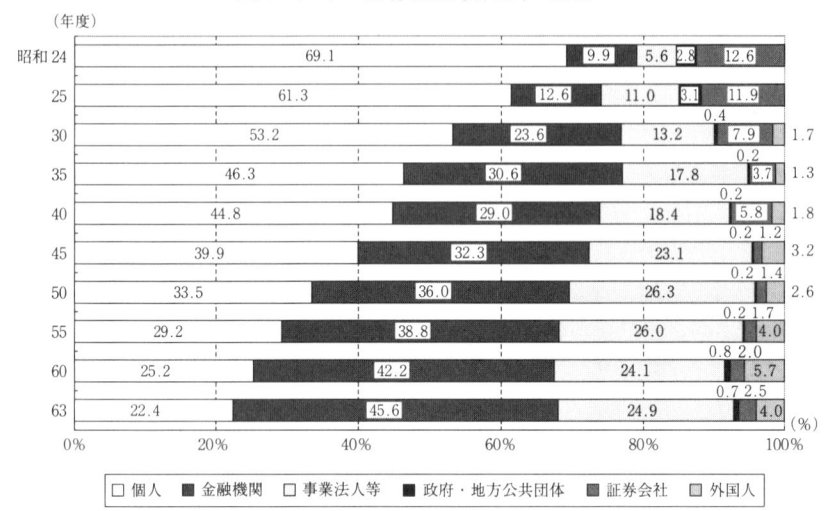

図 1 - 3 - 3　所有者別持株比率の推移

(年度)	個人	金融機関	事業法人等	政府・地方公共団体	証券会社	外国人
昭和24	69.1	9.9	5.6	2.8	12.6	
25	61.3	12.6	11.0	3.1	11.9	0.4
30	53.2	23.6	13.2	0.2	7.9	1.7
35	46.3	30.6	17.8	0.2	3.7	1.3
40	44.8	29.0	18.4	0.2	5.8	1.8
45	39.9	32.3	23.1	0.2 1.2		3.2
50	33.5	36.0	26.3	0.2 1.4		2.6
55	29.2	38.8	26.0	0.2 1.7	4.0	
60	25.2	42.2	24.1	0.8 2.0	5.7	
63	22.4	45.6	24.9	0.7 2.5	4.0	

出所：全国証券取引所「株式分布状況調査」より作成。

より昭和24年度に70％ほどに達した個人持株比率は、昭和40年度にも45％程度あったが、継続的に低下して昭和63年度には20％強となった。代わって増加したのは事業法人と金融機関（機関投資家）である。この現象は法人化・機関化と呼ばれた。

　特に相互持合いは株式市場の機能を阻害する面があるという点から問題にされ、証券取引審議会は昭和51年、報告書「株主構成の変化と資本市場のあり方について」をまとめた。同報告書は、法人化・機関化の原因として、①企業集団形成と安定株主工作、②時価発行の増加と額面に対する安定配当策により利回りが低下し、個人株主にとって魅力が減退したこと、③発行企業と証券会社双方の個人株主軽視、④税制における個人株主の不利をあげた。したがって対策は、①法人の株式保有の行き過ぎ是正、②株式投資の魅力の回復、③機関投資家の役割の向上、④証券会社の営業姿勢の改善、⑤投資家保護の徹底とされた。特に②では額面に対する安定配当率という従来の考えを改め、配当性向を重視すべきこと、⑤でディスクロージャーの充実と不公正取引の防止があげら

れた。

株式時価発行の増加問題　昭和50年前後から、時価発行増資に関する議論が盛んに行われた。時価発行は今日では当たり前であるが、額面割当増資に長く慣れ親しんだわが国の株式市場では、時価と額面との差額であるプレミアム分だけ発行企業の利益、株主の損であり、プレミアムは株主に還元しなければならないとするのが標準的な考え方だったからである。本来は、調達した資金を高い収益をあげる投資プロジェクトに使うかどうか、企業価値が増大するかどうかが株主の利益にとって本質的であり、直接的な利益「還元」は見かけ上だけのものになろう。しかしながら、この当時はそうした考え方がまだ定着しておらず、上記のような議論が激しく闘わされたのである。

国債大量発行と債券市場の拡大　戦後日本の公社債市場は、発行市場・流通市場とも、また質・量ともに、極めて未発達な状態にあった。特に国債市場では、発行時に参照すべき流通利回りがなく、財政当局があるべき流通利回り（市場実勢）よりも低い利率で発行していた。これを市場で売却すれば当然売却損が出る。実際は引受シンジケート団により引受け消化され、金融機関への割当に近かったが、発行後１年を経過すれば日本銀行が買いオペを実施したので、大きな支障にはならなかったのである。

　しかし、昭和50年度補正予算に始まって国債発行額は大量になり、図１−３−４のように残高も急増して、買いオペではまったく追いつかなくなった。そこで証券取引審議会は昭和52年10月、報告書「今後の望ましい公社債市場の在り方」をまとめ、需給実勢を十分反映するよう公募入札制導入を含む国債発行条件の弾力化を行うこと、自由な流通市場を拡大すること、あわせて起債会による事業債起債調整を廃止することなど、大胆・率直に提言した。結果的に、昭和52年４月から国債の流動化が開始され、54年４月から流通市場の整備が実施された（店頭市場で行われていた大口取引を取引所に導入）。以後、表１−３−５にみるように国債売買高がリードして公社債流通市場は急激に拡大していっ

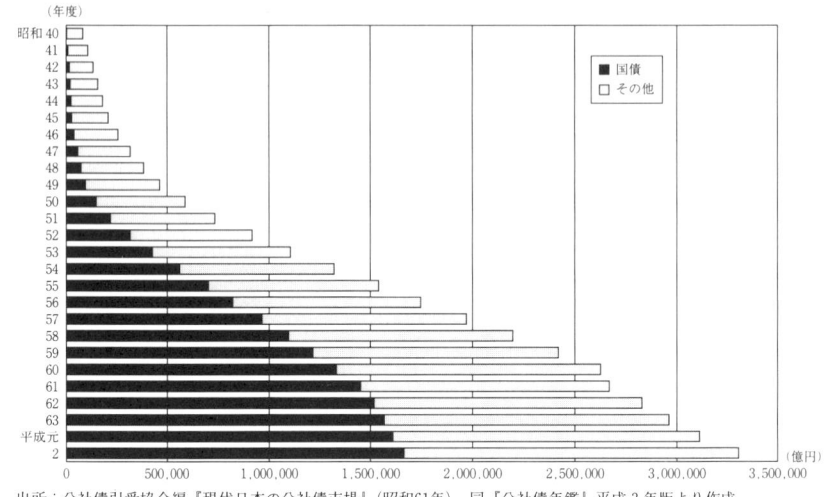

図1-3-4 公社債発行残高の推移

出所:公社債引受協会編『現代日本の公社債市場』(昭和61年)、同『公社債年鑑』平成3年版より作成。

た。国債大量発行を契機に債券市場が急成長し、流動性を提供するとともに、大きな自由金利市場が登場して、その波及の起爆剤となったのである。

社債発行市場の改革 高度成長が終わり、銀行借入れ一辺倒であった企業金融も、大企業部門では内部資金調達・証券発行の比率上昇へと変化を始めた。これに対応して、社債発行限度暫定措置法が昭和52年5月施行され、それまで資本及び準備金の総額または純資産額のいずれか少ない方までしか発行できなかった(商法第297条)社債の発行限度が、その2倍まで拡大された。また、社債発行の有担保原則が慣行として続いてきた(ただし昭和37年日立製作所のアメリカでの発行以来、海外での転換社債発行は大部分無担保であった)が、昭和54年3月、シアーズ・ローバックの金融子会社シアーズ・オーバーシーズ・ファイナンス N.V. が戦後わが国で初の無担保公募社債を発行した(親会社の保証)。4月には松下電器産業が初の完全無担保転換社債を発行した。

証券行政の体系 ここで証券行政の体系を概観しよう。昭和43年・証券業免

表1-3-5 公社債売買高の推移

(単位：億円、%)

年度	売買高	うち国債	国債の割合
昭和40	23,892	0	0.00
41	28,321	411	1.45
42	33,672	1,768	5.25
43	51,349	2,433	4.74
44	62,954	3,006	4.77
45	90,981	4,343	4.77
46	119,260	3,008	2.52
47	168,610	5,196	3.08
48	233,277	10,774	4.62
49	384,290	17,112	4.45
50	566,589	12,936	2.28
51	725,367	32,677	4.50
52	1,358,900	221,164	16.28
53	2,014,573	697,383	34.62
54	2,262,199	1,128,873	49.90
55	2,854,593	1,663,681	58.28
56	3,049,119	1,951,860	64.01
57	3,415,085	2,332,934	68.31
58	4,391,393	3,167,083	72.12
59	8,380,231	7,235,556	86.34
60	25,933,971	24,521,915	94.56
61	36,138,530	34,125,643	94.43
62	52,051,074	50,055,429	96.17
63	41,820,500	39,797,076	95.16
平成元	35,891,167	34,380,929	95.79
2	33,512,145	31,957,578	95.36

出所：公社債引受協会編『現代日本の公社債市場』(昭和61年)、同『公社債年鑑』平成3年版より作成。

許制移行後の行政の体系は、大蔵省証券局総務課長監修『図説　日本の証券市場』各年版で次のように示されている。

　○監督行政
　　・証券会社の免許・監督等……………………業務課
　　・外国証券会社の支店の免許・監督等……業務課
　　・投資信託委託会社の免許・監督等………投資信託課→業務課

・証券取引所の免許・監督等……………総務課→流通市場課
　　・証券会社等の検査……………………………検査課
　○証券市場行政
　　・市場における公正な価格形成の確保……総務課→流通市場課
　　・資本市場に関する政策・調整……………資本市場課
　　・企業内容開示制度…………………………企業財務課
　　・公認会計士制度……………………………企業財務課
　このように〈市場行政〉と〈業者（監督）行政〉の2分野に区分される。以下では業者（監督）行政をみるわけであるが、免許制以降は、証券取引法第3章第28条第1項で「証券業は、大蔵大臣の免許を受けた株式会社でなければ、これを営むことができない」とし、第2項で免許は以下の4種類と規定した。
　〔1号免許〕有価証券の売買
　〔2号免許〕有価証券の売買の媒介、取次ぎ及び代理並びに有価証券市場に
　　　　　　おける売買取引の委託の媒介、取次ぎ及び代理
　〔3号免許〕有価証券の引受け及び売出し
　〔4号免許〕有価証券の募集及び売出しの取扱い
　監督当局は大蔵省証券局であったが、行政の一部は当該証券会社の本店所在地の財務局長に委任された。免許行政は事前予防的でなければならず、そのためには普段から監督対象の実態を正確に把握するとともに機動的に判断する必要があり、本省だけではそれは困難であるとの考えによる。委任しないのは、重要または異例と認められる一部の事項と、本省監理会社──資本金が一定以上で東京に本店のあるもの（昭和43年時点で一般証券会社23社、投信販売会社4社、日本共同証券、昭和54年時点では総合証券会社12社、その他16社、外国証券会社）──であった。また一部の事項は本省と財務局の協議事項とされた。

　証券会社と証券業界　免許種類別の証券会社数は昭和54年時点で表1‐3‐6の通りであり、証券会社数の推移は表1‐3‐7のようである。免許制移行から本書の対象期間内までには、一般証券会社の実質的な新設はない（沖縄復帰に

表1-3-6 免許種類別証券会社数（昭和54年12月末現在）

免許区分	会員			会員外	合 計
	正会員	才取会員	計		
1、2、3、4号	61		61	4	65
1、2、4号	72		72	91	163
2号	1	20	21	1	22
1、3、4号				1	1
1、2号				1	1
合 計	134	20	154	98	252

出所：大蔵省証券局年報編集委員会編『大蔵省証券局年報』昭和55年版（金融財政事情研究会）、174ページ。

表1-3-7 証券会社数等の推移

年　月		会社数	資本金 (億円)	店舗数	備　考
昭和43.4.1	(A)	277	1,199	1,860	免許制全面移行時
49.12		258	1,640	1,905	
50.12		257	1,747	1,908	
51.12		258	2,185	1,938	
52.12		257	2,277	1,961	
53.12		255	2,555	2,005	
54.12		252	2,748	2,038	
55.12		251	2,891	2,079	
56.12		243	3,181	2,103	
57.12		242	3,354	2,114	
58.12		239	3,699	2,149	
59.12		228	4,294	2,207	
60.12		224	4,779	2,301	
61.12		221	5,516	2,421	
62.12		220	7,266	2,573	
63.12		220	8,727	2,757	
平成元.12		220	11,633	2,943	
2.12	(B)	220	12,378	3,137	
(B)／(A)		0.79	10.32	1.69	

出所：『大蔵省証券局年報』昭和55、平成4年版より作成。

伴う免許2件とその他特殊なもの2件)。表1‐3‐7にみられる証券会社数の減少は、主に中小証券の合併によるものである。

　行政指導　免許制下では、営業所の設置、位置変更、支店以外の営業所の支店への変更（昇格）は大蔵大臣の認可事項である。店舗乱立の防止、特に大手と中小の過当競争の回避に留意し、地元証券が優先された。昭和49年度までは毎年度店舗通達が出されたが、50年度以降は2年度ごと内示となった。

　前述のように、可能な限り問題発生前に策を講じる事前予防型行政をとる立場から、決算指導（銀行行政でいえば経営諸比率指導）も行われた。その前提として必要だったのが、いまだ不統一な各社の決算基準（勘定科目・経理処理）の統一であった。ようやく昭和46年5月、業界団体としての証券業協会連合会が理事会決議のかたちでおおむね統一を図り、行政側も47年8月基本通達「証券会社の決算経理基準について」を発して、内部留保の充実と資産内容の堅実化を図った。

　表1‐3‐8が証券会社の決算状況の推移である。業容は傾向的に拡大し、特にバブル期の拡大は著しい。収入の大部分は委託手数料を中心とする受入手数料であるが、しばしば減少して波を描く。有価証券売買益はそれ以上に波が大きい。これらのため損益も大きな振幅を示している。

　このほか、証券会社の営業姿勢も継続的に問題になった。典型例である昭和49年12月通達「投資者本位の営業姿勢の徹底について」は、「収益の向上を急ぐあまり投資者の利益を軽視した過当勧誘、過当競争を行い、その結果投資者の信頼を失う事例がなお見受けられる」ことは遺憾であるとして、以下の点を指導している。

① 投資者の意向と実情に即した取引を行うこと……「自社の営業方針に基づく特定少数の銘柄の一律集中的な推奨の如く投資情報を主観的又は恣意的に提供することは厳に慎むこと」。
② 信用取引の過度な利用を自粛すること。
③ 引受業務の充実を図ること。

表 1-3-8 証券会社の決算状況

(単位：億円、%)

決算期	受入手数料(a)	うち、委託手数料	有価証券売買益	金融収支(b)	販売費・管理費(c)	経常損益	法人税等引当額	当期損益	営業収支(a)-(c)=(d)	経常収支(d)+(b)	経常収支率
昭和49.9	3,711	2,440	2	582	3,993	342	210	268	-282	300	106
50.9	4,257	2,695	554	630	4,572	892	546	396	-314	316	106
51.9	5,760	3,875	785	667	5,609	1,623	761	732	151	818	113
52.9	6,441	4,118	1,404	766	6,484	2,152	1,247	1,132	-43	723	110
53.9	8,255	5,426	1,217	767	7,493	2,764	1,448	1,426	762	1,529	119
54.9	8,830	6,181	247	879	7,765	2,229	1,034	1,157	1,066	1,945	123
55.9	8,741	6,202	596	1,097	8,277	2,185	1,161	997	464	1,561	116
56.9	10,442	7,765	767	1,235	9,512	2,947	1,640	1,329	930	2,165	119
57.9	8,487	5,255	1,146	1,232	9,368	1,549	779	812	△881	351	103
58.9	12,431	9,011	1,657	1,544	11,430	4,220	2,414	1,631	1,001	2,545	119
59.9	15,227	10,802	2,086	1,792	13,518	5,612	2,894	2,469	1,739	3,501	123
60.9	19,404	13,991	3,462	2,173	16,436	8,631	4,795	3,429	2,968	5,141	127
61.9	30,552	23,840	4,533	2,439	21,685	15,783	8,873	6,350	8,867	11,306	146
62.9	41,102	31,157	4,549	3,240	26,879	21,969	11,274	10,172	14,221	17,461	160
63.9	38,430	27,436	2,277	3,701	27,381	16,812	8,271	8,249	11,049	14,750	148
平成元.3	22,190	16,591	2,627	1,964	15,124	11,639	6,236	4,856	7,066	9,031	154
2.3	45,085	31,143	3,365	5,247	31,693	21,675	11,130	10,039	13,392	18,639	152

出所：『大蔵省証券局年報』各年度版より作成。

④ 売買取引の配慮に万全を期すること……顧客管理体制を充実し、適切な投資勧誘が行われているか常時把握すること（内部監査の強化）。
⑤ 営業に関する成績評価を改善すること……取引高・手数料収入のみを査定基準とすることは望ましくない営業姿勢につながるので、他の基準をより重視すること。

証券検査 証取法に基づき毎年の証券検査が行われた。証券検査官は昭和49年度定員で専任150、併任68、計218名で、米 SEC などと比べればごく小規模であった。検査内容の重点は、財産内容・収支基盤が健全であるか、内部管理が厳正に行われているかに置かれた。経営が懸念される会社を対象に、昭和49年、常時継続的な監視を行う要監視会社制度を設けた。財務局所管の中小会社のチェック、経営悪化・倒産の防止を目的としたものである。要監視会社に対しては、厳しい行政指導のもとで経営を立て直せる場合は温存し、それが困難

であれば合併の斡旋によって存続を図った。

4　大衆化の進展と保険業

戦後の保険業と保険行政　戦後の保険業は、戦争による深い打撃から再建されたのち、高度経済成長のもとで発展を遂げた。所得水準の向上に伴って保険の普及は著しく、生命保険では保有金額の対国民所得比でみてアメリカを上回る世界一の普及国になった。加入者は増加しつつ大衆化し、保険会社の保有資産も巨大となって、特に生命保険業界は株式投資家・保有者として重要な存在になった（のちには米国証券投資家としても巨大な存在になる）。

同時に保険業は、金融業の中でも、強い規制のもとで業界団体が強固に機能し、安定的な業界であった。戦後日本の金融について「護送船団型」という性格づけがしばしば行われるが、保険業はその典型であったといえる。

まず金融制度の分業主義のもとで、兼営を禁じられた生命保険・損害保険両業界が、他の金融業界と厳格に分離されてきた。両業界とも新規参入がほとんどなく、業界内構造はほぼ不変であった。生命保険では"20社体制"が長く維持されたのち、沖縄返還に伴い昭和47年に琉球生命が加わって"21社体制"となったほかは、外国保険会社（合弁を含む）の若干の参入があったのみである。損害保険では"22社体制"が続いてきた。また、「大数の法則」を基礎とするため保険事故確率データの共有化が望まれること、契約履行の信頼性と安定性が特に求められることなどの保険の特性もあって、業界団体が特に強く機能した。保険商品（契約）の基本的な内容は業界一律に定められ、各社の競争はごくわずかな商品性の違いによって行われるのみであった。価格にあたる保険料率も、損保では料率算定会を通じて当局認可のもとに一律に定めたものを使用することが義務づけられていたし、生保でも各社を通じてほとんど一律であった。つまり価格競争は基本的に存在しなかった。しかも料率は、損保でいえば、保険そのものを成り立たせる分（純保険料率）だけでなく、保険会社の一定の収益の分（付加保険料率）も含めて決まっていたから、すべての保険会社の経営の維持が保障されたことになる。したがって競争はもっぱら量的な拡大、販

売の増加、そしてそのもとでの経費削減を巡って行われた。

このような体制が基本的に変わるのは、はるかのち、平成7（1995）年の保険業法の抜本改正以後のことであり、本書の対象期間においては変化はない。

それ以前の基本法は、昭和14年（すなわち保険業の所管が商工省であった時代）制定の保険業法で変わらなかった。そのため現実の保険行政は、保険審議会が提出する詳細な答申に基づいて発出される通達によって行われた。したがって「通達行政」「審議会行政」とも呼ばれた。監督当局は大蔵省銀行局保険部である。

なお本書の対象期間に提出された保険審議会の答申は次の通りである[1]。
〇昭和50年「今後の保険事業のあり方について」
〇昭和54年「経済社会の構造変化に対応した保険事業のあり方について」
〇昭和56年「今後の損害保険事業のあり方について」
〇昭和60年「新しい時代に対応するための生命保険事業のあり方」
〇昭和62年「新しい時代を迎えた損害保険事業のあり方」

以下では、これらの答申を中心にして保険行政の推移をまとめる。

安定成長期の保険業の概観　高度成長は終わったが、保険業の動向は、ひとことで言って経済全体の動向とは大幅に乖離しており、本書の対象期間にも高率の成長を続ける。特に昭和60年代以降（1980年代後半）にはバブル経済のもとでさらに膨張する。戦後のトレンドの基本的転換が生ずるのは、すなわち保険市場が成熟し、成長が前提でなくなる（とともに自由化が行われる）のは、バブル崩壊後の1990年代、特にその半ば以降のことである。ここでは本書の対象期間を通した保険市場の動向を概観しておく。

まず生命保険の契約高と総資産の推移を表1-3-9でみよう。契約の件数は昭和49年度末7284万件から平成元年度末4億4266万件へ6.1倍に順調に増えている。契約残高も同じく205兆円から1404兆円へ6.8倍の高率増加である。生命保険会社総資産でみても同じく11兆円から116兆円へ10倍以上増加している。市場の拡大と大衆化が継続していることがわかる。

表1-3-9 生命保険の年度末現在契約と
保険会社総資産の推移

年度	年度末現在契約		総資産額
	件　数	金額（百万円）	（百万円）
昭和49	72,836,644	205,095,719	11,110,605
50	162,788,490	265,417,752	12,896,046
51	174,768,602	334,392,561	14,894,553
52	184,942,895	400,600,690	17,045,959
53	192,876,583	463,558,116	19,631,782
54	203,271,000	521,398,578	22,744,261
55	209,817,935	572,328,306	26,257,774
56	226,455,937	642,851,406	30,098,750
57	266,826,598	706,176,542	34,613,776
58	309,238,019	758,672,411	39,526,864
59	328,092,056	807,670,221	45,740,141
60	348,630,718	880,967,531	53,870,599
61	371,844,063	967,392,754	65,317,184
62	386,893,180	1,079,361,061	79,258,407
63	417,632,474	1,232,134,383	97,082,790
平成元	442,656,819	1,403,813,180	116,159,725
2	470,495,469	1,595,308,712	130,251,320

出所：生命保険協会、日本損害保険協会編『保険年鑑』平成2年版（大蔵財務協会）より作成。
注：1．昭和56年度以降は個人保険＋個人年金保険＋団体保険。それ以前は個人保険＋団体保険。
　　2．昭和50年度以降の団体保険の件数は被保険者数。

　また表1-3-10で損害保険の契約高と総資産をみると、契約の件数が昭和49年度末1億431万件から平成元年度末3億1005万件へ3.0倍、同金額が608兆円から4279兆円へ7.0倍、損害保険会社総資産が3兆円強から24兆円弱へ7.1倍に、それぞれ大幅に増加した。ここでも市場の拡大と大衆化が継続している。

　このように市場の拡大と大衆化が続き、また規制も存続したことから、この期の保険会社の経営方針の基本は引き続き量的拡大競争、すなわち販売チャネル・販売網の拡大とマーケットシェア拡大競争にあった。

　なお、バブル期の保険業の拡大は特に著しかったが、それはやはり投機の盛行の一環でもあった。例えば図1-3-5で損害保険の種目別の元受正味保険料の構成比をみると、長期的にはかつての主力であった火災や海上保険、さらに

第1章　オイル・ショック前後の財政金融政策：昭和47～54年度

表1-3-10　損害保険の年度末現在契約と
保険会社総資産の推移

年度	年度末現在契約		総資産額 (百万円)
	件数（千件）	金額（百万円）	
昭和49	104,313	607,515,074	3,342,130
50	114,378	752,515,332	3,876,057
51	126,886	988,316,822	4,489,372
52	146,024	1,247,972,084	5,077,050
53	164,180	1,606,584,332	5,711,152
54	183,381	1,951,257,925	6,420,878
55	199,978	2,384,960,920	7,201,654
56	214,158	2,875,228,767	7,991,234
57	230,774	3,396,874,684	8,819,379
58	246,715	3,571,167,346	9,838,873
59	260,829	3,735,801,071	10,813,910
60	274,049	3,742,697,174	12,173,437
61	286,552	3,831,502,620	15,080,341
62	297,600	3,893,679,267	17,524,232
63	299,372	4,087,946,507	20,669,363
平成元	310,046	4,278,597,264	23,766,544
2	320,865	4,311,931,775	26,180,792

出所：『保険年鑑』平成2年版より作成。

　自賠責保険の比率が減少し、自動車保険（任意）が主力となっているが、そのほか1980年代に傷害保険が急増し、バブル期にはそれがさらに著しい。これは主として傷害保険に貯蓄性（満期払戻）の特約を付ける積立型の激増によるものであり、保険にも高利回の収益性を求めるバブル期の影響が強く及んだことを示している。生命保険ではバブル期に伸びが大きいのは普通養老保険と終身保険、個人年金保険であり、高齢化の進展の影響が大きいが、一時払養老保険や変額保険の人気にみられるように、やはり収益性が求められた側面もある。一方、図1-3-6で生命保険会社の資産の構成をみると、かつての主力であった貸付金運用のウェイトが下がり、バブル期には現金・預金（特に特定金銭信託〔特金〕や外貨預金）、また特に有価証券（主に株式）が増加している。こうして運用面でもバブルに巻き込まれたのであり、バブル崩壊後には株式のキャピタルロス（値下り損失）によって経営に多大な打撃を被ることになる。な

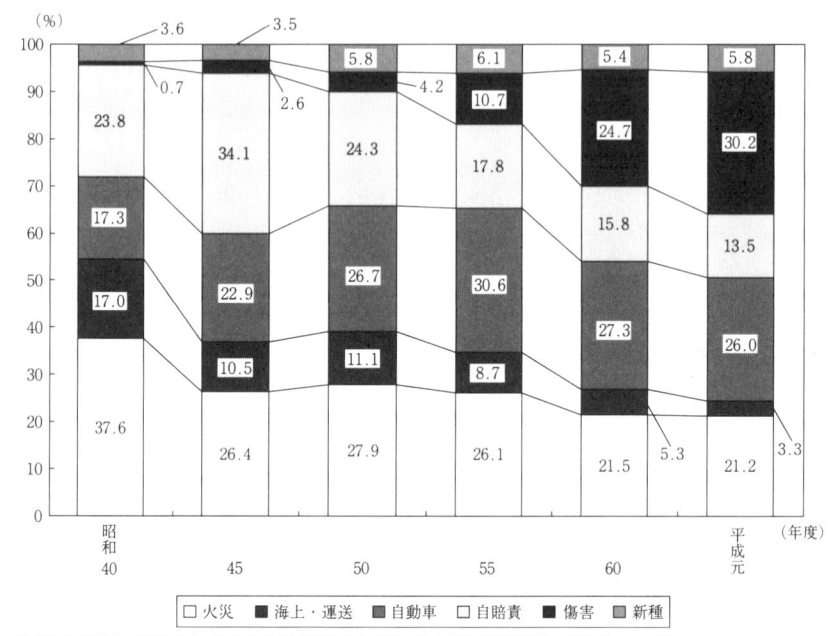

図1-3-5 損害保険の元受正味保険料の保険種目別構成比の推移

年度	火災	海上・運送	自動車	自賠責	傷害	新種
昭和40	37.6	17.0	17.3	—	23.8	3.6/0.7
45	26.4	10.5	22.9	—	34.1	3.5/2.6
50	27.9	11.1	26.7	—	24.3	5.8
55	26.1	8.7	30.6	10.7	17.8	6.1/4.2
60	21.5	5.3	27.3	15.8	24.7	5.4
平成元	21.2	3.3	26.0	13.5	30.2	5.8

出所:真屋尚生「保険業」、産業学会編『戦後日本産業史』(東洋経済新報社、平成7年)、978ページ。

お損害保険の運用でも有価証券が増加するが、もともと生命保険と違って長期ストック性が強くないこと、増加の主力となった積立型の運用が行政によって区分され株式運用を禁じられたことにより、株式投資はさほど増加せず、したがってバブル崩壊後の打撃も他の金融業界に比べ比較的軽微となった。

生命保険業に対する行政

消費者志向の強調　生活水準の向上に伴って、消費者ニーズの重視、消費者の権利保護が強調されるようになったことに加え、第1次オイル・ショック前後の混迷で生活防衛の世論が高まったこともあって、国民生活審議会の昭和48年2月答申は保険についても消費者保護の観点を強調した。これを受けて保険審議会もこの問題を取り上げ、昭和50年6月答申「今後の保険事業のあり方について」で指針を提示した。取り上げられた主な項目は、商品内容・料率の選

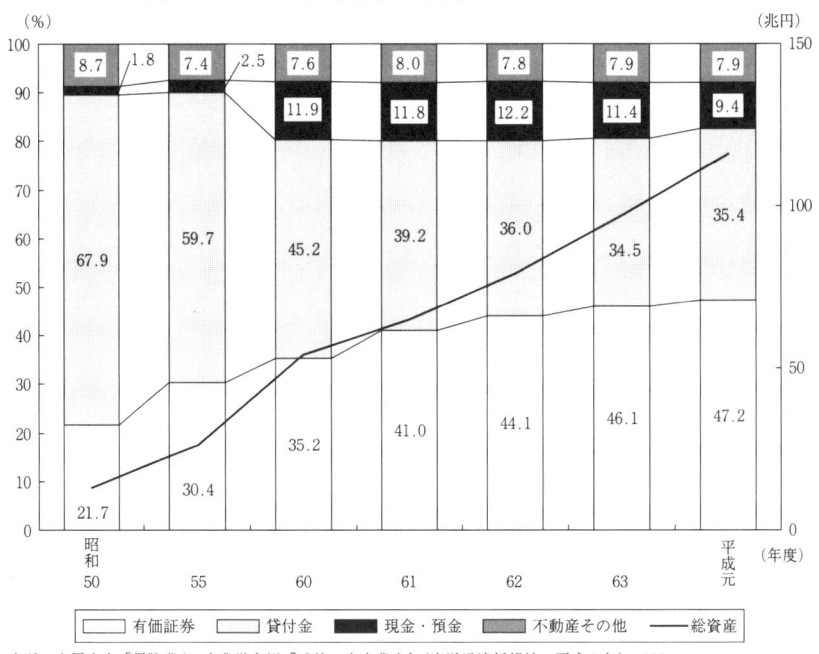

図1-3-6 生命保険全社の総資産とその構成比の推移

年度	有価証券	貸付金	現金・預金	不動産その他
昭和50	21.7	67.9	1.8	8.7
55	30.4	59.7	2.5	7.4
60	35.2	45.2	11.9	7.6
61	41.0	39.2	11.8	8.0
62	44.1	36.0	12.2	7.8
63	46.1	34.5	11.4	7.9
平成元	47.2	35.4	9.4	7.9

出所：真屋尚生「保険業」、産業学会編『戦後日本産業史』（東洋経済新報社、平成7年）、977ページ。
注：現金・預金にはコール・ローンと金銭信託を含む。

　択肢の多様化、情報のわかりやすく正確な提供、募集制度（生保は外務員、損保は代理店）の改善、消費者ニーズや苦情の反映、相互会社形態の生保における社員（顧客）の意向の反映などであった。

　このうち消費者志向の重視については、中途増額制度の導入や物価スライド保険の検討などインフレへの対応、定期保険・年金保険の普及、貯蓄機能の付加など、消費者ニーズの把握に努め商品設計に反映させることが指示された。また保険約款を平明にすることも指示された。

　これらに応えて生保業界では、昭和49年から52年にかけて、中途増額制度・無条件更新制度、物価指数定期保険・転換制度の導入をはじめ、新商品・サービスを開発、あるいは改良した。約款の平明化については、参考例の1つとしてモデル約款を作成した（昭和51年）。また消費者向け情報提供機関として生

命保険文化センターを設立した（同年）。

外務員制度の改善　生保の主力販売チャネルである外務員制度については、かねてから問題点が指摘されており、特に「ターン・オーバー」（入れ替わり）が激しく、未熟な外務員、「義理募集・無理募集」がみられることなどが重大であるとされた。

保険審議会答申を受けて大蔵省は、詳細で、かつ実施方法まで具体的に指示するような事務連絡を発出して指導を行った。例えば昭和50年10月、募集制度改善の実効をあげるため責任者としての担当役員を決めること、募集文書・図画の作成基準を見直すことを指示した。また昭和51年3月には改善の3カ年計画の策定を指示し、さらに8月には各社に「メモ」を手交して、外務員の基幹職員への育成率を53年度末に大手15％以上・中小10％以上とすること、新契約の継続率を同じく大手84％以上・中小80％以上とすることなどを指示した。なお、これらの目標を達成できない保険会社もあった。

損害保険業に対する行政

消費者志向の強調　損害保険についても同様に、インフレ対応のための中途増額制度の早期導入をはじめ、顧客のニーズに応える新商品・サービスの開発、改良が詳細に指示された。

代理店制度の改善　損保の主たる販売チャネルである代理店についても、大衆化に伴う新設数の増加、とりわけ自動車保険代理店の増加、それと並行した廃止数の増加などがみられた。保険審議会答申の指摘、及びそれを受けた大蔵省の詳細な問題提起に対応して、損保業界は資格制度の拡充強化、教育研修の強化を趣旨とする諸施策を実施した。

保険会社経営・運営の改善　保険会社の経営・運営の改善に関しては、まず生保における相互会社の社員（顧客）の意向の反映の改善が大きな問題とされ

た。昭和49年度末現在で生保21社中16社が相互会社形態をとり、それらが契約高・総資産額のおよそ95％を占めていた。相互会社は、公益法人でも営利法人でもない中間法人である。社員＝契約者による社員総会が最高意思決定機関であるが、その開催は実際には困難なため、一般にはそれに代えて社員総代会が設けられている。しかし、総代の選出（多くはいわゆる名士が占めた）、総代会の運営が形式化していると指摘されていた。保険審議会答申は、社員の構成を反映するような広い層からの総代の選出、評議員会の同様の改善、傍聴制度の採用など総代会の運営の公正化、契約者懇談会の設置などを提示した。生保協会は、これらの指示に加えて、3期を超える総代の重任の禁止、2社以上の総代の兼任の禁止などを実施した。

　そのほか、生保関連子会社を通じた土地投機が問題となったことを受けて、大蔵省は昭和50年9月通達「保険会社とその関連会社との関係について」などを通じ、関連会社の一般向け不動産業務の禁止など、行いうる業務範囲の規制を指示した。

〔注〕
1)　これらの答申は財務省財務総合政策研究所財政史室編『昭和財政史－昭和49～63年度』第10巻「資料(3)財政投融資・金融」（東洋経済新報社、平成14年）に収録。

第4節　対外経済政策

1　変動相場制への移行と2度のオイル・ショック

ドル・ショックとスミソニアン合意　1971（昭和46）年8月15日（日本時間では8月16日）、ニクソン米大統領は、米国の国際収支の悪化と、インフレの昂進に対処するためのドル防衛策（「新経済政策」）を発表し、同日、金とドルとの交換を停止した。これにより、1944年7月にブレトンウッズで誕生した国

際通貨体制は、27年で終焉を迎えた。また、昭和24年に始まった1ドル＝360円のレートも終わりを告げた。

　1971年9月以降、主要国（G10）は、固定相場制の再建を目標に、国際通貨調整のための協議を重ね、同年12月18日、スミソニアン会議（於　ワシントン）で合意が成立した。合意の内容は、①各国通貨の交換レートを変更する、②為替相場の変動幅を目標相場の上下2.25％に拡大する（それまでは平価の上下1％であった）、③米国は金の公定価格を1オンス38ドルとする（従来は35ドルであった。ドルの切り下げ幅は7.89％になる）、④米国は輸入課徴金を廃止する、などである。これにより、円は対ドル16.88％（金に対しては7.66％）切り上げられ、1ドル308円になった（12月19日付大蔵省告示）。

　変動相場制への移行　スミソニアンの多角的調整により、ひとまず主要通貨は固定レートに戻ったものの、為替市場の動揺は収まらなかった。アメリカにおける低金利と財政赤字の拡大のために、ドル不安は解消されず、為替投機で米国から流出したドル（約270億ドルと推定された）の還流は進まなかった。アメリカ政府は、新たな為替レート（セントラル・レート）を守る強い意志を持たず、為替市場への介入を行わなかった。

　ヨーロッパではEC内で、結束を固める動きが生じた。ECは、既に1970年10月にウェルナー報告を発表し、通貨統合への第一歩を踏み出していたが、スミソニアン合意の為替変動幅拡大が、ECの共同市場運営や通貨同盟にマイナスの影響を及ぼすことが懸念された。そこで、1972年4月にECは、加盟国の通貨の域内変動幅をスミソニアン協定の変動幅の半分の2.25％とし、介入はEC諸国通貨によって行う制度を実施した（通称「トンネルの中のへび（スネーク・イン・ザ・トンネル）」）。

　しかし、2カ月後の6月23日には、5月1日にスネークに加盟したばかりのイギリスが、ポンドの投機的な売りによって、スネークの離脱と単独フロートへの移行を余儀なくされるという事態が起きた。1972年後半には、為替市場は小康状態を保ったが、73年に入ると通貨危機は再燃し、1月22日にはイタリア・リラが二重相場制（資本取引のみを変動相場制にする為替システム）を採

用し、翌23日には、スイス・フランが変動相場制へ移行した。2月初めには、ドル売り・マルク買いの投機が激しさを増した。

こうした情勢に直面し、アメリカ政府は通貨調整に乗り出した。2月7～12日、米財務次官ポール・ボルカーは、日本及び西欧諸国を回って協議を行った。円ドル間の調整が最大の焦点であったので、ボルカーは最初に日本を訪問し、愛知揆一蔵相と会談を持った。2月8日の愛知＝ボルカー会談では、アメリカ側はドルを9％切り下げ、円を9％切り上げる案を示したが、日本側は円切上げは同意できないと主張し、両者の意見は一致しなかった。ボルカーは日本からヨーロッパに飛び、2月11日に西欧4カ国蔵相と会議を行った。日本も、2月10日に東京為替市場を閉鎖するとともに、大蔵省の細見卓顧問を急遽、ヨーロッパに派遣した。西欧諸国もアメリカと同様、円を切上げを主張し、為替レートをすぐに変更することに反対であった日本との溝は埋らなかった。一連の協議の結果、日本は1ドル＝257～264円の範囲でレートを変動させるという合意が成立した。2月13日、シュルツ財務長官はドルの対SDR平価10％切り下げを発表、愛知蔵相も同日、2月14日からの円のフロート制移行を発表した。

ドル切り下げ発表後もドル不安は収まらず、3月1日に大量のドル売りが発生したために、3月2日にヨーロッパ諸国の為替市場が閉鎖された（再開は3月19日。東京外国為替市場も同期間閉鎖）。G10諸国を含む14カ国による協議が3月9日、16日にパリで行われ、フロート制への移行で合意、3月19日からEC諸国はフロート制へ移行した。ただし、EC域内では固定相場が維持され、共同フロート制（いわゆる「トンネルを出たヘビ」）が実施された。

このようにして、スミソニアン協定におけるドルの切り下げ幅は十分でなかったので、為替安定には至らず、最終的に、73年3月の変動相場制への移行により71年8月のドル・ショック以降の為替調整は一段落した。

国際通貨制度改革の検討　金ドルの交換停止後は、なし崩し的に変動相場制への移行が進んだが、その一方では、IMFを中心に、国際通貨制度の再建の

ための努力がなされた。

　スミソニアン会議では、金ドル交換停止後の国際通貨体制の改革について、IMFの枠組みの中で長期的視点から検討することで合意が成立した。これに基づいて、1972年7月28日、IMFは「国際通貨制度改革に関する20カ国委員会 (C20)」(IMF20理事の選出母体から各1名の委員によって構成される委員会) の設置を決定した (9月28日発足)。新たにC20という組織が設けられたのは、先進国のみで国際通貨問題を決定することに途上国が批判的であったため、またアメリカが、G10で議論すると西欧諸国の声が強くなりすぎると懸念したためであった。

　1972年9月に、IMF理事会は、制度改革の主要な論点を整理した「国際通貨制度の改革に関する報告書」をIMF総務会に提出した。この報告書は、新たな制度を提案したものではなかったが、国際通貨制度改革の主要論点は網羅されていた。さらに、9月25～29日のIMF総会 (ワシントン) では、3年以内に国際通貨制度改革を実現するという合意が成立し、国際通貨制度の再建のための作業が始まった。

　C20は、変動相場制への移行直後の1973年3月27～28日に、安定的であるが調整可能な平価の樹立に向けて、9月のIMFナイロビ総会までに案を取りまとめることを確認した。アメリカ、EC、途上国の三者間に意見の大きな相違が存在したが、C20は国際通貨改革の第1次概要案を作成し、IMF総会に提出した。この案は、「安定的な調整可能な平価制度をとり、特別な場合はフロートも調整政策として認める」、「SDRを交換のための中心的資産」とする等の為替レートに関する基本方向を打ち出したが、具体的な通貨調整システムは後の検討に委ねた。

　C20の国際通貨改革作業は、1974年7月までに完了する予定であった。ところが、73年10月に勃発したオイル・ショックにより、予定は大きく狂うこととなった。1974年1月のC20ローマ会議では、改革案をただちに実施に移せる情勢にはないが、ともかく6月までに改革作業を終了することが確認された。取り纏め作業が進められ、6月12～13日のC20 (ワシントン) に「国際通貨改革

概要」が提出された。基本的な点では、ナイロビ総会に提出された第1次概要と変更はなく、対立点は解消されていなかったが、主たる関心は当面のオイル・ショックへの対処に移っていた。

第1次オイル・ショックとオイル・マネー　1973（昭和48）年10月6日にエジプト、シリアとイスラエルとの間に第4次中東戦争が勃発した。アラブ産油国は、石油を外交手段として利用し、アラブ側に有利な国際情勢を導こうとした（「石油戦略」）。10月17日、OAPEC（アラブ石油輸出国機構）諸国は、原油公示価格の約70％引上げと、米国及びイスラエル支持諸国に対する原油供給量の削減を発表した。その後も原油価格は引き上げられ、戦争勃発直前に1バーレル3.01ドルであった原油公示価格は、1974（昭和49）年1月には約4倍の11.65ドルに達した。

原油価格の高騰により、産油国以外の国々は大幅な貿易赤字に陥り、世界の国際収支のパターンは大きく変貌した。先進国経済は、経常収支赤字、インフレ、景気悪化のトリレンマ（三重苦）を抱えた。1974年にOECD先進工業国は約270億ドルの経常収支赤字を記録し、主要7カ国の実質成長率（平均）は、1973年の6.2％から、74年には0.2％、75年には−0.3％へと低下した。1972年頃には既に世界的に過剰流動性は顕著となっていたが、オイル・ショックでインフレは一挙に顕在化した。主要7カ国の消費者物価上昇率は1974年13.4％、1975年11.0％と、二桁を記録した。また、非産油途上国の経常収支赤字は1974年に245億ドル、75年に385億ドルに達した（OECD「経済見通し」1978年による）。

これとは対照的に、アラブ産油国を中心とする産油国（OPEC諸国）の経常収支黒字は1974年593億ドル、75年273億ドルに達し、膨大な外貨収入を得た。

このため、産油国が獲得したオイル・マネーの還流をスムーズに進めることが、世界経済の混乱を収めるために不可欠となった。1974年には、オイル・マネーの約40％がユーロ市場に流れ、短期運用されたが、75年以降は、アメリカ等の国々や国際機関のウェイトが高まり、運用も長期化した。

政策的な還流促進策としては、IMFとOECDによるものが挙げられる。
　IMFは、オイル・ファシリティを設け、市場からの借入能力が乏しい途上国へのオイル・マネーの還流を図った。これは、1974〜75年の国際収支赤字を対象とし、IMF加盟国に資金を供給する制度である（1974年6月13日決定）。産油国等から調達された総額69億SDR（82億5000万ドル）の資金が、7カ年の期限で貸し付けられた。1974〜76年前半に約102億ドルと推定されたOPECの余剰資金のうち、オイル・ファシリティは6％弱に過ぎず、オイル・マネーの還流には大きな役割は果たしえなかった。

　また、OECD加盟23カ国相互の金融支援協定（OECD金融支援基金協定）が、1975年4月9日に発足した。先進諸国が、国際収支の悪化から、保護貿易主義や為替制限に走ることがないようにとの意図で、キッシンジャー米国務長官のイニシアティブにより創設されたものである。資金の利用は、石油消費の節約とパッケージになっており、OECD諸国が石油消費を削減する努力を行い、結束してOPEC諸国に当たり、石油価格の引下げを図ろうという意図がこめられていた。わが国の政府は、オイル・マネー還流のルートや手段は多様であるべきとする立場から、市場経由の還流を重視し、国際機関を通じる人為的還流策には消極的であった。また、先進諸国が産油国に対して結束し、対抗するアメリカの姿勢からも距離を置いていた。

　実際には、ユーロ市場・アメリカ市場等の市場経由の還流が大部分を占め、オイル・マネーの還流は、大方の予想よりも順調に進んだ。しかし、オイル・マネーが短期間にユーロ市場に集中したことと、変動相場制への移行直後であり、金融機関の側に為替リスクに対する備えが不十分であったことから、1974年には国際的な信用不安が生じた。1974年5月に米国のフランクリン・ナショナル銀行が、6月には西ドイツのヘルシュタット銀行が、先物為替取引の失敗により破綻し、ユーロ市場が動揺した。最後の貸し手の存在しないユーロ・マネー市場では、流動性危機が起きやすいことを示した事件であった。

　景気回復の足並みの乱れ　第1次オイル・ショックの克服過程では、イギリ

ス、フランス、イタリアの景気回復の遅れと、日本と西ドイツの順調な回復が際立った対照を示した。先進国の景気は、1975年半ばから回復に転じたが、英仏伊の場合は順調ではなく、1976年に経常収支が悪化した。これらの国々は、1976年秋に公定歩合引上げ等の緊縮政策を実施し、ようやく1977年秋から78年に至り、景気は上昇に転じた。

　アメリカは、他の国々に先駆けて1975年初めから景気回復に向かったが、1977年1月に就任したカーター大統領が、減税、財政支出拡大の景気刺激政策を実施したため、1978年にはインフレが激化し、貿易赤字も77年、78年と過去の記録を更新した。そうしたなかでドルは急速に下落したが、カーター大統領はドル下落を容認する姿勢を保持した。

　これらの国々とは対照的に、日本と西ドイツは、貿易、インフレ率、成長率のいずれも良好なパフォーマンスを示した。

G5とサミットの発足　1970年代前半には、変動相場制への移行やオイル・ショックといった世界経済を根底から揺るがす事件が相次いで起き、先進国間では、新たな協議の場を設けようという機運が高まった。

　国際通貨、マクロ経済政策に関する先進国間の協調の要になったのはG5（Group of Five、5カ国蔵相会議）である。G5は、1973年4月にシュルツ米財務長官、ジスカールデスタン仏蔵相、シュミット独蔵相が、国際通貨問題を話し合うためにホワイトハウスの図書館で開催した非公式蔵相会議に淵源がある。同年9月のIMF・世銀総会の直前に、愛知蔵相の提案で5カ国蔵相の会合が持たれ、これが同年11月24〜26日の、G5発足（日米英独仏5カ国による第1回蔵相会議）につながった。メンバーは、当初は蔵相及び蔵相代理であったが、のちに中央銀行総裁も加わるようになった。当初は会合の存在と内容は秘密になっており、1985年のプラザ合意の際に、初めてG5の開催が事前に公表された。国際通貨問題に関する先進国間の討議の場としては、従来からG10（10カ国蔵相会議）、WP3（OECD第3作業部会）が存在していたが、G5（1986年にイタリアとカナダが加わりG7〔7カ国蔵相・中央銀行総裁会

議〕となる）は、特にプラザ以後は、政策協調の場として極めて重要な役割を果すようになった。

　また、ジスカールデスタン仏大統領、シュミット西独首相のイニシアティブにより、先進諸国が通貨、貿易、エネルギー問題を総合的に話し合う場としてサミット（主要先進国首脳会議）が設けられ、1975年11月に、フランスのランブイエにおいて7カ国による第1回のサミット（主要先進国首脳会議）が開催された。その後サミットは、毎年開催され、経済問題の調整の場として定着して行った。当初、「経済サミット」とも呼ばれたように、議題は経済問題の調整に限られていたが、1980年頃からは政治問題も加わり、冷戦終結前後には「政治サミット」化して行った。

　キングストン合意と IMF 改革　第1次オイル・ショック後には、もはや国際通貨制度の長期的なデザインを描くことは困難になり、C20は、変動相場制への対応という、短期的な改革作業に集中せざるをえなくなった。

　1974年6月12～13日（ワシントン）のC20において、改革の最終案が纏まり、最終報告書「国際通貨改革概要」が、1974年9月30日～10月4日にワシントンで開催されたIMF総会に提出された。将来、SDRを主要準備通貨とする安定的で調整可能な平価制度を設けるべきだとする提言を行いつつも、当面はフロート制を受け入れつつ、部分的な措置に止まらざるを得ないという内容であった。混乱の続く国際経済情勢のなかで、長期的な制度の確立は無理だという判断から、力点は当面の措置に置かれた。当面の措置として、①C20と同じ構成の暫定委員会を設置すること、②SDRの評価方式を通貨バスケット方式に改めること、③金に関するIMF規定を、必要であれば修正すること、④途上国への贈与を増加させることなどが示された。

　C20の解散後、通貨改革の作業は「国際通貨制度に関する総務会暫定委員会」（構成はC20と同じ）に移され、1976年1月8日に合意に達した（キングストン合意）。

　この間、金の取り扱いについては、金廃貨と変動相場制を主張するアメリカ

と、金の役割の維持、固定相場制への復帰を支持するフランスとの間の意見の隔たりは大きかったが、1975年11月のランブイエ・サミット（第1回サミット）において、金廃貨の方向で合意に達した。

キングストン合意の内容は、①IMF第6次増資を実施し、産油国の出資比率を拡大する、②IMFクレジット・トランシュを、割当額の100％から145％へ暫定的に拡大する、③IMFの輸出変動補償融資および緩衝在庫融資の利用枠を拡大する、④IMF保有金の1/3を処分する、⑤開発途上国を対象としたトラスト・ファンドを設立する、⑥公的保有金の総量を規制する、の諸点であった。

この合意に基づき、1976年4月、IMF協定第2次改正が採択され、78年4月1日施行された。これにより、金の廃貨が決まり、いかなる為替制度を採用するかは各国の自由に委ねられることとなった。また、SDR（特別引出権）を主要な準備通貨とするために、その使用範囲を拡大することが盛り込まれた。SDRは、1969年7月に、国際流動性不足を解消する目的で設けられた準備資産であったが、金ドル交換停止後にはドルの供給は過剰であったので、SDRは必要とされず、あまり普及しなかった。

IMF協定第2次改正により、IMFがもはや国際通貨制度を規制できないことが、最終的に明らかになった。

「機関車論」　先進国間に景気回復の差が生じる中で、大幅な国際収支黒字を計上する日独両国に対する風当たりが強まった。

1976年に、わが国の経常収支は急速に改善しつつあるなかで、為替市場では円の先高観が広がり、また、アメリカにおいては、「ダーティー・フロート論」（日本が意図的に円安操作を行っているという議論）が盛んになった。また、OECDによる対日審査において、日本は、輸入拡大のために積極的な財政・金融政策を講じるよう求められた。

1977年9月のIMF・世銀総会では、日独の黒字に対して非難が集中し、景気刺激策を実施して、内需を拡大すべきだと迫られた。1976年秋頃からは、

日・米・独が拡大政策を実施し、世界経済の回復を牽引すべきであるとする「機関車論」が唱えられた。

そして、1977年5月のロンドン・サミットでは、世界経済の牽引車としての日・米・西独の調整が課題となった。インフレを懸念する西ドイツのシュミット首相が、拡大政策に強く反対したために、コミュニケの中には成長率の具体的数値は盛り込まれなかったが、日本と西独は成長目標を達成するために努力することを約束した。1978年7月のボン・サミットでは、西ドイツはGNPの1％に相当する追加的措置をとることに同意し、日本は7％成長を公約した。

カーター大統領のドル防衛策　1978年下期にドル安が急速に進み、ドル不安がささやかれるようになると、アメリカはそれまでのビナイン・ネグレクト政策から、ドル防衛策に転じた。8月16日、カーター大統領は、ドル相場引上げを意図して、公定歩合の7.25％から7.75％への引き上げ、財務省保有の金の売却を発表したが、効果はなく、10月24日のインフレ対策も市場からは評価されなかった。

1978年11月1日、カーター大統領はドル防衛策を発表した。その内容は、つぎのとおりである。①米国は西独・日本の政府・中央銀行およびスイス国立銀行と協力して、協調介入を行う。財務省・連銀は為替介入のために300億ドルを用意する（スワップ枠拡大150億ドル、外貨建債券100億ドル、IMFリザーブ・トランシュの引出しとSDR売却50億ドル）。②財務省は金売却を増加させる。③公定歩合、預金準備率を引き上げる（公定歩合は8.5％から9.5％へ）。

第2次オイル・ショック　1978年半ば頃から一次産品価格が上昇し始めていたが、そうした折に、イランにおいて反国王運動が激化し、79年2月のイスラム革命に至った。イランの政情不安を背景に、78年12月半ばに、OPECは基準原油価格の平均10％引き上げを決定した。ここに、第2次オイル・ショックが勃発した。

1979年6月にOPECは、さらに標準原油価格を1バーレルあたり18ドルに

引上げた。11月4日のイスラム学生グループによるアメリカ大使館占拠事件を契機に、アメリカはイランの在米資産凍結を決定、両国が経済断交状態に陥るなかで、原油のスポット価格は一時、1バーレルあたり40ドルもの高値を記録した。原油価格は、1981年にかけて3倍に上昇した。

OPEC総会（第54回）と同時期に開催された東京サミット（6月28〜29日）は、ほとんどの時間がエネルギー関連の問題の討議に費やされたエネルギー・サミットとなった。サミットの最大の成果は、各国別の具体的な石油消費・輸入の削減目標が合意されたことにあった。日本については、1979年、80年の石油輸入は540万バーレル／日以下とし、1985年の目標値は630〜690万バーレル／日以下に設定された。そのほか、東京ラウンドの合意の早期・誠実な実施、為替市場におけるサミット諸国間の緊密な協力の継続などが申し合わされた。

2 対外経済政策の基調

オイル・ショックによる国際収支の赤字　わが国の経常収支は昭和43年以来黒字であったが、第1次オイル・ショックを契機に、輸入原油が高騰したために輸入額が急増し（47年の190億ドルから、48年には325億ドル、49年530億ドルへ）、昭和48、49年に、それぞれ1億ドル、46億ドルの赤字となった（巻末統計15）。

輸出は、オイル・ショックの勃発にもかかわらず順調に推移し、昭和47年280億ドルから48年362億ドル、49年544億ドルと伸び続けた。そのため、経常収支は早期に黒字へ転換した。経常赤字は昭和49年1〜3月期を底として改善に向かい、昭和50年には顕著な改善を見、51年に大幅な黒字に転じた。

昭和51年には、先進諸国の景気回復が進み、アメリカ・西欧向けに自動車、家電製品、鉄鋼、船舶などの輸出が伸びた。昭和52、53年は、急速な円高の進行にもかかわらず、輸出が大幅に伸びた。貿易黒字は、昭和50年の50億ドルから、51年には98億ドル、52年には173億ドルと拡大し、経常収支も53年までは大幅な黒字であった（51年36億ドル、52年109億ドル、53年165億ドル）。

しかし、昭和54年には一転して、87億ドルの大幅な経常収支赤字を記録した。最大の原因は、1978（昭和53）年12月に起きた第2次オイル・ショックにあったが、そのほか、昭和53年の円高によりプラント類の受注が減少し、54年の輸出が伸び悩んだという輸出サイドの原因も存在した。

　長期資本収支は、一貫して流出超過であったが、昭和48年11月以降、資本流出が規制されたために、48年に97億ドルに達した流出超過幅は、50年には2億7000万ドルにまで縮小した。51年以降は、再び資本流出の勢いは増し、53年には123億ドル、54年には129億ドルの流出超過となった。

外貨準備と対外資産負債残高　外貨準備は、昭和46年中に一挙に3.5倍に増大し、年末には152億ドルを記録した（図1-4-1）。特に、ニクソン声明直後には、8月15日から27日まで為替市場を開き続けたために、大量のドル売りが殺到し、日銀は40億ドル近くドルを買い支えた。47年も、スミソニアンでの切上げにもかかわらず、輸出は大幅な黒字を記録し、また円切上げの予想が強まる中でドル売り円買いが進んだために、同年末には外貨準備は183億ドルに達し、48年2月末には190億ドル（オイル・ショック前のピーク）になった。昭和48年には、急速に減少に向かい、49年1月末には115億ドルにまで落ち込んだ。政府は、外貨取り入れ策を積極的に進め、為銀に対する預託外貨の引揚げなども行って、外貨準備の増大を図った（50年6月に146億ドルまで回復）。51年から53年末までは、わが国の輸出の大幅な拡大、為替当局のドルの買い支えによって、外貨準備は増加を続けた。特に53年には急激に円高が進み、3月だけで53億ドルもの平衡買いが行われた結果、54年1月には外貨準備は331億ドルに膨らんだ。その後は、第2次オイル・ショックの勃発で、減少に転じた。

　対外資産は、昭和46年末の327億ドルから、54年末には1353億ドルに、4.1倍に増加した（巻末統計16）。対外負債は、同じ期間に229億ドルから1065億ドルへと4.6倍に増加した。対外資産から対外負債を差引いた純資産額は、オイル・ショックの昭和48年から50年にかけて減少し、その後、53年まで増加、第2次オイル・ショックの影響で、54年には再び減少した。当該期間を通じてみ

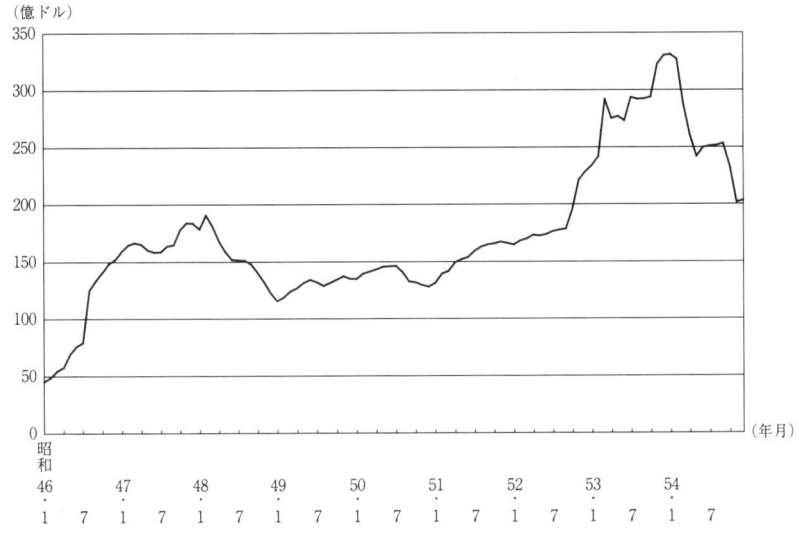

図1-4-1 外貨準備高の推移（昭和46～54年）

出所：大蔵省国際金融局年報編集委員会編『大蔵省国際金融局年報』昭和55年版（金融財政事情研究会）より作成。

れば、昭和46年末の97億ドルから、54年末には287億ドルへと2.9倍に増大したことになる。

対外資産では、借款、証券投資を中心とする長期資産が、昭和51年以降、著しく伸び、資産構成は、短期中心から、長期中心に変化した。それとは対照的に、負債では、短期負債の比重が次第に増した。このような、長期の資産・短期の負債といった構成は、その後の基調となってゆくが、短期負債の増大は為銀の対外短期ポジションの急激な悪化に反映されている（昭和54年末には為銀の短期純負債は202億ドルに達し、外貨準備203億ドルとほぼ同額であった）。

為替の動向 昭和48年2月に変動相場制へ移行した後、7月9日には254円まで円高が進んだが、その後は、1ドル257～264円を適正レートとする日米間の合意に基づいて日銀が265円で介入を行い、為替レートは260～270円の間で安定的に推移した（図1-4-2）。

しかし、オイル・ショックが起きると、大量の円売り・ドル買いが始まり、

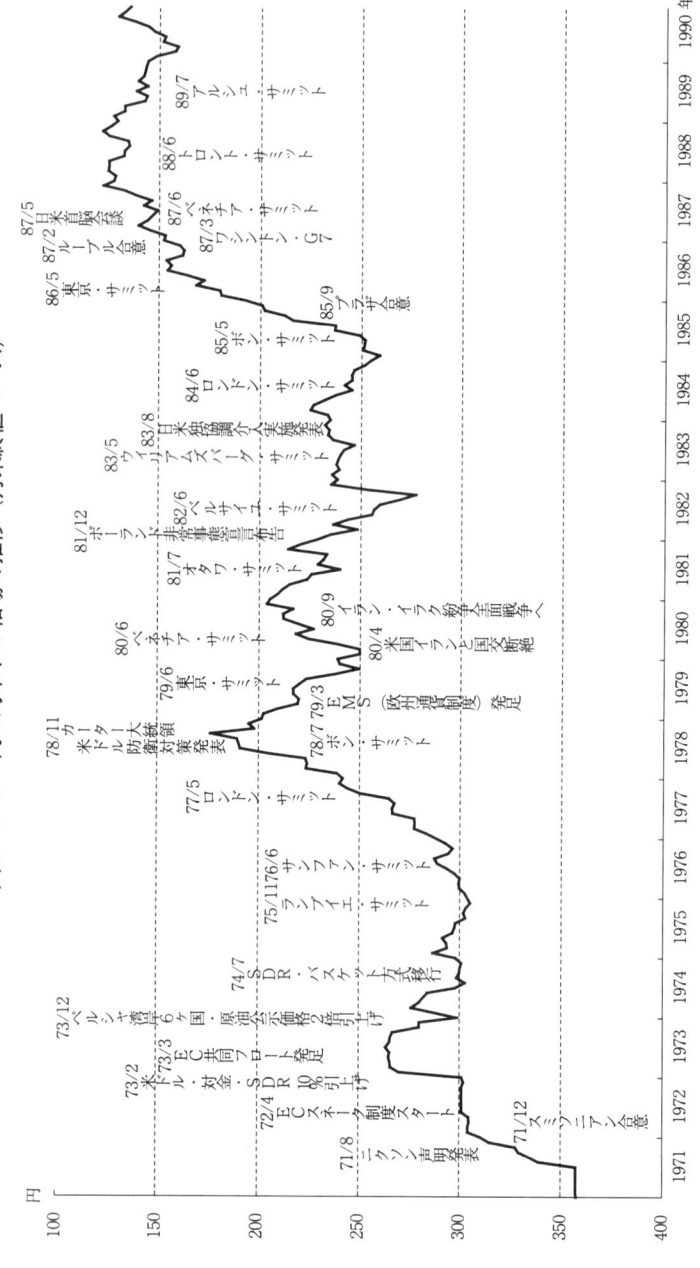

図1-4-2　円の対米ドル相場の推移（月末終値ベース）

日銀の積極的な介入にもかかわらず、円は11月1日の270円から翌年1月9日には300円へと、2カ月あまりで10%以上も円安になった。政府が、昭和48年11月以降、外資流出抑制、流入促進措置を種々講じた結果、49年3月28日には273円50銭まで回復したが、その後、本邦為銀のユーロ市場での資金調達が進まないことから、49年8月22日には、変動相場制移行以来の最安値である303円40銭を記録した。

政府が円防衛策を発表したこと、昭和49年10月以降に経常収支が改善したことにより、昭和50年2月25日には285円まで値を戻したが、その後はアメリカが景気回復するなかで、日本の輸出が伸び悩み、じりじりと円安が進み、50年12月8日には306円85銭と、変動相場制移行以後の最安値を更新した。

昭和50年12月を底値として、その後は円高に向ったが、51年12月のレートは290円台であり、51年中の円高への動きは極めて緩慢であった。

そうしたなかで、昭和51年に、わが国の対米輸出が自動車、家電製品を中心に急増したことから、アメリカは、日本は為替レートを人為的に安く抑えて、輸出主導による景気回復を図っているとする「円安批判」を展開した。

昭和52年初めから53年10月末まで急速な円高が進んだ。52年には、円高傾向は勢いを増し、年初の290円台から、年末の12月15日の238円まで上昇した。円高は53年に入ってからも急速に進み、7月末には200円を突破、8月15日には182円50銭となった。その後、若干値を戻したものの、10月31日には最高値の176円まで値上りした。

円切上げ回避策　1970年代は、変動相場制への移行、2度のオイル・ショックなどの国際情勢の激変の時代であり、そうした激変のなかで、わが国の対外経済政策も、国際社会との協調を基本理念としつつも、度重なる修正を迫られることとなった。

オイル・ショック勃発までの対外経済政策の目標は、円切上げ回避にあった。1969（昭和44）年10月のマルク切上げを契機として、各国間の平価調整、為替相場の弾力化が国際的な議論となったが、日本国内では、輸出産業に悪影響を

与える円切上げは回避すべきであるとする世論が強く、円平価の維持はほとんど議論の余地のない前提であった。

昭和46年5月に欧州で通貨不安が勃発し、5月10日にマルクが変動相場制へ移行すると、円切上げを見越した為替投機が活発化した。政府は、6月4日に第1次円対策8項目を決定し、円切上げ阻止に努めたが、8月15日にはニクソン米大統領により金ドル交換停止が宣言され、各国通貨は暫定的に変動相場制へ移行した（日本は8月28日から）。

為替市場再開後、わが国は円切上げ幅を最小に抑えるために、積極的な市場介入を行った。1971年12月のスミソニアン協定で、為替レートの多角的調整が実施され、円平価は16.88％切り上げられて、308円と定められた。しかし、この通貨調整は日本の経常黒字の拡大を改善する効果がなく、一層の円高を求める声が強まった。そのため、政府は昭和47年5月20日に第2次円対策7項目を決定、さらに10月20日には第3次円対策5項目を発表して円再切上げ阻止に努めた。

昭和47年5月20日の第2次円対策7項目（「対外経済緊急政策の推進について」）は、46年に発表された円対策8項目（「総合的対外経済政策」）の延長線上にあったが、外貨活用に関して、為銀に対する外貨預託、日本輸出入銀行による輸入金融及び海外投資金融拡充の具体策が明示された点に特色があった。政府は、7項目を、「対外経済関係特別措置法案」に取り纏め、47年5月26日に国会に提出したが、審議未了で廃案となった。このため、輸入促進と対外投資促進を目的に、現行法制の枠内で居住者に対して外貨貸付を認める外貨貸し制度を設けることとなった（8月18日決定）。しかし、この制度に基づく外貨貸付の許可実績は、昭和48年1月までに1億8500万ドルと低調であり、外貨減らしの効果は少なかった。

昭和47年10月20日の第3次円対策5項目（「対外経済政策の推進について」）は、①輸入の拡大、②輸出の適正化、③資本の自由化等、④経済協力の拡充、⑤福祉対策の充実の5つの柱を立て、社会資本整備・社会保障充実の財政措置、貿易・為替面での自由化措置の推進を謳った。そのための立法措置は、「対外

経済関係調整法」として同年11月13日に成立した。第3次円対策は、国際的な対日圧力を当面、弱める効果を発揮し、為替相場も296～297円で安定した。関税の一律引下げと、輸出の適正化が、第3次円対策の柱であったが、後者については、「輸出貿易管理令の機動的運用」が図られ、昭和48年1～2月に自動車関連品目・家電製品等11品目がその対象となった。

　円相場の安定はつかの間に終わり、1973（昭和48）年初めには欧州の通貨危機が再燃し、2月14日にわが国はフロートへ移行した。日本政府は、固定相場制への復帰を念頭に置きつつ、徹底した介入により為替相場を265円前後で安定させるマネージド・フロート制の考え方に立った。その結果、オイル・ショックが勃発するまでは、為替相場は264～266円の水準でほぼ安定した。

　第1次オイル・ショック勃発と資本流入促進　国際的に通貨不安が再び強まるなかで、円切上げを見越した投機的資金の流入を防ぐために、昭和47年2月以降、海外短資に関する規制が強められた。2月25日に、輸出前受規制が再導入され、6月29日に強化された。自由円勘定に対する準備率も、7月1日に引き上げられた。外貨集中制の廃止に伴い、円転規制の適用範囲は全為替銀行に拡大された。このように昭和47年から48年にかけて、短資流入を抑制する政策が取られた。長期資本についても、昭和46年2月以降、一般民間外債の発行が原則として停止された。

　ところが、昭和48年10月末にオイル・ショックが勃発し、為替レートが急落し、経常収支が赤字に落ち込むと、それまでの、国際収支の黒字基調を与件とした外貨流入抑制・流出促進の為替政策は、180度転換することになった。

　昭和48年10月29日以降、円安を抑えるために、政策当局はドル売りの市場介入を開始した（介入規模は11～12月の2カ月間で38億9000万ドルに及んだ）。円転規制が6年ぶりに緩和され、12月17日から自由円は円転規制の枠外となった。輸出前受規制も、49年2月に、実質的に廃止された。外資導入に関しては、48年12月に、調達資金を海外事業に用いる外債（いわゆる「外－外」外債）が49年11月には、調達資金を国内事業に用いる「内－外」外債も認められた。資

本の流出抑制も図られ、昭和47年に実施された居住者外貨貸し制度が、48年12月以降、整理縮小された。また、海外渡航外貨の制限の強化（48年11月、49年4月）、短期外貨証券の取得規制（48年11月、49年1月）、非居住者の円建債の発行等の抑制（49年1月）などが実施された。

円安は一時収まったものの、昭和49年4月以降、再び進んだので、大蔵省は、7月末〜8月に「緊急円防衛策」として、輸出前受金の制限緩和、在日外銀の円転換規制枠の拡大、非居住者による政府短期証券等の取得制限の解除などを実施し、短資規制をほぼ全面的に撤廃した。

オイル・ダラーの還流とジャパン・プレミアム　短資規制が大幅に緩和された結果、邦銀がユーロダラーの取り入れ競争に走り、ユーロ取入残高は昭和48年9月の67億ドルから、49年6月には191億ドルへ激増した。折から、ヘルシュタット銀行の破綻でユーロ市場では信用不安が発生し、資金流入が減っており、そうしたところへ本邦為銀が殺到したために、昭和49（1974）年7〜8月には、本邦為銀のユーロ市場からの取り入れ金利に2％ものプレミアムが付いた（「ジャパン・プレミアム」）。大蔵省・日銀は、為銀の経営不安に繋がることを恐れ、為銀に対し海外での貸付（現地貸）を抑制するよう指導を行った。

昭和49年8月に、大蔵省がサウジアラビア金融局（SAMA）から10億ドルの借款（政府保証付の東京銀行借款）を行ったのも、この流動性危機への対処が目的であった。大蔵省とは別に、日銀も昭和50年にSAMAにアプローチした。

ダーティー・フロート論　昭和50年半ばから、わが国は景気回復過程に入ったが、それを支えたのは輸出の増大であった。アメリカ政府は、日本の経常収支黒字は日本政府が人為的に為替レートを円安に誘導しているためであるとする、いわゆる「ダーティー・フロート」論を唱えて、円安批判を展開した。

昭和51年6月のブルッキングス研究所のバーグステンによる議会における、日本の円安政策批判がきっかけとなり、為替レートの円高調整への圧力が強ま

った。同年 8 月10日にヨウ米財務次官が来日し、大平正芳蔵相、森永貞一郎日銀総裁らに対して、黒字国の責任を力説し、為替レート調整を促した。大蔵省は、8 月31日に松川道哉財務官を欧米に派遣して、為替問題について協議した。

大蔵省は、経常収支黒字は一時的であり、構造的なものではないとして円切上げには反対であった。しかし、昭和52年 3 月の日米首脳会談において、カーター米大統領は、日本が国際政治において大国の責任をとるべきだと要請し、6 月の OECD 閣僚理事会では、日本の円安は厳しく非難された。

輸入促進と内需拡大　政府は、対外バランスの均衡と、内需拡大による成長実現のために対外経済政策を次々と打ち出した。

昭和52年 9 月 3 日決定「総合経済対策」のうち、対外経済政策の部分は、9 月20日に経済対策閣僚会議において「対外経済対策の推進について」として具体化された。その項目は、①東京ラウンドへの積極的取り組み、②輸入の促進（原油貯油量の積み増し、非鉄金属の備蓄、ウラン鉱石の輸入促進、航空機の安定的輸入確保、備蓄用飼料穀物の輸入枠の拡大）、③関係業界に対する節度ある輸出の呼びかけ、④資本取引および経済協力の推進（円建外債の発行促進、国際機関への資金協力、為替管理の簡素化等）であった。

同年 9 月下旬に開催された IMF・世銀総会においてヴィッテベーン IMF 専務理事が、日本の民間需要と輸入増大は不十分であり、景気刺激策を追加し、内需拡大の遅れを是正すべきと述べるなど、対外政策の推進を求める国際世論が高まった。また為替市場では、9 月末以降、円高は急速に進み、10月28日には250円を突破し、日銀の介入にもかかわらず、12月15日には東京市場で240円を初めて越えた。

そうしたなかで福田首相は、11月 2 日、当面の対策として、①ウラン、原油、援助用食糧などを中心に最低30億ドルの緊急輸入を実施する、②コンピューター、自動車、カラーフィルムなどの関税を引き下げる、等の方針を示した。11月17日に、大蔵省・日銀は、投機的資金の流入を封じる目的で、①外人投資家の為替投機の対象となっていた政府短期証券の公募停止、②自由円預金の増加

に対する預金準備率の引上げ（10月中の平均残高を超える部分に50％の準備率を課す）を内容とする短期資金の流入規制実施を発表した。

　同年11月28日、牛場信彦が新たに設けられた対外経済担当相に迎えられ、11月29日には、経済対策閣僚会議が設けられた。経済対策閣僚会議は、市場開放を積極的に推し進める方針を固め、12月6日に「対外経済対策（個別措置）の基本的方向について」（黒字減らし8項目）を決定した。8項目は、ガット東京ラウンドへの積極的な取り組み、残存輸入制限品目の割当枠の拡大、輸入金融の拡充、経済協力の推進などを掲げた。8項目を実施に移すため、12月16日、大蔵省・日銀は日銀輸入資金貸付限度枠の拡大（7000億円→1兆円）、日本輸出入銀行による緊急輸入外貨貸付制度の実施を発表した。12月12日からは、日米通商交渉（牛場＝ストラウス会談）が行われ、1月には一応の決着を見た。

　為替相場は、暫時安定していたが、昭和53年3月以降再び急速な円高に向かった。

　政府は、昭和53年3月11日、4項目の輸入促進措置を発表、3月15日には短資規制の強化を発表した。その結果、非居住者自由円勘定の増加額に対する準備率は100％へ引き上げられた。3月25日には、昭和53年度に7％成長を達成し、かつ、経常収支黒字を60億ドルに圧縮するために「当面の経済対策」（内需拡大・黒字減らし7項目）を決定した。

　昭和53年4月以降、政策当局の介入政策は大きく転換した。4～5月には、日銀はまったく介入を行わず、円高を容認する姿勢に転じた。7月16～17日のボン・サミットでは、福田首相は①昭和53年度7％成長の達成、②53年度の輸出の前年度以下への抑制、③政府開発援助（ODA）の3年以内倍増などを公約した。ボン・サミットにおいて通貨安定策が示されなかったことから、7月末以降、ドル安はさらに加速し、7月24日に1ドル＝200円の大台を突破した。

　同年9月2日には、53年度7％成長を達成するために、円高による輸出数量の落ち込みを、2兆5000億円の内需拡大策で補うという内容の総合経済対策が決定された。対外経済面では、緊急輸入、経済協力等の推進が掲げられ、昭和53年度内に総額40億ドル程度の緊急輸入を実施することが盛り込まれた。同年

11月1日に米国がドル防衛策を発表すると、円高傾向にようやく歯止めがかかった。

3 為替自由化と対外金融・証券業務

外貨集中制の廃止とドル・コール市場の発足 外貨準備が潤沢になるに連れ、為替管理の緩和を求める声が強まった。こうした要求に応えて、政府は、昭和47年に外貨集中制度の廃止、ドル・コール市場の開設を行った。

外貨集中制度は、乏しい外貨を政府が集中し、有効に配分するという目的で設けられ、戦後の為替管理の根幹をなして来た（昭和25年6月30日公布「外国為替等集中規則」に根拠を置く）。しかし、昭和40年代半ばには、この制度は現状にそぐわなくなっていた。昭和47年5月8日以降、外貨集中制が廃止され、居住者が海外取引で取得した外貨を為替銀行等に売却する義務がなくなった。これに伴い、居住者外貨預金勘定が発足し、居住者は国内の為銀店舗に外貨預金口座を開設できることとなった（ただし、海外への預金は認められなかった）。

また、昭和47年4月17日には、東京ドル・コール市場が発足した。従来の為替管理のもとでは、国内で金融機関がドルの取引を自由に行うことが出来ず、短期外貨資金の調整はユーロ市場ないし米国FF（フェデラル・ファンド）市場に依拠していた。この制度の創設により、為銀間で外貨資金の融通が可能となり、東京為替市場の発展を促進することともなった。

外為法改正 「外国為替及び外国貿易管理法」（外為法）は昭和24年に、「外資に関する法律」（外資法）は同25年に制定されて以来、既に30年近く経過しており、現状に合わなくなっていただけでなく、日本が閉鎖的であるという印象を外国に与える要因ともなっていた。昭和53年1月、福田赳夫首相は外為法を、国際的な資金移動に関し「原則禁止・例外自由」とする従来の方針から、「原則自由・例外抑制」に改める意向を表明し、外為法と外資法の改正作業が始まった。

開放経済を指向するわが国の姿勢を示すために、作業は急ピッチで進められ、新外為法（「外国為替及び外国貿易管理法の一部を改正する法律」）が昭和54年12月18日に公布された（昭和55年12月１日施行）。また、外資法は廃止された。

　新外為法は、対外取引自由原則を謳い、対外取引の正常な発展のために必要な場合に限り最小限の規制を行うこととした。経常取引は昭和39年のIMF 8条国移行の際に既に自由化されていたので、資本取引の原則自由化が中心となった。資本取引は、平時は原則自由で、国際収支の不均衡が生じた場合、外国為替相場に急激な変動が起きた場合などには大蔵大臣が「有事規制」を実施できるものとされた。

　これにより、資金の対外貸付・対内借入は平時は自由となった。証券の売買は指定証券会社を通じる取引は自由に行えることになり、証券の発行・募集も、事前届出をすれば原則自由となった。対内直接投資・技術導入契約は、事前届出をすれば原則自由となった。役務取引も一部の例外を除き、原則自由となった。さらに、居住者の本邦為銀への外貨預金も、制限が撤廃されて、平時は自由となった。

　このように、外為規制は有事の際の規制を残して、大部分は撤廃された。ただし、有事の際に迅速で的確な規制を実施するという理由から、外国為替銀行を通じた為替管理（為銀主義）は維持された[1]。

為銀の海外進出　本邦の銀行の海外進出は、昭和46〜49年にかけて盛んであったが、オイル・ショックによる国際金融不安により、50年以降は海外拠点の増加のペースは落ちた（図１‐４‐３）。昭和54年末の進出状況は、127支店、73現地法人であった。

　本邦為銀が非居住者に対して行う外貨建または円建の貸付を対外貸付（または現地貸付）と呼ぶ。昭和40年代までは、本邦企業の海外支店や現地法人が、現地で資金を調達する信用力を欠いていたため、本邦為銀海外支店が貿易に必要な資金を短期で貸し出す形態が主であった。昭和45年頃から、わが国の金融機関の海外進出が活発になり、48年頃からは、邦銀の海外支店や現地法人が、

図 1-4-3　本邦金融機関・証券会社の海外進出

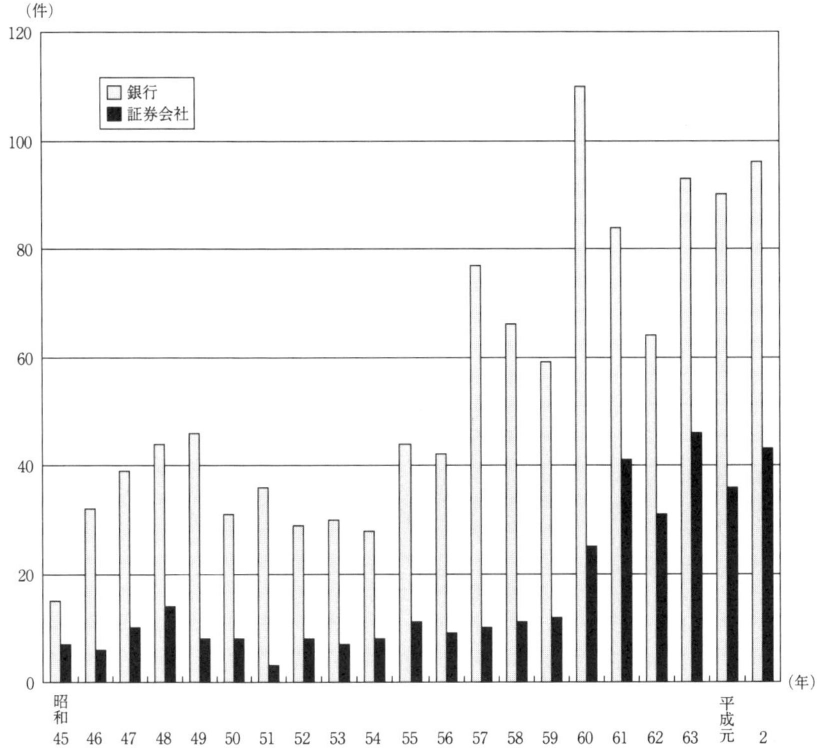

出所:『大蔵省国際金融局年報』各年版より作成。
注：銀行は、支店、出張所、現地法人、駐在員事務所の合計。証券会社は、海外支店、海外駐在員事務所、現地法人、現地法人の支店、現地法人の出張所の合計。

ユーロダラー市場に参入し、ユーロ市場で資金を取り入れて、海外での貸出を積極的に行うようになった。為銀がシンジケート・ローン（内外の銀行が構成する協調融資団によって行われる大口融資）を盛んに行った結果、為銀海外支店の貸出は、短期の貿易金融から非居住者への中長期貸付に重点が移って行った。

邦銀が競争してユーロ資金を導入したため、ジャパン・プレミアムの発生、為銀の短期資金ポジションの悪化といった問題も生じた。1974年6月のヘルシュタット銀行の破綻を契機に、ユーロ市場が動揺すると、大蔵省は昭和49年7

月、短期現地貸付の残高純増禁止、中長期現地貸付の新規貸付原則不許可の規制措置をとるに至った。

規制強化の結果、昭和50年から51年にかけて一時的に現地貸付は減少した。しかし、ユーロ市場の動揺が収まり、わが国の国際収支も好転するに伴い、昭和51年から52年にかけて邦銀の現地貸付に対する規制が緩和され、外貨建中長期貸付は一定の中長期外貨資金の調達を義務づけられただけで、自由に行えるようになった。そのために、昭和53年は「日本銀行団の年」と呼ばれたように、現地貸付は急伸した。昭和54年も伸びが続き、昭和54年末の現地貸付残高は約360億ドルに達した。

このような邦銀の現地貸付の発展は、第2次オイル・ショックの勃発により、一時的な蹉跌を蒙った。すなわち、資金調達リスクの増大や、非産油国の債務拡大に伴うカントリー・リスクの発生など、邦銀の海外業務の環境が悪化したため、大蔵省は昭和54年10月に為銀に対し現地貸付の自粛を要請し、外貨建の中長期貸付は実質的に禁止される事態に至った。

本邦企業の外債発行ラッシュ　昭和40年代に国際収支黒字が急増し、対外摩擦が生じると、政府は、本邦企業の外債発行は外貨準備の増加につながるので好ましくないとみなすようになった。大蔵省は、昭和46年2月に、一般民間外債の発行を原則として禁止した。外債の事実上の発行停止は、昭和48年12月まで続いた。

オイル・ショックにより国際収支が悪化するなかで、大蔵省は、徐々に外債発行の制限を緩和して行くこととなった。昭和48年12月には、調達資金を海外事業活動に用いる場合のみ本邦企業の外債発行が認められることとなり、49年11月には、国内事業資金調達が目的でもケース・バイ・ケースで認められることとなった。

外債発行規制が緩和されるに伴い、昭和50～51、53～54年に日本企業の海外での債券発行が急増した（図1-4-4）。通貨別では、米ドルが多かったが、54年にはスイス・フラン債の発行が最も大きかった。

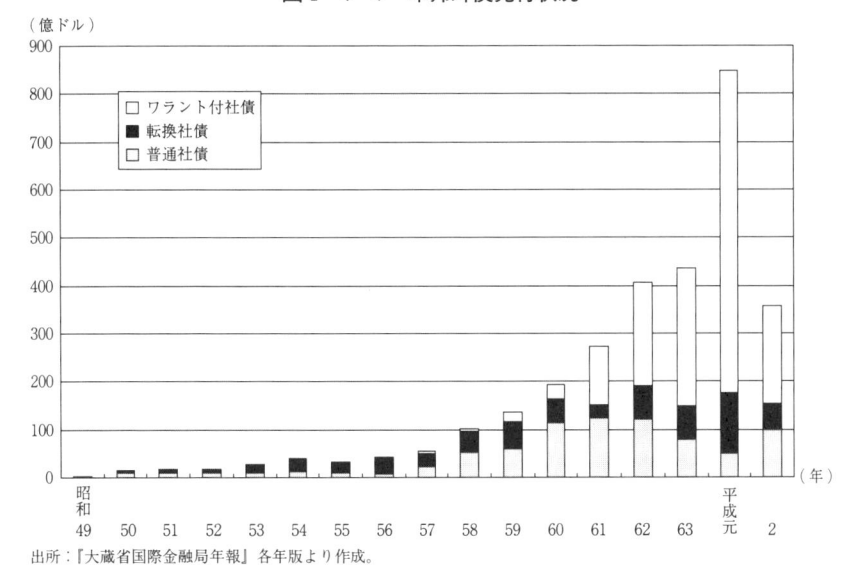

図1-4-4　本邦外債発行状況

（億ドル）

□ ワラント付社債
■ 転換社債
□ 普通社債

出所：『大蔵省国際金融局年報』各年版より作成。

　本邦企業が外債発行により海外から資金を積極的に調達するようになると、社債発行の際に担保をつけることを原則とする国内のルールとの兼ね合いが問題となった。

　また、ユーロ・ボンド市場の発展を背景に、昭和47、48年頃から、本邦証券業者の海外拠点設置が進んだ。昭和54年12月末現在、12の証券業者が69の海外拠点を置いていた。

円建外債・ユーロ円債の発行　円建外債（サムライ債）の第1号は昭和45年12月に発行された第1回アジア開発銀行債（60億円）であった。47年には、円切上げ防止策の一環として、円建外債の発行が促進された。その後、オイル・ショックの勃発により、円建外債発行は一時抑制されたが、50年以降、発行が再開された。特に、52年5月に大蔵省が円建外債の発行基準を緩和する方針を決定すると、52年から53年にかけて、円建外債の発行ラッシュとなった。

　発行主体は、アジア開銀、世銀などの公的機関であったが、昭和54年3月に

はアメリカの大手小売業者シアーズ・ローバック社の金融子会社が、民間企業としては初めて、円建外債を発行した。

昭和52年3月にユーロ円債の発行が認められ、同年5月にユーロ円債第1号として、欧州投資銀行（EIB）債100億円が発行された。大蔵省は、東京市場における円建外債の発行を中心に考えていたので、ユーロ円債の発行は、東京市場の発展を妨げない範囲内で許可された。さしあたりは、発行主体は、東京市場での円建外債発行の実績のある国際金融機関に限定された。

対外投資 対外直接投資は、昭和40年代から本格化し、特に47年度には前年度比2.7倍の23億3800万ドルに達し、さらに48年度には34億9400万ドルとなったが、オイル・ショック後は景気後退、資本流出規制等の影響で低迷し、53年にようやく48年度の水準を回復した（表1-4-1）。

地域別では、昭和53年度に北アメリカ向け（全体の29.7％）がアジア向け（同29.1％）を上回り、それまで首位を保ってきたアジアの地位を奪った。わが国メーカーによるアメリカの販売部門強化のための投資、現地生産体制の強化などが原因であった。アメリカへの直接投資は、その後も急速な勢いで進み、平成元年度には対北米投資が全体の5割を占めるに至った。

対内直接投資の自由化の完了 昭和42年に始まった「資本自由化」（対内直接投資の自由化を当時、「資本自由化」と呼んだ）は、昭和42年7月の第1次自由化に始まり、46年8月の自由化まで、4次にわたる自由化措置が取られた。引き続き48年5月1日には、従来の50％中心の考え方を一新し、原則100％自由化に踏み切った。これにより、①企業新設については例外5業種（農林水産業、鉱業、石油業、皮革または皮革製品製造業、小売業）以外はすべて100％自由化（ただし、17業種については最高3年間の猶予期間を設ける）、②既存企業への経営参加も例外5業種以外は100％自由化された。さらに、50年6月1日には小売業が100％自由化され、17業種の猶予期間が終了した51年5月には対内直接投資の自由化は完了した（その後、平成4年に対内直接投資は原則

表1-4-1 対外・対内直接投資の推移

(単位:億ドル)

年度	対 外	対 内
昭和47	23.38	—
48	34.94	1.67
49	23.95	1.54
50	32.80	1.67
51	34.62	1.96
52	28.06	2.24
53	45.98	2.35
54	49.95	5.24
55	46.93	2.99
56	89.31	4.32
57	77.03	7.49
58	81.45	8.13
59	101.15	4.93
60	122.17	9.30
61	223.20	9.40
62	333.64	22.14
63	470.22	32.43
平成元	675.40	28.61
2	569.11	27.78

出所:『大蔵省国際金融局年報』昭和56、平成3年版より作成。

事前届出制から原則事後報告制へ移行した)。

その後の対内直接投資は、自由化措置にもかかわらず、活発ではなく、昭和61年まで10億ドルを超えることはなかった。それでも、60年代には、かなりの伸びが見られた(表1-4-1)。国別・地域別では、一貫して米国が最も大きく、ヨーロッパがそれに次いだ。業種別では、昭和50年代までは機械、化学、石油工業などの技術先端分野の製造業が大半を占めたが、昭和50年代半ばから金融・保険やサービス業の比重が高まり、平成元年には初めて非製造業への投資額(届出額)が製造業を上回った。

中長期貿易金融 戦後わが国の船舶、資本財等のプラント輸出においては、日本輸出入銀行と市中銀行とが輸出業者に対して協調融資を行う延払輸出金融

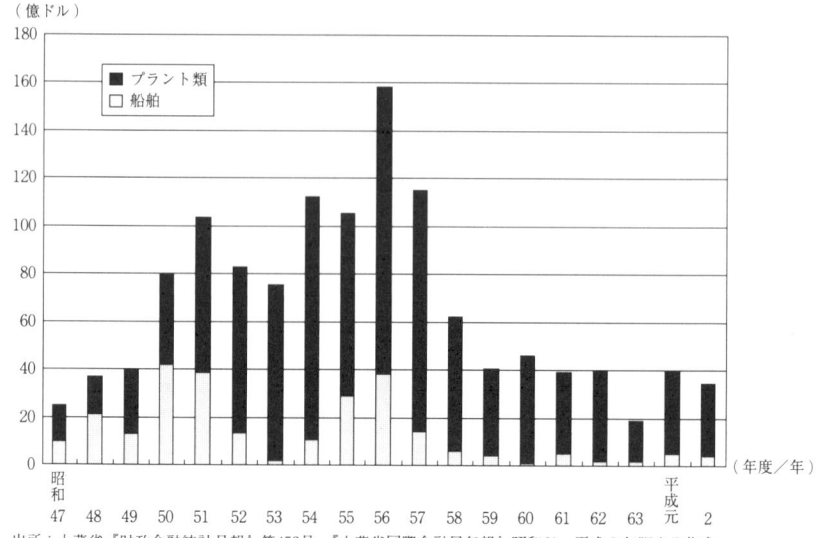

図1-4-5　延払輸出承認実績の推移

(縦軸：億ドル、凡例：■プラント類　□船舶、横軸：昭和47〜平成2年度/年)

出所：大蔵省『財政金融統計月報』第452号、『大蔵省国際金融局年報』昭和61、平成3年版より作成。
注：昭和58年度までは年度計数、昭和59年からは暦年計数である。

（サプライヤーズ・クレジット）が大きな役割を果たしてきた。第1次オイル・ショック後には、先進諸国において鉄鋼や石油化学など、いわゆる重厚長大産業が国際的な競争力を失ったことから、途上国や社会主義国へのプラント輸出に活路を見出そうとした結果、信用条件を巡り過当競争が生じた。そのため、国際的スタンダードを設けるための交渉がOECD貿易委員会で行われ、1974年10月の「ワシントン合意」（輸出金融の金利に関する6カ国の合意）を経て、1976年3月に「統一的輸出信用政策にかかるコンセンサス」が成立した（同年7月実施）。

わが国でも、貿易摩擦が激しくなるなかで、摩擦の少ないプラント輸出を促進しようという機運が高まった。延払輸出は、昭和40年代に主力であった船舶に代わって、鉄鋼、電機、化学、エネルギー関連のプラント類を中心に大幅に増加し、昭和56年には120億ドル（承認額）のピークを記録した（図1-4-5）。しかし、その後は、累積債務危機の発生、産油国の資金繰りの悪化、プラザ後の円高などの経済環境の悪化により、延払輸出は激減した。

〔注〕
1) 為銀制度、指定証券会社制度、両替商制度は、平成9年に再度大規模な外為法改正が行われた（平成10年4月1日「外国為替及び外国貿易法」施行）際に廃止され、外為業務への自由な参入、退出が可能になった。

4 積極化する対外経済協力

「新国際経済秩序」（NIEO） 1970年代に、国際社会における開発途上国の発言力は強まった。その背景には、国際的な経済格差の固定化（いわゆる南北問題）を克服しようとする途上国の結束の強まり、オイル・ショック等の資源制約から生まれた資源ナショナリズム、NIES（新興工業経済地域）の台頭などがあった。

途上国の主張を明瞭に示したのが、1974年5月1日に、第6回国連資源特別総会において採択された「新国際経済秩序に関する宣言（NIEO）」であった。NIEOは、対外債務の軽減、一次産品価格の安定化、IMFへの途上国の意思の反映、先進国のODAの増加（GNPの0.7％まで高める）を行動計画として掲げた。さらに、1976年1～2月に開催された第3回77カ国閣僚会議（途上国によって構成される組織）は、NIEOに基づいた宣言と行動計画を採択した（「マニラ宣言」）。

1975年12月には、フランスのジスカールデスタン大統領の提唱により国際経済協力会議（Conference on International Economic Cooperation, CIEC）が設けられ、エネルギー、一次産品、開発、金融の4分野について、先進8カ国とLDC19カ国の間で討議が行われた。討議は1977年6月まで行われたが、先進国と途上国との主張の隔たりは大きく、共同宣言採択には至らなかった。ODAを1980年までにGNP比0.7％まで増大させるという途上国側の要求は先進国側に受け入れられず、また、累積債務の一括棒引き要求も拒否された。ただし、一次産品共通基金（CF）の創設について、1977年11月のUNCTAD総会での合意を目指すこと、LLDCに対して10億ドルの追加援助を行うこと（日本は1億1400万ドルを負担）が決定するなど、部分的には合意も成立した。

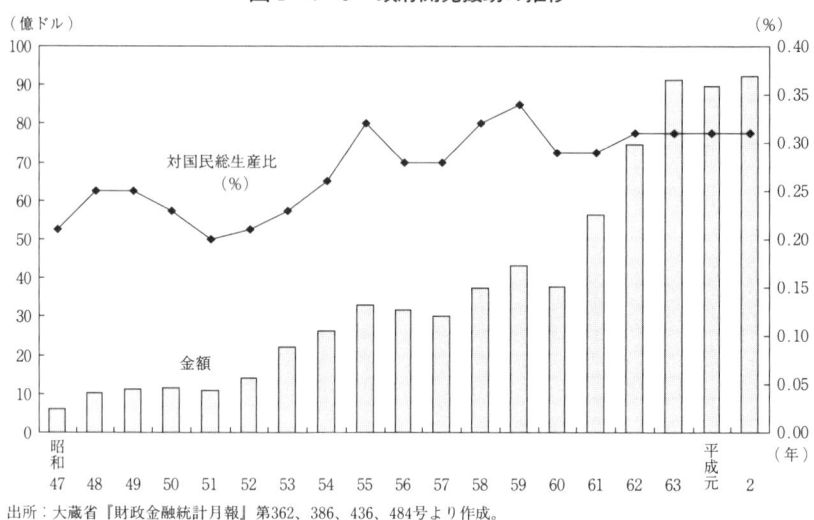

図1-4-6　政府開発援助の推移

出所：大蔵省『財政金融統計月報』第362、386、436、484号より作成。

ODA第1次中期目標　わが国のODA（政府開発援助）は昭和47年の6億1100万ドルから、53年には22億1500万ドルへと3.6倍に増大した。しかし、オイル・ショックによる国際収支悪化等の事情もあり、49～51年にはODA総額は横這いであり、本格的に増大し始めたのは52年以降であった。ODAの対GNP比は昭和42年の0.32％をピークに、低下・停滞傾向にあり、昭和53（1978）年においても0.23％にとどまり、1972年にUNCTADが掲げた目標値0.7％はもちろん、先進国水準であるDAC（開発援助委員会）の0.31％（1977年）にもはるかに及ばなかった（図1-4-6）。

対外経済協力審議会は、昭和50年8月18日に三木首相に対して、答申「今後の開発協力の推進について」を提出した。この答申は、エネルギー、資源、食糧等の面で開発途上国に依存するところが大きくなっているので、開発協力政策の方向と指針を明確にする必要があると述べ、具体的には、ODAのDAC水準への引き上げ、大規模プロジェクトに対する援助体制の整備などを提言した。

答申提出後、対外経済協力審議会はフォロー・アップ作業を行い、昭和51年

8月31日に意見書「政府開発援助の抜本的改善について」を三木首相に提出した。この意見書は、わが国の経済協力の遅れに対する国際的な批判が高まっているので、政府が重大な決意をもって対外経済協力を推進すべきであると述べ、昭和55年までにODAをDAC17カ国の平均である0.36%まで高めることを具申した。

昭和52年5月30日、パリで開催されたCIEC閣僚会議において、倉成正経済企画庁長官が、今後5年間に開発援助を倍増する方針を示した。53年9月2日に経済対策閣僚会議[1]は、「52年基準の政府開発援助を3年間で倍増する」という「ODA第1次中期目標」を決定した。そのために財政措置として、10月に成立した補正予算に264億円のODA追加予算が計上された。

福田ドクトリン　昭和49年1月の田中首相のASEAN5カ国訪問の際には、各地で反日デモが起き、東南アジア地域の日本に対する見方が厳しいことを思い知らされた。昭和40年代後半に、日本企業の東南アジア進出は著しく、現地でさまざまな摩擦が生じていたことがその背景にあった。

そうした経験を踏まえて、昭和52年8月に福田赳夫首相は東南アジア6カ国を歴訪し、関係改善を図った。東南アジア訪問の最終日の8月18日に、福田首相はマニラで「我が国の東南アジア政策」（福田ドクトリン）を発表した。

福田ドクトリンは、「平和に徹し、軍事大国にはならない」という決意を表明し、ASEAN諸国との間に、対等の協力関係を樹立し、東南アジア全域の平和と繁栄に寄与することを旨として、東南アジア政策を遂行することを明らかにした。

〔注〕
1) この当時、経済協力の基本問題について論議する閣僚レベルの協議機関として、昭和50年7月4日に対外経済協力閣僚協議会が設置された。外務、大蔵、農林、通産の各大臣と、経済企画庁長官、内閣官房長官、総理府総務長官によって構成された。52年1月21日、廃止された。

5　東京ラウンドにおける多角的貿易交渉

昭和47年の関税一律引下げ　関税率審議会は、昭和47年12月、「協調的通商関係の樹立」と「産業と福祉の調和」を二本柱とする答申「今後の関税政策のあり方について」を提出した。この答申は、わが国産業の国際競争力が強化されてきた状況を踏まえて、昭和36年の関税改革に代表される国内産業保護の色彩を弱め、国際的水平分業の促進や、国内物価・公害問題に配慮した内容であった。

また、同年10月20日の第3次円対策は、黒字減らしの観点から、「輸入の拡大」のための措置として、関税の一律20％引下げ、特恵関税制度の改善を掲げた。

同年11月22日から、鉱工業製品・農産加工品関税の一律20％引下げの方針に沿って、1865品目の関税が引き下げられた。税目数で有税品全体の80％、輸入額では総輸入の45％をカバーする大規模な改革であり、ケネディ・ラウンドの1925品目に匹敵するものであった。この改正を通じて、工業製品に対するタリフ・エスカレーション（原料品に低く、半製品、製品と加工程度が上昇するにつれて高くなるという傾斜構造）は、大幅に改善された。

東京ラウンドの開始　1971（昭和46）年11月のガット総会で、わが国は新国際ラウンドの開催を提唱した。これが、ケネディ・ラウンドに次いで、東京ラウンドが開始されるきっかけとなった。その後、1972年2月に、日、米、ECの間で、1973年にガットの場で多角的貿易交渉（Multilateral Trade Negotiation, MTN）を開始することが合意され、同年11月の第28回ガット総会を経て、1973（昭和48）年9月14日にガット東京閣僚会議において、「東京宣言」が採択され、交渉が正式に始まった。

ケネディ・ラウンド（1964～67年）が関税引下げ交渉中心であったのに対して、東京ラウンドの特徴は、関税引下げと並んで、非関税障壁（NTB）の軽減・撤廃、セーフガード（緊急輸入制限条項）の再検討に重点が置かれたこと

であった。

東京ラウンド交渉　東京ラウンド交渉は、交渉開始直後に勃発したオイル・ショックのために、早くも、1975（昭和50）年中に終了という当初予定通り進めることが困難になった。もう1つの障害であった米国通商法の成立の遅れは、1975年1月に米国「1974年度通商法」が成立したことにより解消され、ようやく同年2月から本格的な交渉が始まった。交渉は、関税、非関税障壁、セーフガード、セクター、農業、熱帯産品の6つの交渉グループを設けて行われた。1975年11月のランブイエ・サミットにおいて、交渉終結の目標を1977年中とすることが申し合わされたものの、その後も交渉は遅延気味で、本格的に交渉が進み始めたのは1978年1月以降であった。

この間わが国は、昭和53年1月17日に「東京ラウンドの本格的交渉段階に臨む基本方針」を閣議決定し、交渉の促進に努めた。交渉を促進させるために、昭和53年度には東京ラウンド妥結前の関税の一括引下げ（いわゆる「関税の前倒し引下げ」）を実施した（対象品目は農水産品30品目、鉱工業品95品目の合計125品目）。

1979年4月12日に、東京ラウンド交渉は実質的に妥結に至り、同年7月以降、ジュネーブ議定書の署名が開始された。また、東京ラウンドの交渉結果は、同年11月26～29日のガット総会において承認された。

既に、関税引下げはケネディ・ラウンドにおいて大きく進展していたので、東京ラウンドの成果は、主として非関税障壁の撤廃にあった。交渉の結果、①補助金・相殺措置協定、②ダンピング防止協定、③スタンダード（規格）協定、④政府調達協定、⑤関税評価協定、⑥関税評価議定書、⑦ライセンシング（輸入許可手続）協定、⑧民間航空機協定の8つの新コード（協定・議定書）が作成された。ただし、不正商品協定[1]及びセーフガードに関する協定は、東京ラウンドでは合意に至らなかった。

特恵関税　先進国と一次産品輸出国との較差拡大という問題への解決策の1

つとして、1960年代半ばに一般特恵関税制度が提案された。これは、先進国が途上国からの輸入品に対して、相互主義を求めることなく、一方的に低率関税の適用や関税撤廃を実施する制度である。自由・平等・無差別のガットの基本理念に反することから、当初、先進国はこの構想に積極的ではなかったが、南北問題の深刻化を背景に、1970年にUNCTADにおいて最終合意が成立し、71年以降EC、日本、米国が実施に踏み切った。

わが国は、昭和46年8月に特恵関税制度を導入し、農水産品については国内産業の事情に応じて関税率を引き下げ、鉱工業品については、ほとんどの品目を無税とした。特恵関税制度は、毎年、対象品目の追加、税率の引下げ、シーリング枠の弾力化（特恵受益国からの輸入が一定の枠を越えた場合に、特恵税率の適用を停止する限度枠のことをシーリング枠と呼ぶ）が図られたが、当該期間中では、昭和48年度の改正が最も大規模であった。

特定品目の関税措置　過剰流動性と第1次オイル・ショックによる物価高騰への対策として、昭和48～49年度において、生活関連物資の関税引下げが実施された。バナナ、コーヒー、紅茶、ココアなどの食料品、木材等の住宅関連資材、灯油・液化石油ガス、パルプなどの税率が引き下げられた。

原重油関税は、昭和47年度以降640円／klと定められ、その全額が石炭並びに石油及び石油代替エネルギー対策特別会計に組み入れられていた。オイル・ショック後の景気低迷のために、石油価格の高騰にもかかわらず、原重油関税収入は、昭和49、50年度と続けて減少した。原重油関税はエネルギー対策のための主要な財源の1つであったため、昭和52年度において、2年間に限り原油関税を110円／kl引上げた。その後、昭和53年度に石油税が創設されたので、54年6月1日から関税を引き下げ、元の水準に戻った（その後、昭和63年度に石油税率が暫定的に引き上げられた際に、原油関税率は110円／kl引き下げられ、530円／klの基本税率に戻った）。

第1次オイル・ショックの後、電力コストの上昇からアルミニウム精錬業が構造不況に陥った。不況対策の一環として、昭和53～54年度の2年間、アルミ

ニウム塊を関税割当制度の対象とし、関税率を9％から一次税率の5.5%に引き下げられた。その後アルミニウム精錬業は、第2次オイル・ショックの際にも大きな打撃を受け、昭和57年度から59年度までの3年間、アルミニウムの塊の免税制度が実施された。その後も、不況が長期化したため、昭和60年度には、免税制度から減税制度に改め、引続き関税面から構造改善の支援を行うことになった。

〔注〕
1)　不正商品協定とは、不正商品（商標権侵害物品）の輸入防止を目的とした国際協定であり、1978年7月に米国が提案した。しかし、時間切れで、東京ラウンドのパッケージからは外された。

第 2 章　国際経済摩擦下の財政金融政策：
　　　　昭和55～59年度

第1節　政治経済の概観

1　景気後退と財政再建目標の変更

第2次オイル・ショックからの脱却以後　昭和55年度は、わが国経済が第2次オイル・ショックから脱却した年であった。第1章で述べた各種の政策運営によって、それまでの物価高や経常収支の悪化はほぼ克服されるに至った。特に物価については、表1-1-1にみられるように、卸売物価が55年5月頃を境に急速に鎮静化していった。これは、円高や海外の原料・燃料価格の高騰が一服したことなどが要因であった。消費者物価についても、秋以降は騰勢が鈍化した。しかし、景気面においては、春頃から原油価格の上昇によってもたらされたデフレ効果が現れ始め、景気回復のテンポを鈍らせた[1]。これが、いわゆる「景気の翳り」と呼ばれた現象である。このため、政府は、9月に8項目の総合経済対策を決定し、インフレ抑制に重点を置いた政策を変更し、物価の安定と同時に景気の維持・拡大を図る方向で政策運営を行うこととした。また、財政面では、従来の抑制的な執行方針を解除し、公共事業の契約目標を大幅に増額した。さらに、金融面においても緩和政策に転じ、日銀は8月と11月に公定歩合を引き下げた。同時に、預金準備率の引下げと窓口規制の緩和が図られるなど、量的緩和も実施された。その後、物価の安定は確実なものとなり、貿易収支の改善によって経常収支の黒字傾向が維持され、春以降の「景気の翳り」も年度の後半には薄らいでいった。

　その後の景気動向は、依然回復テンポに力強さがみられず、内需の回復は緩やかに推移した。また、景気に業種別、地域別、規模別の跛行性がみられるようにもなった。このため、政府は、景気の着実な回復に資するための政策運営に着手した。昭和56年3月には「当面の経済情勢と経済運営について」が決定され、公共事業等の執行促進、中小企業対策の円滑な推進等が図られた。また、57年10月には総合経済対策として公共投資等の追加などが決定され、58年4月

には「今後の経済対策について」で公共事業等の前倒し執行が、また、10月には総合経済対策として公共投資等の拡大と減税の実施などが決定された。他方、金融面では、55年以降、公定歩合の累次の引下げ（55年8月、11月、56年3月、12月、58年10月）など、一連の緩和措置が講じられた。さらに、58年4月の「今後の経済対策について」においては、金融政策の機動的運営を図るとともに、設備投資資金などへの資金供給の円滑化に配慮する方針が決定された。これらによって、58年春には、55年春以来約3年間におよぶ長期の景気後退期を脱し、その後は緩やかな回復軌道をたどることとなったのである。

　一方、この間の政治情勢には、たびたび不安定な局面がみられた。昭和55年5月16日の衆議院本会議において、社会党提出の大平正芳内閣不信任案が全野党の賛成、自民党非主流派の多数欠席によって可決成立した。自民党内は党の綱紀粛正問題と内部抗争で混乱していた。衆議院は5月19日に解散、大平首相が選挙期間中の6月12日に死去し、6月22日実施の第36回衆議院総選挙・第12回参議院選挙（初の同日選挙）は党首の急死で結束した自民党が圧勝し、鈴木善幸内閣が発足するところとなった。その後、与野党の対立は、56年度予算の国会審議でも熾烈を極めた。野党側の減税要求を認められないとした自民党は、56年3月5日の衆議院予算委員会において野党欠席のまま単独で予算案を採決し、可決させたのである。本予算が単独政党によって強行採決されたのは27年度予算以来の29年ぶりとなった。これによって、予算審議における与野党の全面対決姿勢が浮き彫りとなった。結局、福田一衆議院議長の仲裁裁定、参議院での与野党合意（55年度の剰余金をすべて所得税減税に充てるという合意）によって、ようやく4月2日に予算成立となった。

　行財政改革への取組み　このような政治の混乱のなかで、昭和56年3月16日、臨時行政調査会（第2次臨調）が発足した[2]。同調査会は、行政改革の中長期構想を樹立するための臨時的な検討立案機構であり、会長には土光敏夫経団連名誉会長が就任した。鈴木首相は、適正かつ合理的な行政のあり方と国・地方を通ずる行政制度及び行政運営の基本的改革案の作成を求めるとともに、財政

再建の見地から行財政の建直しを図るため、歳出の削減、政府機構の簡素化、行政の減量化に重点を置いた改革案を作成するよう要請した。臨時行政調査会の第1次答申は56年7月10日に決定され、鈴木首相に提出された。そこでは、緊急に取り組むべき改革方策として、「支出削減等と財政再建の推進」と「行政の合理化、効率化の推進」の2つが掲げられた。さらに、前者のうち財政改革の当面の方針として、「増税なき財政再建の推進」「行政の見直しによる支出の合理化等」「税負担の公平確保」が確認された。このほか、「行政の合理化、効率化の推進」についても具体的な見直しの方法が提案された。

　昭和57年度予算の編成においては、ゼロ・シーリングが予算に量的な規制をかけ、臨時行政調査会の第1次答申が質的な規制をかけることとなった。さらに、臨時行政調査会は、57年7月30日に第3次答申（基本答申）を鈴木首相に提出した。そこにおいて示された行政改革の理念と基本的方策とを受けて、9月24日には「今後における行政改革の具体化方策について」（行政改革大綱）が閣議決定された。そして、この年の10月には鈴木首相は退陣を表明し、11月27日に発足した中曽根康弘内閣のもとで、行財政改革へ向けての検討が継続されることとなった。

　臨時行政調査会はその後、昭和58年3月14日に第5次答申（最終答申）を発表し、翌日解散した。最終答申は、行政改革と財政改革の関係について、「増税なき財政再建」を行政改革を推進するための梃子として位置づけ、財政再建の目標としては、一般会計歳出の伸び率の名目経済成長率以下への抑制、そのためのより厳しいシーリング設定、特例公債依存からの速やかな脱却、中長期的な経済見通し・経済運営方針・財政再建方策の明示を求めた。また、行政のあり方についても、活力ある福祉社会、国際的視野、行政の自己革新、民間の自主性重視、公正・明朗な行政執行等の原則を掲げ、行財政の守備範囲の見直しという課題に応える数々の提言を行った。これを受けて政府は、5月24日に「臨時行政調査会の最終答申後における行政改革の具体化方策について（新行政改革大綱）」を閣議決定した。さらに、7月1日には、行政改革を監視・推進するための臨時行政改革推進審議会（行革審）が新たに設置されたのである。

なお、中曽根内閣は昭和58年11月28日、このような施策を掲げて衆議院の解散に踏み切り、12月18日には第37回衆議院総選挙が行われた。その結果、依然として与野党伯仲の状態ではあったが、新自由クラブとの連携により、内閣としては既定の政策を進める政治的基盤を得ることとなった。

　財政再建目標の変更　一方、財政再建へ向けての足取りをみると、昭和54年度予算において公債依存度が40％近くに達したことへの危機感から、55年度予算ではサマー・レビューやフレーム試算という新たな編成手法が導入された。しかし、第2次オイル・ショックの影響は税収面で不安要因として残り、その後の財政運営は引き続き安定さを欠くものとなった。

　昭和55年度以降の政策は、国際協力のためのガット東京ラウンドの実現、開発途上国援助の強化等の課題を持ちつつ、特例公債依存からの脱却を基本方針とする財政運営が基本に据えられた。そのために、増税等による国民負担の増大も避けられず、福祉の充実をはじめとする重要施策の促進抑制も甘受しなければならない環境となった。一方、こうした政策の方針転換は政治的な摩擦を大きくし、政策実施を困難なものにした。例えば、税務当局が不可欠の方向と判断していた大型間接税の採用は、財政再建のための一般消費税は認めないとする国会決議（54年12月21日）によって、長期にわたりその実現が抑えられた。また、このため、各年度の予算編成が困難の度合を強めることにもなった。56年度予算は「財政再建元年度予算」として位置づけられ、可能な限りの増税によって特例公債の圧縮を図るべく編成されたが、税収不振の条件のもとで58年度には特例公債依存の体質に戻らざるを得ない状況となった。このため、「新経済社会7カ年計画」に示された「昭和59年度特例公債脱却目標」に沿った財政政策は、方針転換を迫られることとなったのである。このように、財政再建への道筋が険しくなっていくなかで、政府は、行財政整理による徹底した歳出抑制に活路を見出そうとした。即ち、臨時行政調査会が掲げた「増税なき財政再建」が政府の基本路線となり、財政再建の焦点は、各種の制度の徹底した見直しによる歳出の節減合理化へと絞られていった。さらに、58年8月に策定さ

れた新たな長期経済計画「1980年代経済社会の展望と指針」においては、そうした歳出抑制を財政方針に加えた「昭和65年度特例公債依存脱却」の目標が決定され、この条件のもとで、財政赤字と経常収支黒字という2つの大きな不均衡を是正する努力が払われることとなった。

なお、第2次オイル・ショックの影響が国内における経済財政運営を困難なものにしたにもかかわらず、国際収支等の対外条件はかえって好転し、そのことがアメリカとの関係を中心に、わが国に国際協力を求める外圧、即ち国際経済摩擦を強めていく結果ともなった。これは、第1次オイル・ショック後の状況にも通じるものであった。

〔注〕
1) 原油価格の上昇に伴う国際収支の不均衡は、産油国側に国際流動性と購買力が移転していることを意味し、石油輸入国、特にエネルギー輸入割合が高いわが国は、デフレ的な影響を受けることとなった。
2) 第1次臨調については、昭和37年2月以降会合がもたれたが、第2次臨調のように答申が政策に反映されることはあまりなかった。

2 国際経済摩擦下の政策運営

国際経済摩擦の発生 第2次オイル・ショック後はアメリカとの関係を中心に国際経済摩擦が拡大していったことを述べたが、昭和56年以降に顕在化した欧米先進諸国の対日貿易収支不均衡は、貿易摩擦として急速に問題化していった。このため、政府は、56年12月の対外経済政策、57年5月の市場開放対策、58年1月の「当面の対外経済対策の推進について」、10月の総合経済対策といった経済対策を次々と打ち出していった。その後、アメリカを中心とする世界経済の回復と、以上のような政策努力によって、わが国の景気は58年2月をボトムとして回復に転じた。しかし、その回復はあくまで外需依存の回復であり、貿易収支と経常収支は引き続き大幅な黒字を計上することとなった。そして、こうした著しい対外不均衡の存在が、日本に対する外圧を一層強める結果とな

ったのである。

　なお、欧米先進諸国は、対日貿易不均衡拡大の要因がわが国の市場の閉鎖性にあるとし、わが国に関税率の引下げ、残存輸入制限の撤廃・緩和、輸入検査手続きの改善など広範多岐にわたる要求を行ってきた。このような状況を踏まえ、昭和56年12月には上記の対外経済政策が決定され、関税率の引下げ、輸入制限の緩和などを内容とする市場開放対策が実施に移されるとともに、輸入検査手続きの関係では、輸入促進の観点から国際基準に準拠した国内検査・審査手続き等の改正が行われるなど、関税政策面の見直しも大幅に促進された。

　金融市場と資本市場の自由化促進　ところで、この時期には、経済面での政策運営の大きな部分が対外経済摩擦解消のために動員されることとなった。例えば、昭和58年11月のレーガン大統領の訪日がきっかけとなり、わが国の金融・資本市場の自由化が本格化した。レーガン大統領の訪日時に日米間で表面化した意見対立は、ドル高・円安の原因を巡って、日本側はアメリカの高金利が要因だとし、アメリカ側は日本の金融資本市場の閉鎖性に根本原因があるとした。このため、この問題の解決を図るために両国で「日米共同円ドルレート、金融・資本市場問題特別会合（日米円ドル委員会）」を発足させることとなった。日米円ドル委員会については、本章の第3節及び第4節で詳しく述べられているが、結果的にみれば、わが国としては、この委員会での検証作業や議論を通じながら、日本の金融市場と資本市場の自由化のタイム・スケジュールを設定しており、それによって自由化に弾みがついたことは否定できない。実際に、59年5月30日の「日米円ドル委員会作業部会報告書」の公表と前後して、日本の大蔵省は、為替先物取引の実需原則撤廃・居住者によるユーロ円債の発行解禁（4月）、円転換規制の撤廃（6月）、円建外債発行の全面解放（7月）と、金融自由化措置を次々に打ち出していった。

　このように、金融の自由化・国際化は昭和59年度に重要な進展を示し、内外資本交流面での自由化も促進されたのである。例えば、国内金融市場では、円転換規制の撤廃によってユーロ円債を経由した資金調達が活発に行われるよう

になった。また、本邦資本の対外投資は、内外金利差拡大に加え円建対外貸付の自由化などによって活発な動きを示した。

国際経済摩擦の強まり　昭和50年代の末期は、わが国の対外不均衡による国際経済摩擦が再び高まる様相となった。即ち、この頃には、そうした摩擦の深化と広がりが明らかとなり、対象は通信衛星や金融サービスなど様々な分野へ、また、地域は欧米のみならずASEAN諸国にも拡大した。

これまで述べてきたように、わが国と他の欧米先進諸国の間に生じた経済摩擦は、世界的に根強かった保護主義の動きとわが国の貿易収支の黒字拡大とを主因とするものだったが、特に日本の対米貿易黒字は、通関ベースで昭和55年度の75億ドルから59年度には338億ドルへと大幅に拡大していたのである。こうした状況については、アメリカの急速な景気拡大に伴う日米間の景気局面の相違、為替レートが競争力を反映した水準に比べドル高で推移したことなどが理由に挙げられる。このうちドル高に関しては、当時のアメリカにおいて財政赤字拡大の懸念から実質金利が上昇し、資本流入が続いたことも要因となっていた。しかし、次章で述べるとおり、世界経済の基本的なフレームを形成していたドル高、高金利、高い原油価格という条件は、やがて水準調整の時代を迎えることになるのである。

第2節　財政政策

1　財政再建策の方針転換

サマー・レビューとフレーム試算　昭和54年11月9日に成立した第2次大平正芳内閣の蔵相には、金子一平の後を受けた竹下登が就任し、大平首相とともに財政再建の目標である「昭和59年度特例公債依存脱却」へ向けての新たな第一歩を踏み出すこととなった。一方、大蔵省は、54年度当初予算の公債依存度が39.6％とかつてない高率となったことなどから、5月という早い段階で、55

年度予算編成の各省庁との事前点検作業に着手していた。これが、いわゆるサマー・レビューである。サマー・レビューは、閣議の承認を得ることで内閣全体の作業として位置づけられ、その最終テーマは公債発行額削減のための歳出の合理化と抑制をいかにして実現させるかということであった。例えば、点検対象となった歳出項目には、地方交付税交付金や国債費のような義務的経費も含まれていた。また、3K（米・国鉄・健康保険）の累積赤字問題、年金問題にも改めてメスが入れられるなど、各省庁には従来にも増して徹底した洗い直しが求められた。その結果、それまで予算編成といえば歳出の増加額や増加率にばかり目がいきがちだったものが、歳出の節減・合理化に関心が向けられるようになった。なお、55年度予算の概算要求枠については、一般行政経費は前年同額以内、その他では前年度の10％増以内と抑制された。

他方、予算編成と財政再建への道筋を展望するうえでの検討材料として、11月には昭和55年度の財政事情の試算（フレーム試算）が公表された[1]。その背景には、55年度予算の編成が歳入・歳出の双方で極めて厳しい局面に立たされていたことがあった。即ち、歳入については、金利上昇から公債の大量発行は消化面からみて限界となっており、歳出については、国債費と地方交付税交付金だけでも1兆円大きくを上回る増額が避けられない状況にあったのである。大蔵省は、マスコミや国民一般にも公表し、財政の困難な実情を理解してもらおうと、55年度予算において1兆円の公債減額を行うための「ケースA」「ケースB」のフレーム試算を作成したのだった。このうち「ケースA」は、一般歳出の当然増・準当然増経費をも大幅に削減して、一般歳出の増加額を54年度の3分の1以下まで圧縮するというものであり、また「ケースB」では、歳出増加を賄い得る税収の増加を確保するため、自然増収では不足する部分を大幅な増税で穴埋めする必要があることが示されていた。したがって、この2つの両極端のケースの間に現実的な解決策を見出しつつ、1兆円の公債金減額が図られることとなった。

そのほかにも、財政制度審議会は、12月19日に提出した「公債に関する諸問題及び歳出の節減合理化に関する報告」において、財政再建のために徹底した

歳出の節減・合理化と歳出規模の大胆な削減が必要だとする認識を改めて示した。さらに、国会では、12月21日に「財政再建に関する決議案」が可決され、財政再建は一般消費税によらず、あくまで行政改革による経費節減、歳出の節減・合理化、税負担公平の確保などの推進によって財源の充実を図ることとなった。

結局、このような環境のもとで策定された昭和55年度政府予算案は、一般会計歳出が42兆5888億円、対前年度当初予算比では10.3％増、公債金収入は14兆2700億円であった。そこでは、歳出の伸びが34年度予算（8.2％増）以来という水準にまで厳しく抑制され、節減合理化の内容については、災害復旧を除いたいわゆる一般公共事業費は前年と同額、補助金を極力削減し、国家公務員の定員削減など行政改革関連にも配慮がなされた。一方、歳入面では、租税収入の増加を見込んだこともあって公債金は予定どおり１兆円の減額（特例公債は5700億円の減）となり、50年度以降急増していた公債発行の削減へ向けて第一歩を踏み出す形となった。なお、フレーム試算にも計上された一般歳出が対前年度当初予算比5.1％増に抑制されたが、これも20数年来の低い率に当たり、公債依存度は33.5％と依然高い水準ではあったものの前年度を6.1ポイント下回った。こうして、55年度予算を起点に、その後の財政運営は大きな転換を遂げることとなったのである。

なお、昭和55年度予算の執行に当たっては、上半期の公共事業等の契約目標率を60％程度に抑制するなど当初予算と同様の政策スタンスが維持された。しかし、春頃からは、物価が安定する一方で「景気の翳り」がみえ始め、物価と景気の両睨みが必要となっていた。政府は、秋以降は政策転換に乗り出し、第３四半期の公共事業等の契約目標を対前年度比で30％増加させるとともに、金融面において緩和の措置を講じた。それらの結果、年度の後半には「景気の翳り」は薄らいだのだった。

財政再建元年予算　昭和56年度予算編成では、いよいよ本格的な財政再建を目指すこととなり、サマー・レビューによる事前点検作業がやはり５月に開始

された。そこでは、「昭和59年度特例公債依存脱却の目標」に即して公債金を55年度よりもさらに２兆円削減する方向で検討され、税の自然増収を見込んでも、一般歳出の伸びを原則ゼロにするという厳しい条件が示された。さらに、概算要求枠は一般行政経費が前年同額以内、その他で前年の7.5％増以内と抑制された。一方、歳入については、政府税調から11月に「財政体質を改善するために税制上とるべき方策」が提出され、財政再建の観点から受益者負担の適正化と税負担の見直しが求められた。なお、56年度の「税制改正要綱」では、この答申に即した国税、地方税の大幅な増徴が提案され、税制改革といえば減税を意味すると解されていた戦後の常識を覆す負担の強化が図られたのだった。

以上のような経過によって決定された56年度政府予算案は、一般会計歳出46兆7881億円、対前年度当初予算比は9.9％増と34年度以来22年振りに１桁台の伸び率に抑えられた。公共投資はもとより、国家公務員定数、米価、国鉄工事費、地方財政対策費など各方面に及ぶ予算規模の圧縮と、法人税、印紙税、酒税等の税制改正による増収と同じく税の自然増収とが大きく貢献する形となり[2]、建設公債が前年同額、特例公債は２兆円の大幅減額となった。その結果、公債金収入は12兆2700億円、公債依存度は26.2％にまで低下したのだった。また、一般歳出の伸び率は、サマー・レビューが求めたゼロ水準とはならなかったものの、4.3％増と25年振りに５％を割り込む低い率となった。

このようにして、昭和56年度予算は、予算編成の当初から２兆円の公債減額を果たすという政府の意図を明確に示すものであったことから、「財政再建元年予算」と呼ばれるようになった。大蔵省はこの時、『歳出百科』（55年７月）を刊行して各地で財政再建キャンペーンを実施し、歳出の合理化・効率化について広く国民の理解と協力を求めた。また、それまで「財政収支試算」として国会に提出されていたものが、財政の現状をより正確に反映させた積上方式に改められるとともに、歳出と歳入を不一致のままで計上するという要調整型の「財政の中期展望」に衣替えしたのもこの年からだった。

なお、「財政再建元年予算」という政府の意気込みとは別に、その執行段階では内需の回復が遅れ、期待した税の増収が見込めない状況となった。こうし

た税収不足の問題は、決算段階になるとさらに深刻化するが、以下では、その経過を財政再建へ向けての足取りとともにみていくこととする。

ゼロ・シーリングからマイナス・シーリングへ　昭和56年度予算は歳出抑制と大幅増税とによって財政再建へ向けてさらに踏み出すものとなったが、57年度予算編成においては、景気不振から税の増収に期待できず、また、一般消費税の採用が「財政再建に関する決議」によって封じられていたこともあり、公債発行の抑制には大きな重圧がかかっていた。そうした状況のなかで、57年度予算の概算要求枠は各省庁が所管の予算を根底から厳しく洗い直すことを求め、原則伸び率ゼロ（ゼロ・シーリング）が採用された。概算要求を前にして、渡辺美智雄蔵相は「59年度までに特例公債依存から脱却することに成功し、4条公債については今後毎年同額にとどめたとしても、59年度末の公債発行残高は100兆円を上回ることになることを忘れてはなりません」と述べ、財政の窮状を訴えた。また、鈴木善幸内閣の基本政策であった行財政整理の実現のため56年3月に発足した臨時行政調査会は、7月10日の第1次答申において、歳出削減と財政再建の推進こそ緊急に取り組むべき改革方策であるとし、「増税なき財政再建」等の当面の方針を掲げ具体的な見直しの方法を提案した[3]。こうして、57年度予算編成においては、ゼロ・シーリングが量的な規制をかけ、第1次臨調答申が質的な規制をかけることとなったのである。さらに、第1次臨調答申をもとに、8月25日に「行財政改革に関する当面の基本方針」が決定され、36の法律を一括したいわゆる「行革関連特例法」が成立した。この特例法では、財政再建関連として、補助金等の整理合理化、厚生年金等に係る国庫負担の繰入れ等の減額、学級編成及び教職員定数改善計画等の抑制、政府関係金融機関の法定貸付金利の弾力化など、様々な歳出削減の方策が一括して規定された。

このように、政府一体となった財政再建推進の気運のもとで編成された昭和57年度政府予算案は、一般会計歳出が49兆6808億円、対前年度当初予算比では6.2％増と前年度よりもさらに伸び率が抑制され、一般歳出の伸び率も1.8％に抑えられた。これらは、「1兆円予算」と呼ばれた30年度、31年度以来の低率

であった。歳出抑制の内容としては、公共事業関係費が引き続き前年同額に抑えられたほか、第1次臨調答申に沿った形で補助金の削減に力が入れられた。一方、公債金収入は1兆8300億円削減されて10兆4400億円となり、公債依存度は21.0％と前年度よりもさらに低下した。公債の減額幅は、特例公債が1兆5610億円、建設公債が2690億円であった。このような公債減額の計画は4兆円を上回る税の増収見込みに支えられたものであり、57年度の場合は、その大半が自然増収とされていた。

　なお、景気回復のテンポに力強さがみられないまま昭和56年度の税収は大きく落ち込み、税収の大幅な減退等に対応するために補正予算が組まれることとなった（57年2月17日成立）。即ち、税収減に対応した特例公債3750億円と災害復旧費に対応する建設公債2550億円が発行され、結果的に56年度の公債減額2兆円の意図は縮小されてしまったのである。さらに、57年度の先行き不安もあって、58年度予算の編成は当初から困難を伴うものとなった。

財政非常事態宣言　昭和58年度予算の編成では、概算要求枠は原則5％減（マイナス・シーリング）とされた。しかし、このような歳出抑制の方針が示されても、税収不振という条件のもとでは、57年度までとられた公債発行額抑制のスタンスを全面に押し出しての予算編成とはなりにくかった。一方で、臨時行政調査会は57年に第2次以降の答申を提出し、「増税なき財政再建」へ向けての軌道をより具体的に描いていった。特に、57年7月の第3次答申（基本答申）では、日本国有鉄道、日本電信電話公社、日本専売公社（三公社）の民営化が求められた。同様に、財政制度審議会も、歳出削減リストを提出するなど財政再建の方策についての道筋を示そうとした。

　そうした経過のなかで、昭和56年度における決算上の収入不足が表面化し、やがては鈴木首相の「財政非常事態宣言」、退陣表明へと発展することとなったのである。

　そもそも昭和56年度の税収については、56年秋頃から、当初計上した額（32兆2840億円）よりも大幅に下回りそうだという懸念が税務当局においても問題

になっていたとされる。政府としても、57年2月成立の56年度補正予算で税収の減額補正を行ったが、57年春の決算段階で税収不足はさらに深刻なものとなり、56年度補正後予算に比べ2兆8000億円以上不足するという見込みが明らかにされた。政府は、その要因について、世界経済の予想外の停滞、特に56年12月以降における輸出の急激な落込みによる景気の伸び悩みと物価の予測以上の鎮静化である、と説明した。結局、57年7月には、56年度決算における2兆4948億円の不足額を、52年度に創設された決算調整資金からの繰入れ2423億円、国債整理基金から決算調整資金を通した繰入れ2兆2524億円によって処理することが確定した。これを受けて、8月に渡辺美智雄蔵相は、57年度についても当初予算の税収よりも5～6兆円の不足が生じる見込みであり、特例公債の追加発行が避けられないこと、ただし市中消化が可能な範囲とするため発行額を3兆円台に留める必要があり、既定経費の減額補正、公務員給与の抑制、追加財政需要の抑制、地方経費の節減等が必要であることを表明した。そして、9月16日には、鈴木首相が「財政非常事態宣言」を発表するに至った。そこでは、財政の現状を「未曾有の困難」「非常の事態」と表現し、事態を打開するためには、一層徹底した歳出の見直しと削減、国債費の定率繰入れの停止、国家公務員給与の凍結に関する検討が必要であると述べるとともに、特例公債の増発が避けられないことにも言及した。さらに、10月12日、鈴木首相は退陣を表明することとなったのだった。

　鈴木首相の退陣表明を受けた自民党総裁選挙では中曽根康弘が当選し、11月27日には中曽根新内閣が発足した。蔵相に就任した竹下登のもとで、6兆1460億円に上る税収減を既定経費の節減、地方交付税交付金の減額、国債費の定率繰入れの停止などと特例公債の発行で賄う形の57年度補正予算が編成（12月25日成立）され、続けて、58年度政府予算案が閣議に提出された。その予算案は、一般会計歳出が50兆3796億円、対前年度当初予算比では1.4％増と前記の「1兆円予算」以来という低い伸び率に抑えられ、一般歳出は5億円の減少となった。歳出抑制の眼目はやはり臨調路線の堅持に置かれ、個々の歳出項目において重点化が図られるとともに、公共事業関係費は前年同額、食糧管理費、国鉄

助成などは減額とされた。また、社会保障関係費が、30年度に初めて主要経費別分類に登場して以来最も低い伸び率（0.6％増）となったことも象徴的であった（表1-2-1を参照）。しかし、そうした歳出抑制の努力にもかかわらず、「財政非常事態宣言」で予告がなされたとおり税収不足によって公債金収入は2兆9050億円増の13兆3450億円となり、公債依存度は26.5％と再び高まる結果となった。

3K問題への対応　ところで、臨時行政調査会の3次にわたる答申においても、3K（米・国鉄・健康保険）の累積赤字の解消は重要な課題とされた。この問題に関する経緯は、昭和43年度予算編成に当たって大蔵省が財政硬直化の現状を正面から取り上げ、義務的経費の膨張による財政規模の拡大傾向を放置すれば、財政に期待される景気調整、資源配分調整の機能を十分果たせなくなると指摘したことなどに由来している。まず、42年9月以降、財政制度審議会において、食糧管理特別会計・国鉄財政の赤字問題に関する集中的な調査審議が行われた。さらに、昭和40年代後半には、政府管掌健康保険の累積赤字を加えた「3K問題」が財政構造上の問題として大きな論議を呼ぶようになり、財政制度審議会の主要なテーマとしてその後も継続的に審議されるようになった。55年度のサマー・レビューにおいて、3Kが節減・合理化方策の主要な対象とされていたことは既に述べたとおりである。

国鉄の財政再建については、第3章第2節の第1項でその後の経緯を述べるので、ここでは食糧管理特別会計と政府管掌健康保険をみておこう。

まず、食糧管理制度は、昭和30年代から既に、米の供給過剰、生産者米価の上昇、政府買上米の増加、さらにはそれらを主因とする財政負担の増大が問題化していた。昭和35年度以降は、生産者米価と消費者米価の逆鞘を補塡するため、一般会計から食糧管理特別会計への繰入れ（食管会計の赤字補塡）が行われたが、その繰入額は昭和40年代に入っても累増の一途をたどった。このため、43年11月の財政制度審議会の答申は、政府による間接統制への移行を基本としつつ、米の生産抑制、原則自由流通等を提言した。その後、自主流通米の導入

や生産調整等の対策が実施されたが、一般会計からの繰入れ増加に歯止めをかけることはできなかった。さらに、昭和50年代以降においても、米消費の減退から過剰基調は強まる一方となり、工業・輸出・飼料等への転用による過剰米処理が行われた。しかし、これらの処分に伴う損失を計画的に補塡するために、一般会計から食糧管理特別会計への繰入れが行われたのだった。政府は、米価の改定、政府米買入れ数量の削減、他用途利用流通助成金の削減等の施策により、一般会計からの繰入れ額の縮小を図ったが、昭和59年度予算では3950億円、安定成長期最後の平成2年度予算においても2320億円が繰り入れられることとなった。このように、食糧管理に関する財政負担は縮小したものの依然として多額に上っていたことから、米麦価の内外格差の圧縮を図るとともに、米麦コストの逆鞘解消に一層の努力が払われることとなった。

　次に、一般被用者と日雇労働者を被保険者とする政府管掌健康保険の財政は、昭和37年度から単年度収支が赤字に転じ、昭和40年代から50年代の半ばまで、保険料収入の伸び悩みなどから長らく赤字基調が続いた。単年度収支では、53年度以降、黒字の年もみられるようになったが、累積収支は引き続き大幅な赤字額を計上した。また、国庫補助が48年度以降は増額された。政府は、赤字対策として保険料率の引上げなどを実施したが、給付面・費用面それぞれになお解決しがたい問題があり、収支の大幅な改善は困難な状況が続いた。このうち、給付面の問題としては、医療費の急増、特に薬剤費の増加が著しく、診療報酬体系の見直しと併せて薬価基準の合理化・適正化が求められた。また、受益者負担の観点から被用者本人への10割給付の見直しが検討された。費用面の問題としては、政府管掌健康保険では財政対策として国庫補助が行われているが、こうした収入構造を改めるためにも保険料財源の充実確保、医療保険制度間の保険料負担の調整などが求められた。本書の対象期間内における政府管掌健康保険の主な制度改正には、48年の定率国庫補助（10％）の導入、55年の初診時本人一部負担の引上げ、59年の被用者本人の定率1割負担の導入などがあり、一時期の財政破綻の状況からは脱することができた。なお、政府管掌健康保険の財政危機が続きながら、そのことが表面化しなかったのは、赤字の補塡が資

金運用部資金からの借入れに依存し、当面を凌いでいたからであった。

交付税及び譲与税配付金特別会計による資金運用部借入れの停止　昭和50年代の景気停滞期にあっては、地方財政についても税収不足などから歳入と歳出の不均衡が生じ、地方団体の地方債依存度は昭和40年代よりも高まっていった。また、国税収入の不振が続くなかで地方交付税交付金の総額を確保するために、50年度以降は、交付税及び譲与税配付金特別会計による資金運用部からの借入れに依存することとなった[4]。なお、58年度時点では、同特別会計の交付税及び譲与税配付金勘定予算は、一般会計からの受入れ額7兆6729億円に対し、資金運用部からの借入れ残高は11兆5218億円に達していた。また、地方交付税交付金は8兆8685億円を計上したが、資金運用部借入金の返済のための国債整理基金特別会計への繰入れは10兆3265億円に上った。このように、交付税及び譲与税配付金特別会計予算では、資金運用部借入れと債務償還で歳入歳出の過半を占めるという事態が生じていたのである。

　こうした資金運用部借入れと債務償還の累積を解消するため、昭和59年5月23日に「地方交付税法等の一部を改正する法律」が制定され、地方財政の健全化を図ることとなった。この法律によって、59年度以降は、交付税及び譲与税配付金特別会計による新たな借入れは行わないこととなり、当分の間は地方交付税交付金の総額を安定的に確保するためには、必要に応じて特例加算もしくは特例減額で措置することとされた。このほか、58年度までの借入金については、5兆8278億円を国の一般会計の借入金に振り替えて元利償還分を国が負担し、残りの5兆6941億円は元利とも地方負担とされた。また、国も地方もともに、借入金の元金償還を、国の財政再建の新たな目標年度である「昭和65年度」まで停止することとなったのである。

財政再建目標の変更　昭和58年度予算の国会審議に際して示された「財政の中期試算」では、特例公債依存脱却を59年度とはしなかったものの、新しい目標年度を示すこともなかった。もっとも、鈴木政権から中曽根政権へと内閣が

交代しても、財政再建は政府の最優先課題の1つであったので、新たな目標年度の明示と、それによる財政再建努力が期待される状況にあった。

　昭和59年度予算の概算要求枠は、一般歳出について経常部門はマイナス10％、投資部門はマイナス5％を原則とすることとなった。公債残高が6月末に100兆円を突破していたこともあり、厳しい財政状況に即応するためのこのようなマイナス・シーリングが採用されたのだった。その後、58年8月の経済審議会の答申をもとに長期経済計画「1980年代経済社会の展望と指針」が閣議決定され、経済財政運営の指針が示された。その主要な柱の1つとして、「昭和65年度」までに特例公債依存の財政体質から脱却するという財政改革の基本目標が定められた。これは、「新経済社会7カ年計画」の「59年度特例公債依存脱却」という財政再建目標の変更であり、財政再建へ向けての新たな路程の始まりを意味した。

　政府は、昭和58年10月21日に総合経済対策を決定し、内需拡大による景気振興を図った。そうした施策が進行するなかにおいても、財政再建のための歳出削減の流れは既定のものとなっており、12月29日には臨時行政改革推進審議会（行革審）が一般歳出の対前年同額以下を求める意見を提出し、財政制度審議会もこれと同趣旨の提言を行った。このような経緯によって、59年度政府予算案は、一般会計歳出50兆6272億円、対前年度当初予算比は0.5％増と前年度よりもさらに伸び率が抑制され、一般歳出も前年度以下に抑制された。公共事業関係費や食糧管理費が減額され、一般歳出中の最大経費である社会保障費の伸び率も、政府管掌健康保険における被用者本人負担の導入をはじめとする医療費改革などで引き続き厳しく抑えられた。しかし、税制改正による増収を見込んでも相変わらずの税収不振であったことから、公債金収入は6650億円の減額（特例公債は5250億円の減）に留まって12兆6800億円となり、公債依存度は25.0％と前年度との比較では僅かな低下に留まった。なお、59年2月24日成立の58年度補正予算は、災害対策と年度内減税の実施等に対処したものであったが、既定経費の節減と57年度純剰余金を充てることとして、特例公債の追加発行は回避された。

わが国経済は、第2次オイル・ショック以降3カ年にわたる長期の景気後退を脱し、昭和58年度は本格的な景気回復へと始動することとなった。特に、年度の後半からは、アメリカの景気回復を契機に日本の輸出増加が続き、設備投資をはじめとする国内需要も持ち直す傾向がみられた。続く59年度は、後半にアメリカの景気鈍化の影響はあったものの、内需を中心とする着実な景気拡大によって、成長率も4.1％と前年度を1.5％ポイント上回る高い水準となった。こうした経済環境のなかで60年2月13日に成立した59年度補正予算は、法人税、有価証券取引税などの大幅な増収のほか、雑収入の増加を計上した。歳出面では義務的経費・災害復旧費の追加などが中心となったほか、既定経費の節減と予備費の減額が盛り込まれた。なお、公債金の補正は建設公債が追加されたが、補正後予算の公債依存度は当初予算と同じ25.0％であった。

　昭和59年度に特例公債依存から脱却するという大平内閣（54年当時）以来の財政再建目標はついに達成されず、目標年次が変更されることとなったが、58年3月に臨時行政調査会が掲げた「増税なき財政再建」が引き続き政府の基本路線となり、その後も歳出の節減合理化を機軸とする財政再建の努力が続けられたのである。

〔注〕
1)　この「フレーム試算」の公表以降、歳出の節減合理化の対象となる政策的経費は地方交付税交付金や国債費のような義務的経費と区別する意味で「一般歳出」と呼称され、財政再建を論じる上での1つのキーワードとして定着した。即ち、義務的経費は構造的に増加するものであるため、歳出削減努力の成果は、「一般歳出」の規模と内容に現れると説明されたのである。
2)　昭和56年度予算の編成に当たっては、歳入面において現行税制を前提に幅広く「選択的増税」を実施する方針が採られたが、これは「総ざらいの増税」とも呼ばれ、現行税制の枠を超えた新税の導入が待望される1つの契機となった。
3)　臨調の第1次答申は、当面の行財政における改革課題を財政再建と行政効率化であるとし、この答申をその「第一歩」、即ち「緊急の外科手術」として位置づけた。
4)　地方財政全体の収支見通しに基づき、地方団体が標準的な行政水準を確保で

きるように一般財源の総額を確保する方策を「地方財政対策」と呼んでいる。具体的には、地方債の増額・地方交付税交付金の増額などがあり、地方交付税交付金の増額措置として資金運用部からの借入れが昭和50年度以降実施されたのである。

2　財政再建のなかでの公債政策

特例公債依存脱却目標へ向けての取組み　前項でも述べたように、昭和55年度予算の公債発行額は14兆2700億円となり、前年度よりも1兆円減額された。こうした1兆円規模の減額は、建設公債と特例公債の発行額を同時に圧縮することによって可能になったものであり、特例公債は当初計画比で初めての減額であった。また、国債の市中消化がますます困難な状況にあったことから、資金運用部引受けを2兆5000億円と前年度よりも1兆円増額し、逆に市中消化の負担を2兆円軽減することで発行環境の調整が行われた[1]。ところで、昭和50年代央以降における公債政策は、従来とは異なる条件のもとで運営されることとなった。即ち、表1-2-3にみられるとおり、50年度以降急速に高まっていった公債依存度は54年度に39.6％のピークを刻んだ後、55年度からは一転して低下傾向に転じた。さらに、「財政非常事態宣言」（57年9月16日）における一頓挫はあったものの、公債依存度低下と公債発行額縮減の傾向が「バブル経済」の終りまで継続したのである。

　昭和56年度予算においては、公債発行額は前年度よりも2兆円減額されて12兆2700億円となった。さらに、資金運用部引受けが3兆5000億円と1兆円増額され、市中消化を2兆円近くとした。続く57年度の予算編成に当たっても、財政再建推進の機運のもとで公債発行額は1兆8300億円減額されて10兆4400億円となり、資金運用部引受けについては56年度と同額とされた。国債の市中消化難が続いていたため、56年度と同様にシ団引受け分が優先的に減額されたのだった。ところが、この57年度においては、年度途中で税収が当初見込みを大きく下回り、多額の公債発行を必要とする状況となった。12月25日成立の57年度補正予算によって公債の追加発行が決まったが、国債費の定率繰入れの停止と

地方交付税交付金の減額等による歳出減の補正であったため、資金運用部は地方交付税の特別会計に融資を行うことで国債引受けの余裕がなくなり、結局は税収の不足分を下回る公債発行の追加となったのである。これによって、57年度の発行実績は、前年度実績を1兆1448億円上回る14兆447億円に拡大した。

　昭和58年度予算の公債発行額は13兆3450億円と、前年度よりも2兆9050億円の増額となった。また、資金運用部引受けは前年度よりも2000億円多い3兆7000億円、市中消化は9兆6450億円が予定された。年度の途中では、58年6月末に公債残高が100兆円を突破し、8月には「昭和65年度特例公債脱却の目標」が新たに設定された。税収不足という条件のなかでも、政府においては財政再建が急務として認識され、59年度予算では公債発行額が12兆6800億円と前年度からは縮小され、以後は、安定成長期を通じて公債発行額縮減の傾向が続くこととなった。

　ところで、昭和59年度においては、60年度から本格化する国債の借換発行に備えることが新たな課題となっていた。借換えとは、国債の償還に当たって新たに国債（借換債）を発行して財源を調達し、その財源によって満期が到来した国債を償還することである。国債の大量借換えについては、大蔵省は国債借換懇談会の意見を参考に借換えの前倒しも検討したが、実施には至らなかった。結局、国債の借換発行額については、57年度3兆2727億円、58年度4兆5145億円、59年度5兆3603億円と、59年度はそれほど増額されなかった。しかし、60年度には、これが8兆9573億円となり、新規発行分を合わせると、まさに国債発行ラッシュの様相となったのである（第3章第2節の第3項を参照）。

　国債費定率繰入れの停止　「国債整理基金特別会計法」においては、前年度首の国債総額の100分の1.6相当額を国債整理基金に繰り入れることとなっている。ところが、上記のとおり昭和57年度補正予算ではこの定率繰入れが停止される事態となった。税収が当初見込みを大きく下回り、多額の公債発行を必要とする状況となったからである。一方、国債整理基金にはそれまで積み立てられた資金があり、定率繰入れを停止しても国債償還に支障が生じることはない

ことが見込まれていた。そこで、57年9月、財政制度審議会に定率繰入れの停止について諮問され、これが止むを得ない措置として容認されたのである。政府は、「昭和57年度における国債整理基金に充てるべき資金の繰入れの特例に関する法律」を制定し、国債償還の定率繰入れを停止したのだった。こうして、58年度から平成元年度の間においても、各年度の特別立法によって定率繰入れは停止されるに至った[2]。

なお、こうした定率繰入れの停止は、当時、国債管理政策上の大きな問題となった。それは、この措置が昭和57年度の緊急対策であったとはいえ、翌年度以降も継続する可能性があり、その場合は、国債整理基金が59年度にも底をつくという事態が予想されたからだった。実際には、58年度は、歳出の徹底した節減・合理化によっても特例公債を含む大量の国債を発行しなければならなかったことや、56年度の決算処理に伴う繰入れ額の国債整理基金への繰戻しが実施されれば、58年度の定率繰入れを停止しても整理基金は国債の償還に必要な流動性を確保できると判断されたことから、定率繰入れは停止された。さらに、59年度の予算編成においては、歳出の節減・合理化によっても特例公債を含む大量の国債を発行しなければならない財政事情に変わりはなかったが、国債整理基金の資金が定率繰入れを行わなければ国債の償還に支障をきたすという状況にまでは至らなかったことから、やむを得ない措置として定率繰入れが停止されたのだった。

国債市況の動向　国債市況については、昭和54年末には小康状態を保っていたが、55年に入ってからは急速に悪化した。このため、大蔵省は再び国債管理政策全般について検討を加えることとし、5月には国債発行等懇談会の「当面の国債管理政策について」(いわゆる「5項目対策」)が発表された。そこでは、税の自然増収が見込まれる場合には優先的に国債の減額に充て、できる限り国債発行額の減額に努めることとされた。また、運用部引受けの増額に伴うシ団引受けの圧縮、入札参加者に生命保険・損害保険会社を加えるなどの入札方式の改善などの方針が示された。

一方、10年債の発行条件についてみると、昭和54年から55年にかけての急速な金利上昇局面のなかで、表面利率が55年3月債の8.0％から4月債の8.7％まで引き上げられたが、これは新規国債の発行史上最も高い水準であった。しかし、55年8月20日から56年12月11日にかけての公定歩合の4回にわたる引下げを受けて表面利率は反転し、55年7月債が8.5％となり、12月債は8.0％と3月債の水準に復帰した。さらに金利下降局面の56年中は、表面利率は5月債で7.6％に引き下げられた後、9月債は8.0％に復帰した。

昭和57年中については、表面利率は1月債が7.7％、4月債が7.5％に引き下げられた。その当時の状況をやや詳しく述べると、この4月の条件改定後はしばらく国債市況は堅調に推移していたが、税収不足を背景とする57年度における公債の大量発行の懸念や、円安の進行の伴う日銀の短期金利高め誘導による短期金利の上昇によって、5月下旬以降は急激に悪化の様相となった。国債市況は、円相場の変動などに過剰反応を起こしがちな不安定な状況にあり、条件改定を判断することが困難であったため、7月はシ団引受け国債の発行が見送られた[3]。その後、大蔵省は追加発行分の国債消化のための発行促進が必要と判断し、表面利率を8.0％とする利上げによって8月債の発行に踏み切ったのである。やがて、公定歩合の引下げを先取りする形で、表面利率は57年の12月債が7.7％に、また、58年の1月債が7.5％に連続して引き下げられた。しかし、円相場の悪化、公定歩合の引下げ遠のき予想などから、58年1月以降の国債市況が急落となった。大蔵省はこの時点で、景気を考慮すると長期金利全体の引上げにつながる国債の発行条件引上げは困難と判断し、条件維持を打ち出した。こうして、表面利率の改定は58年11月債の7.3％への引下げまで行われなかった。この間には、シ団との調整がつかず2月債、8月債の発行が見送られた。

続く昭和59年の国債市況は、当初は比較的堅調であったものの、円相場の悪化などから急落し、同じく6月債、7月債の発行が見送られた。しかし、8月には表面利率を4月債の7.0％から7.3％に引き上げて国債発行に漕ぎつけた。その後の市況の好転によって、表面利率は9月債が7.1％に、11月債が6.8％に引き下げられた。さらに、60年の1月債は6.5％で発行し、市況不振で発行条

件を引き上げ続けていた状況は、このように急速に変化したのだった。

ロクイチ国債の価格不調　前記のとおり、昭和55年に入ると、それまで比較的低めだった金利が急激な上昇を遂げることとなった。これは、第2次オイル・ショックに対応して54年春から金融を引き締めたことによるものだった。この間、公社債市場で特に問題視されたのが、いわゆる「ロクイチ国債」の価格不調であった。

長期国債の表面利率については、第1章第2節の第3項でもみたように、昭和49年の10月以来8％に維持されていたが、52年中に4回（5月、7月、8月、10月）にわたり引き下げられ、さらに53年4月からは6.1％とされた。ところが、54年1月に東京証券取引所に上場（初値は97円）されたこのロクイチ国債については、55年2月以降値崩れが発生し、55年4月8日には74円45銭にまで下落して金融機関に多額の評価損が発生した。公社債市況は、54年秋頃からの海外金利の上昇・為替の円安傾向などから急落し、55年初に一時回復したものの、2月以降は、大幅な円安を防ぐための金融引締めと金融機関等による決算がらみの売却などが加わって暴落が続いたのだった。大蔵省では、55年3月期からの経理基準の一部改正などによって、金融機関の国債をはじめとする保有債券の評価損問題に対応するとともに、一方では、シ団引受け7000億円の減額などを内容とする「当面の国債管理政策について」（55年5月21日）を発表し、さらには、日銀も買いオペレーションを実施して相場の回復に努めたのだった。こうして、市況は55年央から強含みとなり、ロクイチ国債も、6月5日には87円48銭まで回復したのである。

国債借換え方式の変更　国債整理基金特別会計では、国債の償還は、満期ごとに規則的に一部を借換え、一部を現金償還し、全体として60年間で完全に現金償還し終えるように進められている（60年償還ルール）。現金償還とは、国債の償還を一般会計からの繰入金、株式売却収入等の借換債発行収入以外の一般財源によって行うことである。このように、政府は各年度の国債の整理また

は既発債の償還に必要な額を限度として借換国債を発行できるが、昭和56年度以降の借換え方式については変更がなされることとなった。

　国債の償還・借換えは、昭和53年度までは、個人保有分は全額現金で償還し、市中金融機関（証券会社を除くシ団）保有分は10年債の場合は60分の10程度を現金償還し、残額は「乗換え」の方法で借り換えられていた[4]。また、日銀と資金運用部は、原則として全額を「乗換え」の方法により借り換えることとされていた。しかし、52年9月に、シ団側は、建設国債の流動化を推進する等の観点からそうした方式の改善を要望し、大蔵省は国債借換え方式の見直しを検討することとなった。なお、54年と55年は、47年1月に長期国債の償還期間が7年から10年に延長されたため（第1章第2節の第3項を参照）、長期国債の満期到来による償還はなく、借換えは一時的に中断された。その後、新たな借換え方式については、10年債の償還が始まる57年2月を目途に結論を出すこととされ、実際に、国債借換問題懇談会が「当面の国債借換問題についての基本的考え方」（55年12月10日）を示し、これによって56年度から59年度までの借換えが行われることとなったのである。具体的には、市中保有国債の借換えについては、割引国債は割引国債で、中期利付国債については公募入札発行による中期利付国債で借り換え、10年利付国債については毎年度関係者と協議し決定することとなった。

特例公債の借換え許容　ところで、建設公債については当初から60年償還ルールによる償還が行われていたが、特例公債については、発行そのものが望ましくないばかりか、残高についてもできるだけ早期に縮減させるべきものであるため、当初は借換債の発行によることなく全額を現金償還（満期の10年で現金完済）するという方針が採られていた。また、「特例公債法」においても、借換債を発行しないことが明示されていた。

　しかし、特例公債の償還を全額現金償還で行い、しかも「昭和65年度」までに特例公債依存体質からの脱却を図ろうとすると、極端な歳出カットか負担増加、またはその両方を政策として選択する可能性が生じることにもなりかねず、

わが国の経済や国民生活に好ましくない影響を与えることも考えられた。そこで、特例公債の償還財源の調達に当たって、借換債の発行という手段を採用することもやむを得ないとの判断から、「特例公債法」に定められていた借換え禁止の規定は削除されることとなったのである。具体的には、「昭和59年度の財政運営に必要な財源の確保を図るための特別措置等に関する法律」において、59年度とそれ以前に発行された特例公債のための借換え禁止規定を廃止し、併せて、特例公債は財政状況を考慮して可能な限り借換債を発行せず、発行した場合でもその残高の減少に努める旨の努力規定を置くという重要な変更が行われたのである。なお、その際、借換えが許容されるようになった特例公債を何年間で現金償還するかが問題であった。特例公債は、上記のとおりできるだけ早期に残高を縮減させるべきものであり、原理的に一定年限で償還すべきものとする方式を決めにくい面がある。しかし、減債資金の積立てが建設公債の償還ルールを前提としているため、最終的には、特例公債の償還についても60年償還ルールを基本とすることとされた。

国債流動化の進展　国債の流動化の動きについては、第1章第2節でも述べたとおりであるが、金融機関の保有国債が増大したことを受けて、昭和55年度以降についても進展がみられた。55年5月には上場以降（発行7～9カ月経過後）に国債が売却可能となり、また、56年4月には、発行3カ月経過後の翌月月初に売却可能となった。

このような売却制限緩和に至る背景については、銀行等で預金の伸び悩みが資金ポジションを悪化させ、特に都市銀行では恒常的に大量の国債を売却せざるを得なかったことなど、従来からの経緯があった。このため、シ団は、大蔵省に保有国債の流動化に対する制約の撤廃を求めていた。一方、大蔵省も、流通市場が拡大し円滑な取引がなされれば国債消化を促進できるとの判断から、制限緩和の検討を進めた。これが、55年になると、大量の公債発行が続くなかで、新規国債の引受けのためには金融機関は手持ち分を処分せざるを得ない状況となった。大蔵省は、5月の「5項目対策」の一環として、上記のとおり発

行後7〜9カ月以降の国債の売却を金融機関の自主的判断に委ねることとした。しかし、こうした売却制限期間の短縮後も、金融機関からは、一層の短縮または撤廃の要望が寄せられた。公募発行された有価証券に売却制限があるのは債券のあり方として不自然だとする議論などもあったが、大蔵省は、売却制限は大量発行される国債を安定的に消化するための有効な手段だとして、一層の短縮または撤廃には難色を示した。

　結局、この問題は様々な意見が出されるなかで暫進的な制度改革によって解決が図られ、昭和60年6月以降も売却制限が緩和されるとともに、やがて平成7年9月には制限撤廃となったのである。

　　国債の窓口販売開始　昭和56年6月に新「銀行法」が公布されたが、そこでは国債の窓口販売などが新たに規定され（本章の第3節を参照）、同時に「証券取引法」の一部改正が行われた。これらを受けて金融機関の証券業務に関する制度面の整備が進められ、58年1月には、4月からの都市銀行・地方銀行・長期信用銀行・信託銀行・相互銀行・農林中央金庫（合計158金融機関）での長期国債・政府保証債・公募地方債の窓口販売（窓販）が認可された。また、3月には、全国信用金庫連合会と一部の信用金庫に対し4月からの公共債の窓口販売を認可した。これら金融機関による窓口販売の開始直後は、金融機関引受け総額に対する割合（窓口販売割合）が約2割と好調なスタートとなった。その後、58年の7月債が休債となるなど国債市況が悪化したため、一時は窓口販売割合も低下したが、市況の回復に伴って秋頃からは再び好調となり、58年度を通じての割合は3割強となった。さらに、59年度も引き続き順調に推移し、年度全体では、金融機関の窓口販売割合は約55％、証券会社を含めた窓口販売総額のシ団引受け総額に対する割合は約70％となった。

　このように国債の窓口販売は当初から順調であったため、昭和58年10月から割引国債の窓口販売が開始され、さらに、59年6月からは既発債も窓口販売が開始され、国債消化のさらなる促進が図られたのだった。

〔注〕
1) 資金運用部の国債引受けは、十分な市中消化が見込めない場合でも、政府内部の資金での消化が予定できれば公債発行は可能であり、また、資金運用部にとっても、当時としては運用先が狭まる傾向にあったことから、安全有利な運用先が公債という形で確保できたのである。
2) 一般会計からは、定率繰入れ、剰余金繰入れ、予算繰入れの3つの方法によって国債整理基金に対して制度的に償還財源の繰入れを行い、国債の償還に備える仕組みとなっている。なお、定率繰入れは、昭和57年度から平成元年度まで及び平成5年度から7年度までの毎年度、特別立法により停止されていた。
3) このような休債は、昭和57年7月以外にも、56年6〜8月、58年2月、7月、59年6月、7月、60年10月に、それぞれの事情によって決定実施されている。
4) 乗換えは、満期到来債の所有者がその償還金でそのまま借換債を取得する方法であり、現在は、日銀保有の国債について行われている。

3 増税なき財政再建の原則と税制

グリーン・カード制度導入の検討 昭和54年末に一般消費税の導入が見送られた後は、税収の確保や新税導入の前提としての不公平税制是正が優先課題とされた。実際に、55年度の税制改正では、景気回復による税収の増加が見込まれたこともあって、それほど大きな増収措置を講じることもなく、租税特別措置の整理合理化[1]、給与所得控除の見直し、土地・住宅税制の見直しなどが行われた。一方、従来から検討されてきた利子・配当課税の取扱いについては、政府税調の検討結果を踏まえて59年度から総合課税に移行することとし、そのための少額貯蓄等利用者カード(いわゆる「グリーン・カード」)制度を導入することを決定した。また、総合課税への移行までの間は、利子・配当所得の源泉分離選択課税制度の適用期限を延長することとされた。

グリーン・カード制度の導入が検討された背景には、政府内外から課税の公平を期すため利子・配当所得を総合課税にすべきだという声が上がっていたことなどがあった。また、昭和45年に源泉分離選択課税制度の実施期限を50年末と決め、50年にはさらに55年末まで延長されていた。この期限を控えて、54年6月、政府税調は特別部会を設け、総合課税への移行の最終検討を行った。そ

のなかでは、納税者番号制度が最も有効だとする意見でほぼ一致したが、国民の理解などの点で問題が残ったことから、12月になって、貯蓄に限った本人確認の手段としてグリーン・カード制度の導入が了承されたのだった。このように、政府にとっては、利子・配当所得の総合課税は長年の懸案であり、不公平税制を是正するための少額貯蓄等へのグリーン・カード制度の導入は時宜を得たものと考えられていた。政府税調が取り纏めた12月の答申では、「非課税貯蓄及び課税貯蓄の双方を通ずる本人確認及び名寄せのための現実的かつ有効な方策」と説明されている。

いずれにせよ、この提言によって制度導入への流れが決定的となり、昭和55年3月31日には所得税法の一部改正法が公布され、グリーン・カード制度を59年1月1日から導入することが決定した。しかし、この制度についてはその後、不正利用（制限限度額を超える非課税貯蓄）の発覚など不備が表面化し、政党をはじめ各方面からの様々な批判もあって、実施は取止めとなった。即ち、58年度税制改正で導入が3年間延長された後、60年には廃止となったのである。

昭和56年度の大幅増税　政府税調が昭和55年11月7日に纏めた「中期答申」が、「財政体質を改善するために税制上とるべき方策についての答申」であった。前回52年の「中期答申」との相違は、政府に歳出抑制を強く求めた点であり、租税負担の引上げの限度について言及し、その引上げの手法について選択の幅を拡大した提言を行った点であった。55年6月の衆参同日選挙では与党勢力の安定が確保されており、景気面では多くの税収を期待できない情勢となっていた。しかも、秋頃には大幅な税収不足の不安が生じていた。こうしたタイミングであったことから、政府税調の「中期答申」を受けて、56年度税制改正へ向けての大規模な増税方針が示された。翌56年1月の「税制改正要綱」では、平年度で1兆5440億円の増収を図ることとし、法人税、酒税、物品税、印紙税、有価証券取引税の税率引上げ等を含む、既存の税制の枠内で可能な限りの増収を図る内容（総ざらい増税）となっていた。例えば、法人税は一律2％の税率引上げ、酒税は原則24％程度の引上げ、有価証券取引税は株券等で0.45％から

0.55％に引き上げるといった、増税色の濃い内容であった。なお、所得税減税が56年3月の衆議院議長裁定で約束されていたが、これについては、55年度決算において特例公債発行の減額後も剰余金が生じたため、それを56年度補正予算に受け入れて減税財源にすることとなった。この減税は、夫婦子供2人のいわゆる標準世帯当たり2000円にすぎなかったことから、当時「ラーメン減税」と呼ばれた。

昭和56年度の税制改正は上記のように大幅改正となったが、翌57年度は、租税特別措置の整理合理化、法人税の延納制度縮減などが中心となり、それほど大きな改正は行われなかった。また、58年度についても目立った改正は行われなかったが、これらは、臨時行政審議会の第1次答申（56年7月）に示された「増税なき財政再建」という基本方針への配慮でもあった。

「今後の税制のあり方」答申　政府税調が昭和58年11月16日に提出した「今後の税制のあり方についての答申」（55年11月に次ぐ「中期答申」）では、確実に到来する高齢化社会において、わが国の経済社会の活力を維持し、国民生活の安定と充実を図るためにも、国と地方を通じた財政の健全化を図り、財政の対応力を回復しておく必要がある旨が強調された。これは、景気の回復力が脆弱であったため歳出に対する税収の割合が64％（58年度予算）に留まるという異常事態を早期に是正する必要があり、税体系のあり方については、税目ごとに相互の密接な関連に留意し、間接税体系の合理化のために課税ベースの拡大を検討することを要請したものであった。また、個々の税目については、例えば所得税では、課税最低限が53年以降据え置かれていることによる負担累増感への配慮が求められた。さらに、租税特別措置の関係では、キャピタル・ゲイン課税において、57年度の土地税制改正を長期安定的制度として基本的仕組みの維持を求め[2]、有価証券譲渡益課税は有価証券取引の把握体制の整備を待って総合課税に移行するとし、慎重な姿勢を示した。

ところで、昭和56年3月には、「増税なき財政再建」という行財政改革の当面の方針を掲げ、臨時行政調査会が発足していた。政府による財政再建の努力

は、この方針のもとでもっぱら行政改革と歳出削減とによって進められたのである。したがって、税制面では、57年度及び58年度には大きな改正は行われなかった。そして、そのことは所得税減税も実施されなかったことを意味した。昭和40年代までは毎年のように減税が行われたが、50年代ではほとんど減税がないという年が続いている。折りしも、58年度予算の国会審議において、給与所得者を中心とする減税要望の強まりを背景に、所得税減税問題が大きな政治問題としてクローズアップされた。結局、58年度税制改正での実施は見送られたものの、59年度は相当規模の減税が約束された。もっとも、公債依存の財政状況に変わりはなく、財政再建を進めている最中でもあったことから、大規模なネット減税の実施は到底困難であった。このため、59年度予算においては、本格的な所得税減税を行うと同時に、法人税、酒税、石油税の税率引上げなどによって増減税の相殺が図られたのだった。

　以上のような経過で、昭和59年度の税制改正では、「中期答申」に示された所得税改正のほか、法人税改正等が行われた。このうち所得税では、課税最低限が夫婦2人の給与所得者で201万5千円から235万7千円へと3年振りに引き上げられ、税率も60万円以下10％から8000万円超75％の19段階が、50万円以下10.5％から8000万円超70％の15段階に簡素化された。こうした所得税の税率構造の見直しは49年以来10年ぶりのことであり、いわゆるブラケット・クリープがもたらす累増感の緩和が図られることとなった。また、上記のとおり、大規模な所得税減税の早期実現が与野党間の約束となっていたため、49年度税制改正で実現した「2兆円減税」に次ぐ規模の8700億円の所得税減税が実施された。一方、その他の59年度改正では法人税が増税措置となり、普通法人の税率を1.3％引き上げ、留保分を43.3％、配当分を33.3％とした。また、間接税については、酒税の税率を平均20％程度引き上げ、石油税では3.5％だった税率を4.7％に引き上げた。

　一般消費税導入論議の中断　昭和54年7月当時の記者会見で、大平首相は、財政再建のためには国債依存からの脱却か歳出カット、それでも歳入が不足す

る場合は所得税の増税か一般消費税の導入だ、と述べている。しかし、第1章第2節でもみたように、10月の第35回衆議院総選挙の争点として一般消費税にことさら強くスポットが当てられ、野党ばかりか自民党の内部からも批判が強まっていった。結局、12月の「財政再建に関する決議」によって、財政再建の実現は一般消費税に依らない旨の決定がなされ、歳出削減等による財政再建が目指されることとなった。

　こうして、その後しばらくの間、大型間接税についての議論は表面上は影をひそめることとなった。昭和58年11月の「中期答申」では、前記のとおり間接税体系の合理化のための課税ベースの拡大が求められたが、その具体的な方策について政府税調が踏み込んだ提言を行うことはなかった。臨時行政調査会によって示された「増税なき財政再建」が、引き続き財政政策の基本原則となっていたからである。しかし、その一方で、既存の税制の枠組みによって財政再建を果たすことの困難さも再び認識されるようになっていった。また、毎年度の小幅な税制改正による税収確保も限界がみえる状況が続いた。

　そうしたなかで、経済社会と既存税制との間の「ひずみ」や「ゆがみ」が指摘されるようになり、昭和60年9月には、中曽根首相から政府税調に対し、「税制全般にわたる抜本的見直し」の諮問が下りた。さらに、「新しいタイプの間接税」等に関する答申が首相に提出されたのは、1年後の61年10月のことである（第3章第2節の第3項を参照）。また、これに先立つ60年度税制改正の答申で政府税調は、税制全般にわたる本格的な改革を検討すべき時期が来ており、部分的な手直しでは所得・資産・消費等の間の適切な税負担のバランスが図れないとの見解を示した。同じく答申では、政府はこの問題について国民の理解と協力を求める努力を尽くすことが必要である旨の付言がなされていた。こうして、長い道のりを経た一般消費税導入へ向けての準備作業は、いよいよ佳境に入っていくこととなった。

〔注〕
1）　政府税調は、昭和55年における租税特別措置の整理合理化によって、税負担

の公平確保を目指した税制の見直しは概ね一段落するとの見方を示した。実際に、55年度税制改正までの5カ年間で、98項目の租税特別措置のうち32項目が廃止され、51項目が整理合理化された。
2) 昭和57年度の土地税制改正に関しては、宅地供給を図り住宅建設を促進することが重要な政策課題とされたことから、個人の長期譲渡所得の課税の特例について、適用対象を所有期間が10年を超える土地等の譲渡とする、などの所得税法改正が行われた。

4　原資事情の逼迫と財政投融資

財政投融資計画の増大抑制　昭和55年度の財政投融資計画は、予算編成方針に即した形で抑制的に策定された。その規模は、巻末統計5のとおり18兆1799億円となり、伸び率8.0%は33年度（1.6%）以来の低いものとなった。こうした計画規模の推移にみられる変化は、専ら原資事情によるものだったが、国債引受けに回す資金を対前年度比で1兆円増額して2兆5000億円としたことも影響していた。財政投融資計画の伸び率の抑制傾向は、56年度計画の策定においても踏襲され、その計画額は19兆4897億円、伸び率では7.2%とさらに抑えられた。また、原資配分では、国債引受け額が対前年度比で1兆円増額されたが、これは、国債の市中消化難が依然として解消されていなかったためであった。

昭和56年度予算の補正に際しては、追加発行される公債6300億円の全額を資金運用部が引き受けたことで、資金の余裕が縮小することとなった。また、郵便貯金の伸び悩みも原資の不安定要因であった。結局、57年度財政投融資計画では、国債引受けを前年度と同額の3兆5000億円とする一方、それまで抑制してきた政府保証債等を増額することとなった。もっとも、57年度の計画額は20兆2888億円、伸び率では4.1%と引き続き抑えられた。

昭和58年度も上記のような原資難は継続していた。58年10月には総合経済対策が決定され、内需拡大等のための公共投資、住宅投資に財政投融資も対応することとなったが、こうした景気対策への動員は58年度財政投融資計画の大きな圧迫材料となった。そのほか、58年度は予算財源捻出のための1兆円強の補助貨幣回収準備金の取崩しによって資金運用部預託金が減額された。さらに、

国民年金の平準化措置による積立金減少や回収金の減少、郵便貯金の伸び悩みなど原資への圧迫が強まって、資金運用部資金は57年度に比べ4336億円程度減少し、財政投融資計画が策定されるようになって初の対前年度比マイナス計上となった。加えて、国債発行額の増大に対応した国債引受けの保持も必要とされた。このように、従来みられなかったような原資難のなかで、国債引受け額を対前年度比で2000億円上乗せする一方、政府保証債等を増額し、計画額は20兆7029億円となった。なお、伸び率では2.0％とますます抑制された。

　昭和59年度も、原資事情の逼迫は変わらず、財政投融資計画の増加抑制が定着した。58年10月に総合経済対策が決定され、住宅建設等のために資金運用部から500億円が振り向けられた。これによって、59年度財政投融資計画も圧迫されることになった。結局、59年度計画額は21兆1066億円、伸び率では1.9％に抑えられた。国債引受けを3兆6000億円と58年度引受額よりも1000億円縮減したものの、資金運用部資金の伸びは期待できなかった。郵便貯金は、個人の可処分所得の減少や民間金融機関などの金融新商品の開発などの影響から1兆円減少し、厚生年金及び国民年金についても受給者数の増加等による給付の増大見込みから、積立金の増加は前年ほどではなかった。ただし、回収金等については58年度のような預託金の減少という圧迫材料がなく、その1兆円を超える増加が資金運用部資金の大きな落ち込みを救うこととなったのである。財政投融資の運用面では、一般会計歳出にマイナス・シーリングの縛りがかかっていることを受けて、道路や住宅を中心とする公共投資には手厚い配分がなされる結果となった。また、地方公共団体への貸付け（地方債の引受け）も大きく伸びることとなった[1]。

郵便貯金を巡る問題　昭和54年度から55年度にかけては、郵便貯金の急激な増加を契機として、金融分野における官業のあり方が論議された。特に、郵政省が新種の郵便年金制度の創設を企図したことから、この問題はやがて財政投融資制度のあり方そのものが問われる状況にまで発展したのである。

　昭和56年1月に発足した「金融の分野における官業の在り方に関する懇談

会」(「郵貯懇」)はまさに、郵政省の新郵便年金制度構想を発端として設置されたが、そこにおいては、新制度下での民間預金と郵便貯金の金利決定一元化、官業としての郵便貯金のあり方、郵便貯金の自主運用の是非が検討の対象となった。その後、8月には報告書が取り纏められ、このうち郵便貯金のあり方については、国が行う事業は、市場原理だけに委ねておくことが適当でない分野においてのみ、民間業務を補完しつつ、適切な役割を果たしていくことを基本とすべきである、という考え方が確認された。また、郵便貯金の自主運用については、国の制度、信用を通じて集められる各種資金については、資金の公共性にかんがみ、これらの資金を統合して、国民経済的見地から効率的・弾力的運用を図ることが必要である、とされた。また、郵政省が国債など有利な直接運用を認めるべきだと主張したことについては、資金運用部資金は一般会計をはじめ各特別会計等と密接な関係をもちつつ、その運用は財政投融資として「第二の予算」ともいうべき役割を果たしているのであって、資金運用部は財政と離れて存在しているのではない、という考え方が示された。

その後は、昭和56年9月30日の「関係三大臣(蔵相・郵政相・内閣官房長官)の合意」によって収拾が図られ[2]、57年度予算における郵政省の郵貯自主運用等の要求は実現をみずに終わった。しかし、これらの問題は、のちの62年度予算要求において、郵便貯金非課税制度の改正問題と絡む形で再度議論が高まることとなった。

〔注〕
1) 本節の第1項で述べたように、昭和59年度には交付税及び譲与税配付金特別会計による資金運用部借入れが停止されたことも、このように財政投融資計画の地方債が大幅に増加する要因となっていた。
2) 合意の内容は、預貯金金利決定のあり方については、①民間金融機関の預金金利が決定・変更される場合には、郵便貯金金利について、郵政・大蔵両省は十分な意思の疎通を図り、整合性を重んじて機動的に対処する、②郵貯資金の自主運用問題は当分の間棚上げとする、というものであった。

第3節　金融政策

1　金融自由化・行政弾力化の開始

アメリカの対日要求　この期間（1980年代前半）には、日本経済は前期における相次ぐショックと成長率の下方シフトに伴う調整を一応克服して新しい軌道に乗り、国際的には高いパフォーマンスを示すようになった。また金融の国際化と自由化が大きく歩を進め始めた時期でもある。

以下で具体的にみるように、新銀行法が昭和56年6月1日公布、翌57年4月1日施行され、これに伴って56年度から「銀行行政の自由化・弾力化措置」が、毎年度、第6次措置まで実施される。また金融制度調査会などの場で金融の自由化・国際化についての基本的検討も進められる。さらに、この歩みを早める「外圧」の役を果たしたのが58年秋以降顕在化するアメリカの対日要求であった。

ここでアメリカ政府の対日要求について整理しておこう。それは、58年11月のレーガン大統領来日直前に、にわかに持ち出された。これに応えて中曽根康弘首相から事務当局に、金融自由化の具体的スケジュールを示すよう指示が出された。レーガン来日時に、通称「日米円ドル委員会」（Joint Japan-U. S. Ad Hoc Group on Yen/Dollar Exchange Rate, Financial and Capital Market Issues：日米共同円ドルレート、金融・資本市場問題特別会合）の設置が合意され、同委員会は翌59年2月から6回の会合をもって、5月に「日米円ドル委員会作業部会報告書」（一般に「日米円ドル委員会報告書」と呼ばれる）を発表した。またこれと同時に大蔵省文書「金融の自由化及び円の国際化についての現状と展望」も発表された。これ以後もフォローアップ会合が重ねられた。この動きは主として、自由化措置のタイムテーブル、したがって実施の期限を前倒しで示す効果をもったといってよい。

ところで、「円ドル委員会」での米政府のスタンスの背景には「ソロモン・

レポート」といわれるものがあったとされる。そこでは、日本の金融・資本市場が閉鎖的である→円の国際化の度合いが低い→円が需要されない→円が不当に安い→日米経常収支不均衡が生ずる、といった論理が考えられていた。日本側大蔵省はこの論理には賛成できないとし、ドル高・円安の主たる原因はアメリカの高金利にあって、大幅な財政赤字に関係していると主張した。経済学的には大蔵省の反論の方がオーソドックスであろう。為替レートは、各国通貨（通貨建資産）に対する需要と供給によって決まる。ある国の金融・資本市場が閉鎖的であるか開放的であるかの違いが、通貨の需要と供給、したがって為替レートにどのような影響を与えるかは、一義的に定まるものではない。例えば円の国際化が進めば、円に対する需要も増えるかもしれないが、市場での供給も増えるかもしれず、一般的な結果は定まらないであろう。また自由化は、こうした観点とは別に進められるべきものである。

　さらに、より広い範囲での経済摩擦・対日要求、したがって同様な議論が、のち平成元（1989）〜2（90）年の「日米構造協議」にかけて頂点に達する。そこでは、日本市場が全体として閉鎖的なこと、日本の投資・貯蓄バランスにおける貯蓄過剰（財政赤字の過小、民間部門の貯蓄過剰＝投資不足）が対米経常黒字を生んでいると主張された。しかしこれも経済学的に説得力はない。まず、国際収支は多角的なもので、そのうちの二国間だけを取り出して問題にすることに意味があるとはいえない。また、市場の閉鎖性・開放性が経常収支に影響するという根拠は薄い。例えば何らかの方法で無理矢理に日本の輸入を増やしても、為替レートは円安に変化し、人為的に作り出そうとした経常収支赤字化（黒字削減）の効果を消去するであろう。さらに、投資・貯蓄バランスと経常収支は単に事後的なバランス関係であって、一方的な因果関係を示すものではない。しかも両国の間のバランス関係であり、どちらかの国のある国内要因が不均衡の原因だということはいえないものである。したがって、日本のどの国内要因（原因）を操作すれば経常バランス（結果）を変えられるというように定まるわけではない。

　とはいえ、このような要求が実際に大きな影響力をもったことも事実であっ

た。

「円ドル委員会報告書」と「現状と展望」 上述のように、昭和59年5月30日付けで「日米円ドル委員会作業部会報告書」と大蔵省文書「金融の自由化及び円の国際化についての現状と展望」が発表された。「現状と展望」は包括的な考え方と方針を述べ、「円ドル委員会報告書」が双方の関心事項を中心に個別具体的措置を取り上げている。

「現状と展望」は次のように述べている。
○金融自由化は安定成長への移行という基盤をもっており、また効率化に資する点で基本的に望ましい。自由化は着実に進展しつつあり、今後も漸進的に対応する。
○円の国際化は、金融資本市場の自由化と相伴うので、両者をバランスのとれた形で進める。
○預金保険制度の拡充、合併・提携の推進、ディスクロージャーの推進など、自由化に対応する措置を講ずる。

また「円ドル委員会報告書」の骨子は次の通りであった。
○円ドル・レートについて、日本側は、ドル高の主因はアメリカの高金利にあり、財政赤字がそれに関係していると主張し、アメリカ側はこれに同意しなかった。
○日本の金融自由化は着実に進みつつあり、今後とも自主的、積極的、漸進的に進める。
○以下、日本の金利自由化、資本取引の自由化、外国金融機関参入の自由化、直接投資の推進について、具体的項目を含めて確認する。

なお、これ以後の関連する対応については第3章第3節で述べる。

マクロ金融政策の動向 前章第1節でみたように、第1次オイル・ショック後の不況と昭和52～53年の円高の進行への対処から、金融は緩和され、公定歩合は53年3月には3.5％にまで下げられていた。しかし同年末から第2次オイ

表 2-3-1 公定歩合の変更
(昭和54〜58年度)

年月日	%
昭和55.2.19	7.25
3.19	9.00
8.20	8.25
11.6	7.25
56.3.18	6.25
12.11	5.50
58.10.22	5.00

出所：日本銀行『日本銀行百年史』資料編（昭和61年）より作成。

ル・ショックが起こったため、インフレの再発を抑止すべく、54年4月に公定歩合を4.25％に引き上げたのを皮切りに、連続的に利上げ、金融引締めが行われた。

表2-3-1の通り、55年に入っても引締めは続けられ、3月には公定歩合が48年末以来の9％にまで引き上げられた。機動的な引締めの結果、55年5月にはインフレ収束の兆しが見え始めたので、8月に公定歩合を8.25％に引き下げ、以後、小刻みな引下げを続けていった。

ただし日本銀行は金融緩和に慎重な態度も保持していた。その1つの理由は、昭和55（1980）年頃からアメリカではインフレ抑制を目指した強い金融引締めで金利が高騰し、内外（日米）金利差が大きく拡大して、資金のアメリカへの流出（円売り・ドル買い）、したがってドル高・円安の傾向が現れたことであった。このもとでの利下げは円安の進行を急速にし、ひいては経常収支黒字拡大に対する批判を高めかねないと懸念された。例によって郵政省が郵貯金利の引下げに抵抗したことも金融緩和政策を遅延させた。しかし、世界的な不況のもとで国内景気も低迷の様相を示し、金融緩和を求める声は強まった。またそうした中で、通商摩擦を激化させないために内需拡大が必要とされたが、財政再建の途上にあって財政政策の出動には抵抗があり、総需要刺激の役割は主に金融政策に求められることになった。このような背景から、小刻みな利下げ、金融緩和が進められたのである。公定歩合は58年10月には5.0％となった。金融政策が目配りしなければならない経済変数（事実上のターゲット）は複雑化してきたのが実際だったのである。

2　銀行行政の自由化・弾力化

金融行政の基本方向　この時期には、前期に金融制度調査会で検討された「普通銀行のあり方」が、新銀行法（昭和2年「銀行法」の抜本改正）として

結実し（昭和56年公布、57年施行）、あわせて関連する諸規定の改正、相互銀行法・信用金庫法等の改正も行われた。銀行の国債窓販（58年）、公共債ディーリング（59年）の開始も大きなトピックであった。

自由化と国際化も進み始めた。昭和54年のCD（譲渡性預金）の創設を端緒に金利の自由化が始まり、新金融商品・サービスの登場も盛んになった。行政面でも、銀行法改正を受けて56年度から「自由化・弾力化措置」が進められた。国際化の面では、新外為法（54年公布、55年施行）で原則自由になった資本取引が拡大した。

そのほか、折から社会問題になった貸金業の規制問題、グリーン・カード制問題、郵貯問題などが、この期の金融行政では重要であった。

当局の基本的なスタンスは、自由化・弾力化を漸進的・段階的に進めることにあった。国際化の進展で従来のような国内的規制は維持困難であろうし、国内的にも国債市場の拡大で金利の自由化は避けがたい。またそれらに伴って各業界にまたがる新商品やサービスが登場し、一定の相互乗り入れや提携も進まざるをえないであろう。ただし、急激に過ぎて混乱を引き起こしてはならず、漸進的にソフトランディングを図るべきである。

既得権益を守ろうとする強い抵抗の中で、銀行局は自由化に向けてリードしようとしたが、移行期間が極めて長くかかることになった。預金金利の自由化完成は平成7年までかかった。業務分野規制もこの期には変化がなかった。行政指導についても、従来の量的拡大抑制の性格をもつ規制は緩和された一方、新商品・サービスの認可等にかかわる行政はかえって出番が増えた。自由化・弾力化措置は、毎年新たに詳細な規制が提示されるのと同じ効果をもち、したがって行政指導と民間の横並び的対応のあり方も変わらずに続くことになった。

新銀行法の制定と施行　金融制度調査会「普通銀行のあり方」答申は昭和54年6月に出されたが、以後かなり困難な調整を必要とし、新銀行法案はようやく2年後の56年4月に国会に提出され、5月成立、6月公布、翌57年4月施行となった。

金融業界との調整は複雑であった。地方銀行は相互銀行の普通銀行化反対に関心を集中していた。長期信用銀行と東京銀行は専門銀行制維持を前提として債券発行枠の拡大を要求した。中小金融各業界はそれぞれの業法改正を希望していた。最大の問題は都市銀行業界であって、①銀行の証券関係業務を広く認めよ、②監督・命令規定の強化に反対、③大口融資規制の法制化に反対、④ディスクロージャーの法制化に反対、などを主張した。②などは行政当局からみれば意外な誤解であって、むしろ法制化によって恣意性が排除され透明性を増すと意図したのであったが、理解が得られなかった。

　結局、都市銀行との調整は自民党と大蔵省の交渉に委ねられ、56年4月に合意が成立した。その内容は、①法第1条に「銀行の自主性の尊重」の趣旨をあえて明記する、②ディスクロージャーを訓示規定に変更し、開示項目・罰則などを外す、③明確詳細な監督命令規定を削除し、ごく簡単な旧法の条文に戻す、などである。

　残る問題は証券関係業務となった。業界・政界との調整の結果、国債窓販、公共債ディーリングは法に規定するが、実施については状況をみて運用する――3人程度の中立的な有識者による懇談会（いわゆる「三人委員会」）を設け、その意向を尊重して対応する――という複雑な結論となった。

　このようにしてようやく50年ぶりの銀行法改正が成った。目的規定、業務範囲規定以下、必要事項が包括的に規定された。証券関係業務、大口融資規制（それまで通達による規定であった）も盛り込まれ、ディスクロージャー規定も骨抜き化されたとはいえ書き込まれた。

　新銀行法に伴う諸改正　銀行法の改正に伴って、膨大な量の関連改正が行われた。まず、銀行法が金融の基本法的な性格ももつため、波及して26本の各業態関係法等の改正が必要になった（横並び改正）。また、旧銀行法は法文が簡単で委任規定をほとんど含まず、省令、通達、解釈などによって運用されてきた（各業態法も同様）。新銀行法では法定主義を強め、第58・59条に根拠規定を置いた上で政令（施行令）・省令（施行規則）への委任の体系を明確にした

(各業態法も同様)。行政指導の根拠になっていた多数の通達・事務連絡を整理し、基本通達に集約した。

なお、先送りとなっていた証券関係業務については、「三人委員会」が森永貞一郎・前日銀総裁、佐々木直・金融制度調査会会長、河野通一・証券取引審議会会長によって構成され、検討の結果を57年3月と58年5月の2回にわたり大蔵大臣に伝えた。これに基づき、58年4月1日から銀行等による長期利付国債・政府保証債・地方債の窓販（新発債の募集）が開始され、また中期国債の窓販・はね返り玉の買取り（応募した顧客からの換金要請に応える買取り）及び割引国債の窓販が58年10月、公共債のディーリング（既発債の売買）が59年6月から認められた。

中小企業金融制度の検討と法改正　金融制度調査会は、「普通銀行のあり方」答申提出ののち、昭和54年10月に再開して中小企業金融を取り上げることにし、審議を経て55年11月、答申「中小企業金融専門機関等のあり方と制度の改正について」を提出した。なお、当初検討課題に含まれていた相互銀行の商号からの「相互」の削除は、審議の過程で取り下げることになった。

答申の要点は次のようであった。
(1)　銀行と並んで専門機関が中小企業に対する金融サービスを重層的に提供することは、今後も必要であると確認する。
(2)　相互銀行・信用金庫・信用組合の3業態体制は、それぞれ効率化を図りつつ維持することが適当である。
(3)　各業態にそれぞれいくつかの業務の認可を追加する。また銀行法改正の趣旨にならい、資本金・出資金の最低限度の引上げ、自己資本充実等の責務の明示、大口融資規制、役員への貸出等制限、ディスクロージャーの拡充（ただし協同組織はその性格から若干の特例がありうる）、監督命令などの法規定を整備すべきである。

以上の答申を受けて、ほぼ答申通りの法改正が56年5月成立、6月1日公布施行された。

表 2 - 3 - 2　金融機関数

年　末	昭和55	56	57	58	59
都市銀行	12	12	12	12	12
外国為替専門銀行	1	1	1	1	1
長期信用銀行	3	3	3	3	3
信託銀行	7	7	7	7	7
地方銀行	63	63	63	63	64
相互銀行	71	71	71	71	69
信用金庫	461	456	456	456	456
信用組合	476	473	468	468	461

出所：日本銀行『経済統計年報』昭和60年。

銀行等の参入・退出・合併　この期にも、金融機関数は表2-3-2のように安定的に推移した。すなわち都市銀行12行、外国為替専門銀行1行、長期信用銀行3行、信託銀行7行は変化がない。地方銀行は昭和59年に1増で64行に、相互銀行は同年2減で69行になったが、これは西日本相互銀行の普通銀行への転換及び高千穂相互銀行との合併によるものである。信用金庫は毎年数庫ずつ減少してきたが、456金庫で横ばいになった。信用組合は毎年数組合ずつ減少し、59年に461組合になっている。

上記の相互銀行の普通銀行転換については、既に業務は普通銀行と同質化していた（相互掛金のウェイトはわずかとなった）一方で、他業態（特に地方銀行）の反対、いくつかの相互銀行の経営問題の露呈、同業界内の意思不統一といった問題があった。当局としては、個別の転換であるならば業界大手で（西日本相互は最大手であった）かつ合併を伴うケースが望ましいと考えていた。そうした中で、10年近くにわたって高千穂相互を支援してきた西日本相互の合併・転換が浮上した。当局は、「合併・転換法」に基づき、①効率化に資すること、②地域の中小企業金融に支障を生じないこと、③競争を阻害するなど金融秩序を乱さないこと、④的確な業務遂行能力があること、の4つの基準を満たすと判断し、昭和59年に合併・転換を認めた（西日本銀行となった）。

なお、この間に発生した金融機関の経営悪化等の主なケースとそれへの対処は次のようであった。まず昭和57年3月に東京信用金庫の経営悪化問題が浮上

したが、金融不安回避の準備を整えた上で赤字決算・無配とし、経営陣の一新を行って再建された。57年9月には海外業務に伴うリスクの発現として、第一勧業銀行シンガポール支店で為替ディーリングによる損失が発生した。58年には実業信用組合（大阪）の多額不良債権による悪化が表面化し、近畿財務局はじめ関係者の協議のもと、全国信組連合会200億円、大阪府信組連30億円、大阪府30億円、大和銀行25億円の救済資金拠出で維持したのち、59年12月に地元のホウトク信用組合が救済合併した（60年に大阪信用組合）。

店舗行政　この期にも引き続き2年度分ごとの内示が行われた。

昭和56・57年度には、新銀行法を意識して金融機関の自主的判断の余地を重視することとし、①一般店舗は充足が進んだので抑制的とする一方、②小型・機械化店舗の重視、③店舗形態区分の整理統合、④店舗振替制の導入、⑤相互銀行の体質強化店舗、信用金庫の会員利便店舗の導入、⑥金融機関過疎地への配慮、を盛り込んだ。

③は、区分が複雑になりすぎていたので、一般（無制限）、小型（原則人員10人以内）、機械化（同4人以内・業務制限あり）、及び過疎地店舗に整理簡略化したものである。④は、一般1店を小型3店に、小型1店を機械化3店に振り替えてもよいとする制度で、経営判断の余地の拡大を意図した。設置場所の規制（既存店舗との距離）も緩和した。配置転換の枠も2年度で4店と拡大した。⑤は、経営体質強化と中小企業の利便のため、設置場所の自由度を拡大した特例を認めたものである。

昭和58・59年度も、この自主的判断を尊重する方向を引き継ぎ、小型・機械化店舗の設置枠の拡大、店外CD設置の弾力化（ATMも認可）、配置転換の弾力化（同一経済圏内＝財務局管内での配置転換の制限撤廃等）、などを実施した。

この結果、小型・機械化店舗を中心に、前期よりも増加数はやや上昇している（表2-3-3）。

表2-3-3 金融機関店舗数

年　末	昭和55	56	57	58	59
都市銀行					
本　店	13	13	13	13	13
支　店	2,617	2,655	2,695	2,730	2,746
出張所	84	94	165	189	241
長期信用銀行					
本　店	3	3	3	3	3
支　店	51	52	54	56	61
出張所	―	―	―	―	―
信託銀行					
本　店	7	7	7	7	7
支　店	309	317	336	341	349
出張所	―	―	―	―	7
地方銀行					
本　店	63	63	63	63	64
支　店	5,283	5,416	5,553	5,670	5,997
出張所	329	385	463	543	660
相互銀行					
本　店	71	71	71	71	69
支　店	3,664	3,752	3,865	3,962	3,915
出張所	64	82	100	116	143
信用金庫					
本　店	461	456	456	456	456
支　店	5,124	5,347	5,676	5,920	6,259
出張所	52	54	74	84	109
信用組合					
本　店	476	473	468	468	461
支　店	2,032	2,084	2,141	2,210	2,268
出張所	61	60	66	68	69
郵便局	22,287	22,428	22,458	22,700	22,847

出所：日本銀行『経済統計年報』昭和60年。
注：外国為替専門銀行は都市銀行に含まれる。

銀行行政の自由化・弾力化措置　経営諸比率規制は、銀行法改正に伴う通達の統廃合の中で、次の4つの「運用諸比率」として整理された。
　① 　預貸率……期中平均残高80％以下を目標とする。
　② 　自己資本比率……対預金残高10％以上を目標とする。

③　流動性資産比率……期中平残・対預金残高30％以上を目標とする。
④　営業用不動産比率……対資本勘定40％以下を目標、50％を限度とする。

また銀行法改正を受けて昭和56年6月、銀行局は「銀行行政の自由化、弾力化措置」を発表し、以後第6次措置まで毎年実施した。主な内容は次の通りである。第1次措置（56年度）……銀行等の配当規制の緩和、広告の自主規制への当局指導・要請の取りやめ、「3局合意」（邦銀の海外での証券業務制限）撤廃の検討開始等。第2次措置（57年度）……関連会社の業務拡大、大口融資規制の弾力化等。第3次措置（58年度）……海外現法の外債発行の資金使途規制の緩和、住宅ローンの多様化・自由化の容認、CD発行限度の拡大等。第4次措置（59年度）……外銀の対日進出の原則自由認可、クレジットカード業務の拡大、貸金業を営む関連会社の設立の認可、CD発行の規制緩和、スウィング・サービス（定期・普通預金間の自動振替）の開始等。

このほか、銀行等の会計基準の改正として、債券の評価方法の変更を行った。

上場有価証券の評価は、昭和42年の統一経理基準で低価法（取得価格と時価のうち低い方で評価）を採用していた。しかし、いわゆるロクイチ国債の値崩れで多額の評価損が出たことを受けて、当局は55年3月期から低価法・原価法の選択制に変更した（株式と転換社債は低価法のまま）。重要なのは考え方であろう。この問題については、金融機関の中でも、含み損を抱えるのは不健全であり時価ベースで実態を表に出すべきである（低価法支持）という意見と、短期的な相場変動で業績ひいては経営が左右されるのは不適当である（選択制支持）という意見に分裂した。当局は、後者の意見に加え、損失補塡のため「益出し」売却を繰り返したり、評価損計上を要しない非上場債が選好される歪みを生むのは不適当である、などの理由から選択制としたのである。結果的に、金融機関の選択は原価法と低価法とに分かれることになった。

銀行検査　この期の検査結果の特徴は次のような点であった。第1に、分類率は景気回復に伴い昭和54年度から低下し、50年度以降の不況時に発生した大口不良債権の償却も進んだ。ただし56年度以降は景気下降により地方銀行以下

で分類率上昇がみられた。第2に、中堅中小企業の開拓が指向される中で、本部・支店間の権限管理体制が不十分な例がみられた。例えば新規開拓を点数評価するなど性急に過ぎた取り組みが不良債権を増加させたり、逆に権限を本部に集中して現場のきめ細かい審査を欠く、審査・管理能力不足を担保でカバーしようとしすぎる、などの問題点が指摘された。これらはのちバブル期に大きな問題となる。

グリーン・カード問題 懸案であった利子配当所得の総合課税のためには、資産の名義の把握、したがって資産取得（貯蓄）の際の本人確認及び名寄せが必要である。その仕組みとして、少額貯蓄等利用者カード（いわゆるグリーン・カード）制度の導入が昭和55年に決定し、59年度から実施することになった。しかし56年に入ると金融業界を中心とする反対運動が激しくなり、政界をも巻き込む。反対の背景には、郵貯の管理が不均衡に甘くなり資金シフトが起きるとの懸念もあった。大蔵省はパンフレットを配布するなど精力的に実施のための説明を展開したが、功を奏さず、58年3月、国会で実施の3年間凍結が決まった。そして結局は実現されないままに終わったのである。

郵便貯金問題 郵便貯金は急速にその規模を拡大した。特に定額貯金は、預入れ後半年経過すればペナルティなしで解約自由、半年複利で満期10年まで殖えるという、いわば高金利時預け直しのオプション付き（ただしオプション料金なし）の預金商品である。そのため、第2次オイル・ショックに対する引締めに伴う昭和55年前後の高金利局面で預入れが集中し、55年末には個人預貯金に占めるシェアが30％近くに達した。これに対し民間金融機関は、官業の役割を逸脱し民業を圧迫しているとの批判を強めた。

そこで56年1月、中立的な性格をもつ総理大臣の諮問機関として「金融の分野における官業の在り方に関する懇談会」（郵貯懇）が設置された。その審議の中で大蔵省は次のような主張を行った。①郵貯金利は一般金利と別に郵政審議会で決定され、特に金利引下げに抵抗するため、金融政策の支障となってい

る。金利決定の一元化が必要である。②郵貯は民業の補完に徹するべきである。③財投運用は総合的であるべきで、自主運用は望ましくない。

　56年8月20日の懇談会報告は、①金利決定は一元化すべきである、②官業はあくまでも民業の補完であり、拡大はすべきでない、③財投は総合的に運用すべきであり、自主運用はすべきでない、と大蔵省の主張にほぼ沿ったものとなった。しかし、郵政審議会・郵政省はその後もこれに反する自説を曲げず、不統一な状態が続いた。

　貸金業法　昭和40年代後半以降、貸金業者が急増し、56年度末には届出数で20万件を超えた。多くはサラ金（サラリーマン金融）と呼ばれた消費者金融業者であった。その一部が、過剰な貸付、高利、暴力的な取立てなどにより、昭和50年代に入って社会問題化した。銀行局中小金融課を中心にこれに対応し、58年4月、いわゆる貸金業規制2法──「貸金業の規制等に関する法律」「出資の受入れ、預り金及び金利等の取締りに関する法律の一部を改正する法律」──が成立、5月公布、11月施行された。その要点は次の通りである。①従来の簡易な事後届出制から事前登録制への変更。無登録営業の処罰。②刑罰金利の年利40.004％への引下げ（従来の出資法上の上限金利は109.5％）。③誇大広告、過剰貸付の禁止。金利等貸付条件の表示、契約書面の交付等の義務づけ。取立行為の規制（威圧、私生活・業務の平穏を害するような言動により困惑させてはならない）。④監督・行政処分権限を規定。

　金融制度調査会の審議　金融制度調査会は昭和57年5月に再開され、「今後の金融のあり方に関する小委員会」を設置して、金融自由化について検討することになった。既にみたように銀行局は自由化へのソフトランディングを基本方向としていたが、関係者は賛否両論に厳しく分かれていたため、特定の結論を出す答申ではなく、「中間報告」によりおおよその方向性を出した上で随時検討しつつ個別に実施する方式とした。58年4月の第1次中間報告「金融自由化の現状と今後のあり方」は、関係者の意見は分かれたと記したのち、小委員

会の意見として次のように述べた。
○金融自由化は基本的に避けて通れず、望ましくもあり、漸進的に取り組むべきである。スケジュール化は困難で、個別具体的に問題を解決していく。
○預金金利自由化は、機関投資家・法人向け等の大口から始め、小口は漸次弾力化する。
○銀行の健全性に配慮しつつ、金融業務は弾力化する必要がある。これも個別具体的な扱いとする。
○信用秩序維持が前提であり、検査や預金保険制度の強化が必要である。
○金融政策は、量的操作が後退し、金利機能を活用した多様で機動的なものになる。

3 弾力化する証券市場と行政

「日米円ドル委員会」と証券市場 既にみたように、昭和59年5月に「日米円ドル委員会報告書」と大蔵省「金融の自由化及び円の国際化についての現状と展望」が公表されたが、このなかで証券市場関係の自由化・国際化項目もあげられた。その主な項目と対応実施状況は次の通りである。
○短期金融市場の整備……60年6月から証券会社のCD取扱い、61年4月から円建BAの取扱いを開始。
○債券先物の導入……60年6月、債券先物市場創設のための証取法改正が成立。
○起債市場の自由化……59年4月、無担保普通社債・転換社債の適債基準を緩和。60年1月、戦後初の無担保普通社債の発行（TDK）。
○株券等保管振替機構の設立（59年12月）。
○円建外債発行の弾力化……59年4月および7月、適債基準・発行条件の弾力化。12月、海外民間企業等のユーロ円債発行を解禁。居住者発行ユーロ円債についても59年4月に発行ガイドラインを緩和。
○ユーロ円債の引受主幹事の外国業者への開放（59年12月）。

大手4社体制と合併の動向 証券業者行政の前提として、業界の産業組織構

第2章 国際経済摩擦下の財政金融政策:昭和55～59年度 185

図2-3-1 証券会社のシェアの推移(株式売買高)

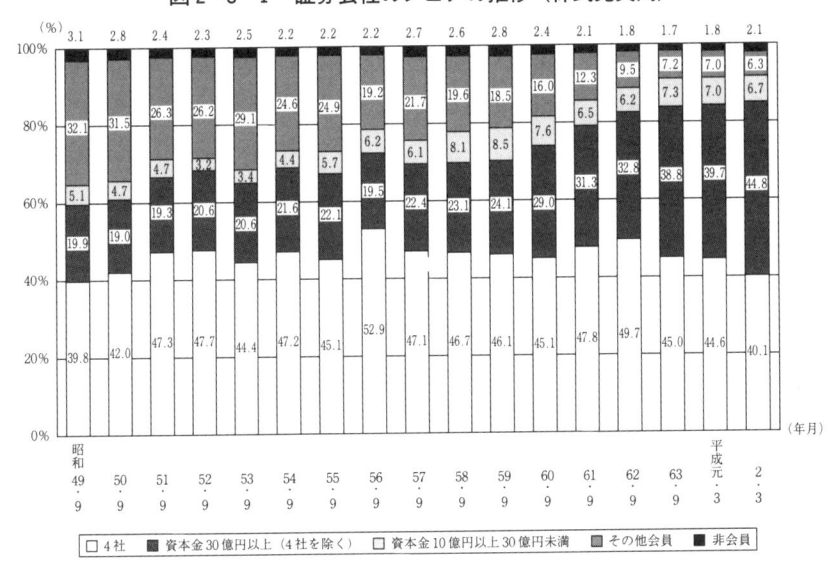

出所:『大蔵省証券局年報』各年版より作成。

図2-3-2 証券会社のシェアの推移(公社債売買高)

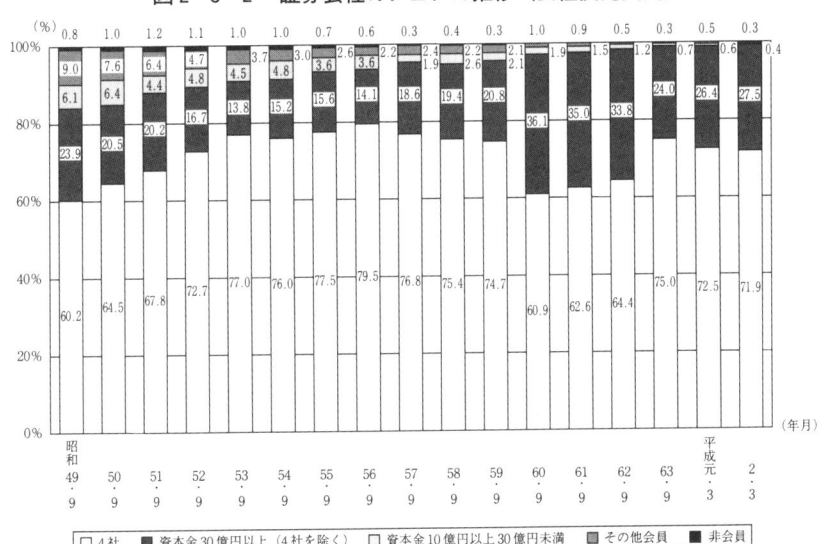

出所:『大蔵省証券局年報』各年版より作成。

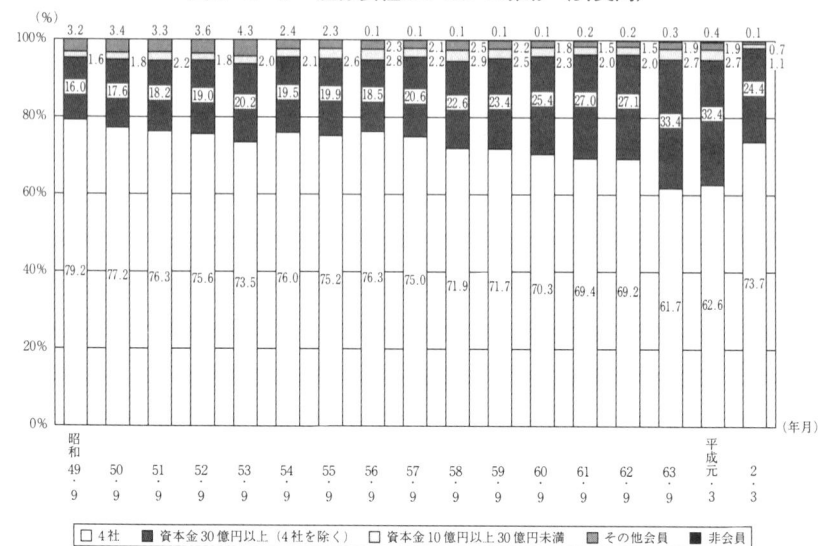

図2-3-3 証券会社のシェアの推移（引受高）

出所：『大蔵省証券局年報』各年版より作成。

造の動向をみておこう。図2-3-1、2、3はそれぞれ株式売買高、公社債売買高、引受高のマーケット・シェアの推移を、大手4社（野村・大和・日興・山一）、それに次ぐ準大手グループ、その他のグループに分けて描いたものである。

これによれば、株式売買で大手4社のシェアは最も低く、ほぼ40％台で横ばいであるが、それに次ぐ準大手グループがシェアを高めている。公社債売買では大手4社のシェアはより高く、しかも60％台から70％台に高まる傾向を示す。ただしバブル期には準大手グループがシェアを拡大して、大手と準大手による寡占となる。引受では当初大手4社が80％を占めていたが、準大手グループのシェアが増加している。大手4社を中心とする集中度は引受、公社債、株式の順に高いが、共通して準大手グループのウェイトが増加したといえよう。これに関係しているのは合併の動きであった。

この期の合併で目立つのは2つの類型である。1つは、中堅証券と投信販売

会社の合併による総合証券化（資本金30億円以上）であり、昭和56年の八千代・光亜・野村投信販売の合併による国際証券、東京・遠山・日興投信販売の合併による東京証券の設立などがこれに当たる。もう１つは中小証券同士の合併で、小布施＋鳥海→中央（56年）、日本＋新興→日本（同）、泉＋田口→泉（57年）、郡山の日本への営業譲渡（58年）、更栄＋新潟大塚→更栄（同）、一吉＋御坊阪本→一吉（同）などがある。営業地域が同一か近い地域的合併が中心であった。

行政指導　店舗行政では、店舗のない地域への設置を優先すること、既存店舗がある場合には地元中小証券と競合しないかを考え慎重に配慮すること、が方針として重視された。

営業姿勢に関しては、昭和55年6月、通達「当面の証券会社経営上留意すべき事項について」が発出された。そのポイントは、①公社債取引の適正化（債券市場の急拡大に対応しきれない業者がみられるなど）、②健全経営の確立（純財産額の増加、負債比率の抑制に努めること、株式売買において信用取引に関わる過当サービスを行わないことなど）、③法令および行政、業界団体による自主規制を受け止める内部管理体制の強化、の3つであった。

証券検査　昭和55年に証券検査の実施要領が改定された。改定の要点は、非違事項の指摘（指摘検査）にとどまらず監督行政の一環として指導育成の観点に立つこと、営業姿勢のみならず経営管理・財務内容も十分監査すること、徴求資料は最小限とし機動的・効率的に検査を行うこと、行政担当課が指導を行う際に検査報告書の写しを対象会社に交付するようにすること、であった。

この間、収益力の格差は広がる傾向にあり、地方中小証券のなかには経営危機に瀕するものも現れた。東京主導の拡大に対抗できないケース、同族経営的色彩が強いもとで内部対立を生じたケースなどがみられた。免許制以降後初の免許取消し（証取法第35条）となった高木貞証券のケース（昭和55年6月）は、放漫経営により大幅な債務超過に至ったものである。

4　成熟化する保険市場と行政

昭和54年及び56年保険審議会答申　生命保険文化センターが昭和57年7月に実施した調査において生命保険の世帯加入率が90%を超えたことに示されるように、日本の保険市場は成熟段階に入った。

こうしたなかで保険審議会は、昭和54年答申「経済社会の構造変化に対応した保険事業のあり方について」を提出した。この答申は主に生命保険について扱い、効率性の促進、公共性・社会性の発揮、資産運用の改善を3本柱とした。このうち効率性の促進を掲げた部分は、戦後の保険業と保険行政の転換の必要を示唆したものであった。すなわち、戦争の打撃で脆弱化した保険業を再建・育成し安定させるために、保護と一律的規制の体制をとってきたのであるが、保険業は十分強固に発展し、いまや社会の成熟という新たな環境に対応しなければならない。そこで保護と一律的規制から、保険会社の自己責任と競争の導入への道を展望する必要がある、という認識を基礎としたのである。

次には損害保険について、昭和56年答申「今後の損害保険事業のあり方について」をまとめた。ここでは、損保には共同性を必要とする特殊な性格があるとはいえ、「余りにも画一的な業務運営」であることを強く問題にし、やはり同様に効率化（保険料率、商品内容、販売）、公平性・社会性の発揮、資産運用の改善を柱にすえた。

この期の保険行政は、これら答申の指摘に対応するかたちで進められた。

経営の効率化　まず、販売制度については、生命保険では引き続き外務員制度の改善が課題であった。第1章でみた通り昭和51年度から改善3カ年計画が実施されたが、大蔵省はさらに事務連絡の発出によって54年度からの第2次募集体制整備改善3カ年計画、57年度からの第3次3カ年計画の実施を指導した。損害保険における代理店制度については、損保の大衆化に対応すべき代理店の知識・事務処理能力等がいまだ十分でないこと、大衆保険主体の代理店に対するインセンティブ・システムが不十分であることなどが指摘された。そこで、

昭和55年6月通達「損害保険募集制度の基本要綱について」により、大衆物件中心の代理店のランクを引き上げるなどの内容を盛り込んだ新ノンマリン代理店制度が発足した。

　第2に、商品内容の改善・多様化について、消費者ニーズに即応した商品の開発・改良を強く促した。これを受けて、生命保険では、終身保険あるいは死亡保障をベースにして各種のニーズ対応給付・サービスを組み込んだ商品、多様な新種個人年金保険などが開発・販売された。また損害保険では、例えば火災保険で残存物取片付け費用も担保することとしたこと、医療保険金を入院と通院に区分し、特約により支払日数の延長を可能としたことなど、実際のニーズに応える数多くの商品が導入された。このほか、複数の保険種目を1契約で処理して保険料の割引も行う「パッケージ・ポリシー」の発売（昭和58年）、当局による煩雑な新商品の個別審査・認可を簡略化するため、基本部分について包括認可を与え、それ以外については各社の開発に委ねて必要な場合にのみ事後審査を行う「ファイル・アンド・ユース制度」の導入（昭和57年）、などが行われた。

　第3に、損保の算定会料率制度について、料率弾力化の仕組み（範囲料率、標準料率制度など）の利用を示唆した。また、厳密な料率検証を求め、これに基づいていくつかの料率引下げが実施された。

公共性・社会性の発揮　保険は、大数の法則に基づくところから顧客が広範に及び、国民の福祉に深く関わり、また将来財の提供であるため信頼性・安定性が求められる。——この点で強い公共性・社会性を帯びていると当局は位置づけた。

　この観点から第1に、情報の開示・提供の向上の必要が特に指摘された。具体的には、アンケート調査や苦情受理を通じて必要度の高い情報を把握すべきことなどがあげられた。

　第2に、国民の信頼を確保するため、いわゆるモラル・リスク（不正また過大な保険金の取得）対策が要請された。契約の拡大のみに走らないことを基本

として、個人のプライバシーに配慮しつつ十分な調査を行う体制を整備すること、情報交換の活用を図ることなどが提言された。

資産運用の効率化・弾力化　資産運用の対象が拡大・弾力化されるとともに、社会問題となっていたサラ金向け融資については抑制することが指導された。また、為替リスクの大きい外国有価証券投資などは慎重に対応するよう業界自主申し合わせを行った。

第4節　対外経済政策

1　世界経済の動向

先進国の状況　アメリカでは、1980年秋の大統領選挙で、「強いアメリカ」の復活を謳ったレーガンが、現職のカーター大統領を破り当選した。レーガン政権は、小さな政府の実現による市場メカニズムの回復を経済政策の基調として掲げた。そうした目標の達成のために、大規模な減税政策が実施され、規制緩和が推し進められた。

「レーガノミクス」（レーガン政権の経済政策）は、インフレの抑制では大きな成果を挙げ、消費者物価上昇率は1981年の10.4％から、1984年には4.3％に低下した。しかし、「強いアメリカ」の復活はままならず、アメリカ経済は財政赤字と国際収支赤字の「双子の赤字」を抱えて呻吟することとなった。一方で減税政策を実施しつつ、他方で軍事費支出を大幅に拡大したため、財政赤字は膨らんだ。また、1970年代を通じてアメリカ企業の競争力は弱まり、貿易赤字は80年代前半も拡大の一途を辿り、1985年には、アメリカは第1次大戦以後初めて債務国に転落した。

ヨーロッパでも、経済状態は悪化していた。EC12ヵ国の実質成長率は、1970年代後半には3％台であったが、80年代には1〜2％を低迷した。失業率も、70年代半ばの3％台から、85年には10％にも跳ね上がった。消費者物価上

昇率は、70年代から引き続き10％を超える水準にあった。特にイギリスとフランスの経済困難は著しかった。イギリスでは、1979年5月に登場したサッチャー政権が、マネタリズムの政策を実施した。サッチャーの政策は、インフレ抑制には成功したが、イギリス製造業の活性化にはつながらず、失業の悪化、鉱工業生産・鉱工業部門の投資の減退は続いた。フランスは、サッチャー、レーガンとは対照的に、国有化、財政拡大の政策により経済の停滞を克服しようとしたが、インフレが昂進しただけで、景気回復にはつながらなかった。

　こうしたなかで、第2次オイル・ショックを順調に乗り切り、1980年代前半に3～5％の成長を実現した日本は、先進国の中では特異な存在であった。この時期の重化学工業製品を中心とする輸出拡大も目覚しく、1984年の貿易黒字は442億ドルに達した。対外投資は、間接投資・直接投資ともに飛躍的な拡大を遂げ、1985年には日本の対外純資産額は1298億ドル、世界最大の債権国になった。

　サミットと先進国協調　1980年のベネチア・サミットは、第2次オイル・ショックの最中であったため、オイル・ショックによって起きたインフレへの対処が「優先的課題」となった。宣言は、短期的な総需要管理政策と、中長期的な所得政策・供給政策との組み合わせにより、問題に対処する方針を示した。石油問題については、石油消費の節減と代替エネルギーの開発を通じて、エネルギー需要の石油への過度の依存を是正する（参加国のエネルギー需要に占める石油の割合を1990年までに40％にまでに下げる）という目標を設定した。また、アフガニスタン問題、テヘラン米大使館人質事件などに関する声明が出され、「経済サミット」から「政治サミット」へ踏み出した会合となった。

　1981年のオタワ・サミットの中心的議題は、マクロ経済問題であった。小さな政府を掲げるアメリカと、政府主導による戦略部門への重点的投資を主張するフランスとが真っ向から対立した。アメリカの立場を支持する日本や英国も、米国金利の異常な高騰が各国の経済政策の制約要因になっているとして、アメリカに対して、その是正を求めた。また、このサミットでは初めて東西経済関

係が議題の１つになり、対ソ貿易規制の緩和を進める方向が打ち出された。

　1982年のベルサイユ・サミットでは、西欧諸国やカナダが、アメリカの高金利を強く批判した。為替相場の不安定に対しては、「国際通貨面での約束に関する声明」が出され、為替相場について主要国相互間でサーベイランス（相互監視）を行い、G7の間で、為替市場の介入の効果について検討を始めることが表明された。

　1983年のウィリアムズバーグ・サミットに先立ち、同年４月29日にワシントンでG7（７カ国蔵相・中央銀行総裁会議）が開催され、「介入スタディについての声明」が発表された。この声明は、市場の無秩序な状況発生を防止するためには、経済政策運営だけでは不十分であり、為替市場の安定を達成するための追加的手段が必要であると、介入政策の必要性を訴えた。他方で、為替市場への介入は現状では限られていると、介入政策の限界も併記していた。５月末に開催されたサミットでは、ミッテラン仏大統領が唱えるターゲット・ゾーン構想（主要通貨の変動を一定の範囲内に納める制度）について、消極的な意見が相次いだ。意見の集約が行われた結果、サミット後に発表されたウイリアムズバーグ宣言の付属文書には、各国の経済政策についてIMFが多角的サーベイランスを行うための検討作業開始について合意が成立したことが明記された。

　1984年６月のロンドン・サミットの際に出された「ロンドン経済宣言」は、経済回復が定着しているとする認識に立ち、中長期的な視野に立った節度ある財政・金融政策の必要性を強調した。このサミットの主たる議題は、ガット新ラウンドの開始であった。西欧諸国は新ラウンドの早期開始には慎重な姿勢を見せたが、1985年新ラウンド準備開始を強く主張するわが国がイニシアティブを発揮し、準備開始時期の明示には至らなかったものの、必要性と早期の協議開始について合意が成り立った。

　累積債務問題　1982年には、メキシコのデフォルトをきっかけに、途上国の累積債務危機は新たな段階に突入した。

　これより前、1981年10月22〜23日には、メキシコのカンクーンにおいて、

「開発への国際協力の将来と世界経済の再活性化」をテーマに南北サミットが開催され、先進8カ国、開発途上国14カ国、計22カ国が参加した。南北サミットは、マクナマラ世銀総裁の私的提案を受けて1977年11月に西独首相ブラントを委員長とする国際開発問題独立委員会が設立され、この委員会が1980年2月に報告書（「南と北－生存のための戦略」）で先進諸国と途上国の指導者による会議の開催を呼びかけたために実現したものであった。しかし、南北サミットの目的は、自由な意見交換を通じて経済協力・経済開発に関する共通認識を深めることにとどまり、具体的方策の検討には踏み込まない点で大きな限界を持っていた。また、南北サミットはこの1回だけで、以後は開催されなかった。

　累積債務危機の兆候は1981年から東欧諸国に現れていたが、1982年のメキシコの対外債務危機は世界的に大きな影響を与えた。1982年8月23日、メキシコの対外債務支払が困難に陥り、同国はIMFに緊急融資を申し入れるとともに、債権者銀行団に公的債務の支払期限延長を要請した。メキシコのデフォルトは、1970年代末の景気過熱による国際収支悪化が原因であった。メキシコの債務危機は、ただちにアルゼンチン、ブラジルに波及した。

　第1次オイル・ショックの際よりも、1982年の方が累積債務危機がより深刻であった理由は、第1次オイル・ショックの際には、先進国の拡張的経済政策が途上国の輸出を増大させ、途上国の対外債務の累積的拡大を防いだのに対し、第2次オイル・ショックの際には、先進諸国のインフレ抑制策の影響を受けて、非産油途上国の輸出は停滞したことにあった。また、1980年代に途上国が、外国の民間金融機関の短期融資に依存していたことも、デフォルトの危険性を大きくした。

　累積債務危機に対して、累積債務国に対する最大の貸し手でもあったアメリカは、政府が中心となってその対策に乗り出した。アメリカが主導した組織的緊急支援プログラムにおいては、IMFは自己のファシリティを提供すると同時に、民間金融機関のリスケジュールと新規融資を促す役割を担うこととされた。以後、IMFは救済機関化の色彩を強めて行くことになる。

　わが国では、1983年6月末現在、民間銀行がいわゆる「問題国」（約30カ国）

に約300億ドルを融資しており、そのうちメキシコ、ブラジル、アルゼンチン３カ国の合計は215億ドルであった。日本政府は、IMFやBISが行う緊急支援に協力する一方で、あくまでも債務国自身が厳しい自己努力により経済調整を進めることが基本だという認識を示した。

累積債務危機をきっかけに、わが国のカントリー・リスク対策も強化された。昭和58年３月には官民合同の国際金融情報センターが設立され、カントリー・リスク情報の収集に当たることとなった。また、58年３月に、債権繰延べ国の債務について一定比率の引当金を積み立てる、特定海外債権引当勘定が創設された。

2　貿易摩擦と日米円ドル委員会

国際収支の動向　第２次オイル・ショックによる経常収支の赤字は、昭和55年も続いたが、56年には47億ドルの黒字に転じた（巻末統計15）。その後、黒字幅は急拡大し、59年には350億ドルに膨らんだ。経常黒字の主たる原因は、貿易黒字の拡大にあった。55年に21億ドルにすぎなかった貿易黒字は、瞬く間に増加し、59年には442億ドルに達した。

対米貿易の黒字は特に大きかった。対米輸出は、昭和55年には輸出総額の24.2％を占めていたが、59年には35.2％に拡大した。対米貿易差額は、55年の69億5900万ドルから59年には330億7400万ドルに激増した。輸出増は、自動車、二輪自動車、半導体電子製品、テープレコーダー、AV機器、事務用機器などの機械機器の輸出が伸びたためであった。こうした対米貿易黒字の急増は、激しい日米経済摩擦を引き起こすこととなった。

資本収支では、昭和55年には16年ぶりに長期資本収支は流入超過となったが、これは一時的な現象であった。56年以降は資本流出に転じ、その幅も年々急速な拡大を遂げ、59年度には496億もの流出超過となった。この時期の対外投資増加をリードしたのは証券投資であった。証券投資は、昭和55年に37億5300万ドルであったのが、59年には307億9500万ドルへと約８倍に増加した。日米金利差が大きかったので、機関投資家等が対米債券投資を活発に行ったためであ

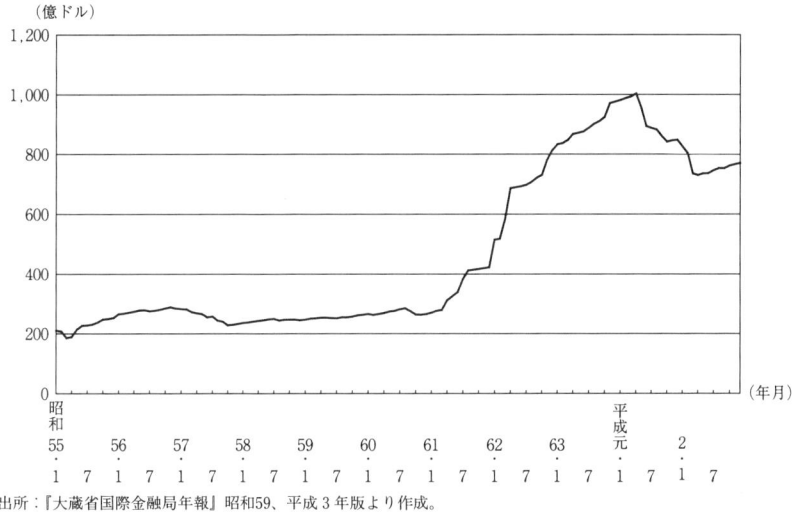

図 2-4-1 外貨準備高の推移（昭和55～平成2年）

(億ドル)

出所：『大蔵省国際金融局年報』昭和59、平成3年版より作成。

る。これとは対照的に、直接投資は、昭和55年の23億8500万ドルから、59年の59億6500万ドルへと、約2.5倍の伸びを示したにとどまった。

外貨準備の漸増　外貨準備の変動は、ドル高の影響を受けて、昭和55年から61年にかけては、全体としてなだらかであった（図2-4-1）。外貨準備は、昭和55年初めに、一時的な若干の減少が起きた後、56年11月まで漸増し、287億ドルになった。57年には年間約100億ドルのドル売りの平衡介入が行われ、11月末には229億ドルまで減少した。その後は、漸増に転じたが、増加幅は小さく、59年末には263億ドルであった。

対外資産の増大　対外純資産は、オイル・ショックの影響で、昭和55年には、前年に引き続き減少したが、その後は急拡大を遂げた。対外資産残高は、昭和54年末の1353億ドルから59年末には3412億ドルへと2.5倍に増大した。他方、対外負債も、昭和54年末の1065億ドルから、59年末には2668億ドルへと、2.5倍に拡大した。純資産は、58年に、過去最高であった53年水準を突破し、59年

には743億ドルに達した（巻末統計16）。

　対外資産の増加は、主として証券投資を中心とした民間部門の資産増加によるものであった。対外負債の面でも、非居住者の株式取得の増加や、本邦企業の社債発行の活発化による証券投資の増大が目立った。

　純資産は、昭和54年末の287億ドルから、56年末の109億ドルまで急減し、その後、急速に回復して59年末には743億ドルを記録した。

為替レートの動向　米ドル防衛策と第2次オイル・ショックにより下落に転じた円は、昭和55年2月末にニューヨーク市場で1ドル251円の安値をつけた。政府は3月に、日米協調介入と資本流入策からなる円相場安定策を発表し、主要国の協調下に円対策が講じられた結果、6月以降、円高に転じて、年末には203円まで高騰した（図1-4-2）。

　しかし、昭和56年に入ると、2月以降、円は弱含みとなり、8月には247円台まで円安が進んだ。11月から円は回復基調となり、57年1月初めには217円台まで上昇した。しかし、その後は、一時的に円高の局面はあったものの、円安基調が進み、11月上旬には278円台まで下落した。

　昭和58年は、230円40銭でスタートし、232円00銭でクローズしたが、年中の変動幅は20円60銭と小幅に止まった。昭和59年は、3月に222円まで円高が進んだが、その後は米国の景気回復を背景にドルが上昇し、年末には251円となった。

第1次市場開放対策　昭和55年半ば頃から、日米貿易摩擦が再燃した。特に自動車に関しては、昭和55年末から56年初めにかけて、米議会において自動車輸入規制立法化の動きが高まり、56年5月には、56年度168万台を上限とする対米輸出自主規制が決定した。56年10月には、ボルドリッジ米商務長官が来日し、製品輸入拡大を要請した。同年12月に発表された第3次ジョーンズ報告においては、農産物（牛肉・柑橘類）、肥料、皮革、タバコ、サービスなどの分野で、日本の市場開放を迫る必要があることが強調された。

ECの対日批判も強まり、昭和56年2月、EC外相理事会は対日通商問題について8項目にわたる声明を発表し、乗用車、カラーテレビ、工作機械を対象とする対日輸入監視制度を設けた。同年9月には、EC委員会代表が来日し、14項目の対日輸入拡大要求を提示した。

　政府は昭和55年9月5日の経済対策閣僚会議で、「経済の現状と経済運営の基本方針」を決定し、国際収支の改善を漸進的に進める方針を明らかにしたが、56年になると、より具体的な政策を示す必要に迫られた。56年10月には、稲山ミッション（団長　稲山嘉寛経団連会長）をヨーロッパに派遣し、各国から意見を聴取した。昭和56年11月に発足した鈴木内閣は、対外経済摩擦の回避を重点政策の1つに掲げ、同年12月16日に、経済対策閣僚会議において「対外経済対策」を決定した（第1次市場開放対策）。「対外経済対策」は、①5億ドルを限度とする外貨貸付制度の実施、②ニッケル、クロムなどの希少金属の民間備蓄を促進するための利子補給の実施、③輸入検査手続きの改善や関税率引下げの前倒し実施などが柱であった。57年1月には、内閣官房副長官を本部長とする市場開放問題苦情処理推進本部（OTO）が設置された。

　第2次市場開放対策　日本に対する市場開放圧力は、昭和57年に入ってから、ますます激しさを増した。2～3月には、江崎ミッション（団長　江崎真澄自民党国際経済特別調査会会長）が米欧に派遣され、日本に対する誤解を解くための努力がなされたが、日本の市場の閉鎖性に対する欧米の批判には極めて厳しいものがあった。

　昭和57年5月28日、経済対策閣僚会議は「市場開放対策」を発表した（第2次市場開放対策）。「市場開放対策」は、①輸入検査手続きの改善、②関税率の引下げ、③輸入制限の緩和、④輸入の拡大（タバコ等）、⑤流通機構、ビジネス慣行の改善、⑥サービス貿易の自由化等（銀行・保険・証券、データ通信、弁護士業）、⑦先端技術（協力の推進）などであった。これに対して欧米は、開放措置の早期完全実施を強く求めてきた。

第3次市場開放対策とその後　昭和58年1月13日、経済対策閣僚会議は、一層の市場開放を進めるため、「対外経済対策」を決定した（第3次市場開放対策）。その内容は、①86品目の関税率引下げ、②トマトジュースなど農産物6品目の輸入拡大、③OTO諮問会議の開催、基準・認証制度の改善、輸入検査手続きの改善、④外国産タバコ店拡大の1年繰上げ、同流通制度の改善、⑤集中豪雨的輸出の回避、産業協力の積極的推進、電電公社政府調達の推進の5項目であった。

　市場開放対策を次々と打ち出したにもかかわらず、経済摩擦は収まる気配がなかったので、政府は昭和58年7月から新たな対外経済対策を検討し始めた。新対外経済対策は9月20日頃までに策定する予定であったが、結局、総合経済対策として纏めることとなり、10月21日に「総合経済対策」が決定した。「総合経済対策」は、①内需拡大による景気振興、②市場開放、③輸入促進、④資本流入の促進、⑤円による国際取引の促進及び金融・資本市場等の環境整備、⑥国際協力の推進の6項目からなっていたが、④、⑤の金融・資本市場問題が前面に掲げられたことが新たな特徴であった。④では、政保債の米国市場での発行、外貨国債発行の法制整備が、⑤では、先物為替取引における実需原則の見直し、円建貿易関係銀行引受手形の創設、資本交流の円滑化、金融分野における外国企業の進出促進が盛り込まれた。

　さらに昭和59年4月27日にも、「対外経済対策」が発表された。その内容は、①市場の開放及び輸入の促進（関税率の引下げ・撤廃、牛肉・オレンジ等の輸入制限の緩和、製造タバコの輸入自由化及び流通の改善等）、②先端技術分野における市場開放等（通信衛星の購入、電気通信事業への自由な参入等）、③金融・資本市場の自由化及び円の国際化の促進、④投資交流の促進、⑤エネルギー、⑥外国弁護士の国内活動の6項目であった。

昭和58年秋のレーガン訪日と日米円ドル委員会設置　昭和58年秋に日米円ドル委員会が設置されたことにより、金融・資本市場の自由化・国際化は一挙に進展することとなった。

アメリカ産業界は、増大する日米貿易の不均衡に苛立っており、是正策を模索していた。円安・ドル高の原因を、日本の金融・資本市場の閉鎖性に求めたのが、「円ドル為替レートの非整合性」と題する報告書、いわゆるモルガン・ペーパーであった。この報告書は、米キャタピラー社の社長リー・モルガンがスタンフォード大学のエズラ・ソロモンらに作成させ、9月に米国内の関係者に配布されたものであり、日本の金融・資本市場が開放されれば、円資産の魅力が増し円高になると主張し、具体的な措置を示した。米政府関係者がこの報告書に注目したことがきっかけとなり、昭和58年10月初めに米政府は、日本に対して金融・資本市場の自由化を要求することを決めた。

リーガン財務長官は、昭和58年10月13日付の竹下登蔵相宛の書簡において、11月に予定されているレーガン大統領訪日の際に、資本市場の自由化を迅速に推進するという趣旨の声明を日本政府が出し、同時に、具体的な措置も発表することを求めた。10月10日にはホノルルで、大場智満財務官とマクナマル財務副長官との秘密会談も行われた。レーガン来日に先立って、10月21日経済対策閣僚会議決定の「総合経済対策」は、内需拡大、市場開放、輸入促進、資本流入促進、国際協力等の推進と並んで、「円による国際取引の促進および金融資本市場等の環境整備」の項目を設け、実需原則の見直し、円建BA市場の検討、指定会社制度の廃止等を掲げた。

中曽根＝レーガン会談後の11月10日に発表された総理大臣声明では、為替レート問題と投資に関して協議の場を設けることで日米の合意が成立したことが明らかにされた。また同日の竹下＝リーガン共同新聞発表は、日本側の対応措置と日米円ドル委員会の設置について述べた。

声明に示された日本側の対応措置は、以下の8項目であった。

① 先物為替取引における実需原則の撤廃（昭和59年4月1日から実施）。
② 指定会社制度（特定の会社について、非居住者による株式取得を制限した制度）を廃止するための法案を、次期国会に提出する（昭和59年7月1日廃止）。
③ 外貨公債の海外市場での発行の途を開くための法案を、次期国会に提出

する。
④　円建BA市場の創設について鋭意検討する（昭和60年6月1日開設）。
⑤　CDの発行単位を、昭和59年1月1日から、現行の5億円から3億円に引き下げるよう努める。
⑥　銀行1行あたりCDの発行限度枠を、昭和59年4月1日から、さらに拡大するよう努める（昭和59年4月1日、自己資本の75％→100％へ拡大）。
⑦　居住者によるユーロ円債の発行についてのガイドラインを、昭和59年4月1日からさらに拡大する。
⑧　非居住者が保有するユーロ円債の利子所得に対する源泉課税問題を検討する（昭和60年4月から撤廃）。

円ドル委員会作業部会　大蔵省は、「積極的」・「自主的」・「段階的」に金融資本市場の自由化・円の国際化を進めるという基本的スタンスを決定し、新たに設けられる日米円ドル委員会に臨むことになった。

作業部会は、日本の大蔵省と米国の財務省のみで構成され、大場財務官とスプリンケル財務次官が共同議長となった。昭和59年2月から5月にかけて6回の作業部会が開催され、58年11月の共同新聞発表に挙げられた項目以外も含む広範な問題について、討議・検討が行われた。アメリカ側の追加要請項目は、①ユーロ円市場の創設、②米国金融機関の日本市場への参入、③金融・資本市場の自由化、④対日直接投資の4点にわたっていた。

当初日本側は、ユーロ円市場の拡大に関しては、マネーサプライの管理が困難となる、銀行業務の健全性が損なわれる等の理由から難色を示し、東京市場の国際化が第一であり、ユーロ円市場の育成は補完的な問題だとする見解を示した。しかし、アメリカ側は納得せず、第3回作業部会（昭和59年4月16〜17日）において、日本側はユーロ円市場の拡大に踏み切る意向を明らかにした。金融・資本市場の自由化については、日本側の姿勢が慎重すぎるとリーガン財務長官が机を叩いて苛立ちを示す場面もあったが、より迅速にという中曽根首相からの指示もあり、最終的には日本側は大幅な自由化に同意した。

大蔵省は、第3回作業部会で最終決着を図る予定であったが、いくつかの問題においてなお日米間の隔たりがあったので、最終調整のために4月25日にアムステルダムにおいて大場＝マルフォード会談が実施された。報告書の起草は、5月中に行われた第4～6回の作業部会で行われ、5月29日に大蔵大臣、米財務長官に報告書が提出された。

　「日米円ドル委員会報告書」「日米円ドル委員会報告書」は、昭和59年5月30日に公表された。大蔵省は、同時に「金融の自由化及び円の国際化についての現状と展望」を発表した。また、5月28日に竹下蔵相は外国為替等審議会に対し、「円の国際化について」の諮問を行った。

　「日米円ドル委員会報告書」の趣旨は、同報告書の結論部分において、以下のように述べられている。

　「日米双方とも、日本の金融・資本市場の自由化、円の国際化及び外国金融機関の日本の金融・資本市場への参入等の改善を図る合意措置とそのフォロー・アップは、円がその潜在的な強さや貿易・金融大国としての日本の重要性をより十分に反映するのに役立つとともに、日本及び世界の金融・資本市場の効率性を著しく改善することになろうとの期待を表明した。」

　報告書は6章からなるが、重点は「第5章　アメリカ側の関心事項」にあった。アメリカ側の関心事項は、A金融・資本市場の自由化、B外国金融機関による日本の金融・資本市場への参入等、Cユーロ円投資・銀行市場への発展、D直接投資の4つに区分される。

　「A金融・資本市場の自由化」に関して、アメリカ側は、利子への源泉徴収税の撤廃、定期預金利子の自由化、TB市場類似の短期金融市場創設、CD発行条件の緩和、円建BA市場の創設、円転規制の撤廃、円建対外貸付の自由化、先物外国為替取引における実需原則の撤廃、居住者海外口座・直接取引の自由化などを求めた。日本側は、利子の源泉徴収税撤廃要求については、日本の税体系の基本原則を害するとして拒否し、居住者海外口座・直接取引の自由化については、銀行・証券業に免許制をとっていること、対外直接投資規制の

抜け穴になることから認められないとした。それ以外の大部分は、タイム・スケジュールを含めてアメリカ側の要望をほぼ全面的に受け入れた。

「B外国金融機関による日本の金融・資本市場への参入等」については、東京証券取引所会員権の取得、信託業務への参入、金融機関の活動に係る規則や政策を実施する上での透明性の確保の要求がアメリカ側から出された。日本側は、東京証券取引所は会員組織であり、政府が直接対処できないという事情を説明し、外国銀行の信託業務参入については、これを認めることとした。

「Cユーロ円投資・銀行市場への発展」については、アメリカ側は、「完全に自由なユーロ円市場の確立こそ、円の国際化進展のためのかなめであり、従って、円の国際化には、ユーロ円市場から着手すべきである」との観点から、ユーロ円債市場の拡大、外国の証券引受業者のユーロ円債市場への自由な参加、非居住者が取得する居住者発行のユーロ円債に係る利子取得に対する源泉課税の免除、ユーロ円CD市場の創設、ユーロ円シンジケート・ローンの認可を求めた。日本側は、このいずれについても実施を受け入れた。

「D直接投資」については、「直接投資の自由な国際交流を妨げるような障壁、障害、政策を除去する」ために、指定会社制度の廃止、海外投資家に対する内国民待遇の供与をアメリカ側が提案し、日本側はこれを了承した。

フォロー・アップ会合　日米円ドル委員会は、報告書の発表をもって終了し、合意事項は順次、実施に移された。実施に際して、昭和60年3月に外国為替等審議会答申「円の国際化について」が、同年7月30日には「市場アクセス改善のためのアクション・プログラム」が公表された。

さらに、昭和63年4月まで6次にわたり、日米フォロー・アップ会合が持たれ、日米円ドル委員会報告書に盛り込まれた事項の工程管理と日米間の意見管理を行った。平成元年には、フォロー・アップ会合を引継いで、「日米金融市場ワーキング・グループ」が設置され、両国間で金融自由化等の問題が話し合われることとなった。

その他、昭和59年から61年にかけて、日米間以外にも、イギリス、西ドイツ、

フランス、イタリア、カナダ、EC委員会との間に金融協議の場が設けられた。

3 対外金融取引の自由化と対外金融業務

円転規制・実需原則の廃止 為銀が、海外から短期資金（ユーロダラー等）を導入し、国内資金の不足を補うことは、円転規制（昭和43年2月導入、45年2月強化）により厳しく制限されてきた。この規制は、52年6月に円転規制が直物持高規制と名称が変更されて以降、緩和に向かい、日米円ドル委員会を機に、昭和59年6月1日から、直物持高規制が撤廃された。直物持高規制の廃止は、短期資金の裁定取引の全面的な解禁を意味し、邦銀は海外短期資金調達という有力な資金調達手段を獲得することとなった。

また、昭和59年4月には、先物為替取引の実需原則が撤廃された。為替先物の実需原則とは、為銀が顧客（居住者）との間で行う先物外国為替取引は、貿易等の実体取引に基づく需要に裏付けられていなくてはならないという規則である。実需に基づかない投機的為替取引が為替相場の安定性を損ねないようにとの趣旨で設けられた規定である。しかし、実需原則が存在すると、企業等が機動的に為替リスクヘッジを行うことが妨げられるという強い批判があった。このため大蔵省は、昭和58年10月に総合経済対策において、実需原則の見直しを謳い、11月の竹下＝リーガン共同新聞発表で、59年4月1日から実需原則を撤廃することを表明した。

ユーロ円取引の自由化 ユーロ円市場について、大蔵省は従来、東京市場を国際市場として発展させることが先決であるとの見解に立っていたので、人為的に拡大することには消極的であった。そのため、ユーロ円債の発行等に関する当局の姿勢は抑制的であった。しかし、国際的な金融取引の急速な拡大により、ユーロ円市場開放への期待が高まっていた。日米円ドル委員会を契機に、ユーロ円取引の自由化は急速に進展し始めた。

ユーロ円取引の自由化では、ユーロ円貸付が先行した。大蔵省は、昭和56年2月から、ユーロ円貸付（為銀海外支店が受け入れた円預金の貸出）を短期の

貿易金融に限って認めることとしたが、58年6月以降は、使途制限が撤廃され、非居住者が為銀海外支店からユーロ円を借り入れ、日本の証券に投資することも可能となった（この措置は、59年6月以降、居住者にも適用された）。

ユーロ円債発行の許可は、国際機関等の非居住者に限定され、居住者による発行は原則として認められていなかった[1]。竹下＝リーガン共同新聞発表（昭和58年11月）をふまえて、昭和59年4月から居住者ユーロ円債のガイドラインが緩和され、日本企業が発行することが可能となった。非居住者ユーロ円債に関しては、昭和59年12月から発行主体が民間企業にも拡大され、適債基準も緩和され、数量制限（件数・金額の制限）も撤廃された。

ユーロ円CDは、昭和59年12月から、短期物（期間6カ月以内）に限り、外国及び本邦銀行が発行することが認められた。

外国銀行・証券会社の参入問題　外国金融機関の参入は、銀行業、証券業、保険業においては従来から認められてきたが、信託業への参入は認められていなかった。昭和58年6月に、野村證券がアメリカのモルガン・ギャランティ・トラストと提携して信託会社を設立する構想を発表したのをきっかけに、信託業への参入問題が浮上した。日米円ドル委員会でも、アメリカ側は信託業参入問題を取り上げ、日本政府は昭和59年に信託業への参入を認める方針を示した。

もう1つの大きな問題は、昭和56年から大きな注目を浴びるようになった外国証券会社の東京証券取引所会員権の取得問題であった。東京証券取引所は、昭和57年4月に定款を変更して、外国人、外国法人も加入できるようにしたが、会員枠が既に埋まっていたために、実際には会員に加わることができなかった。アメリカが、昭和59年4月に日米円ドル委員会で開放要請を行ったのに対して、東京証券取引所は会員枠を増やして、60年11月に外国証券会社6社の会員加入を認めた。

為銀の対外融資業務　為銀の対外融資は、昭和50年代後半には外貨建の対外貸付（本邦為銀が非居住者に対して行う貸付、現地貸付ともいう）を中心に急

表2-4-1　対外貸付とユーロ円貸付残高の推移

年末	対外貸付金 外貨建	対外貸付金 円貨建	ユーロ円貸付金		対非居住者	対居住者
	億ドル	億ドル	億ドル	10億円	10億円	10億円
昭47	72	0	—	—	—	—
48	133	0	—	—	—	—
49	166	1	—	—	—	—
50	178	2	—	—	—	—
51	174	3	—	—	—	—
52	183	8	—	—	—	—
53	300	47	—	—	—	—
54	436	79	—	—	—	—
55	549	91	—	—	—	—
56	743	136	7	162	162	0
57	925	155	7	174	174	0
58	1,026	198	8	192	192	0
59	1,230	290	22	552	468	84
60	1,344	352	76	1,532	1,399	133
61	1,691	572	216	3,457	2,385	1,072
62	2,182	804	686	8,433	3,253	5,180
63	2,755	997	859	10,809	3,321	7,488
平元	3,373	1,083	1,198	17,184	3,946	13,238
2	3,928	938	1,933	25,985	3,121	22,864

出所：大蔵省『財政金融統計月報』第398号、『大蔵省国際金融局年報』各年版より作成。
注：昭和47～54年の円貨建外貨貸付金および全期間のユーロ円貸付金のドル表示額は、円ドル相場の年末値で換算した。

速な増大が見られた（表2-4-1）。

　第2次オイル・ショックの際に一時禁止されていた外貨建中長期対外貸付は、昭和55年4月に再開された。また、円建シンジケート・ローンも、同年10月に再開された。大蔵省は為銀が行う対外貸付の融資総枠を規制してきたが、自由化の一環として、58年9月に総枠制限を撤廃した。ユーロ円貸付は、昭和58年6月に短期貸付が自由化され、60年4月には中長期貸付も自由化された。ユーロ円貸付は、昭和60年代に入ってから急速に伸びたが、内容は居住者向けが主であり、非居住者向け融資は依然として外貨による対外貸付が中心であった。

　海外支店・現地法人等の邦銀の海外拠点の増加数は、昭和50年代後半には、50年代前半をはるかに凌駕した。邦銀の業務全体に占める海外支店業務の比重

も飛躍的に伸び、昭和42年9月に預金で7.4%、貸出で3.7%にすぎなかったのが、57年3月には預金で19.6%、貸出で10.3%に急増した。

為銀の対外融資の増大に伴うリスクは、1982年8月のメキシコ債務危機により表面化した（本邦民間金融機関の中南米向け中長期貸付は1983年に239億ドルであった）。融資活動のリスク回避策の必要性が認識され、昭和57年12月以降、カントリー・リスクに対する把握の強化（カントリー・リスクに対する専門機関として、昭和58年3月に、民間金融機関が中心となって国際金融情報センターが組織された）、邦銀の海外における中長期資金調達の手段の多様化、特定海外債権引当勘定の創設[2]などの措置がとられた。

インパクト・ローンと外貨預金　本邦に所在の銀行による居住者に対する外貨貸付をインパクト・ローンと呼ぶ。昭和53年までは、インパクト・ローンは外銀にのみ認められ、邦銀は行うことができなかった。また、短期インパクト・ローンは、昭和54年6月に解禁されるまでは、邦銀にも外銀にも認められていなかった。資金の使途も、昭和53年4月に制限が緩和されるまでは、設備資金に限定されていた。このように、昭和52年以前には、インパクト・ローンは外国銀行本邦支店がわが国の企業に対して行う外貨建ての長期設備資金貸付と同義であった。

昭和53年以降、インパクト・ローンの規制の緩和が進み、55年3月までに規制は撤廃された。その結果、証券会社、商社、メーカーなどが、金利裁定により大口の資金を導入することが容易になり、56年以降、短期インパクト・ローンを中心に、インパクト・ローンの著しい伸びが見られた。短期インパクト・ローンの貸付残高は昭和54年度末の7億ドルからスタートし、昭和63年12月末には2210億ドルに達した。長期インパクト・ローンの残高は、昭和54年度末の73億ドルから、63年12月末には418億ドルに増加した（表2-4-2）。また、平成元年までには、邦銀がインパクト・ローンの8割以上を取り扱うようになり、かつての外銀の独壇場といった状況は一変した。

居住者外貨預金は、昭和47年5月に解禁されていたが、55年の外為法改正に

表2-4-2 インパクト・ローンの推移

(単位:億ドル)

年度 (暦年)	実行額（年度中、暦年中）							残高（年度末、年末）		
	短 期			中長期			合計	短期	中長期	合計
	邦銀	外銀	計	邦銀	外銀	計				
昭和47	—	—	—	—	5	5	5	—	22	22
48	—	—	—	0	5	6	6	—	22	22
49	—	—	—	3	19	22	22	—	40	40
50	—	—	—	—	22	22	22	—	57	57
51	—	—	—	—	17	17	17	—	68	68
52	—	—	—	—	14	14	14	—	69	69
53	—	—	—	—	16	16	16	—	68	68
54	8	2	9	1	22	23	32	7	73	80
55	72	8	79	21	21	42	121	52	79	131
56	542	290	831	16	15	30	862	143	72	215
57	961	1,056	2,017	23	22	45	2,062	191	87	277
58	1,790	160	1,950	28	15	43	1,993	320	86	405
59	2,444	1,609	4,053	36	11	47	4,100	384	86	470
60	3,005	2,024	5,029	63	10	74	5,102	429	103	533
61	5,284	2,088	7,372	141	14	155	7,527	996	198	1,194
62	9,617	1,982	11,599	232	19	251	11,849	1,808	332	2,140
63	14,717	2,250	16,967	234	24	258	17,225	2,210	418	2,628
平成元	13,611	2,032	15,643	205	46	251	15,894	2,500	641	3,140
2	20,764	1,923	22,687	766	39	805	23,493	2,692	1,118	3,810

出所:財務省財務総合政策研究所財政史室編『昭和財政史―昭和49~63年度』第7巻（東洋経済新報社、平成16年)、大蔵省国際金融局総務課長編『図説国際金融』各年版（財経詳報社)、『大蔵省国際金融年報』平成3年版より作成。

注: 1. 実行額は、昭和58年までは年度中、昭和59年以降は、1~12月間の累計値。
2. 残高は、昭和58年までは年度末値、昭和59年以降は、12月末値。
3. 各係数の単位未満は四捨五入してあるため合計と合致しない場合がある。

より大幅に自由化され、以後拡大した。残高は、昭和54年末に167億ドル、平成2年末に416億ドルになった。為銀は、オフショア勘定での資金調達手段として、また、インパクト・ローンの原資として積極的に外貨預金を獲得した。

外債発行及び銀行・証券の分野調整 民間の外債発行は、昭和55年に一時的に減少したものの、その後は伸びを回復した（図1-4-4)。わが国企業の資本市場を通じた資金調達に占める外債の比重は急拡大し、昭和58年には前年の26.8%から46.2%に達した。また、昭和58~60年にかけては、海外における起

債が国内を上回る状態が生じた。商法改正により昭和57年以降、新株引受権付社債（ワラント債）の発行が認められるようになったのに伴い、外債でもワラント債の発行が始まった。

　ユーロ・ボンド市場において有力証券会社が業務を拡大し、準大手証券が盛んに海外進出を行うなど、証券会社の海外業務は活発化した。他方、銀行は、国内の「銀証分離」政策の存在が、このような規制のないユーロ市場で証券業務を展開する際の障害になると感じていた。そこで、大蔵省銀行局、証券局、国際金融局の三者の間で、海外の金融・証券分野の調整が行われた。

　銀行の海外証券業務への参入は、公募外債の引受主幹事を銀行にも認めるかどうかが焦点であった。海外における証券業務については、公募外債の引受けに際しては証券会社を上席幹事とするという、昭和50年8月に設けられたルール（行政指導）が存在した（いわゆる「三局指導」）。昭和55年10月に、邦銀の現地法人として初めて日本興業銀行のロンドン現地法人（IBJインターナショナル）が、外債の発行主幹事となることを認められたことを端緒として、この原則は次第に崩れていった。

　証券会社の銀行業務への参入については、大蔵省は昭和48年以降、証券会社のヨーロッパ現地法人が居住者から預金を受け入れることを禁止していたが、昭和55年からは、現地法人の銀行業務を認めた。

〔注〕
1) 昭和55年に、オイルマネーの導入を図る目的で、中東市場における私募債発行に限って、居住者ユーロ円債の発行が認められていた。
2) 昭和58年3月期から有力都市銀行と長期信用銀行は、回収不能の虞のある債権の一部を償却し、債権繰延べ国の債務について一定比率の引当金を積み立てることとなった。

4　経済協力の推進

　日本は、昭和55年12月の国連総会において、ODAの対GNP比0.7%の達成

目標を受け入れつつ、60年までの目標達成は留保すると言明した。

昭和55年のODA実績は初めて30億ドルを超え、昭和53年に決定されODA3カ年倍増計画（第1次中期目標）は、目標を16％も上回って達成された。56年1月23日、政府は第2次中期目標（「政府開発援助の中期目標」）を閣議決定し、昭和50年代後半5カ年間（昭和56～60年）のODA実績を、前半5カ年間の実績総額（106.8億ドル）の2倍以上に拡大することを新たな目標とした。しかし、その後は円安の進行、財政逼迫などの事情もあり、ODAは計画通りには伸びず、第2次中期目標の実績は181億ドル、達成率84.7％に終わった。

昭和56年9月に、関係各省庁間で経済協力の方針に関する意見統一が行われた（「我が国の経済協力の基本方針」）。安全保障がらみの援助は行わないこと、ODAは所得水準の低い国を中心に供与すること、年次ベースで具体的なプロジェクトの積み上げにより実施することなどが申し合わされた。

5　東京ラウンドの実施と市場開放の推進

東京ラウンドの実施　昭和54年12月に東京ラウンドが最終的に妥結し、わが国が関税引下げ譲許を行った品目について、55年4月1日より8年間で均等引下げが行われることとなった。

しかし、わが国は、既に47年度に一律2割カット、53年に「前倒し引下げ」を実施していたので、既に現行実効税率が基準税率を下回っている品目がかなりあった。そのために、東京ラウンドの合意にしたがって段階的引下げを行ったとしても、最初の数年間は、実際の引下げ効果は望めなかった。そこで、アメリカやECは、初年度から実効税率が下がるような措置を求めてきた。わが国は、こうした要請に応えるために、54年5月に東京ラウンド関税引下げの早期実施を自主的に行うことを公表し、6月の牛場＝ストラウス共同発表でこれを確認した。早期実施措置の対象となった品目は1893、オファー品目全体の約72％に上った。

貿易摩擦と市場開放　第2次オイル・ショックによる打撃からの回復が比較

的スムーズで、昭和56年度には貿易収支が大幅な黒字に転じ、先進諸国の対日貿易不均衡が拡大すると、関税・非関税の障壁の軽減・撤廃、市場アクセスの改善を求める先進諸国の声が強まった。ECとの間では食品類（種類及び菓子類）が、アメリカとの間では、自動車、タバコ、半導体などが焦点となった。政府は、わが国市場の一層の開放を行い、貿易の拡大均衡を通じて調和ある対外経済関係の形成を目指すという基本姿勢のもとに貿易摩擦問題の解決に取り組んだ。

昭和56年12月16日に経済対策閣僚会議で決定された「対外経済対策」においては、市場開放対策として、輸入検査手続きの改善、輸入制限の緩和、関税率の引下げが掲げられた。輸入検査手続きの改善を図るために、内閣官房副長官を本部長とする市場開放問題苦情処理推進本部（OTO）が設置された。関税引下げ措置としては、東京ラウンドに基づく関税引下げ措置の一律2年分繰上げ措置の実施を公表し、昭和57年度において実施された。この措置の対象品目は1653品目（農産物114、鉱工業品1539）に上った。

ヴェルサイユ・サミットを控えた昭和57年5月28日、対外経済閣僚会議は市場開放対策第2弾を発表した。これに基づいて、昭和58年度において、米国、EC等から関税引下げ要求のあった215品目の関税引下げを実施した。昭和58年1月には「新市場開放対策」が発表され、関税面では、チョコレート、ビスケット等83品目の関税引下げが行われることとなった。

昭和58年の経常収支黒字は208億ドルにも上り、対外摩擦回避のためには、一層の黒字減らし、輸入拡大を進めることが必要となった。昭和58年10月の「総合経済対策」には、鉱工業製品関税の東京ラウンド合意の繰上げ措置が盛り込まれた。実施措置は、3年繰上げも視野に入れていたが、実際には、他の先進国に繰上げ実施を行う国がなかったために、1年分にとどめることとなった。対象品目は1280品目であった。

特定品目の関税措置　昭和56年度には、自動車部品と製造タバコの関税率が改正された。日米間の自動車を巡る貿易摩擦が強まるなかで、昭和55年5月、

日本政府は、自動車部品の輸入を促進するため、昭和56年度に、自動車部品の関税率を原則として無税に引き下げると発表した。この発表を踏まえ、エンジン、エンジン部品等21品目の関税率が無税となった。タバコについては、輸入タバコの小売価格が上昇する見通しとなったため、昭和55年11月の日米間のタバコ輸入問題に関する合意を踏まえて、56年度から関税率を大幅に引き下げることとなった（紙巻タバコの場合、90％から35％への引下げ）。

昭和57年度には、ECとの貿易摩擦のなかで、わが国の市場の閉鎖性の象徴とされていたウイスキーの関税が、平均10.4％引き下げられた。昭和55年秋からわが国の半導体の対米輸出が激増したため、56年1月に日米賢人会議レポートで、半導体関税の相互前倒し引下げの促進が提言され、5月の総理訪米の際に、わが国は前倒し引下げに同意した。9月末に、IC等4品目の関税率を日米双方が東京ラウンド合意の最終譲許税率まで一挙に引き下げることについて合意に達し、57年度から実施された。

第3章　プラザ合意後の財政金融政策：
昭和60～平成2年度

第1節　政治経済の概観

1　プラザ合意と円高不況

景気の二面性　昭和60年度は、世界経済のフレームを構成していたドル高、高金利、高い原油価格という3つの条件に大きな変化が生じた年である。そして、そうした条件の水準調整の結果として、わが国の景気拡大の足取りが緩慢になり、いわゆる「景気の二面性」が明らかになっていった。

まず、昭和60年度に入ってからのわが国経済は、国内需要が着実に増加し非製造業の改善は本格化したが、輸出が横這いとなり鉱工業生産の伸びも同じく横這いとなるなど製造業が足踏み状態となった。これが年度の前半までの兆候であり、その後は、輸出が弱含みに転じ製造業の業況が悪化する一方、非製造業の業況は着実な改善を続けた。このように、「景気の二面性」とは、横這いで推移していた輸出が弱含みとなる一方、消費をはじめとする家計部門の需要を中心に国内需要が増加を続けるという経済パフォーマンスを指していた。さらに、60（1985）年9月の「プラザ合意」後における急速な円高進行と原油価格の下落によって、輸出型産業を中心にデフレ効果による減益傾向が現れるようになった。また、その一方で、原材料価格の低下に敏感な産業や内需型産業の業況は良好となり、「景気の二面性」がより鮮明となっていった[1]。

プラザ合意　第2章では、昭和58年11月のレーガン大統領の訪日がきっかけとなって、わが国の金融・資本市場の自由化が本格化していった経緯について述べた。それは、金融の国際化の進展と歩調を合わせるようにして、わが国の財政金融政策運営に対する海外からの圧力が強まっていくプロセスでもあった。また、そうした海外圧力による具体的な要求が明らかにされる場がサミットとG5（先進国蔵相・中央銀行総裁会議）であった。昭和50年代以降になると、わが国の経済力の相対的な拡大に即して、他の欧米先進諸国からの政策要求が

強まっていった。

　そうした背景のもとで、昭和60（1985）年5月のボン・サミットは、アメリカには財政赤字の削減を、また、ヨーロッパ諸国には失業対策を、そして、わが国には市場開放と規制緩和などを求める共同宣言を採択した。このサミット合意を受けて、60年9月22日にニューヨーク（プラザ・ホテル）で開催されたG5では、為替市場の安定を図るための協調介入と、関係各国が不況対策としての内需拡大努力を行うことなどを盛り込んだ共同声明（「プラザ合意」）が発表されるに至った。なお、この共同声明では、貿易不均衡の解消策として、ドルに対する非ドル主要通貨の割安是正が必要との判断が明確に示された。以後は、これに基づいて各国が協調介入などに務め、大幅なドル高是正がなされたのである。

　円高不況への取組み　国際的に経済運営の方針転換を余儀なくさせた「プラザ合意」は、わが国にも同様の影響を与えることとなり、昭和61年度の日本経済は「円高不況」と呼ばれる経済停滞となった[2]。

　図序-11にみられるとおり、昭和61年に入ってからの円ドル相場は、アメリカ経済が予想されたほど好調ではなかったことや原油価格の低下などから円高に動き、2月には200円の大台を突破して180円台となった。さらに、月ごとに円高に向かい、7月には150円台となった。その後は、漸くアメリカの経済指標に明るさがみえ始めた10月を境に、円ドル相場は円安に転じ、年内は160〜165円の水準で終えた。

　この間、短期間の急激な円高進行によって、わが国では円高デフレ懸念が強まり、輸出産業を中心に深刻な影響が現れるようになった。政府は、昭和61年2月に「特定中小企業者事業転換対策臨時措置法」を施行して円高対策に乗り出した。また、4月の総合経済対策、5月の「当面の経済対策」、9月の総合経済対策、62年5月の緊急経済対策と累次の対策を決定した。さらに、不況対策としての61年度補正予算（11月11日成立）に続いて、62年度は、遅延した本予算成立から2カ月後に内需拡大を目標とする大型補正予算を組み（7月24日

成立)、従来の財政再建のための緊縮方針から転換した政策運営を開始した。一方、金融面では、公定歩合を61年1月から62年2月にかけて5度にわたって引き下げるなど、一連の緩和措置が講じられた。これらの政策努力もあって、公共投資と住宅投資を中心に景気は61年11月を境に回復へと向かい、62年度以降の本格的な景気拡大が実現したのだった。

売上税導入問題と政局　国際経済関係が緊迫するなかで、第2次中曽根康弘内閣(昭和58年12月発足)は、財政再建の要請と内需拡大のための歳出増大圧力とに同時に対応していくこととなった。自民党を中心とする政局は、昭和60年中は、防衛費のGNP比1％枠を巡っての国会審議の紛糾や、いわゆるニューリーダー(竹下登蔵相、安倍晋太郎外相、宮澤喜一自民党総務会長)の台頭があり、61年中には、臨時国会の異例の冒頭解散、第38回衆議院総選挙・第14回参議院選挙の同日実施(7月6日)などがあった。総選挙の結果は、衆議院で自民党が空前の勝利を納め、野党の社会党はそれまでの最低議席となった。さらに、中曽根自民党総裁の任期が延長され、宮澤新蔵相のもとで、竹下蔵相時代に引き続き財政再建への道筋が固められていった。この間の国会内における大きな動きは、政府が62年2月に、売上税法案と所得税等改正法案(所得税・法人税減税、マル優制度廃止)を提出したことであった。

一方、野党側は、社会党など4党で国会内共闘組織である売上税等粉砕闘争協議会を結成し、自民党の売上税導入等への動きに反対する姿勢を強めていった。このように、自民党安定多数という力関係のなかで、与野党間の争点は売上税導入問題に絞られることとなった。

対外不均衡の是正　政府は、前記のような為替調整のほかにも、市場アクセスの改善と輸入の促進、内需の拡大、経済構造調整などで可能な限りの施策を実施し、対外不均衡の是正に努めた。

1980年代前半のサミットでは、貿易不均衡の是正に成果を挙げ得なかったわが国の対外経済対策に厳しい評価が下され、わが国に対する諸外国の市場開放

の要望は強まっていた。このような状況下で、昭和59年11月に設置された対外経済問題関係閣僚会議と民間有識者で構成された対外経済問題諮問委員会によって、当面の対応策の検討が進められた。さらに、閣僚会議の要請を受けた諮問委員会は、60年4月、わが国経済の一層の国際化推進に関する中期的課題を報告書（大来レポート）として取り纏めた。この報告書が掲げた中期的な政策提言は、市場アクセスの一層の改善、内需中心の持続的成長、投資・産業協力の拡大、新ラウンドの推進、開発途上国への対応、摩擦回避の努力の6項目であった。これを受けて政府は、当面の措置と政策プログラムを作成し、対外経済問題への中期的対応を図ることとした。

　まず、市場開放・政府調達・対日投資など市場アクセスの改善と輸入の促進については、昭和60年7月に「市場アクセス改善のためのアクション・プログラムの骨格」が策定され、以後3年間の実施計画が示された。また、62年5月には緊急経済対策が決定され、10億ドル規模の政府調達による追加的な外国製品輸入等の施策が盛り込まれた。次に、内需拡大については、60年10月、12月に住宅投資・都市開発の促進、公共的事業分野への民間活力の導入をはじめとする「内需拡大に関する対策」が決定された。さらに、61年4月の総合経済対策、5月の「当面の経済対策」、9月の総合経済対策、翌62年5月の緊急経済対策といった対策が相次いで決定された[3]。特に62年5月の緊急経済対策は、公共投資等の追加と減税を合わせて6兆円を上回る規模となった。他方、金融面では、61年1月以降、公定歩合が5回にわたって引き下げられ、62年2月にはそれまでで最低の2.5％水準となるなど急速な緩和措置がとられた。

　一方、国際協調路線の着実な推進が政府に求められるなかで、経済構造調整については、昭和61年4月に「国際協調のための経済構造調整研究会報告書（前川レポート）」が発表され、市場アクセスの一層の改善と規制緩和の徹底的推進が緊急の課題である旨の提言がなされた。政府はこれを参考にして、5月に「経済構造調整推進要綱」を作成、8月には中曽根首相を本部長とする経済構造調整推進本部を設置した。こうした動きはさらに加速され、62年5月に経済審議会が提出した経済構造調整特別部会最終報告「構造調整の指針（新前川

レポート)」には、積極財政への転換・都市圏での土地供給策・消費サービス分野での規制緩和・輸入拡大・労働時間短縮といった構造調整の具体的な指針が示され、同月のうちに、公共事業の追加と減税を柱とする緊急経済対策が決定された。

なお、「プラザ合意」後における経常収支不均衡(黒字)の状況をみると、昭和60年度の550億ドルから、61年度にはJカーブ効果による輸出の急増もあって941億ドルという巨額に上った。しかし、対外不均衡の是正策などわが国の政策努力もあって、62年度の黒字幅は845億ドルに縮小し、以後縮小傾向が継続し、平成2年度には337億ドルと「プラザ合意」前の水準に復したのだった。

〔注〕
1) 経済企画庁『経済白書』昭和61年版3〜4ページを参照。
2) 「円高不況」を鉱工業生産指数の推移としてみた場合、昭和60年の第2四半期をピークに弱含みに転じ、62年の第2四半期までの約2年間にわたる停滞が続いていたことが確認できる。このように生産の停滞が2年以上に及んだ例としては、第1次オイル・ショック後の不況期、第2次オイル・ショック後の不況期があるが、それ以外では1年程度で回復しており、「円高不況」の底深さをみることができる。
3) 昭和61年7月6日の衆参同日選挙を前に、円高問題への対応が政治課題となり、自民党圧勝の選挙後は、円高対策が内需拡大策とリンクする形で論じられるようになった。

2 景気回復と「バブル経済」の生成から崩壊まで

円高のなかでの景気回復 昭和62年の円ドル相場は、年初から円高基調で推移し、景気回復の本格化を図ろうとするわが国にとっては、引き続き強い逆風となった。なお、こうしたドルの続落は、ヨーロッパ経済にも悪影響を及ぼし、アメリカでも金利の上昇などが問題となった。このため、昭和62(1987)年2月の「ルーブル合意」では、世界経済の持続的な成長にとってさらなるドル安

は逆効果であるとの判断のもとに、政策協調と為替市場での協力という点で、先進諸国間の意見が一致した。この「ルーブル合意」以降、円ドル相場はおおむね140〜150円台で安定的に推移したのだった。ところが、こうしたなか、10月19日にはいわゆる「ブラック・マンデー」が発生し、株式市場が不安定となったのである。ニューヨーク市場ではダウ平均株価が508ドルの記録的下落（下落率22.6％）となり、翌20日の東京市場でも過去最大の3836円安（同14.9％）を記録した。円ドル相場も、年末にかけて円高が加速する様相を示した。

　円高・ドル安傾向はその後、昭和63年夏以降落ち着きをみせていたが、アメリカ大統領選挙後の63年11月11日に再びドルが下落し、11月17日には東京為替市場において1ドル＝121円52銭の急激な円高となった。しかし、わが国経済は、内需を中心としながら総じて順調な景気拡大過程をたどり、前項でも述べたように、対外不均衡も緩やかに縮小させていったのである。

　「バブル経済」の生成と崩壊　わが国経済は、昭和61年11月を景気のボトムとして、その後平成2年末頃まで約4年半にわたる長期の拡大を続けた。こうした景気拡大の特徴は、堅調な個人消費と企業の設備投資拡大に支えられた国内需要の持続的な拡大、さらには、企業等による土地投資や土地神話を背景とした金融機関の融資拡大による金融膨張などであった。また、そうした特徴が生じるに至った国内外の背景と経緯については、以下のとおり概観することができる。

　「プラザ合意」後の急激な円高と景気の後退に対して、政府は財政金融両面にわたる景気刺激策を実施したが、その効果が昭和61年末頃から内需を中心とする回復となって現れ始めた。その後は、公共投資と住宅投資が景気回復を牽引し、これに設備投資と個人消費が加わって、内需中心の力強い自律的景気回復が生み出された。経済企画庁の月例報告が、景気拡大は43カ月目に入り「岩戸景気」を抜いたと報じたのが、平成2年6月のことであった。そして、こうした景気拡大の過程で、地価や株式の資産価値の上昇を前提とした投機的取引が無制限に拡大し[1]、これに金融機関の積極的な融資姿勢が加わって、投機が

投機を生むという状況が現出した。個人においては、高額品や耐久消費財の購入が増加し、一部に過剰な消費がみられ、企業においては、資産価値の急騰を背景に投機的取引が活発化し、不要不急の投資の増大、過剰な設備の積上げなどがみられた。

しかし、「平成景気」と呼ばれた景気拡大も、平成2年末頃から拡大テンポが鈍化し、翌年には景気調整の局面となった。さらに、このような「バブル経済」の崩壊や円高等の影響から、わが国経済は一転して厳しい状況に直面することとなったのである[2]。従来の長期不況は2度のオイル・ショック、「プラザ合意」といった対外的な要因によってもたらされたものであったが、1990年代の長期不況は、地価や株価の反落などの国内要因によって先導されたものであった。

「バブル経済」下の土地対策　昭和58年頃に東京都心部の商業地で始まった地価上昇は、61年、62年と急速に上昇率を高め、東京圏では商業地から住宅地へ、また、地域別では東京圏から大阪・名古屋圏へと地価高騰が波及して行った。

政府は、昭和61年の1月、3月、4月と公定歩合を連続的に引き下げて金融面からの内需拡大を図ったが、同時に、こうした土地価格の急激な上昇に警戒感を抱くようになっていた。大蔵省は、61年4月、金融機関に対し不動産業・建設業向け土地関連融資実績の報告を義務づける通達を行った。さらに、12月には、金融機関に投機的な土地取得などに関わる融資の自粛を求めた。しかし、こうした道徳的説得の効果はそれほどみられず、62年夏には、千葉・埼玉・神奈川をはじめ地方の中核都市にまで地価の高騰が波及していったのである。総合的な土地対策がいよいよ緊急の課題となるなか、政府は、62年6月に「国土利用計画法」を改正して、地価変動の監視区域制度を導入し、土地取引の正常化を図った。また、62年10月には、臨時行政改革推進審議会（新行革審）が「当面の地価等土地対策に関する答申」を中曽根首相に提出した。この答申では、監視区域制度の強化、金融機関や不動産業者への指導の強化、居住用財産

の買換特例制度の見直しなどの税制改正、土地供給のための大規模開発プロジェクトの推進等について提言された。さらに、同じ月には、新行革審に設けられた土地対策検討委員会（土地臨調）の答申を受けて、「緊急土地対策要綱」が閣議決定されている。この要綱では例えば、異常な地価高騰による税負担の急増に対処するため、固定資産税の評価換えに伴う負担調整措置などが提言される一方、地価高騰の波及を抑制する見地から、居住用財産の買換特例制度の一層の見直しなどが要請された。

なお、地価上昇は、東京圏の商業地で昭和63年に年間変動率のピーク（約60％上昇）となったのちに鎮静化に向かったが、大阪圏などでは平成2年に入っても高騰を続けた。このため、大蔵省は地価高騰防止等のため、不動産向けの貸出の「総量規制」の実施を各金融機関に通達した。これは、田中角栄の日本列島改造計画以来、17年ぶりのことであった。その後は、こうした金融引締め政策の浸透などから、地価は下落へと向かったのだった。

金融業界の自己資本比率規制　昭和63（1988）年7月には、国際決済銀行（BIS）の銀行規制監督委員会による「自己資本比率規制の国際統一に関する合意」が総裁会議で了承され、公表された。

金融業務が急速に国際化するなかで、年々増大するリスクへの対応策の1つとして、米英では早い時期から自己資本比率規制が実施されていた。さらに、BIS内部において自己資本比率規制の国際基準作りが準備中であったところ、昭和62（1987）年1月には、同規制の統一について米英の共同提案が発表された。わが国では既に、61年5月の経営諸比率指導の見直しで規制を強化していたが、米英の共同提案以降は大蔵省が各国との交渉を行い、国内銀行等における国際業務の維持発展の観点から、BISを中心とする国際的な枠組みに協力する姿勢を示したのだった。こうして、銀行業については、国際活動を展開する金融機関では8％以上、国内活動のみを行う機関では従来からの4％以上の自己資本比率規制が行われることとなった。一方、BISの自己資本比率規制は銀行に対するもので証券会社とは直接の関係はなかったが、「ブラック・マンデ

ー」ののちは、証券分野にも自己資本比率規制の必要性が改めて認識され、平成元年8月からは、証券会社においても試験的に導入されるに至った。こうして、各国の金融に強い影響を及ぼした自己資本比率規制は、わが国においても、その概念が広く社会に浸透することとなったのである。

なお、「プラザ合意」後は金融緩和政策によって銀行貸出の増勢が続いていたが、平成元年に金利上昇局面に入ってからは、銀行貸出は前年並み程度の増加幅に落ち着き、平成2年夏以降は前年水準を下回るようになった。また、貸出残高についても、平成2年夏以降は急速に低下している。これは、利上げ効果の浸透もあったが、銀行が、従来の量的拡大から質を重視した経営に転換したこと、貸倒れ等に対するリスク管理を強化したことなどが背景となっていた。こうした銀行の経営姿勢については、平成5（1993）年3月にBISによる自己資本比率規制の最終目標達成を控えていたことも影響していた。

財政再建目標の達成と消費税の導入　前項で述べたように、「円高不況」への対策として、昭和62年度には本予算の成立後に大型補正予算が組まれ、財政再建のための緊縮方針から転換した政策運営が開始された。公共投資の拡大など諸施策の拡充は、従来の財政再建の方針とは相反するものであり、「昭和65年度特例公債依存脱却」の目標は達成困難とも思われた。ところが、内需拡大の政策に合わせるかのように民間設備投資が増大し始め、経済状況の急速な改善をみることとなった。その結果、税収が急速に増大し、奇しくも目標年度とされた「昭和65年度」（平成2年度）に公債依存からの脱却が実現したのである。なお、このような財政再建を目標とする財政運営のなかで、大型間接税の導入などによる税の直間比率の見直しも計画され、所得税等の減税に合わせて、消費税として実現をみたのだった。即ち、昭和40年代の後半以降、政府税調などでは間接税改正の焦点として一般消費税の導入が論議されてきたが、60年代には、既存税制の仕組みを大幅に変更することなく財政赤字体質から脱却することは困難だとする認識が一層深まり、年金の財源不足など高齢化社会が抱える問題への対応策としての強い期待もあって、消費税が導入されたのだった。

消費税導入前後の政局　「バブル経済」の最中にあって、政局は、引き続き消費税導入問題などを軸に動くこととなった。例えば、昭和62年度予算の国会審議においては、原健三郎衆議院議長が売上税を事実上廃案とする調停案を野党側に提示し、本会議での予算案可決に漕ぎ着けた。また、62年7月には、政府のマル優制度廃止案に野党側が反発し、国会が空転した。そして、10月には自民党のニューリーダーのなかから竹下登が新総裁に選出され、11月には竹下内閣が発足する。63年6月の自民党「税制抜本改革大綱」は63年度からの所得税減税等とその財源としての消費税（税率3％）の導入を求めたが、そうしたなかで、7月にはリクルートコスモス社の未公開株式譲渡問題（リクルート事件）が発生し、国会審議は混乱を繰り返した。しかし、12月には、消費税導入を柱とする税制改革関連法案が成立、竹下首相はリクルート事件の責任をとって平成元年6月に辞職することとなった。

　その後の政局については、平成元年7月の第15回参議院議員選挙で社会党の躍進と自民党の大敗によって与野党の議席数が逆転し、竹下内閣を引き継いだ宇野宗佑内閣（平成元年6月発足）も崩壊して、8月には、新たに海部俊樹内閣が誕生した。なお、平成2年2月18日実施の第39回衆議院総選挙では、自民党が海部首相のもとで安定多数の議席を確保した。国会では、その後、平成元年4月1日に施行された消費税の廃止又は見直しや、平成2年8月「湾岸危機」発生後の日本の対応に関する論戦が行われた。このうち消費税については、実施状況のフォローアップが継続されるなかで、非課税範囲の拡大・簡易課税制度拡充等を内容とする「消費税法の一部を改正する法律」が平成3年5月15日に制定され、一応の決着をみたのだった。

湾岸戦争の勃発　安定成長期も終わりとなる平成2年度のわが国経済は、個人消費が堅調に推移し、民間設備投資が増勢を続けるなど、内需中心の拡大局面にあった。また、経常収支は、輸入が製品類を中心に増加したことなどから黒字幅は縮小傾向にあった。そうしたなかで、平成2（1990）年8月2日にイラクがクウェートに侵攻し、いわゆる「湾岸危機」が発生したのだった。さら

に、翌年の1月17日には、アメリカを中心とする多国籍軍がイラク攻撃に踏み切って、いわゆる「湾岸戦争」の勃発となった。結局この戦争は、2月27日にクウェートが解放され、同日中にイラクの敗北と「湾岸戦争」の終結が決定した。

　イラクによるクウェート侵攻は原油価格の高騰を招き、「湾岸戦争」は、息の長い景気拡大から減速局面に転じていた世界経済の不透明要因となった。わが国への影響については、原油価格の値上がりがあり、多国籍軍に対する政府としての多額の資金援助があったが、物価面に限ってみると、昭和48年の第1次オイル・ショック、54年の第2次オイル・ショックに比べれば「湾岸危機」が与えた影響は小さく、むしろインフレが回避されたことが指摘できる。これは、原油価格の上昇幅が過去2回のオイル・ショックに比べて小さかったこと、また、わが国経済もこの時期には減速の兆しがみられ物価水準が落ち着いていたことなどによるものであった。政府はこの時、湾岸危機対策本部を中心にエネルギー・経済両面の対策を講じており、企業や国民が冷静に対応したこともあって、過去のオイル・ショック時にみられたような経済社会の混乱には至らなかったのである。

〔注〕
1) 地価公示価格（商業地）の年間変動率でみると、後述のとおり、東京圏では昭和61年の12.5％から急激に高まり、63年には61.1％のピークとなったほか、大阪圏では平成2年の46.3％まで高騰が続いた。一方、東京証券取引所平均株価は、平成元年12月29日に3万8915円の史上最高値を記録した。
2) 平成2年12月28日の東京証券取引所平均株価は2万3848円、平成元年末比で約4割の値下がりとなり、バブルの崩壊を印象づけることとなった。

第2節　財政政策

1　内需拡大策と財政政策

財政再建型予算　政府の長期経済計画「1980年代経済社会の展望と指針」（昭和58年8月）において、特例公債依存から脱却する目標年次は「昭和65年度」に延ばされたが、各年度の予算編成等を通じた歳出削減の努力は続けられた。

昭和60年度予算の編成においても、概算要求基準（従来の概算要求枠）を59年度並みに厳しく設定し、一般歳出の経常部門は10％減、投資部門は5％減とされた。また、補助金等の整理合理化には例年以上に力が注がれ、併せて地方財政対策の見直しにも取り組むこととされた。なお、予算編成の過程では、日本電信電話公社と日本専売公社の民営化（60年4月）が決定した。それらの株式の取扱い方針については、日本電信電話株式会社（NTT）株式の3分の2、日本たばこ産業株式会社（JT）株式の2分の1を国債整理基金に帰属させて国債償還財源に充て、残りを産業投資特別会計所属として配当金収入を活用することが決まった。こうして、予算制度全体を通じた見直しや関連する行財政改革が進められるとともに、財政再建型の60年度政府予算案が決定され、その一般会計歳出は52兆4996億円、対前年度当初予算比では3.7％増となった。歳出面では、国債費が10兆2242億円となり、社会保障関係費の9兆5736億円を抜いて主要経費別の最大経費の座を占めるに至った。地方交付税交付金も9兆6901億円と巨額であり、財政硬直化の構図は益々鮮明になっていた。また、58年以来3年連続の減額となった一般歳出は、引き続き食糧管理費、公共事業関係費などを中心に減額が図られた。

一方、昭和60年度予算の公債金収入は1兆円減額（特例公債は7250億円減額）されて11兆6800億円となったが、こうした公債金の減額は、景気拡大を背景に税収見積りが11.4％増額されたことによるものである。もっとも、予算の

執行段階では、税収の増加は期待されたほどではなく、補正予算（61年2月15日成立）によって法人税を中心とする大幅な減額修正がなされるとともに、公債増発などの修正が加えられた。

続く昭和61年度予算の編成に当たっても、政府は厳しい歳出削減のスタンスを示し、概算要求基準は経常部門で10％減、投資部門は5％減とされた。その後、60年9月の「プラザ合意」によるドル高是正の協調体制のもとで円相場が急騰すると、わが国政府は、「内需拡大に関する対策」を決定・実施したが、財政再建の要請が強いなかでの対策であり、内需拡大は財政投融資、民間活力の活用、投資減税などが中心となった。結局、61年度政府予算案は、一般会計歳出54兆886億円、対前年度当初予算比は3％増、公債金収入は7340億円減額されて10兆9460億円となった。なお、前年度と同様の歳出抑制スタンスが採られたことによって一般歳出が4年連続の減額となったなかで、概算要求の段階から聖域とされていた防衛関係費の伸び率は他の主要経費よりも高かった。これは、昭和61〜65年度を対象とする「中期防衛力整備計画」（中期防）が閣議決定（9月18日）され、新たな防衛計画の初年度を迎えるためであった。中期防は、総額18兆4000億円とされ、年平均の対GNP比率は1.038％と想定されていた。これに対して野党は、防衛関係費のGNP比1％枠を堅持するよう要求し、秋の国会での論戦において中曽根首相は、61年度予算編成においても1％枠を守ることを最終的に確認し、与野党合意が成立した。

政府としては、昭和61年度予算の一般歳出全体を前年同額以下に抑制したものの、税収への期待がもてず、特例公債の削減は4840億円減とそれほど進まなかった。61年度予算と同時に国会に提出された60年度補正予算（61年2月15日成立）では、災害復旧、給与改善等の支出に見合う税収が得られず、建設公債のほかに特例公債4050億円の追加発行によって賄われたのだった。

ところで、「増税なき財政再建」の考え方やゼロ・シーリングに続くマイナス・シーリングといった予算編成の手法は、義務的当然増経費を抑制し、公債発行額削減の余地を広げることとなったが、一方で、各年度においては財政再建を実現するために個別の予算的テクニックが用いられた。例えば、昭和60年

度予算においては、前記のとおり公債金を1兆円減額したが、これは、国債借換えが大きく寄与したものであった。また、57年度から国債の定率繰入れが停止されていたことも大きかった。歳出面では、国債費と地方交付税交付金といった義務的経費の伸びが大きかったため、社会保障関係費や公共事業関係費などは厳しく抑えられた。さらに、「行革関連特例法」（第2章第1節の第1項を参照）による厚生年金の国庫負担繰延べ措置を1年延長するなど、負担を後年度に先送りする選択も行われた。このように、59年度以降における特例公債発行の累次の縮減は容易になし得たものではなく、ある面では、「増税なき財政再建」の限界を示すこととともなった。そして、財政再建を貫徹するためには、厳しい歳出削減と同時に増税も必要であり、そのためには直間比率の見直し、課税ベースの拡大を含めた抜本的税制改革が必要であるとの認識が高まっていったのである。

61年度補正予算以降の円高不況対策　昭和60年9月の「プラザ合意」以降における景気不振によって、政府は内需振興のための施策と財政再建のための施策という二律背反の要請に向き合うこととなった。また、財政当局は、これに加えて、税制の抜本的見直しの実現という重要課題を負っていた。

　当時における予算編成の経緯をみると、まず、昭和62年度予算の概算要求基準は経常部門で10%減、投資部門は5%減とされ、歳出削減を推進する姿勢が堅持された。これは、ある程度の税の自然増収が生じたとしても、国債費や地方交付税交付金の増加、公債費減額の要請等を考慮すれば、シーリングを緩める時期にはないと判断されたためであった。一方、概算要求の締切りを前に、61年7月には急速に円高が進み、輸出関連企業の収益動向や税収への影響が懸念される情勢となっていた。このため政府は、9月に公共投資を中心とする総合経済対策（円高不況対策）を決定した。また、この対策を実施するため編成された61年度補正予算（11月11日成立）では、1兆1200億円にも上る税収減に対処するとともに、国債整理基金への繰入れを4100億円に留め、さらに決算剰余金を財源としたほか、公共事業費の財源として5490億円の建設公債の発行を

予定した。61年度予算の執行に当たっては、上半期の公共事業等について過去最大の前倒しとなる77％の契約率で施行されたが、補正予算ではさらに公共事業関係費が大幅に追加されている。しかし、景気の谷間の深さに対して、結局この総合経済対策は十分な効果をあげることができなかった。

　昭和62年度政府予算案の一般会計歳出は54兆1010億円、対前年度当初予算比では0.0％という抑制型となった。一般歳出は5年連続の減少となり、そのうち初めて10兆円を突破した社会保障関係費も、増加率では当初予算比2.6％増と60年度以来ほぼ一定の伸びに抑えられた。もっとも、こうした一般会計予算の伸び率抑制とは対照的に、財政投融資計画が48年度以来の高い伸び（22.2％）となり、国債引受けを2兆4000億円とするなど、内需拡大に大きく寄与していた。公債金収入は10兆5010億円となり、特例公債の発行を4兆9810億円に抑えたものの、公債金全体の対前年度比の減額幅は4450億円、特例公債は2650億円に留まった。なお、予算編成の過程で、前記の日本電信電話公社と日本専売公社に続き、日本国有鉄道の民営化（62年4月）が決定した。

　ところで、昭和62年度予算の審議における最大の問題は売上税であった。中曽根康弘首相が施政方針演説（63年1月26日）において売上税について触れなかったため、野党は補充演説を要求し代表質問を拒否して、国会は空転した。その後も、衆議院予算委員会で宮澤喜一蔵相による予算の提案理由説明を自民党単独で行ったため野党が審議を拒否し、売上税関連の政省令問題や日程協議を巡っても審議が空転する事態となった。こうした予算審議の遅れによって、62年度は暫定予算の編成が不可避となったのである。暫定予算には政策経費を盛り込まないのが原則であるが、期間が1カ月以上にわたる場合は、景気への配慮から公共事業関係費等の手当てが必要となる。この時も、予算の衆議院採決が4月12日に実施される統一地方選挙の都道府県知事選挙後になる見込みであったことから、予算成立が5月にずれ込むとみて、5月20日までの50日間の暫定予算が編成された。

緊急経済対策と62年度大型補正予算　昭和61年9月の総合経済対策は前記の

とおり十分な効果をあげることができなかったことから、政府は62年度予算成立後の5月29日に改めて大規模な景気対策を打ち出し、6兆円を上回る財政措置を伴う緊急経済対策を決定した。これは、単なる景気対策ではなく、各国蔵相会議、日米首脳会議等において合意した対外経済対策を実行するための施策だった。このため、公共投資、減税、地域活性化、中小企業対策等の広範な施策を、財政措置はもとより金融政策、民間活力の活性化施策も含めて内需拡大のために総動員するものであった。62年7月24日には、緊急経済対策の財源を確保するための2兆円規模の大型補正予算（第1次）が成立した。この予算補正によって、62年度の一般会計歳出は56兆1803億円に増大し、公共事業のために1兆3600億円の建設公債の追加発行が行われた。また、この時、日本電信電話公社から民営化後の日本電信電話株式会社の株式売却収入を社会資本整備に活用することとなった[1]。NTT株式の売却収入は、国債償還財源に充てるのが原則であるが、国債整理基金の運営を妨げない限りにおいてその収入を活用できることとし、一般会計を通じて産業投資特別会計に新設した社会資本整備勘定に繰り入れ、それを無利子で貸し付けられるようにしたのである。さらに、輸入拡大に資するための補正予算による臨時異例の措置として、政府調達特別対策費が計上され、政府専用機やスーパーコンピューターなどが購入された。

　なお、昭和61年の経済を特徴づけた「円高不況」は、62年度になってから急速に景気回復に向かい、夏頃には好況感が広がり始めた。62年度の税収実績については次項でも述べるが、法人税を中心に税収の回復が著しく、こうした財源事情のもとで62年度末には第2次補正予算が編成（63年2月20日）された。2兆339億円からなるこの補正予算の特徴は歳入面に現れており、1兆3220億円に上る特例公債の減額を盛り込むことによって、公債発行額は当初予算に近い規模に戻ることとなった（表3-2-1を参照）。62年2月に大蔵省が衆参両院の予算委員会に提出した「財政の中期展望（昭和61～65年度）」においては、65年度に特例公債の発行がゼロとなるよう試算された毎年の特例公債削減額が1兆6600億円であったことからすると、2回の補正を経た62年度補正後予算ベースで1兆5870億円の削減は、財政再建への展望を大きく開かせるものとなっ

表3-2-1　昭和40年度以降における公債発行の経過

(単位：億円)

年度	公債発行額			建設公債発行額			特例公債発行額		
	当初	補正後	実績	当初	補正後	実績	当初	補正後	実績
昭和40(65)	－	2,590	1,972	－	－	－	－	2,590	1,972
41(66)	7,300	7,300	6,656	7,300	7,300	6,656	－	－	－
42(67)	8,000	7,310	7,094	8,000	7,310	7,094	－	－	－
43(68)	6,400	4,777	4,621	6,400	4,777	4,621	－	－	－
44(69)	4,900	4,500	4,126	4,900	4,500	4,126	－	－	－
45(70)	4,300	3,800	3,472	4,300	3,800	3,472	－	－	－
46(71)	4,300	12,200	11,871	4,300	12,200	11,871	－	－	－
47(72)	19,500	23,100	19,500	19,500	23,100	19,500	－	－	－
48(73)	23,400	18,100	17,662	23,400	18,100	17,662	－	－	－
49(74)	21,600	21,600	21,600	21,600	21,600	21,600	－	－	－
50(75)	20,000	54,800	52,805	20,000	31,900	31,900	－	22,900	20,905
51(76)	72,750	73,750	71,982	35,250	37,250	37,250	37,500	36,500	34,732
52(77)	84,800	99,850	95,612	44,300	50,280	50,280	40,500	49,570	45,333
53(78)	109,850	112,850	106,740	60,500	63,300	63,300	49,350	49,550	43,440
54(79)	152,700	140,500	134,720	72,150	71,330	71,330	80,550	69,170	63,390
55(80)	142,700	142,700	141,702	67,850	69,550	69,550	74,850	73,150	72,152
56(81)	122,700	129,000	128,999	67,850	70,400	70,399	54,850	58,600	58,600
57(82)	104,400	143,450	140,447	65,160	70,360	70,360	39,240	73,090	70,087
58(83)	133,450	137,900	134,863	63,650	68,100	68,099	69,800	69,800	66,765
59(84)	126,800	128,650	127,813	62,250	64,100	64,099	64,550	64,550	63,714
60(85)	116,800	124,380	123,080	59,500	63,030	63,030	57,300	61,350	60,050
61(86)	109,460	114,950	112,549	57,000	62,490	62,489	52,460	52,460	50,060
62(87)	105,010	105,390	94,181	55,200	68,800	68,800	49,810	36,590	25,382
63(88)	88,410	79,670	71,525	56,900	61,960	61,960	31,510	17,710	9,565
平元(89)	71,110	71,110	66,385	57,800	64,300	64,300	13,310	6,810	2,085
2(90)	55,932	73,120	73,120	55,932	63,432	63,432	－	[9,689]	[9,689]

出所：大蔵省『財政金融統計月報』第480号、同『財政統計』平成4年度より作成。
注：平成2年度の〔　〕内は、臨時特別公債発行の特例に関する法律の規定による国債である。

た。

日本国有鉄道の分割民営化　昭和56年3月に発足した第2次臨時行政調査会（土光敏夫会長）にとって、財政問題を含む国鉄改革は、社会的・経済的な影響の大きさ、分割民営化構想の実現の困難さなどから、最大級の課題とみなされていた。

当時は国鉄、電電公社、専売公社のいわゆる三公社があったが、昭和40年代の後半には、それらの事業実態・経営体制・財務運営等において公共企業体経営の限界が露呈されるようになり、各方面から抜本的な改革の必要性が指摘さ

れるようになった。特に、国鉄が抱える財政的課題は、3Kの累積赤字問題の1つとして取り上げられるほど深刻であった。即ち、昭和30年代後半以降は、モータリゼーションの進展、輸送需要の質的変化などから鉄道輸送が減退傾向となり、コスト上昇と労使問題等に起因する合理化の遅れも相まって39年度には単年度収支が赤字転落となったのである。その後も、国鉄の事業運営と経済社会の動向変化や各般の要請との不整合は解消されず、やがては巨額の欠損を累積していくこととなった。このため、財政制度審議会等による検討を経て、48年2月閣議了解の「国鉄財政再建対策」では57年度までに償却後損益を黒字に転化させる等の目標が設定され、さらに、50年12月には「日本国有鉄道再建対策要綱」の閣議決定、55年12月27日には赤字ローカル線の合理化等を内容とする「日本国有鉄道経営再建促進特別措置法」の制定など、再建目標の改訂や再建手法の拡充強化が図られていった。

　第2次臨時行政調査会は、昭和57年7月30日の第3次答申(基本答申)のなかで、三公社について、戦後の復興と高度成長の過程のなかで果たしてきた国民経済に占める役割を評価しつつも、「破産状態の国鉄はもちろん、他の二公社についても、公業性が発揮されているとはいえず、その結果、果たすべき公共性さえ損なわれがちであり、公共性と企業性の調和を理念とした公社制度に大きな疑問が生じている」と断じたのだった。こうした基本認識のもと、国鉄については分割民営化改革の基本方針が提言されたのである。具体的には、同年9月の閣議決定「今後における行政改革の具体化方策について」において、5年以内の国鉄改革の実現、国鉄再建監理委員会の設置等が決定された。さらに同委員会は、58年6月、「国鉄改革に関する意見-鉄道の未来を拓くために」を取り纏めた。そこにおいては、分割民営化を基本に、巨額の債務を処理し、過剰な要員体制を合理化することなどで健全な事業体としての経営基盤を確立する方針が明確に示された。この提言によって、政府部内における検討が進展し、JR7社への分割民営化による国鉄改革を62年4月1日に実施することなどを内容とする「旅客鉄道株式会社及び日本貨物鉄道株式会社に関する法律」が制定されたのである。

なお、国鉄改革関連7法の1つ「日本国有鉄道清算事業団法」においては、国鉄を日本国有鉄道清算事業団に移行させることとし、その資産・債務等を処理するための業務及び職員の再就職の促進を図るための業務を行わせることとされた。結局、同事業団に帰属した長期債務等は、昭和62年度当初の時点で約25兆5000億円に上っていた。その処理のために、事業団に帰属した旧国鉄用地の売却、保有するJR株式の売却などが計画されたのである[2]。

〔注〕
1) NTT株式の売却は、戦後最大の国有企業株式売却であったため社会的にも大きな関心を集め、昭和61年度は入札分と売出分を合わせて2兆2143億円の歳入となった。
2) 日本国有鉄道清算事業団は、昭和62年度から平成9年度までの11年間に、保有するJR3社の株式売却、旧国鉄用地の処分その他の自主財源によって総額約14兆4000億円の収入を得たが、一方で、その間の利払い等の支出は総額約15兆8000億円を計上し、累積債務はむしろ増大する結果となった。

2 「バブル経済」のなかでの財政政策

内需拡大策の継続 本予算の成立後に補正予算によって大規模な景気対策を打ち出すという積極姿勢は、昭和63年度予算編成においても継続された。63年度予算の概算要求基準は、経常部門で10％減としたが、投資部門はマイナス・シーリングが採用されてから初めて前年同額とされた。これは、投資部門について、内需拡大のために62年度予算補正後の公共事業水準を確保するというものであった。しかし、財政再建については、62年7月に臨時行政改革推進審議会が財政改革の後退は許されない旨の答申を政府に提出し、政府も特例公債を極力減額する方針を改めて確認した。さらには、財政制度審議会会長の談話として、建設公債についてもその発行を極力抑制すべきであり、投資部門向けの財源については、行政改革の成果であるNTT株式の売却収入の活用等を中心に検討すべきだとの所見が示された。その後、11月に誕生した竹下新内閣のもとで決定された63年度政府予算案は、一般会計歳出が56兆6997億円、対前年度

当初予算比では4.8%増、公債金収入は8兆8410億円となった。一般会計歳出の伸び率は57年度予算（6.2%）以来の大きさであったが、それまで減額が進捗しなかった特例公債の減額幅は一挙に1兆8300億円となり、財政再建への見通しが更に開けることとなった。税収の大幅な増額見込みに加え、ＮＴＴ株式の売却収入の活用も1兆3000億円が予定されたのだった。

昭和63年度予算と同時に国会に提出された62年度第2次補正予算は、61年度剰余金1兆9340億円と税収増1兆8930億円を計上し、補正額は2兆339億円となった。ただし、前項でも述べたとおり、この時は特例公債を1兆3220億円減額しており、61年度の補正予算とはまったく逆の流れとなった。売上税の廃案に伴う税収減額を上回る多額の税収増加が期待できたほど、景気回復のテンポは急速だったのである。

景気回復と財政再建への展望　このように、急速な景気回復を背景とした税収増加によって、財政見通しと予算編成は余裕のあるものとなった。「財政の中期展望（昭和62～66年度）」では、昭和63年度の特例公債3兆1510億円を65年度までにゼロにするという条件で、税収の伸びを5.5%と低く見積もっても、65年度の要調整額（歳入不足額）は5兆5100億円であった。ところが、62年度の税収実績は増額補正した予算額をさらに3兆7100億円も上回り、この時点で、65年度を待たずに特例公債依存体質からの脱出という目標達成は可能とみられた。このような財政的余裕が、政府に、廃案となった売上税に代わる課税ベースの広い間接税を導入し、しかもこれをネットベースの減税で達成することへの意欲を与えることとなった。

昭和64年度予算編成では、概算要求基準を経常部門で10%減、投資部門は引き続き前年同額とされた。また、ＮＴＴ株式の売却収入の活用が、前年度と同額の1兆3000億円と見込まれた。しかし、財政に余裕が生じたとしても、63年度末の公債残高は158兆円の高額に達するため、財政の整理合理化が課題とされた。一方、税制改革への動きも速まり、63年6月の「税制改革要綱」では、所得税、法人税、相続税、贈与税の軽減を図るとともに、個別消費税に代えて

消費税を創設することとし、これに対応した地方税、地方交付税の改正が盛り込まれた。この大幅な税制改革案は、増減税のネットベースで3兆7800億円の減税（平年度）を内容とし、関係法案は7月29日に国会提出、12月24日に修正可決された。

その後、昭和天皇の崩御（昭和64年1月7日）により元号が「平成」へと改まったが、1月24日に閣議決定された平成元年度政府予算案は、一般会計歳出60兆4142億円、対前年度当初予算比は6.6％増となった。税収の増加を5兆9200億円と見込んで、特例公債は一挙に1兆8200億円減の1兆3310億円とされた。歳出増加の3分の2は地方交付税交付金の伸びによるものであるが、これは税収が好調であったほかに、消費税の24％、たばこ税の25％が新たに地方交付税交付金の対象となったことによるものだった。このように、元年度予算は、内需の持続的な拡大に配慮しつつ、引き続き「65年度（平成2年度）特例公債依存脱却」という目標の達成に向け、歳出の整理・合理化など、財政改革を強力に推進することとされた。

平成元年3月7日に成立した昭和63年度補正予算は、税制改革が63年から実施されたことから当然編成されるべきものであったが、リクルート事件の影響で審議が遅れたものである。歳入補正は、62年度決算剰余金2兆9745億円のほか、税収の増加3兆160億円を計上しており、約2兆円の減税にもかかわらず法人税の増収を中心に多額の税収増加を見込み、特例公債は1兆3800億円を減額した。一方、歳出補正では、厚生保険特別会計繰入れ1兆5078億円を計上し、57年度以降の国庫負担の繰延特例措置のうち特例期間を過ぎた「行革関連特例法」部分の繰戻しを果たした[1]。この5兆1520億円に上る予算補正によって、63年度の特例公債発行額は1兆7710億円となり、前記の平成元年度当初予算の発行予定額に近い額にまで圧縮された。さらに、税収実績がこの補正額をさらに2兆7200億円上回ったため、平成元年度の税収が予算を超えることは十分予測できる状況となったのである。

財政再建目標の達成　平成元年度のわが国経済は、内需が引き続き増加し、

景気拡大の局面が続いた。一方、輸入の増加などから経常収支の黒字幅は縮小傾向にあった。

　平成2年度予算の概算要求基準は、経常部門で10%減とし、投資部門は前年同額とされた。また、平成元年度と同様に、NTT株式の売却収入の活用は1兆3000億円を見込んだ。予算編成の過程では、2年度予算において、財政改革の第1段階である特例公債依存体質からの脱却を実現するとともに、公債依存度の引下げを図ることとされた。そのための歳出の徹底した整理・合理化などが進められ、平成2年度政府予算案は、一般会計歳出66兆2736億円、対前年度当初予算比は9.7%増となった。また、税収の増加を6兆9940億円と見込むとともに、公債発行額は元年度よりも1兆4810億円減額し、しかも、建設公債のみの5兆6300億円とされた。しかし、平成2年1月24日に衆議院が解散され、2月18日には第39回衆議院総選挙が実施された。これに伴って平成2年度政府予算案に計上されていた衆議院議員の任期満了に伴う総選挙関係経費が計上不要となり、これらに関する減額調整が行われた。結局、平成2年6月7日に成立した平成2年度予算は、一般会計歳出66兆2368億円、対前年度当初予算比は9.6%増となった。また、公債発行額は表3‐2‐1のとおり、建設公債5兆5932億円、特例公債ゼロとされた。これによって、政府が長らく目標としてきた財政再建が達成されることとなったのである。なお、公債依存度は8.4%に低下（元年度は11.8%）したものの、公債発行残高は166兆円を上回る規模となり、国債費の累増、急速な高齢化への対応、国際社会におけるわが国の責任の増大などに弾力的に対応していくためには、財政改革を引き続き強力に推進することが必要とされた。

　その後は、「バブル経済」によって支えられた「平成景気」も、平成3年2月をピークとして「平成不況」と呼ばれる景気停滞に転じることとなった。民間設備投資の著しい減少に象徴される内需の低迷に対し、政府は公定歩合の引下げや内需振興のための経済対策等に注力することになるのである。

　湾岸危機・湾岸戦争と中東貢献策　そうした「バブル経済」の終末期に、中

東では「湾岸危機」が発生した。平成2（1990）年8月2日にイラクがクウェートに侵攻し、原油価格の高騰など世界経済の環境にも変化がもたらされることとなったが、ここでは、「湾岸危機」直後から編成された多国籍軍に対するわが国の資金援助について概略を述べることとする。

「湾岸危機」の発生に対して、8月5日には、わが国政府は原油の輸入禁止や経済協力の凍結などを内容とするイラクへの経済制裁を発表した。さらに、8月7日に米英をはじめとする多国籍軍がサウジアラビアに派兵されたため、日本政府としての中東貢献策の検討が進められた。結果的に、海部首相は8月30日、多国籍軍に対して10億ドルの資金援助を決定し、ジョージ・ブッシュ大統領に通告している。さらに政府は、9月14日、多国籍軍への資金援助を10億ドル上積みするとともに、エジプト・トルコ・ヨルダンの3カ国に約20億ドル支援し、最終的に総額40億ドル規模の中東支援策を決定した。

湾岸地域における平和回復活動に対するわが国の支援については、国際社会における地位にふさわしい支援を行うことが求められる情勢となった。また、こうした中東支援の方法としては、「湾岸平和基金」の要請を受けて拠出し[2]、同基金から多国籍軍に対する資金協力を行うというスキームが採用された。財源については、当初の10億ドルを平成2年度予算の予備費で賄い、追加支援の10億ドルについては補正予算で手当てすることとした。また、エジプト・トルコ・ヨルダンの3カ国支援は、緊急商品借款等で行われた。2年度補正予算の成立は12月17日（参議院で否決後、自然成立）のことであり、その規模は、多国籍軍支援費1300億円を含む2兆2810億円となった。

平成2年末あたりからは、多国籍軍によるイラクへの武力行使が避けられない情勢となっていた。実際に、翌3年の1月15日には、国連決議によるイラクのクウェートからの撤退期限が満了し、平和的解決へ向けての交渉は不調に終わったのだった。こうして、17日を期して多国籍軍によるイラク攻撃（「湾岸戦争」）が開始された。政府は、24日に、新たな中東支援策として90億ドルに相当する額（邦貨換算額1兆1700億円）の拠出を決定した。また、その財源措置については、2年度補正予算（第2次）が編成されることとなり、歳出面で

は「湾岸平和基金」への拠出金1兆1700億円等が、歳入面では臨時特別公債9689億円等が計上された。なお、この補正予算の成立は、「湾岸戦争」終結（2月27日）後の3月6日であった。

中期的財政運営の新努力目標　特例公債依存体質からの脱却が確実となった平成2年度末にかけて、財政当局は中期的財政運営の新努力目標の骨格作りを急いだのだった。まず、平成2年3月1日、財政制度審議会は中期的財政運営のあり方についての報告を橋本龍太郎蔵相に提出し、大蔵省はこの報告に沿った形で財政改革を進めるに当たっての基本的な考え方を取り纏め、3月7日に国会に提出している。

　財政制度審議会の報告では、景気後退などから税収不足が生じた場合、再び特例公債の発行によらざるを得ない財政構造にあることを指摘し、まず公債依存度の引下げを図り、併せて特例公債の早期償還に努めることによって、国債残高が累増しないような財政体質を作り上げることが必要であると結論づけた。実際に、大蔵省が作成した「財政の中期展望（平成3～5年度）」は、審議会の報告で示された公債依存度の「5％を下回る水準」を前提に、毎年度4000億円ずつの公債減額を見込むものであった。しかし、平成3年度の公債減額幅は2502億円に留まり、財政体質の強化が容易でないことを示す結果となった。前記のとおり、平成3年2月をピークに「平成不況」と呼ばれる景気停滞の状況となり、政府が内需振興のため累次の経済対策を実施したことなどから、公債は著しい増額傾向に転じた。さらに、平成6年度以降は特例公債も再び発行され、その後の景気回復へ向けての各種の取組みのなかにおいても、昭和50年代、60年代を凌ぐ高水準の公債発行・特例公債発行が継続することとなったのである。

〔注〕
1)　昭和56年12月4日に公布された「行政改革を推進するため当面講ずべき措置の一環としての国の補助金等の縮減その他の臨時の特例措置に関する法律」（行

革関連特例法）では、昭和57年度から59年度までの臨時特例的な支出削減措置の１つとして、厚生年金等国庫負担を20％から15％に引き下げることが規定されていた。
2) 「湾岸平和基金」は、「湾岸危機」後に、サウジアラビアなど湾岸６カ国で構成する湾岸協力会議（GCC）の内部に設置されたもので、日本などが行う多国籍軍支援・戦後復興支援のための資金の受け皿となった。

3　財政健全化への見通しと公債政策

国債借換えの本格化と金利低下局面　昭和57年度補正予算で特例公債の発行額が従来になく急増した後、「特例公債依存脱却の目標」は「昭和65年度」に延ばされ、目標達成へ向けた政策努力が継続されたが、その実績はすぐには上がらなかった。一方、60年度からは、50年以降大量に発行されてきた特例公債の償還が始まり、その償還財源を賄うために、これも大量の借換債が発行されたのである。

　昭和60年度予算は、公債発行額を前年度よりも１兆円少ない11兆6800億円として編成された。また、このうち特例公債は２年続けて減額され５兆7300億円となった。しかし、これらの国債の新規発行と合わせて、上記のとおり国債借換えが本格化するに至り、新規発行と借換え発行の同時処理は容易ではなかった。このように借換発行が増大した背景には、大量の新規発行から10年を経過したことのほかにも、59年に特例公債の借換え禁止規定が廃止されたこと、61年度の借換債の前倒し発行がなされたことなどがあった。なお、60年度中は国債市況が安定し、公債政策の運用にはむしろ余裕が与えられた。60年８月には、表面利率が6.2％に引き下げられるなど発行条件の改定も行われた。

　昭和61年度予算の公債発行額は、前年度よりもさらに7340億円減額され、10兆9460億円が計上された。このうち、資金運用部の引受けは59年度以降３年連続して３兆6000億円とされたため、市中消化は連年の減少となった。低利債への弾みをつけて始まった長期国債の発行においては、61年初以降は表面利率が連続的に引き下げられ、１月債の6.1％から４月債は5.1％の金利低下となった。

表面利率が59年の11月債でようやく7％水準を割ったことからすれば、この時の金利低下がいかに著しいものであったかがわかる。その後、4月債から10月債まで、発行価格の変更はあっても表面利率は5.1％で持続し、11月債を5.4％、12月債を5.3％としたが、公定歩合が61年1月30日以降5次にわたって引き下げられ62年2月23日には2.5％となったことを反映して、62年の2月債は5.0％に引き下げられた。そして、このような金利低下局面のなかで市況の活発化が続いた。

借換債の弾力的発行　昭和60年度以降における国債の借換えについては、国債借換問題懇談会が取り纏めた「当面の国債借換問題について」（59年5月25日）に示された方法によって実施された。そこでは、大量の借換債を円滑に消化していくに当たって、満期到来債と借換債との年限の対応関係については、満期構成の短期化を避けるという観点からはこれを維持すべきだが、毎年度の満期到来債の状況を踏まえ、新発債の発行額や市場環境などを勘案して市場で受け入れやすい年限の組合せに配慮すべきであること等が確認されている。こうして今日まで、国債の借換発行の方法は、金融情勢に応じて最も有利で適切な種類を選択し、逐次発行することとされている。また、年度の発行が終了した時点で、事後的に満期到来債と借換債とを並べ、年限、期日の近いものから順次先取りしていくといった方法で、両者の対応づけがなされている。即ち、借換債の発行は、必ずしも個別の満期到来債とは関係なく、その時々の金融情勢等に応じて弾力的に実施されているのである。

　さらに、国債の大量の償還・借換えを円滑に進めるため、昭和60年6月28日には「国債整理基金特別会計法」が改正され、借換債が前倒し発行できることとなった。以後における借換債の前倒し発行は、金融環境が良好で、翌年度分を有利な条件で前倒しして発行できる環境が整っている場合や、翌年度の大量償還に対応するために市場の消化能力からみて発行の平準化を図ることが必要と判断された場合に実施されている。なお、60年度の制度導入以後、平成2年度までの借換債の前倒し発行実績は、合計6兆5923億円に上った。

国債市場の育成方針　昭和62年度予算の公債発行額は、前年度よりも4450億円少ない10兆5010億円が計上された。特例公債も削減されて公債金減額の方向にあるとはいえ、大量発行が続く現状には変わりがないため、大蔵省は国債市場育成の方針を強化し、公募債の枠の拡大を図るとともに、国債の窓口販売を拡張することとした。こうして、20年債については完全入札制とし、また、10年債についても一定額を引受額入札方式とし、10月からは生命保険の窓口販売を導入することとした。

　昭和61年まで停滞していた景気は、62年に入ってから急速に回復基調に転じ、年度を通じて経済は活況を呈した。このため、62年度の公債発行は当初こそ順調であったものの、夏頃から国債市況は軟弱となり、7月以降は利上げしなければならない状況となった。即ち、表面利率は7月債の4.3％から9月債の4.9％まで連続して上昇し、10月には休債した。11月債が5％となった表面利率は、63年の1月債が4.9％、2月には4.8％と再び低下に転じたが、当初の低利債への方向を促進することはできなかった。また、国債の窓口販売も、郵便局についてはその実施を63年4月に延期するなど、市況の不振に即応せざるを得なかった。このように、経済の活発化によって国債市場は圧迫され、起債は必ずしも有利ではなくなり、さらに早期の62年度補正予算で公債金が追加され、起債額を確保するための不利な条件が重なった。62年の10月債を休債とした後、11月債は5％の表面利率で開始した。さらに、第2次補正予算では、財政状況の好転によって第1次補正の公債金をそのまま減額でき、起債条件を有利にすることができた。その後は、年度末にかけて起債は順調に進展し、63年の1月債は4.9％、2月が4.8％で発行された。

　このほか、昭和62年度の公債発行については、公募の充実において特に注目すべきものがあった。超長期の20年債は市中引受けまたは資金運用部引受けで始まった61年度の状況に対して、62年度では資金運用部引受けを残したものの公募部分に大きく振り向け、10年債についても、11月債以降は市中引受の20％相当分は引受額入札の方式を取り入れることにした。また、61年に始まった既発債の市中売却は、62年中に前年比で2.5倍にも達する伸びとなった。このよ

うに、新規発行額は抑えられたものの、借換発行が増加したことにより、62年度末の国債残高は151兆8093億円に累増した。58年度末に100億円を突破した残高が150兆円に達したのは、僅か4年後のことであった。また、借換えによって低利債化が一層促進され、このような62年度の国債状況の変化は、63年度においてさらに促進されることとなった。

金融自由化対策資金の創設 昭和40年度に国債発行が開始された時点では、国債の発行方式は資金運用部引受けとシ団引受けの2方式のみだったが、53年度には公募入札が導入され、これらが今日も国債発行方式の中心となっている。そして、62年度からは郵便貯金特別会計の「金融自由化対策資金」による応募が実施され、63年度からは郵政官署において募集の取扱いが始まるなど、徐々にではあるが発行方式の多様化が図られていった。さらに、各種の方式によって発行された巨額の国債が国民経済のなかに円滑に受け入れられるようにするため、その後の消化、流通、償還において様々な配慮が必要となっていくのである。

なお、「金融自由化対策資金」については、昭和62年度税制改正の一環として郵便貯金利子非課税制度が老人・母子家庭等に対する利子非課税制度に改組されたが、その際、郵便貯金特別会計に当該資金を設け、その運用額の2分の1以上を新規国債の引受けに充当することとされたものである。62年度の同資金による国債引受けは1兆円であり、その後は2500億円ずつ増額され、平成2年度には1兆7500億円が引き受けられた。

財政再建目標達成前後の国債市況 昭和63年度予算においては、経済情勢の好転によって大規模な減税を予定しながら、同時に大幅な公債金の減額が計画された。実際に、公債発行額は8兆8410億円となり、62年度を1兆6600億円下回る大きな減額であった。資金運用部の引受けも9000億円の減額で1兆5000億円が予定され、運用部引受率は大きく低下することとなった。しかし、国債の大規模償還が始まっていたこともあって、国債市況は必ずしも有利な条件が期

待できる状況になかった。年度当初は、10年債は4.6％、20年債は4.9％という低利発行ができたものの、6月債と7月債は発行条件が低下した。その後、表面利率は11月債から引き下げられ、12月債は4.7％と、ほぼ年初の水準に戻ったが、年度末には再び発行条件が低下した。

他方、昭和63年度は、長期国債の発行方法の見直しが進められ、資金運用部引受けを圧縮することとなり、国債発行の実績額は62年度を大きく下回ることとなった。その一方で、公募比率を引き続き大きくし、公募入札分は62年度に近い規模を保った。また、郵便貯金の資金運用事業としての引受けも増大した。結局、63年度の国債発行は、新規と借換でともに前年度を下回った。このように規模は小さくなったものの、中期債発行の減少は小さく、また、借換発行の前倒し発行分の減少も小さく、国債発行の多様化が進展したことを示す結果となった。

平成元年度予算の公債発行額は7兆1110億円と、昭和63年度を1兆7300億円下回る大幅な減額となった。資金運用部の引受けも5000億円減額の1兆円となり、運用部引受率の低下が一層顕著となった。国債市況は、平成元年度に入ってから、円の下落、短期金利の上昇などを受けて軟調に推移し、5月31日の公定歩合の引上げが2.5％から3.25％へと予想よりも大幅に行われたことなどから、債券相場は弱含んだ。その後も、短期金利は一段と高まりをみせ、国債の発行条件も改定され、表面利率は5月債の4.8％から7月債の5.0％に順次引き上げられた。しかし、夏頃は堅調な動きをみせていた国債市況は、10月には公定歩合の引上げ等を受けて弱含みとなり、12月25日の公定歩合の引上げ後は、表面利率は10月債の4.9％から12月債の5.3％まで順次改定された。平成2年に入ってからも、国債市況は総じて軟調に推移し、発行条件も、1月債の5.6％から4月債の6.7％まで累次に引き上げられた。

平成2年度予算の公債発行額は5兆5932億円と、元年度を1兆5178億円下回る額となった。しかも、特例公債の発行をゼロとし、政府が目指してきた財政再建目標が漸く達成されることとなったのである。

平成2年度の国債市況は、元年以降の円安傾向と、短期金利の高止まり、中

東情勢の緊迫化に伴う円安懸念やインフレ懸念の高まりなどから金利先高感が台頭し、債券相場は下落基調となった。4月と5月に開催されたG7会合の声明によって、ドル高是正が確認されたことなどから一時強含んだ市況も、イラクのクウェート侵攻に伴う原油価格の高騰からインフレ懸念が強まり、債券相場の急落を招いた。こうした環境のなかで、8月30日に公定歩合が6％に引き上げられ、8年8カ月振りの水準まで戻すこととなった。この間の国債の表面利率については、5月債6.6％、6月債6.4％と低下したが、金利上昇局面において、8月債の6.7％から10月債の7.9％へと連続して引き上げられた。さらに、年度の後半になると、中東情勢が好転する兆しがみられ原油価格が低下したことなどから、債券相場は反転し、長期金利は急速に低下に向かった。こうした金利低下局面において、国債の表面利率は、平成3年の3月債が6.4％にまで低下するなど、単年度の金利動向としては大きなものとなった。

外国金融機関の市場アクセス問題　昭和63年4月の「日米円ドル委員会・フォローアップ会合」以後、アメリカ側からは、わが国の国債市場へのアクセス問題について、10年債のシ団制度の枠内における公平性の確保が主張されていた。具体的には、外国金融機関のシ団内引受けシェアを大幅に広げるとともに、部分的にでも競争入札を導入すべきであるというものであった。わが国の金融・証券市場の規模は、自由化、国際化の進展に伴って拡大し、国債の流通市場も拡充されている状況であったことから、政府としても、国債発行に当たって競争を促進することの必要性は認識されているところだった。このため、大蔵省は、63年9月6日の「国債市場の整備等について」において、10年債のシ団制度の枠組みのなかでわが国の国債市場の競争性と透明性を拡大し、外国金融機関の国債市場へのアクセス改善に資するため、部分的競争入札を導入する旨発表した。こうして、平成元年4月からは、各月の10年物国債発行額の40％はシ団メンバーによる価格競争入札に割り当てられる一方、残りの60％については固定シェアによる引受という、いわゆる部分入札方式が採られ、平成2年10月からはシ団の入札割合が60％にまで拡大した。

臨時特別公債の発行　平成 3 年 1 月17日の「湾岸戦争」勃発後、政府は新たな中東支援策として90億ドルに相当する額の拠出を決定した（本節の第 2 項を参照）。財源措置を講じるために編成された 2 年度一般会計補正予算（第 2 次）には、外国為替資金特別会計から一般会計への繰入れの特例措置、一般会計から国債整理基金特別会計への繰入れの特例措置のほか、法人臨時特別税と石油臨時特別税の創設が盛り込まれた。同時に、一般会計からの繰入金と上記の臨時特別税の収入によって償還すべき公債として、「臨時特別公債」9689億円が発行されたのである。なお、臨時特別公債の償還に充てるため、平成 3 年度に2017億円が一般会計から国債整理基金特別会計へ繰り入れられたほか、 6 年度までそうした繰入れが継続された[1]。

〔注〕
1) これら一連の財源措置は、「湾岸地域における平和回復活動を支援するため平成 2 年度において緊急に講ずべき財政上の措置に必要な財源の確保に係る臨時措置に関する法律」（平成 3 年 3 月制定）においてなされたものである。

4　消費税導入を中心とする税制改正の経緯

抜本的税制改革の背景　昭和50年代においては、財政状況が悪化し、所得税等の減税の実施が困難となり、むしろ財政収支の不均衡を是正するという見地から、法人税、間接税等の既存の税制の枠内で税負担の増加を求める措置が繰り返された。第 2 章の第 2 節でも述べたように、59年度には 7 年ぶりの所得税減税が実施されたが、その際にも、財政状況をさらに悪化させないという配慮から、法人税、間接税の増税によって対処された。やがて、変貌する経済社会と既存税制との間に様々な「ひずみ」や「ゆがみ」が指摘されるようになり、それらの問題の解消が重要な課題として認識されるようになった。そうした背景のもとで、60年度税制改正の答申では、わが国の税制をこれ以上部分的に手直ししていけば税制の混乱を招くことになるため、税制全般にわたる抜本的な見直しが必要であるという提言がなされるに至ったのである。政府税調はさら

に、60年9月に中曽根首相から税制全般にわたる抜本的見直しの諮問を受け、早速審議を開始した。この諮問では、産業構造・就業構造の変化、所得水準の向上と平準化など、経済社会の変化を踏まえつつ、税の公平・公正・簡素・選択・活力といった理念に基づいた望ましい税制のあり方について提言することが求められた。また、見直しの主な狙いは、税制の「ゆがみ」や「ひずみ」を除去し、政府としての安定的な収入構造を構築することにあった。以下では、そうした抜本的税制改革の経緯についてみていくこととする。

抜本的税制改革の検討 政府税調では、抜本的税制改革について審議検討の結果、第二部会（所得税・住民税）と第三部会（法人課税・資産課税・間接税）が、昭和61年4月の総会に中間報告を提出した。まず、所得税・住民税関係については、負担の軽減合理化、累進構造の緩和、配偶者の特別控除、給与所得控除の性格の明確化等、が提示された。また、法人課税・資産課税・間接税関係では、法人課税について、諸外国での税率低下傾向に配慮して、実効税率が5割を下回ることを期して税制改正を検討することが示された。これらを取り纏める形で、10月28日、中曽根康弘首相に対し、その後の税制のあり方を方向づけることとなった「税制の抜本的見直しについての答申」（「抜本答申」）が提出された。

この答申の基本理念は、諮問にあった税の公平・公正・簡素・選択・活力に加え、中立性と国際性にも配慮することとし、税制全体として課税ベースを拡大するというものであった。また、国民に幅広く薄く負担を求めることとし、税収減をもたらすことで将来世代に負担を残すことのない中立性の原則を堅持するというスタンスを示した。具体的には、所得税と住民税では税率の軽減と段階の縮減等（所得税は6段階、最高税率1500万円超50％）を図り、配偶者特別控除の創設を求めた。また、キャピタル・ゲイン課税は、有価証券譲渡益を原則課税とすることで課税ベースの拡大を期し、土地譲渡所得も課税ベース拡大の検討を求めた。このほか、法人税では、実効税率引下げの方向のもとで、基本税率を引き下げるとともに、中小法人等の税率を基本税率に近づけること

を求め、配当税額控除による個人段階での調整を基本として、法人段階での配当軽課を廃止する方向を示した。さらに、引当金、租税特別措置の見直しによる課税ベースの拡大を求めた。

一方、間接税についてはより大きな改革が求められた。経済社会の変化に対応するため、消費者一般に広く負担を求める新しいタイプの間接税を中核に据えることが適切であるとの考え方に立ち、一般消費税として3類型4方式の提案を行った。それらは、製造業者売上税（A案）、事業者間免税売上税（B案）、日本型付加価値税（C案）について、答申では、間接税制の仕組みとしてC案が最も優れていると考えられるとしながら、どのタイプを導入するかは、世論の動向を見極めつつ幅広い観点から検討すべきであると結論づけた。

「抜本答申」前後の税制改正　昭和60年度の税制改正は、法人税で貸倒引当金の法定繰入率の引下げ、利子・配当課税について「グリーン・カード制度」の廃止、マル優制度などの申告書の整備による非課税貯蓄制度の適正化のほか、租税特別措置の整理合理化関係では、タックス・ヘイブン税制の整備、土地・住宅税制の特例に対する見直しなどが行われた。続く61年度税制改正は、住宅取得促進税制の創設、民間活力導入のための措置、法人税関係税制の特例の1年延長等と、たばこ消費税の引上げなどであった。このうちたばこ消費税については、日本専売公社の民営化に伴う措置として60年に創設されたもので、増税による増収分は全額が地方に対する特例交付金に充てられた。

昭和62年度の税制改正に当たっては、前記の「抜本答申」の主旨のもとに法案が取り纏められた。所得税は、中堅サラリーマンの負担軽減を主眼に62年、63年の2年間で減税を実施。税率は、8000万円超70％の15段階から5000万円超60％の12段階に簡素化された。このほか、配偶者特別控除が創設され、また、利子所得は原則課税となり一律源泉分離課税制度が導入され、少額貯蓄非課税制度が老人等に対する利子非課税制度に改組された。一方、売上税については、それまでの間接税との調整で63年1月導入とされた。結果的には、売上税導入を巡る国会審議の混乱回避のため、62年5月の売上税法案廃案の後、政府は売

上税と法人税をはずし、個人所得課税の軽減合理化と利子課税の見直し等の法案を7月に改めて提出し、9月に成立させた。

利子課税の抜本的な見直し　昭和62年度の所得税改正では、上記のとおり利子所得については原則課税となり、一律源泉分離課税が導入された。これに関する政府税調の62年度税制改正の答申では、従来から個人貯蓄の大半が利子非課税貯蓄制度の適用を受けており、多額の利子が課税ベースから外れる結果となっていることが指摘され、所得種類間の税負担の公平が損なわれていることを問題として取り上げた。また、高額所得者ほど多くの受益があり、貯蓄奨励の名目で一律に政策的配慮を行う必要性が薄れている点からも、非課税貯蓄制度の見直しを要請したのだった。答申では、老人・母子家庭・障害者など、所得の稼得能力が減退した人々に対する制度に改組することが適当であるとされ、大蔵省はこの趣旨に沿って、①少額貯蓄非課税貯蓄制度（マル優制度）及び郵便貯金の少額貯蓄の利子に関する非課税制度を老人・母子家庭・障害者等に対する利子非課税貯蓄制度（マル優・郵便貯金・特別マル優ともに元本350万円まで非課税）に改組、②少額公債の利子非課税制度を廃止（特別マル優は存続）、③一般の利子等については20％（国15％、地方5％）の税率による源泉分離課税制度を導入、といった一連の見直し案を決定した。なお、国会審議の過程で、④財形貯蓄非課税制度は廃止される一方、財形住宅貯蓄非課税制度が創設されることとなった。こうして再編整備された新しい利子課税制度は、所得税法改正を経て、63年4月1日から実施に移された。このほかでは、給与所得者の特定支出控除の特例（サラリーマンの経費の実額控除）や公的年金等控除が創設された。

消費税導入までの経緯　昭和62年度税制改正法案を巡る国会論議では、売上税の導入が最大の争点となった。売上税の導入問題については、61年7月実施の衆参同日選挙でも論争の対象となったが、結果的に自民党は選挙に大勝した。政府は、翌年2月に売上税法案と所得税等改正法案（所得税・法人税減税、マ

ル優制度廃止）を国会に提出した。しかし、野党の激しい反対のほかにも、自民党の内部においてさえ売上税の撤回を求める動きが相次いだ。62年度予算の審議は売上税問題を巡って紛糾し、4月には、原衆議院議長が売上税を事実上廃案とする調停案を提示し、4野党がこれを受け入れたことによって予算案は可決に漕ぎ着けた。その後、与野党協議のうえ5月27日には、売上税法案は最終的に廃案となった。

　以上のような経緯で、間接税の改正については、具体的な修正の検討がなされないまま昭和63年度を迎えることとなった。62年11月6日には、竹下内閣が成立しており、政府税調は前記の「税制の抜本的見直しについての答申」に示された考え方と、その後の諸情勢を踏まえた税制のあり方に関する諮問を受けることとなった。この諮問の意図は、長寿、福祉社会を確実に維持していくためには、所得・消費・資産等の間で均衡のとれた安定的な税体系を構築することについて、早急に成案を得る必要があるというものだった。政府税調は、再び間接税の改正に取り組むこととなった。しかし、政府税調での審議による63年度税制改正案を国会に提出する時間的な余裕はなく、63年度については、これらの抜本的改革との関連を踏まえつつ当面早急に実施すべきものについて取り上げられた。特に、土地税制は、臨時行政改革推進審議会の答申に基づく「緊急土地対策」の一環として、資産譲渡所得の特例を改正することとなった。

　次いで政府税調は、間接税の改正を含む税制見直しの早急な成案として、昭和63年4月に中間答申を、さらに、6月には「税制改革についての答申」を提出した。政府は、この両答申の内容を踏まえつつ、6月28日に「税制改革要綱」を決定し、その実現に向けて踏み出すこととなった。そして、このうち最も問題となる間接税については、多段階累積控除型の「消費税」を創設することとし、7月29日に法案を国会に提出した。なお、この消費税は、消費一般に広く薄く負担を求めるとともに、帳簿上の記録に基づく仕入税額控除制度を設け、また、零細事業者に配慮して、前々年（前々事業年度）の売上高3000万円以下の事業者の納税義務を免除した。さらに、前々年（前々事業年度）の売上高5億円以下の事業者には売上高から税額が計算できる簡易課税制度が設けら

れた。折りしも、法案提出直前の7月にリクルート事件が発生し、国会審議の争点が錯綜する事態となっていた。

　その後、9月には税制問題等調査特別委員会（税特委）が設置され、税制面では有価証券譲渡益課税の強化など不公平税制の見直しを含めた審議が進められた。さらに、11月に至って自民党・公明党・民社党の3党は税制法案の取扱いにつきリクルート問題特別委員会の設置と法案修正で基本合意に達し、税制改革関連6法案が同月中に衆議院本会議で修正可決（公明党・民社党は反対、社会党・共産党は欠席）された。このようにして、リクルート事件、潜水艦「なだしお」衝突事件などで混迷する国会審議を経て、12月24日に消費税の導入を柱とする税制改革関連6法案が参議院本会議で可決成立（公明党・民社党は反対、社会党・共産党は欠席）した。なお、消費税法の施行は、平成元年4月1日であった。

消費税導入後の税制改正　上記の「税制改革についての答申」を受けた昭和63年度税制改正では、所得税については、税率を5000万円超60％の12段階から、6段階へと大幅に簡素化した。法人税については、税率の引下げとともに、配当軽課の戻しが実施された。さらに、相続税・贈与税の最高税率を引き下げ、税率適用区分を拡大し、課税最低限を引き上げた。これらの結果、純減税額は平年度で2兆円を超えるものとなった。

　平成元年度の税制改正は、土地税制と地域活性化、社会政策上の配慮等が重視された。土地税制については、昭和64年1月1日から平成元年12月31日までの間に行われる土地等の譲渡所得の特別控除の改正等が実施された。また、地域活性化対策としては、特別償却制度が拡大されたほか、NTT株式売却収入の活用による社会資本の整備の促進に関する特別措置法の無利子貸付の適用に当たって一定の要件のもとに登録免許税を免除する措置が拡充された。そのほかでは、所得税について、昭和63年度改正により平成元年分以降、課税最低限が夫婦子2人の給与所得者で261万9千円から319万8千円へと引き上げられ、税率も5000万円超60％の6段階から2000万円超50％の5段階に簡素化された。

また、平成3年には、消費税の見直しが行われ、非課税範囲の拡大、申告・納付回数の増加等、消費税の定着を図る措置が盛り込まれた。なお、平成元年度に引き続き、土地税制の改正は早急に実施されるものと認識され、2年度改正では、土地譲渡課税の特例措置の見直し等が図られた。

5　円高・金融自由化と財政投融資

財政投融資計画の縮小と再拡大　昭和59年のわが国経済は外需依存の景気回復となり、60年度の財政投融資計画の策定に当たって、資金運用部は59年度のような減額を覚悟する必要はなかった。しかし、大量の国債の償還と借換えが始まり、多くの資金を国債引受けに回す必要があり、財政投融資計画額は20兆8580億円、対前年度比の1.2％減となった。このように伸び率がマイナスで計上されたのは、29年度（12.6％減）以来31年ぶりのことであった。なお、簡保資金、政府保証債等は前年度並みであったが、引き続き郵便貯金の伸びに期待できず、資金運用部資金の伸びは回収金等の増額に頼るという状況であった。また、財政投融資計画外の国債引受けは、結局、対前年度比で1兆4000億円増額されて5兆円となった。

一方、昭和61年度の財政投融資計画は、60年度までの原資難から一転し、資金運用部資金、簡保資金の伸びが期待できるなど、原資状況の回復のなかで策定された。特に、資金運用部の中核をなす郵便貯金は、60年度の対前年度比減額から61年度には増額としたことが大きかった。また、計画の内容は内需拡大の方針に沿ったものとなった。そのため、計画額は22兆1551億円、対前年度比は6.2％増と再び拡大に転じたのである。

昭和61年度のわが国経済は「円高不況」の最中にあり、62年度の財政投融資計画には引き続き内需拡大への貢献が期待された。原資状況は引き続き恵まれた状況にあったことから、資金運用部資金、簡保資金の大幅な伸びを見込んで、計画額は27兆813億円、対前年度比22.2％増となった。この大幅な伸びは昭和48年度当初計画（28.3％）以来のものであった。一般会計において公共事業費を拡大させることが困難な財政状況にあったことから、内需拡大のための事業

費を財政投融資で確保しようというものだった。62年度全体の経済は、それまでの長期の停滞から脱して好調であったが、63年度計画の策定に当たって、原資の大幅な増大は期待できなかった。それでも、計画額は29兆6140億円、対前年度比で9.4％増となった。資金運用部資金よりも簡保資金の伸びが目立ったことは、昭和60年代になってからの1つの特色でもあった。

　昭和63年度の経済は「平成景気」と呼ばれたが、64年度（平成元年度）の財政投融資計画の策定に当たって原資の大幅な伸びを期待できる状況にはなかった。また、政策の方向も民間資金の活用に期待し、財政投融資による需要拡大に固執する状況でもなかった。景気回復によって財政状況が好転し、特例公債脱却への追い風となり、国債引受けを減額できる余裕も生まれたが、平成元年度計画額は32兆2705億円、対前年度比は9.0％増となった。さらに、平成2年度計画額は34兆5724億円、対前年度比は7.1％増と3年連続で伸び率が抑制された。このように、平成元年度から2年度にかけては、内需の持続的な拡大が図られている経済状況に配慮し、景気に中立的な財政投融資編成が行われたのである。

　産業投資特別会計法の改正　財政投融資制度の原資を構成する産業投資特別会計（昭和28年創設）は、長期・低コストの資金を産業界に供給し、戦後復興から高度成長に至るわが国経済の発展に貢献したが、昭和50年代以降の金融の自由化・国際化もあって、同会計による出融資の産業界に対する役割が相対的に低下していった。また、同会計の原資事情の面からも、30年代以降の主な原資であった一般会計からの繰入れが、50年代に入ってからの財政事情の悪化により急激に減少し、56年度以降は逆に産業投資特別会計から一般会計へ繰入れを行うこととなった。その結果、59年度には、産業投資特別会計の出融資規模は大きく落ち込み、わが国の経済情勢の変化をも勘案した同会計制度の改正が検討されることとなった。

　昭和60年に行われた産業投資特別会計法の改正は、①同会計の資本の充実を図るためNTT、JTの株式の一部を帰属させる、②52年度以降特別措置法

(財源確保法）によって行われていた一般会計への繰入れを産業投資特別会計法に新たに規定を設けて行う、等が主な内容であった。このうち①については、本節の第1項でも述べたように、60年4月に日本電信電話公社と日本専売公社が民営化されたことに伴い、それらの株式を一旦は国の一般会計に所属させた後、政府保有が義務づけられている株式（NTT株式の3分の1、JT株式の2分の1）は産業投資特別会計に、残りは国債整理基金特別会計に帰属させることとしたものである。これは、両株式の売却可能分は国民共有の負債である国債の償還に充てるため国債整理基金特別会計へ、また、政府の義務的保有分はその配当収入を資産として残る投融資に充てることが適切と考えられたためである。また、②については、日本輸出入銀行・日本開発銀行から産業投資特別会計への国庫納付金の増額措置を盛り込んだ「財政運営に必要な財源の確保を図るための特別措置に関する法律」（56年度財源確保法）が59年度で期限切れとなったものの、当時としては依然厳しい財政事情にあったことから、両行の設置法を改正して国庫納付金の増額を図るとともに、産業投資特別会計から一般会計への繰入れについても、産業投資特別会計法に規定を設けることとしたものである。このような60年の法改正後は、産業投資特別会計は一般会計への繰入れを行いつつ、その投融資の規模を62年度までそれぞれ倍増させ、その後は平成2年度にかけて漸減させた。

NTT株式売却資金による無利子貸付制度　さらに、産業投資特別会計に関しては、財政投融資計画には計上されないが、公共投資拡充のための施策として「日本電信電話株式会社の株式の売払収入の活用による社会資本の整備の促進に関する特別措置法の実施のための関係法律の整備に関する法律」の制定（昭和62年9月）があった。これによって、産業投資特別会計に産業投資勘定とは別の社会資本整備勘定が新たに設けられることとなったが、同法の趣旨は、NTT株式の売却によって国債整理基金に蓄積された資金の一部を活用し、産業投資特別会計を通じての無利子の貸付制度を創設し、社会資本整備を促進しようというものであった。この無利子貸付制度には、Aタイプ（収益回収型）、

Bタイプ（補助金型）、Cタイプ（民活型）があり、例えばCタイプは日本開発銀行、北海道東北開発公庫、沖縄振興開発金融金庫が行う融資であった。その場合、事業主体は第三セクターに限られ、対象となる公共事業も、「民間事業者の能力の活用による特定施設の整備の促進に関する臨時措置法（民活法）」や「総合保養地域整備法（リゾート法）」など事業実施にあたっての公的助成等について法的根拠があるものに限られた。

このように、「プラザ合意」後における諸情勢のなかで、内需拡大を迫る外圧に対処しつつ、他方では円高不況からの脱出を図るために、NTT株式売却資金は、上記のような民活の視点を加えた公共事業の財源として活用されることとなったのである。

預託金利の逆転現象と法定制の廃止　財政投融資金利の基準となる預託金利は、昭和50年代後半には国債金利と同じかやや低目であった。また、国債金利は通常は利付金融債よりも金利水準が低く、その利付金融債金利に0.9％上乗せしたものが、政府系金融機関の基準金利である長期プライムレートであった。しかし、金融の自由化が長期金利から始まったため、55年央をピークに長期プライムレートも国債金利も下落し始めた（本節の公債政策の項を参照）。預託金利も公定歩合の改定に伴って引き下げられたが、長期金利の低下速度に追いつかなくなったのである。そして、59年11月からは、預託金利が国債金利を上回る「預託金利の逆転現象」が起こってしまった。

こうした「預託金利の逆転現象」によって、財政投融資に対する資金需要は大きく低下することとなった。また、資金運用部が国債引受けを行う場合には、資金運用部特別会計の収支が逆鞘となる状況が生じた。さらに、昭和58年10月22日以来5％に据え置かれていた公定歩合が61年1月30日に4.5％、3月10日に4.0％に引き下げられたことにより、預託金利も引き下げられ、3月以降は預託金利が法定下限の6.05％に張り付いた状態となった。中曽根首相は大蔵省に、預託金利の下限を法定している「資金運用部資金法」の改正を含めた対策を求めた。当時の郵政省と厚生省の考え方は、預託金利の法定制は資金運用部

への全額強制預託の見返りであり、法定制を廃止するのであれば自主運用を任せるべきだ、というものだった。折りしも、62年度税制改正では、売上税導入の前提として少額貯蓄非課税制度（マル優制度）と郵便貯金の利子非課税制度の廃止が検討されていた。また、12月5日の「政府・与党合意」では、郵便貯金の自主運用枠（金融自由化対策資金）を創設する、郵便局の国債窓販（1兆円）を認める、郵便貯金の預入限度額を引き上げる、資金運用部預託利率の法定制を改める、預託利率は大蔵省が郵政省の同意を得て決定する等で合意に漕ぎ着けた。次いで62年3月には「資金運用部資金法の一部を改正する法律」が制定され、預託金利の法定制は廃止されたのだった。こうして、長期の預託金利は国債の表面利率を基準（市場連動）とし、金利が異常に高い場合や低い場合には両省の協議によって政令で定めることとなり、62年3月には早速預託金利が5.2％へと大幅に引き下げられた。

資金運用事業の開始　金融自由化の大きな流れのなかで、昭和62年度からは、財投機関において財投資金を市場運用する資金運用事業（自主運用）が開始され、国債引受けに次ぐ新しい原資運用の方法として注目された。この資金運用は、そもそも郵便貯金・厚生年金・簡易保険の自主運用への強い要望に即したもので、上記のとおり郵便貯金非課税制度の改定に際しての「政府・与党合意」で創設されたものである。なお、そのような自主運用の期待に対しては、大蔵省資金運用部による公的資金の管理統合の主張があり、その仕組みを堅持するという条件のもとで運用の途を開いたものであった。したがって、郵便貯金等として集められた資金は従来どおり資金運用部に預託され、その一部を改めて郵便貯金特別会計と年金福祉事業団が借り入れ、資金運用事業として市場で有利に運用することとされた[1]。また、資金運用事業の運用対象は、国債、特定の社債、地方債、公庫・公団債、金融債、特定の外国債、元本保証のある金銭信託、金融機関への預金とされた。

　一方、このような自主運用の要求は郵便貯金だけではなく、年金についても、昭和62年度には厚生省から大蔵省へ強い働きかけがなされていた。大蔵省はこ

の時、郵便貯金とのバランス等を考慮し、年金福祉事業団が資金運用部から融資を受けて運用する年金財源強化事業の創設を認めることとした。さらに、既に分離運用がなされていた簡易保険についても、運用対象の拡大が図られた。以上のような経緯によって、郵便貯金などの資金運用事業が始動することとなり、その事業規模も拡大していくこととなったのである。

〔注〕
1) 郵便貯金特別会計に一般勘定と金融自由化対策特別勘定が設置され、後者において資金運用事業が行われることとなった。

第3節　金融政策

1　金融自由化・国際化と「バブル経済」の発生

プラザ合意後の金融緩和　昭和60（1985）年9月のプラザ合意で、日本円・独マルクなどの対米ドル割安是正のための協調介入、これら諸国での内需拡大策の実施、それらを通じた国際収支不均衡の是正が合意された。日本政府においても、経常収支黒字を背景に大幅な円高が進み、輸出関連産業に大きな打撃となることを回避するには、黒字削減のため内需拡大を図るべきとの判断がとられた。10月に政府は、経済対策閣僚会議で内需拡大対策を決定し、また「国際協調のための経済構造調整研究会」を設置した。同研究会が翌61年4月に首相に提出した報告書（いわゆる「前川レポート」）は、内需主導型の経済構造への調整を中期的な経済政策目標とすべきであるとした。

総需要を拡大するにあたって、財政再建の途上であるため財政政策は出動しないとすれば、金融緩和政策がもっぱらその任を果たすことになる。しかし一方で、財政緊縮・金融緩和のポリシー・ミックスは、金利を低下させ、資金の流出（円売り・ドル買い）を促して、ドル高・円安を生じさせる効果があろう。それはまた日本の輸出増加・輸入減少、ひいては経常黒字拡大をもたらす可能

性がある。プラザ合意直後の日本銀行は、こうした金利低下、日米金利差の拡大、円安化作用を懸念した。実際10月以降、円／ドル・レートは1ドル＝215円前後で膠着したが、その際の金利の期間構造（イールド・カーブ）は長短金利逆転（逆イールド、短期金利＞長期金利）となっていた。すなわち日本銀行は、市場における金利の先行き低下予想が円安是正の停滞を生んでいると考え、この予想に変化を与えるために、短期金利の高め誘導を行った。

表3-3-1　公定歩合の変更
（昭和58～平成3年度）

年月日	%	年月日	%
昭和58.10.22	5.00	平成元.5.31	3.25
61.1.30	4.50	10.11	3.75
3.10	4.00	12.25	4.25
4.21	3.50	2.3.20	5.25
11.1	3.00	8.30	6.00
62.2.23	2.50	3.7.1	5.50

出所：日本銀行『経済統計年報』各年より作成。

しかし年末に近づいて米金利が低下し、内外金利差の拡大懸念が後退したうえ、61年に入ると円高が急速に進んで、やがて「円高不況」の声が高まってくる。こうして日本銀行は明確な金融緩和に踏み出し、表3-3-1のように61年1月以降、公定歩合を連続的に引き下げて、62年2月には（当時としては）史上最低の2.5％とした。

そして、結果的にはこの低金利が平成元（1989）年5月まで続き、その間にバブルが発生・成長するのである（以下について序章の図序-5～図序-8を参照）。

バブル経済の生成　既に昭和58年ごろから東京都心部商業地で地価高騰が始まっていた。それは、国際金融センターとしての東京を目指して外国金融機関等が進出しているなどのためであり、経済力に基づく実需を背景にしているといわれた。貿易黒字を批判されるほどに強すぎる競争力、優れたシステムをもつ日本経済、といった強気が広がりつつあった。

序章で検討したように、プラザ合意後の急速な円高で、61年には円高不況が生じたが、やがて輸入原材料等の大幅な値下がりの効果が現れ、企業の手元に巨大な余裕資金をもたらして、「財テク」といわれた財務資金運用を盛行させ

た。これと、進行しつつあった地価・株価の上昇、強気な先行き期待とが結びついて、62年ごろから投機ブーム、バブルの様相を強めた。特に不動産担保での銀行融資の膨張が資産取引向けのマネーを過剰に創り出し、それを日本銀行の金融緩和政策の継続（潤沢なベースマネー供給）がサポートするかたちになった。

マネーサプライの増勢について日本銀行は「乾いた薪が積み上がっている」というように懸念をもっていた。点火さえすれば（インフレが）燃え上がるというのである。しかし金融引締めを発動することは困難であった。中央銀行の最大の任務は物価の安定であるが、その一般物価は落ち着いていたからである。にもかかわらず引締めを実施することによって画期的な経済発展の機会を潰したとしたら、その責任はどう取るのかという強い圧力があった。あとからみれば「予防的」(forward-looking；preemptive) な引締めが必要であったが、現在進行中の時点では難しさがある。まず大勢の熱狂に逆行しなければならない。そして物価が安定しているときの引締めは難しい。だからむしろ物価安定時こそバブルの危険が強いともいえる。その意味では、物価（インフレ率）を単一の指標にして金融政策を厳密にルール化せよとの提案もあるが、以上の難点の経験も重要であろう。

62年10月に発生した世界的な株価暴落（ブラック・マンデー）も、引締め発動を困難にした。日本は国際的な金利のアンカーの位置にあるから、引き上げることはできないという論理である。翌63年春には株価の不安も一段落し、アメリカ・ドイツが金利を引き上げたから、日本も引締めに移るチャンスであった。しかし実際は時機を失い、公定歩合引上げを実施できたのはそれから1年後、平成元（1989）年5月のことであった。その間にバブルは尻上がりに膨張した。

引締めとバブルの崩壊　日経平均株価は平成元（1989）年の大納会（12月29日）3万8915円をピークに、翌年明けから低下を始めるが、地価はもうしばらく下落しなかった。一般の強気な期待は翳りをみせず、実体的な景気の拡大も

継続していた。その結果、公定歩合を引き下げて引締め解除に入るのは3年7月のことである。結果的に金融政策は、引締めが too late であったがゆえにまた too hard、その解除も too late となり、バブルの反動としての落ち込みは大きく長くなって、その後10年以上にわたって苦しむことになる。

なお、大蔵省は、以下のように土地関連融資に関する指導を行った。

バブルを支えたのは銀行等の攻撃的な不動産関連融資であった。多くの融資が、不動産業、建設業、ノンバンク（それを経由して不動産関連に融資された）の3業種向けに行われた。また一般に不動産担保で融資が膨張した。これに対し大蔵省は、昭和60年7月事務連絡「土地関連融資の取り扱いについて」以後、数次にわたり、次第に内容を強くしながら、この種の融資の抑制を指導した。その内容は共通して、不適正な高価格によるものや転売等を目的とする投機的な土地取引を助長しないよう銀行等に要請するものであった。また62年7月通達以降は、具体的な融資の内容に及ぶ「特別ヒアリング」を実施した。しかし、これらの効果が現れたとはいえない。これに対して平成2（1990）年3月通達は「総量規制」と呼ばれた最も強力なもので、不動産業向け貸出の増加率を総貸出の増加率以下に抑制することを目途とするよう求め、また上記3業種向け融資を報告することとした。いずれも法的な強制力はなく、また銀行等の資金配分に介入しようとするオーソドックスでない政策であるが、最後の総量規制は、タイミングとしては、既に実施されていた日本銀行の金融引締めと相俟ってバブル膨張のストップに関係したということができる。

2 銀行行政の自由化・弾力化

日米円ドル委員会後の対応　第2章第3節でみたように、昭和58年秋からアメリカの対日金融要求が厳しくなり、59年5月に「日米円ドル委員会報告書」が発表されたが、それ以降の関連する事項・措置には次のようなものがあった。

外国銀行の信託業務参入　昭和58年の野村證券とモルガン・ギャランティ・トラストの合弁による信託銀行設立構想は、上記の日米交渉でも取り上げられ

た。実は、外国金融機関のみならず国内大手金融機関にも信託参入の希望があって、信託業界の反発は激しく、これらが問題を複雑にしていた。結局、「円ドル委員会報告書」で限定的な参入認可を表明し、59年12月大蔵省は、本国で一定以上の信託業務の実績がある外国銀行に限定して、信託銀行設立の形で参入を認めることとした。60年6月に9行の参入が決定し、10月以降営業が開始された。内訳は米系6、スイス系2、英系1であった。

「金融の国際化の現状と今後の対応」 金融制度調査会は58年9月から（したがって円ドル委員会と並行して）、金融自由化の各論の検討としてまず国際化を取り上げ、その第2次中間報告「金融の国際化の現状と今後の対応」が59年6月に提出された。日本の金融資本市場及び金融機関は国際的なセンターとして機能すべきであり、そのため自由化と健全性確保のための整備を進める必要があるという内容で、「円ドル委員会報告書」「現状と展望」に沿い、金融制度調査会としてもそれらを確認するものであった。

「金融自由化の進展とその環境整備」 金融制度調査会は引き続き59年10月から、金融自由化に伴う信用秩序維持策の強化を審議し、60年6月、小委員会報告「金融自由化の進展とその環境整備」を提出した。自由化に対応する秩序維持体制整備は競争制限でなく健全性維持を趣旨とし、自己資本・流動性の充実、与信集中の回避などの経営諸比率指導、ディスクロージャーと検査の充実、預金保険制度の方式の多様化と拡充、合併・提携の推進、が特に重要であるとした。

BIS自己資本比率規制 昭和63（1988）年7月、銀行規制監督委員会（通称「クック委員会」、現在のバーゼル銀行監督委員会）の自己資本比率規制の国際統一に関する合意（バーゼル合意）が、BIS総裁会議で了承された。

大蔵省の認識では、この問題が取り上げられた背景には、第1に国際化のもとでの銀行のリスクの増大への対処、第2に「競争条件の公平化」（具体的に

は日本の銀行のオーバープレゼンス抑制）の意図があった[1]。

1987年1月、対リスク・アセッツ比率で規制を統一しようとの米英共同提案が発表され、以後これがクック委員会でのベースになった。日本としては、大局的には国際合意に協力せざるをえず、それならばまず米（及び英）と調整して合意をつくり、それをG10に押し上げようと考えた。調整は、各国が主張する自国の事情を妥協に持ち込む過程となり、まず基準比率8％（当初の米国の想定は10～12％）のラインを導いた。ついで含み益の自己資本算入が問題となり（米英は不算入、日本は70％算入を主張）、結局45％算入で落ち着いた。クック委員会は1987年11月に合意、その後各国内協議をへて、翌1988年7月のBISでの合意となったものである。

合意された内容は、リスクの評価などについて不十分な面も含み、いずれ再検討が必要であろうことは当初から認識された。大蔵省としては、これを機に日本の銀行の経営が「量」（的拡大）から「質」に転換すべきであると考えたが、実際にはバブル経済のもとでそうした意図は押し流されてしまったといえる。

金融自由化の推移

金利の自由化　金利自由化の分野では、「大口から小口へ」を基本として、最低預入れ額の引下げ（最終的には枠の撤廃）、預入れ期間の枠拡大を漸進的に進めた。また、CD発行条件の緩和も漸次進めた。

その推移をまとめたのが表3-3-2である。昭和60（1985）年が金利自由化の大きな節目であり、MMCの導入（3月）、大口定期預金の金利自由化（10月）が行われた。以後しだいに自由化商品の枠が拡大されていった。平成元（1989）年以降は小口預金の自由化へと進み、平成6年の流動性預金金利の自由化で金利自由化は完了、翌年には期間制限も撤廃された。この間約10年（CDが創設された昭和54年から数えれば15年）をかけている。

新金融商品・サービスの認可　新金融商品等の認可は次のように行われた。

表 3-3-2　預金

	定　期　性			
	大口（1,000万円以上）			
	自由金利定期		市場金利連動型預金（MMC）	
	最低預入額	期　間	最低預入額	期　間
昭60年 3 月			5,000万円	1 ～ 6 カ月
10月	10億円	3 カ月～ 2 年	↓	↓
61年 4 月	5 億円		↓	1 カ月～ 1 年
9 月	3 億円		3,000万円	
62年 4 月	1 億円		2,000万円	1 カ月～ 2 年
10月	↓	1 カ月～ 2 年	1,000万円	
63年 4 月	5,000万円			
11月	3,000万円		↓	↓
平元年 4 月	2,000万円			
6 月	↓		↓	↓
10月	1,000万円	↓	自由金利定期に事実上吸収（廃止）	
2 年 4 月				
11月				
3 年 4 月				
11月				
4 年 6 月				
5 年 6 月				
10月				
6 年10月				
				預金
7 年10月				

出所：金融年報編集委員会編『金融年報』平成 9 年版（金融財政事情研究会）、42ページ

○市場金利連動型預金（MMC）の導入……CD の平均年利率－0.75％を上限とする自由金利預金として昭和60年に導入された。
○円建 BA 市場の創設……貿易取引の裏付けが十分確保された信用の高い円

金利自由化のプロセス

預　　金				流動性預金
小口（1,000万円未満）				
自由金利定期		市場金利連動型預金（MMC）		
最低預入額	期　間	最低預入額	期　間	
		300万円 ↓	6カ月、1年	
		100万円 ↓	↓ 3カ月～3年	
300万円 ↓	3カ月～3年	50万円 ↓		
		撤廃		新型貯蓄預金導入
撤廃	1カ月～3年	自由金利定期に事実上吸収（廃止）		
期間3年までの変動金利預金、期間4年までの固定金利預金（中長期預金）の導入				新型貯蓄預金の商品性の自由化措置
定期積金の金利自由化、期間5年までの固定金利預金（中長期預金）の導入				流動性預金（当座預金を除く）の金利自由化
金利自由化の完了				
	固定金利預金の期間制限の撤廃			

より作成。

建銀行引受手形で、振出人は貿易業者・外国銀行・本邦外為公認銀行、支払人は本邦外為公認銀行である。これをインターバンク手形売買市場だけでなくオープン市場でも売買できるものとした。市場は昭和60年に発足。

○自由金利大口定期預金の創設……昭和60年10月、10億円以上の定期預金について臨時金利調整法の対象外とするかたちで創設した。
○CP（コマーシャル・ペーパー）の創設……信用ある優良企業が公開市場で発行する短期資金調達の手段である。取扱者をめぐって銀行・証券両業界間の対立が生じたため、法的性格を約束手形とし、両業界相乗りとして発足した（昭和62年）。
○金融先物市場の整備……昭和63年、「金融先物取引法」制定と証券取引法改正により、金融先物（有価証券以外の金融商品に関わる先物取引：オプションを含む）取引所を創設すること、証券先物は取引所上場とすること、金融先物への証券会社の参加と証券先物への金融機関の参加を認めることとした。

預金保険制度等の改正　預金保険制度及び準備預金制度を改正した（昭和61年5月成立・公布、7月施行）。預金保険制度の改正点は、保険限度額の引上げ（1千万円へ）、保険料率の引上げ、救済合併等に伴う資金援助制度（米国のAssisted Merger）の導入であった。また準備預金制度の改正点は、超過累進準備率の導入であった。従来は、預金量の増加に応じてより高い準備率がその全体に適用されてきたが、所得税の仕組みと同じく超過部分のみに高位準備率を適用することとしたのである。

銀行等の参入・退出・合併　この期間の金融機関数は表3-3-3のように推移した。
都市銀行は長く12行であったが、平成2年4月1日の三井・太陽神戸両行の合併（太陽神戸三井、のち「さくら」に改称）により11行に減少した。これが、バブル崩壊後に続発する大手銀行統合の動きの最初である。
外国為替専門銀行1、長期信用銀行3、信託銀行7、地方銀行64は変わらない。信用金庫はこの間に5金庫減少、信用組合は昭和63年から急激に減少し始め、この間に41組合の減となっている。
大きな動きがあったのは相互銀行で、昭和61年に1行減少（平和相互の住友

表 3 - 3 - 3　金融機関数

年　末	昭和60	61	62	63	平成元	2
都市銀行	12	12	12	12	12	11
外国為替専門銀行	1	1	1	1	1	1
長期信用銀行	3	3	3	3	3	3
信託銀行	7	7	7	7	7	7
地方銀行	64	64	64	64	64	64
相互銀行（注）	69	68	68	68	68	68
信用金庫	456	455	455	455	454	451
信用組合	448	446	443	419	414	407

出所：日本銀行『経済統計年報』平成4年。
注：平成元年以降、第二地方銀行の数値。

銀行との合併）して68行となったのち、平成元年にほとんどが普通銀行に転換して第二地方銀行（協会加盟行）となる。

　相互銀行業界ではかねてから普通銀行転換の希望が強かったが、地方銀行が反対し、内部にも反対があったほか、金融制度調査会でも相互銀行は中小企業金融に専門性を発揮すべしとして反対意見が多かった。さらに、いくつかの経営悪化や内部体制混乱のケースが明るみに出たこともマイナス材料になっていた。

　銀行局は転換について前向きに考えていたところ、59年5月に相互銀行協会会長から正式な転換の要望書が提出された。金融制度調査会は60年9月から制度問題研究会（後述）を設置して検討を加え、62年12月に報告書をまとめた。報告書は、相互銀行の独自業務である相互掛金のウェイトが極小となり、普通銀行も中小企業融資が増えて、同質化していることから、制度的分離の意味は乏しいとした。これを受けて、希望行が「合併・転換法」により転換することに固まった。

　銀行局は63年7月に「合併・転換法」の運用に関する通達を発し、順次認可を進めた。転換の実施状況は表3-3-4の通りで、平成元年2月に52行、4月10行、8月3行、10月1行が転換した。残り2行の相互銀行も、これらとともに第二地方銀行協会加盟行となった。

　なお、この間に発生した問題金融機関の処理としては、平和相互銀行、第一

表 3-3-4　相互銀行の普通銀行転換

○平成元年2月1日転換行（52行）

旧行名	新行名	旧行名	新行名
北　洋　相互銀行	北　洋　　銀行	近　畿　相互銀行	近　畿　　銀行
北海道　〃	札　幌　〃	大　阪　〃	な　に　わ　〃
山　形　〃	山形しあわせ　〃	幸　福　〃	幸　福　〃
殖　産　〃	殖　産　〃	福　徳　〃	福　徳　〃
北日本　〃	北　日　本　〃	関　西　〃	関　西　〃
振　興　〃	仙　台　〃	和歌山　〃	和　歌　山　〃
福　島　〃	福　島　〃	興　紀　〃	阪　和　〃
大　東　〃	大　東　〃	兵　庫　〃	兵　庫　〃
大　生　〃	東　和　〃	阪　神　〃	阪　神　〃
栃　木　〃	栃　木　〃	呉　〃	せ　と　う　ち　〃
茨　城　〃	茨　城　〃	広　島　〃	広　島　総　合　〃
東　陽　〃	つ　く　ば　〃	山　口　〃	西　京　〃
千　葉　〃	京　葉　〃	徳　島　〃	徳　島　〃
と　き　わ　〃	東　日　本　〃	香　川　〃	香　川　〃
東　京　〃	東　京　相　和　〃	愛　媛　〃	愛　媛　〃
新　潟　〃	新　潟　中　央　〃	高　知　〃	高　知　〃
長　野　〃	長　野　〃	福　岡　〃	福岡シティ　〃
富　山　〃	富　山　第　一　〃	正　金　〃	福　岡　中　央　〃
加　州　〃	石　川　〃	長　崎　〃	長　崎　〃
中　部　〃	中　部　〃	九　州　〃	九　州　〃
岐　阜　〃	岐　阜　〃	熊　本　〃	熊　本　〃
中　央　〃	愛　知　〃	肥　後　〃	肥後ファミリー　〃
名古屋　〃	名　古　屋　〃	豊　和　〃	豊　和　〃
中　京　〃	中　京　〃	宮　崎　〃	宮　崎　太　陽　〃
第　三　〃	第　三　〃	旭　〃	南　日　本　〃
滋　賀　〃	び　わ　こ　〃	沖　縄　〃	沖　縄　海　邦　〃

○平成元年4月1日転換行（10行）

旧行名	新行名	旧行名	新行名
秋　田　相互銀行	秋田あけぼの　銀行	大　正　相互銀行	大　正　　銀行
国　民　〃	国　民　〃	三　栄　〃	奈　良　〃
神奈川　〃	神　奈　川　〃	扶　桑　〃	ふ　そ　う　〃
福　井　〃	福　邦　〃	山　陽　〃	ト　マ　ト　〃
京　都　〃	京　都　共　栄　〃	佐　賀　〃	佐　賀　共　栄　〃

表 3-3-4 （続き）

○平成元年8月1日転換行（3行）

旧行名	新行名	旧行名	新行名
大光相互銀行	大光銀行	静岡相互銀行	静岡中央銀行
松江　〃	島根　〃		

○平成元年10月1日転換行（1行）

旧行名	新行名
第一相互銀行	太平洋銀行

出所：『銀行局金融年報』平成元年版、148ページより作成。

相互銀行、徳陽相互銀行、佐賀相互銀行、岐阜中央信用組合、山陽信用組合などがあり、いずれも再建ないし合併によって処理された。このうち最大の問題は平和相互銀行のケースであった。同行は、創業者一族事業を含めて多大な不良債権を抱え、創業者死去ののち経営者内部の内紛もあって問題が深刻化した。オーナー的経営者の強いリーダーシップによる積極経営の反面、こうした問題も抱える例は、相互銀行の一部にみられたものである。大蔵省は強力な検査に入り対策を練りつつ、日本銀行とともに顧問を送り、昭和61年、早くから準備をしていた住友銀行との合併を認可し、10月に合併が実行された。

店舗行政　店舗行政は、前期の流れを引き継ぎ、規制を緩和した。例えば、3大都市圏の店舗設置場所規制の緩和（普通銀行店舗との競合は問わない：昭和60年度）、店舗外現金自動設備の設置数制限の撤廃（62年度）、普通銀行への逆振替制（小型店舗3→一般店舗1など）の認可（同）などである。こうして、かつての抑制的規制が弱まったという意味で規制緩和・自由化が進んだが、緩和内容そのものが毎年詳細に規定されたから、新たな規制が提示されたに等しく、この点で従来と同質の行政指導が続いたといえる。

このもとで店舗数は表3-3-5のように推移した。従来に比べ、全体に増加はやや緩やかになっているが、規制緩和のなかで都市銀行だけは増加幅を拡大している。

表3-3-5 金融機関店舗数

年末		昭和60	61	62	63	平成元	2
都市銀行							
	本店	13	13	13	13	13	12
	支店	2,766	2,875	2,880	2,906	2,967	3,032
	出張所	280	322	350	384	420	430
長期信用銀行							
	本店	3	3	3	3	3	3
	支店	61	62	62	64	67	71
	出張所	−	−	−	−	−	−
信託銀行							
	本店	7	7	7	7	7	7
	支店	353	356	360	364	368	378
	出張所	3	4	4	5	4	4
地方銀行							
	本店	64	64	64	64	64	64
	支店	6,120	6,206	6,285	6,378	6,497	6,619
	出張所	723	752	794	828	853	863
相互銀行							
	本店	69	68	68	68	68	68
	支店	4,081	4,053	4,125	4,207	4,308	4,388
	出張所	175	192	208	222	239	252
信用金庫							
	本店	456	455	455	455	454	451
	支店	6,505	6,732	6,884	7,055	7,228	7,429
	出張所	129	168	190	220	227	242
信用組合							
	本店	448	446	443	419	414	407
	支店	2,318	2,353	2,383	2,429	2,450	2,491
	出張所	69	66	70	73	79	76
郵便局		23,633	23,713	23,793	23,886	23,994	24,107

出所:日本銀行『経済統計年報』平成4年。
注:外国為替専門銀行は都市銀行に含まれる。相互銀行は、平成元年以降、第二地方銀行の数値。

　なお、バブル崩壊ののち、店舗が減少傾向に移るのは平成5年からである。これに伴って店舗行政はその意味を失い、平成5年に地方銀行以下に対する店舗数規制、7年に都市銀行に対する同規制が廃止される。さらに9年、残る設置場所規制、小型・機械化店舗等の人員制限、出張所の取扱業務制限が撤廃さ

れて、店舗行政はその歴史を終えるのである（以後は届出のみ）。

金融行政の自由化・弾力化措置　前期に続き、第5次・第6次「金融行政の自由化・弾力化」措置が実施された。主な内容は、第5次（昭和60年度）が投資顧問業・貸金業・ベンチャーキャピタル・コンピュータ業務受託等の関連会社の認可、証券・保険との提携サービスの拡大、第6次（61年度）が配当率上限規制の撤廃、貸付信託・年金信託・信連・農協の資産運用規制の緩和、広告規制の緩和（全銀協自主規制の廃止）などであった。

経営諸比率指導の見直し　昭和61年5月、大蔵省は「経営諸比率の見直し」を発表し、基本事項通達を改正した。その基本的な考え方は、今後規制・指導は必要最小限にとどめるが、自由化に伴いリスクが増大するので、金融機関は経営諸比率をチェック・ポイントとして用い、自己責任において健全性を維持すべきであるというものであった。

　具体的な見直しは次の通りである。①総資産の4％以上（国際業務を行うものは6％以上）を目標に自己資本の充実を重視する。②配当率上限規制を廃止するが、内部留保充実の観点から配当性向規制（40％以内）は存置する。③調達・運用のミスマッチによる流動性リスク・金利リスクの抑制のため、流動性比率（流動性資産／流動性負債）、長期運用・調達比率（長期運用／[長期調達＋自己資本]）の2指標を設ける。④大口融資規制に支払承諾、貸出先の関連子会社分を加えて強化する。⑤経営実態把握のため、管理債権、オフバランス取引、海外子会社の経営指標などの報告を求める。

銀行検査　検査方法について、昭和60年度以降海外調査を行い、62年度にアメリカのCAMEL法を参考に方式を改定した。CAMELとは、C（Capital：自己資本の充実）、A（Asset：資産の健全性）、M（Management：経営管理体制）、E（Earnings：収益状況）、L（Liquidity：流動性）の各項目に着目することで、従来よりも多面的なリスク・チェックが要請されるようになった

との認識による。

　検査の結果としては、バブル下で土地・財テク関連融資の著増がみられ、特に土地関連融資における審査の甘さ、審査部の各事業本部への取り込みなど管理体制の不備といった問題が指摘された。しかし、経済の好調と業容の拡大のもとで、金融機関の経営は好調であり、強く警告を発する状況にはなかった。不良債権の増大など問題が顕在化するのはバブル崩壊後のことである。

　〔注〕
　1)　例えばボルカー米FRB議長は1987年7月の下院銀行委小委において「自己資本比率規制の国際的統一に関する合意は、特に日本の銀行との競争上不利な立場にあるとの米国の銀行の懸念を和らげるものとなろう」と述べている。

3　膨張する証券市場

バブルとブラック・マンデー　既に述べたように、この期の株式市場はバブルのもとで熱狂的な膨張をみせ、平成元（1989）年12月29日大納会で日経平均株価3万8915円の最高値をつけた。昭和60（1985）年末1万3113円から4年で3倍となる暴騰であった。なおこの間、62（1987）年10月19日のニューヨーク市場の暴落（ブラック・マンデー）に端を発する世界的な株価暴落と低迷があったが、わが国市場はいち早く回復をみせた。

　こうした証券市場の活況を背景にして、図3-3-1が示すように、転換社債・ワラント債と株式の発行（合わせてエクイティ・ファイナンス）が激増した。なお新株引受権付社債（ワラント付社債）の制度は昭和56年に創設され、同年第1号の発行をみていたものである。図3-3-2によると、この期の企業金融においては、銀行貸出も増加しているが、証券発行の増加ペースはそれ以上で、昭和63年には銀行貸出の3分の2程度に拡大していることがわかる。

　不動産担保・不動産関連を中心に銀行貸出も増え、証券発行による資金調達も増え、かつ企業の内部資金も潤沢で、それらの資金はまた株式や不動産をはじめとする資産投資にも、強気な実物投資にも充当されたのである。資産と負

第3章 プラザ合意後の財政金融政策:昭和60～平成2年度

図3-3-1 証券による資金調達（国内）

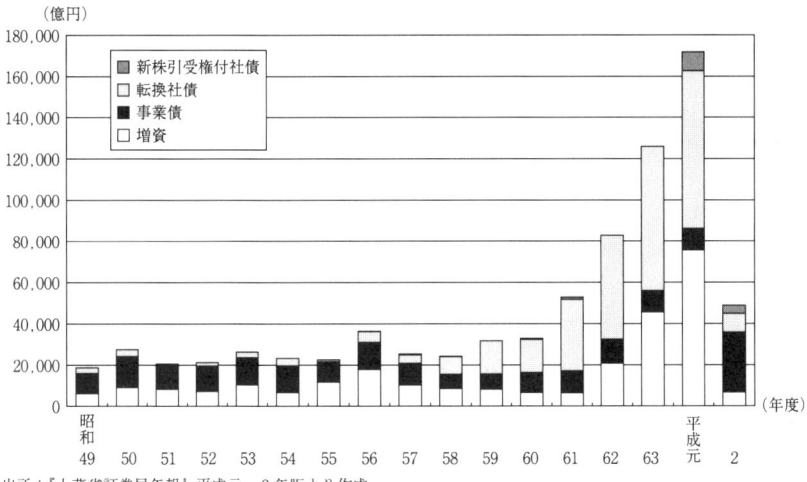

（億円）

凡例:
- 新株引受権付社債
- 転換社債
- 事業債
- 増資

出所:『大蔵省証券局年報』平成元、2年版より作成。

図3-3-2 企業の資金調達

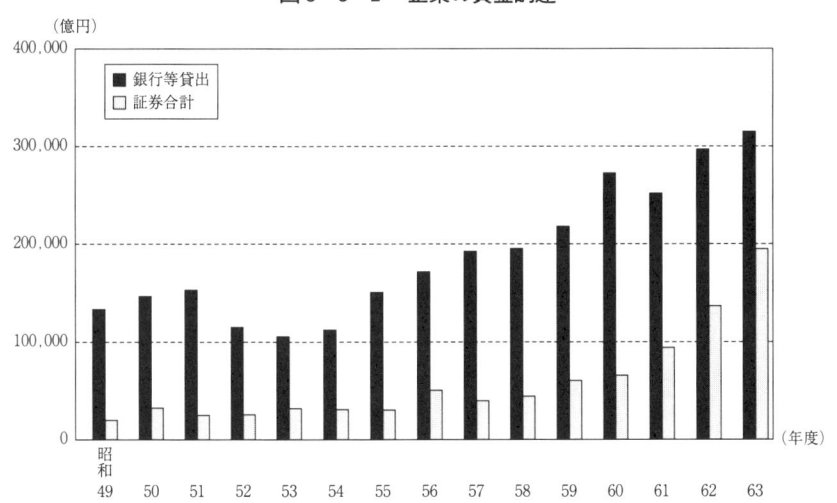

（億円）

凡例:
- 銀行等貸出
- 証券合計

出所:日本銀行『経済統計月報』、『大蔵省証券局年報』各年版より作成。

債の両建て併増、しかも資産は実物・金融双方の投資により膨張、という事態であった。これは、バブル崩壊後、資産減価が発生すると過剰債務と化し、バランスシート調整を必至にさせて、反動としての深刻で長い（金融部門を含む根の深い）停滞へと導くことになる。

国内社債市場の空洞化　活況の一方で、国内社債発行市場の土台部分では空洞化というべき事態が進んでいた。企業の債券による資金調達では、昭和58年度に海外調達が国内市場調達を上回り、60年度には株式を含めた証券形態全体でも海外市場優位となった。その後バブルのもとで国内調達が激増して逆転することになるが、国内市場の問題点は根本的に解消したわけではない。

国内起債市場の問題点は特に普通事業債に強く現れた。金利、手数料、スワップの利用などの面で海外に比べ割高なこと、起債市場運営において発行日程、発行条件が硬直的であり、無担保基準が厳しいこと（担保付だと高コストとなる）など、発行体と投資家のニーズに十分応えていなかったのである。

こうした現状への対策が、昭和61年12月証券取引審議会報告「社債発行市場の在り方について」としてまとめられた。その骨子は、無担保社債基準の緩和、格付制度の充実、プロポーザル方式、財務制限条項の見直し、担保付社債の適債基準の緩和、大型私募債市場の創設、社債法改正であった。

しかし抜本的な問題解決への着手はのちの金融ビッグバンを待たなければならなかった。

証券取引法の改正　この間、昭和60年と63年に証券取引法の改正が行われた。

昭和60年改正（6月公布）は、証券先物取引を認め、その規定を行ったものである。国債の大量発行を契機に特に債券市場での取引が急拡大し、広範な市場参加者からのリスク・ヘッジのニーズが高まったことがその背景であった。

昭和63年改正（5月公布）の要点は次の通りである。①債券先物に続き、株式を含む有価証券先物取引（指数先物を含む）をできるだけ幅広いかたちで認め規定するとともに、オプション取引も導入したこと。②一定の要件を満たす

有価証券発行者について、a）あらかじめ発行予定を記載した発行登録書を提出しておけば追補書類だけで発行可能（届出不要）としたこと、b）有価証券届出書を簡素化し、基本事項は有価証券報告書等の参照で足りるとしたこと。③内部者（インサイダー）取引規制の規定を整備し、刑事罰を規定したこと。

先物取引の拡充　大阪証券取引所は昭和61年4月、現物株式のパッケージ型の先物取引の案を大蔵省に申請した。5月の証券取引審議会でこの案は了承され、62年6月から取引が開始された（大証「株先50」）。証取審は61年12月に証券先物特別部会を設置し、62年4月、報告書「証券先物市場の整備について」をまとめて、株価指数先物及び証券オプションの早期導入を提言した。これが上述の金融先物取引法、証取法改正法となったのである。63年9月、東京・大阪両証券取引所は株価指数先物取引を開始した（東証はTOPIX、大証は日経225）。また株価指数オプション取引は平成元年6月に大証、10月に東証で開始された。

東証会員権の拡大問題　日米円ドル委員会報告書を受けて、東京証券取引所は昭和60年8月、理事会で正会員定数枠の拡大を正式に決めた。

希望者の申請を受けて選定の結果、12月、第1次拡大として10社（米系4、英系2、国内4）への会員権付与を決定した。また62年12月、第2次拡大として22社（米系6、英系4、仏系2、独系2、スイス系2、国内6）を決定した。

投資顧問業法　投資顧問業についての法規制がない、いわば野放し状態のもとで、投資ジャーナル・グループ事件など投資家被害が発生したことから、「有価証券に係る投資顧問業の規制等に関する法律」を昭和61年5月に公布（施行は11月）し、登録制を実施するとともに必要な規制を加えた。

行政指導　業者監督の分野では、まず昭和60年4月の山一證券投信販売・小柳証券・大福証券の合併（太平洋証券設立）によって、投資信託販売会社がす

べて消滅した。このほかに中堅証券同士の合併も目立ち、これにより準大手クラスの総合証券会社の層が厚くなった。

　店舗行政は昭和61年3月通達によってかなり弾力化した。特に、従来の内認可→認可という二重の手続を変更し、内認可手続を廃止したことは、実務上大きな簡素化であった。

　証券会社の経営状況は、バブル下で市場が活況を呈したため、全体として好調であり、問題点は後景に退いていた。不正取引（不祥事）、経営悪化などの問題は、バブル崩壊後に噴出することになる。

4　自由化・国際化・高齢化と保険

保険市場の動向　既に述べたように、この期の保険市場は、バブル経済のもとでの膨張の要素も加わって、成長を持続した。

　生命保険業界の動向は以下のようであった。戦後20社体制が続いた生保業は、昭和47年に琉球生命を加えたのち国内21社となっていた。そこへ昭和48年にアメリカン・ライフ社、49年にアメリカン・ファミリー社が参入した。いずれも昭和24年「外国保険事業者に関する法律」（外事法）に基づく支店形式での進出であった。その後、昭和50年に西武オールステート社、56年にソニー・プルデンシャル社がともに合弁形式で参入し、57年にはアイ・エヌ・エイ社が100％外資として参入した。これらを先駆けとして外資の進出があり、昭和63年度末現在で、保険業法に基づく内国保険会社25社（うち相互会社16社、株式会社9社）、外事法に基づき日本人向け営業を行う会社5社、合計30社となった。

　損害保険業界は長く国内22社体制であったが、昭和57年にオールステート自動車・火災保険会社（米オールステート保険会社の100％出資による現地法人）が保険業法の事業免許を取得して参入し、23社となった。このほか外事法に基づく外国損害保険会社があり、その数は昭和63年度末現在で37社であった。

　これらの保険会社の他に、共済事業と簡易保険とがあり、そのウェイトは高まる傾向を示した。

保険審議会答申の時代認識　この期における保険審議会答申は、昭和60年「新しい時代に対応するための生命保険事業のあり方」及び昭和62年「新しい時代を迎えた損害保険事業のあり方」の２つである。これらはいずれも、自由化・国際化が進む金融の動向を包括的に整理し、その保険業への影響を考察した上で、保険業界に求められる対応を詳細にわたって列挙するという内容をもっている。

　生命保険に関する昭和60年答申は、環境変化を次のようにまとめる。——金融の自由化は、成長パターンと経済構造の変化という基盤のもと、金融資産の高度な蓄積、国債残高増加と公社債市場の拡大、エレクトロニクスによる金融技術の革新、金融市場の国際化、といった要因によって着実に進展している。

　このことは生保に対して、他業態や海外との競合が強まるという影響を及ぼすため、体質・競争力の強化を図る必要があると述べる。経営多角化については、他業兼営による損失が保険に及ぶことを防ぐため、保険専業主義の原則の重要性に留意すべきである一方、付随業務や関連会社による周辺業務の拡大には積極的に取り組むべきであるとした。

　また、これと並んで高齢化の進展も重要な条件であり、以下の点で対応が求められると指摘する。——個人年金、企業年金運用を中心とする所得保障。医療保険を中心とする医療保障。介護など老人福祉サービスの多様なニーズに対する貢献の可能性の追求。

　次に、損害保険に関する昭和62年答申も、同様に環境変化をまとめたのち、求められる対応を以下のように指摘する。——金融自由化は、損保の資産運用面に対しては他の投資主体と異なるところなく直接に影響を及ぼす。このなかで、堅実な運用に加え、効率的な運用とその成果の顧客への還元の要請も著しく高まる。一方、商品・サービス提供の側面では、（競合など）直接の影響は考えにくいが、積立型商品の成長にみられるように保険にも金融資産としての収益性も求められている面がある。また金融自由化のもつ顧客ニーズへの対応という側面は損保にも共通するものであり、商品・サービスの充実が課題となる。

こうした認識のもとで、答申は以下に述べるような詳細な提言・指導を行い、業界もそれらに応えるべく数多くの施策を講じた。

商品・サービスの自由化・多様化——生命保険　昭和60年答申は、多様なニーズに応える商品・サービス提供を図るために、まず求められている多様性を分析する。その結論の大要は次のようであった。

(1) 契約締結時の多様性
① 商品種類の多様化
② 保険料設定の多様化……たとえば、若年層は死亡保障へのニーズが高いため、予定利率が高く、配当は小さいが保険料も安い商品（低料低配商品）を、逆に高年齢層は生存保障ニーズが高いため、予定利率が低く、保険料が高めであっても配当の大きい商品（高料高配商品）を選ぶ傾向があろう。また、収入の増加に応じて保険料も増加する修正保険料方式、退職後に保険料支払の必要のない短期保険料払込などの工夫も必要である。このように属性とニーズに応じて多様な選択肢を提供する必要がある。
③ 保険料支払方法の多様化……月払いとボーナス等による一時払の併用、支払の自在なアメリカのユニバーサル保険などを検討すべきである。

(2) 契約締結後の調整の自在性
① 中途増額制度の充実……オプションとしての無選択増額権特約（健康状態に関わりなく〔無選択で〕保険金を増額する権利を保証）、ボーナス等を利用して保険金額を増額する一時払増額制度の拡充などを検討すべきである。
② 転換制度の充実……養老保険から終身保険や各種年金から個人年金へといった転換制度のスクランブル（多方向）化を検討すべきである。
③ 保険金・配当金受取方法の多様化……保険金を終身年金等のかたちで受け取る方法、一定期間据え置き後に資金ニーズに合わせて受け取ることのできる据置支払制度、保険金信託の活用などを検討すべきである。

このほか答申は、高齢化に伴うニーズへの対応を特に取り上げている。年金

ニーズに関しては、公的年金負担も高まる見込みであるから、限られた可処分所得のなかからより多くの個人年金を得たいとのニーズが強まる。そこで、中高所得層が公的年金の水準を超えて豊かな老後を送るため、自営業者が国民年金を超える水準を得るため、男性より平均寿命の長い女性向け、などの各種ニーズに応えることを促した。また医療・福祉ニーズについては、保険期間が一般に80歳までとされている医療保険の終身保障への延長、医療費の一部負担を担保する商品の開発、一定以上の歯科医療費をカバーする保険の開発、通院を給付対象とすることの検討を挙げた。さらに、現物給付を含む幅広いサービスの提供とリンクした保険サービスの開発、例えば住宅担保年金制度、被保険者に対する人間ドック特約等の健康サービスの活用などをサジェストしている。

業界では、これらの指摘に対して直ちに検討を始め、業界統一医療保障保険、介護給付金を組み込んだ終身保険、夫婦2人を被保険者とする連生終身保険、退院後の通院に対して一定給付を行う通院給付特約、歯科医療保険、痴呆と寝たきりの双方を保障する介護保険などの開発・発売が実施された。

商品・サービスの自由化・多様化──損害保険　損保に関する昭和62年答申も、生保に関する60年答申と同じく、今日のニーズを分析し、検討課題を詳細に列挙する内容であった。挙げられている主な項目には次のようなものがある。
○学生総合保険のような階層別の「セグメント商品」の開発強化。たとえば子供向け、シルバー層向けなどのようなニーズの把握が望まれる。またその際、パッケージ商品や積立特約の活用を考慮されたい。
○レジャー活動向け保険など消費のサービス化に対応する商品の開発、高齢化に対応する医療費用保険の改善、介護の諸費用を担保する保険などの開発が望まれる。
○積立型商品の改善と多様化（ただし保険機能が基本である点は確認してほしい）。
○「面倒見のよさ」を強化する観点から、自動車保険における修理業者の紹介斡旋のようなサービスの他保険への導入、修理・介護サービスのような現物

給付方式の採用を検討されたい。また自動車保険における示談代行サービス、事故受付・相談サービス、海外旅行傷害保険における緊急医療手配サービスのようなクレーム・サービス、防災診断、防災情報提供といった関連サービスの充実が望まれる。
○企業分野でも、オンライン事故やコンピュータ犯罪を担保する保険、天変異変による利益損失を担保する保険、無形財産を対象とする保険の開発など、産業ごとのリスクの実情を分析し、きめ細かな商品対応を図るべきである。
○特に賠償責任リスクの増大に対応する商品の充実を検討すべきである。
――これらの提言を受けて損保業界も迅速に対応策を実施し、のちに保険審議会のフォローアップにおいて実施率がかなり高いと評価されるに至る。

第三分野の弾力化の方向性　昭和60年答申は、高齢化に伴い、障害・疾病関連保険の充実の要請が強まっていることから、生保・損保両事業にまたがるいわゆる第三分野について「弾力的な運用を図ることを検討すべきものと考える」と述べ、積極的な姿勢を表明した。

以上のように推移してきた保険業の1980年代は、第1章で述べたように、戦後体制の最終局面、新時代の前夜であった。本当の意味での競争が導入され、各社独自の経営方針が問われることになる新時代は、このあと1990年代にやってくる。

5　「新しい金融制度」の検討

審議の経過　金融制度調査会は、昭和60年9月、金融制度のあり方を基本から検討するために、「専門金融機関制度をめぐる諸問題研究のための専門委員会」(制度問題研究会)の設置を決めた。以後約6年(結果的にバブルの全期間をカバーする)をかけて、制度問題研究会、ついで金融制度第一・第二委員会で審議を行い、最終的に平成3(1991)年6月、金融制度調査会答申「新しい金融制度について」を提出した[1]。これに基づいて「金融制度改革関連法」

が平成4年6月に成立、翌5年4月1日から施行され、業態別子会社設立による相互乗入れの方式を通じて金融制度の抜本的改革が行われることになった。

制度問題研究会報告　制度問題研究会は昭和60年10月に審議を開始し、約2年かけて基本問題から検討した結果、昭和62年12月、報告「専門金融機関制度のあり方について」をまとめた。この報告は主要な論点を取り上げて整理したものである。このうち注目される論点には次のようなものがあった。
○金融制度の分業制の是非は、効率性と公平性、技術の同質化、グローバル化といった観点から検討されるべきである。
○ホールセール（大口）とリーテイル（小口）という区分は、前者では効率と自己責任が、後者では安全性がより重要である点で、金融制度検討の際に考慮されるべきである。
○ユニバーサル・バンキングには長所と短所があるが、健全性の重要な銀行がリスクの大きい証券業務を全面的に行ってよいかどうかは考慮を要する。
○多角化の経済（Economies of scope）は金融においても働くと思われるが、利益相反、健全性確保の問題も配慮しなければならない。
○利益相反の防止については、①競争があれば抑止される、②内部隔壁（チャイニーズウォール）を用いる、③別会社に分離する、④兼営は一切不可とするなどの考え方があるが、①④は採用しがたく、②ですべて解決するかも疑問が残る。

中間報告と最終答申　上記報告を受けて、調査会は、金融制度第一委員会（中小金融機関を対象）・第二委員会（その他を対象）を設置して昭和63年2月から審議を開始した。
　第一委員会は、地域金融機関には地域ニーズに密着した業務の提供という役割があり、同じく協同組織形態の金融機関も今後とも必要であるとする報告を行った。
　一方、第二委員会は平成元（1989）年5月に第一次中間報告「新しい金融制

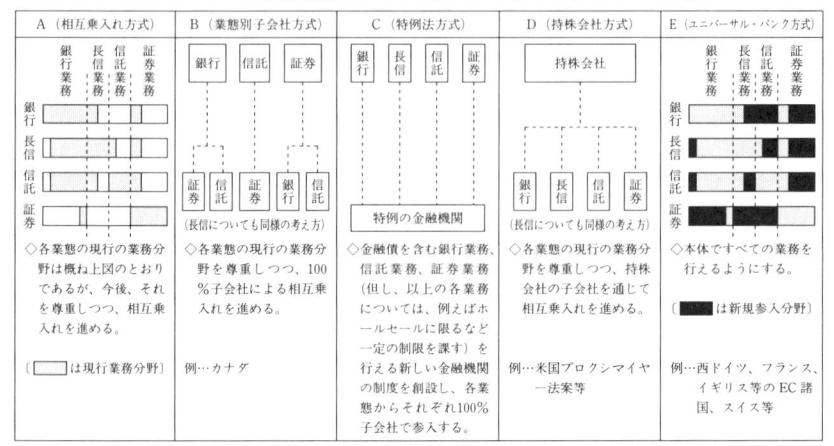

図3-3-3　金融制度見直しに当たって考えられる5つの方式

A（相互乗入れ方式）	B（業態別子会社方式）	C（特例法方式）	D（持株会社方式）	E（ユニバーサル・バンク方式）
銀行業務／長信業務／信託業務／証券業務の区分（銀行・長信・信託・証券）	銀行／信託／証券（証券・信託・証券・信託の子会社）	銀行／長信／信託／証券 特例の金融機関	持株会社 銀行／長信／信託／証券	銀行業務／長信業務／信託業務／証券業務（銀行・長信・信託・証券）
（長信についても同様の考え方）			（長信についても同様の考え方）	
◇各業態の現行の業務分野は概ね上図のとおりであるが、今後、それを尊重しつつ、相互乗入れを進める。 〔▬▬は現行業務分野〕	◇各業態の現行の業務分野を尊重しつつ、100％子会社による相互乗入れを進める。 例…カナダ	◇銀行業務を含む銀行業務、信託業務、証券業務（但し、以上の各業務については、例えばホールセールに限るなど一定の制限を課す）を行える新しい金融機関の制度を創設し、各業態からそれぞれ100％子会社で参入する。	◇各業態の現行の業務分野を尊重しつつ、持株会社の子会社を通じて相互乗入れを進める。 例…米国プロクシマイヤー法案等	◇本体ですべての業務を行えるようにする。 〔■は新規参入分野〕 例…西ドイツ、フランス、イギリス等のEC諸国、スイス等

出所：大蔵省内金融制度研究会編『新しい金融制度について－金融制度調査会答申－』（金融財政事情研究会、平成3年）、502ページ。
注：為専は、金融債の発行が認められていることから、本表においては長信に含めて表示。

度について」を提出した。この報告の骨子は次の通りであった。

○現在の分業制度は、戦後の資金不足のもとで、限られた資金を専門機関を通じて各分野へ円滑に配分するためにつくられ機能してきた。環境が変化したので制度も見直しの時期に来ている。

○見直しの視点は、利用者の利便・利益、国際性、金融秩序の維持、公平性である。

○考えられる見直しの具体的方式は、
　A：相互乗入れ方式
　B：業態別子会社方式
　C：特例法方式（各金融業務を兼営できる特別な機関——投資銀行案などと呼ばれた——を100％子会社として各金融機関が新設する）
　D：持株会社方式
　E：ユニバーサル・バンク方式……の5つである（図3-3-3）。
　　相互乗入れ方式では部分的に過ぎる。持株会社方式は利益相反防止等には有効であるが、戦前の財閥のような支配力の問題がある。ユニバーサ

ル・バンク方式は効率には優れるが、銀行の健全性、利益相反の面で問題がある。結局、業態別子会社方式・特例法方式を軸に検討すべきであるとした。

　第一委員会はさらに検討を進め、平成2年7月、第二次中間報告「新しい金融制度について」を作成した。その結果、信用秩序の維持、利益相反の防止、競争条件の公平性、利用者利便の観点からみて、業態別子会社方式が優れていると結論づけた。

　総合的な詰めは制度問題専門委員会を設けて行い、その平成3年6月25日の報告「新しい金融制度について」を、同日付け・同タイトルで金融制度調査会の答申とした。また同月、証券取引審議会からも報告「証券取引に係る基本的制度の在り方について」が提出された。これらに基づき、金融制度改革関連法が平成4年6月に成立、翌5年4月1日から施行され、業態別子会社設立による相互乗入れの方式を通じて金融制度の抜本改革が行われることになった。

　業態別子会社の設立は、平成5年7月の長期信用銀行による証券子会社設立を皮切りに進められた。しかしその後、バブル崩壊によって金融機関の経営が困難化し、日本の金融資本市場の競争力喪失の危機感が高まった。そのもとで「日本版金融ビッグバン」の方針がとられ、金融持株会社法（平成10年3月施行）、改正外為法（同4月施行）、金融システム改革法（同12月施行）等が整備されて、持株会社方式を主に利用した金融業界の大型再編が画期的に進むことになる。

〔注〕
1)　この間の報告類は大蔵省内金融制度研究会編『新しい金融制度について』（金融財政事情研究会、平成3年）に収録されている。

第4節　対外経済政策

1　先進国の景気回復と長引く累積債務問題

先進諸国の景気回復　1980年代前半に停滞した先進国経済は、後半に入ると、ようやく回復に向った。80年代後半、OECD 諸国の成長率は平均約3％の水準を維持した。景気回復を主導したのはアメリカと日本であり、アメリカは1983年から89年まで7年間にわたり景気拡大が続いた。日本においても、1987年から89年にかけて内需主導による景気拡大が起きた。

アメリカは1985年に債務国になり、貿易収支・経常収支の赤字は、87年に史上最高を記録した。その後は赤字幅は縮小したが、対日貿易不均衡はあまり是正されず、日米経済摩擦は激しさを増した。スーパー301条に基づいて USTR（米国通商代表部）は、1989年5月に、人工衛星、スーパーコンピュータ、木材の3品目を優先交渉分野に指定した。3品目を巡る交渉は、1990年3月から4月に決着を見た。また、1989年9月から90年6月にかけて、日米構造協議（SII）が行われた。米国の6項目の対日要求は、最終的に、公共投資拡大、独占禁止法改正、大店法撤廃の3点に絞られた。構造協議は、貿易不均衡の原因がわが国の制度や慣行にあるとし、その改革を求めるものであり、個々の貿易品を巡る摩擦とは異なる新たな段階を画するものであった。

第1次オイル・ショック以来、ヨーロッパの経済成長は思わしくなかったが、EC 経済統合が牽引力となり、1980年代後半に景気回復が進んだ。1987年の「単一欧州議定書」により、92年末までの域内市場統合の完成が合意された。89年には「ドロール報告書」が出され、通貨統合のスケジュールが示された。このように統合への動きが加速化するなかで、英、仏、西独等の EC 加盟国は、インフレの抑制、規制緩和、財政均衡を進めた。とりわけ、イギリスのサッチャー政権は、1986年に証券ビッグ・バンを実施し、大胆なシティー改革を断行した。

新興工業国の二極分化　プラザ以後の急速な円高のなかで、NIES は対米貿易を拡大し、経済発展を続けた。NIES とアメリカとの貿易摩擦も生じた。ASEAN は、直接投資を積極的に受け入れ、輸出工業化を図って行った。日本と NIES は、対米摩擦回避の目的もあり、ASEAN 諸国に進出し、生産拠点を設けた。その結果、ASEAN 諸国では輸出産業を中心に工業化が進み、ASEAN の輸出品のうち重工業製品が、1989年に50％を超えるまでになった。

　NIES、ASEAN、日本、中国を含め、東アジア・東南アジアの経済は驚異的な発展を遂げた。NIES や ASEAN の経済成長に重要な役割を果たしたのが、先進国からの短期資金の流入であった。これらの地域では、1980年代後半に金融自由化が進んでおり、特に ASEAN 諸国は、ドル・ペッグを採用していたために、短期資金の急激な流入が起きたのであった。しかし、短期資金に依存した経済成長は、ASEAN 諸国の金融機関の健全性を損ない、のちに1997年のアジア通貨危機をもたらすことになった。

　東アジアと対照的な道をたどったのが中南米であった。1982年の通貨危機後、インフレ、財政赤字、国際収支悪化がこれらの国々を苦しめた。1987年には、中南米諸国の消費者物価上昇率は、じつに130.8％にも達した。経済悪化の原因としては、輸入代替工業化政策の失敗、ポピュリズム的で場当たりの経済政策などが指摘されるが、IMF によるデフレ政策、為替レート切下げなどの処方箋も効果を発揮せず、対外債務はさらに累積した。

サミット　1985年5月のボン・サミットの焦点は、ガット新ラウンドの開始時期の決定であった。日・米・加3国は1986年春からの新ラウンド交渉の開始を主張し、国内の農業事情への配慮から早期開始に強い難色を示したフランスとの間に意見の隔たりがあった。ほとんどの参加国は早期開始に賛成したが、コンセンサスを形成するには至らなかった。また、各国共通のマクロ政策の目標として、ウイリアムズバーグ宣言（1983年）以来の中期的経済戦略を堅持することが確認され、景気刺激策を打ち出した7年前のボン・サミットとは対照的であった。

1986年の東京サミットでは、サミット構成7ヵ国蔵相・蔵相代理によるG7の創設と、G7による政策協調の強化が決定した。

　1987年のベネチア・サミットでは、同年2月のルーブル合意をいかに定着させるかが主要な議題となった。マクロ経済政策については、アメリカは内需拡大、金利引下げを黒字国に対して求めたが、日本は緊急経済対策の実施を前面に掲げ、金利引下げは拒否した。政策協調に関しては、強制力の強い自動性の要素を取り入れるべきだとするアメリカと、そうした強制は好ましくないとする日本、西独とが対立した。

　1988年のトロント・サミットでは、多角的サーベイランスのためのインディケーターとして商品価格指標を追加することが合意された。金融政策に関して、アメリカは日独に対して、金融緩和政策の堅持を要請した。途上国経済・債務問題は、このサミットの最大の議題であり、宮澤蔵相からIMFを活用した債務国救済案が提案されたが、合意は得られなかった。

　1989年のアルシュ・サミットは、パリ郊外に新築されたグラン・アルシュ（新凱旋門）において、フランス革命200周年に合わせて7月14日から3日間開催された。国際通貨問題に関しては、プラザ、ルーブルの合意を経て実施されてきた協調行動を確認し、貿易問題に関してはウルグアイ・ラウンド交渉の1990年までの完了に向けて努力することが申し合わされた。途上国の債務・開発問題は、このサミットの大きな柱の1つであり、最貧国に対するトロント・スキーム、中所得国に対する「新債務戦略」などを歓迎する意向が示された。わが国は、ベネチア・サミットにおいて発表した3年間300億ドル以上の資金還流措置を、さらに拡充強化し、「現行3年間を含む5年間で650億ドル以上」の資金還流措置を実施すると表明した。

　1990年7月のヒューストン・サミットは、1989年10月にベルリンの壁が開放されるなど東欧諸国の自由化・民主化が急展開するなかで開催され、政治色の強いものとなった。経済宣言とあわせて、2つの政治宣言（「政治宣言－民主主義の確保」、「国境を超える問題に関する声明」）が発表された。サミットでは、中欧・東欧の政治・経済改革を支援すること、そのために、91年発足予定

の欧州復興開発銀行を中心に、この地域への外国の民間投資を促進することで意見が一致した。ゴルバチョフ大統領のもとで、改革が行われているソ連については、市場経済への移行を歓迎し、サミット参加国が技術的支援を行うことが合意された。このように東欧・ソ連の問題の影で、従来の主要テーマであったマクロ経済等の問題は、参加国の経済が8年目の拡大に入っているという状況も反映して、ほとんど議論にならなかった。

累積債務問題の解決策　1980年代後半に、アメリカが中心となって累積債務政策の見直しが行われ、1985年10月のIMF・世銀総会では、ベーカー米財務長官から新たな構想（「ベーカー構想」）が示された。この構想は、重債務国15カ国を対象に新規融資を実施しようという提案であり、債務国に対しては供給重視のコンディショナリティ（構造調整）を課した点に特色があった。具体的には、今後3年間に国際機関（IMF、世銀、地域開発銀行）が270億ドル、民間金融機関が200億ドルを供給するという内容であった。しかし、先進諸国の民間銀行が累積債務国への新規貸出を控え、債権回収に動いたために、この構想は暗礁に乗り上げることとなった。

累積債務国の状況は一向に改善の兆しを見せず、1986年のメキシコの債務残高の増加とIMFによる緊急融資、民間銀行のリスケ（返済繰延べ）、87年2月のブラジルのモラトリアムなどが起きた。

1987年9月のIMF・世銀総会の際にベーカー財務長官は、「ベーカー構想」を補足する「メニュー・アプローチ」を提起した。この提案は、銀行団が債務国に対して新規融資を行う際に、銀行側が選択できる債権の選択肢（メニュー）を拡げようというアイディアである。貿易及びプロジェクト融資、中央銀行・政府への貸付の民間部門への振替え、債務の株式化などが示したものであり、民間銀行のインセンティブを高める狙いがあった。

これらの提案に沿ってIMFは、ファシリティの多様化に踏み出した。1987年9月のIMF・世銀総会でカムドシュ専務理事は、債務危機が長期間にわたることが予想されるなかで、債務問題の解決のためには債務国と債権国との責

任の共有と協力が必要であると訴えた。IMFは債務問題においても、世銀と協力しつつ、中心的役割を果たすべきであり、具体的には、構造調整ファシリティ（SAF）の増大、拡大信用供与措置（EFF）の活用、輸出変動補償措置（CFF）の点検など、融資ファシリティの多様化を図るべきだとした。

　低所得国向けの譲許的条件での長期融資として新たに設けられたのは、拡大構造調整ファシリティ（ESAF）であった。構造調整ファシリティ（SAF）は、トラスト・ファンドの返済金を基に1986年3月に設けられたが、規模も小さく（27億SDR）、十分な役割を果たせなかった。そこで、IMFカムドシュ専務理事が、1986年6月に、SAFの資金規模を3倍に拡大する提案を行い、同年12月に拡大構造調整ファシリティ（ESAF）として創設された（その後、1999年11月に貧困削減成長融資制度（PRGF）と改称された）。

　輸出変動補償措置についても見直しが行われ、1988年7月に輸出変動・偶発補償融資（CCFF）が創設された。1963年に、外生的要因による輸出の落ち込み・国際収支困難に対応するための輸出変動補償融資（CFF）が設けられていたが、予想外の輸出所得の低下、輸入価格の上昇、金利の上昇などにもこの制度を拡大しようとしたものであった。

　世銀もまた、従来からの特定プロジェクト融資に加えて、構造調整支援のための融資、協調融資による民間資金の動員を新たに手掛け、債務問題の解決に乗り出した。

　しかし、これらの方策は順調には進捗しなかったので、新たな債務国対策が模索され、1989年に「ブレイディ提案」が出された。

　1988年4月のIMF暫定委員会で示され、同年9月のIMF・世銀総会で正式に発表された宮澤構想は、「ブレイディ提案」への先駆けとなった。債務国の構造調整プログラムを担保として、IMFの債務保証のもとに、債権国と民間銀行が債務の債券化等を通じて債務の削減を図るという提案であった。

　1989年3月10日、米財務長官ブレイディは、民間銀行が債務削減、金利減免を行い、IMF・世銀が公的資金を用いてそれを支援するという提案を行った（「ブレイディ提案」）。この提案は、同年4月のG7において「新債務戦略」と

して合意された。

「ブレイディ提案」は、債務返還繰り延べ・新規融資から、債務削減による負担軽減への債務国戦略の転換であった。この戦略の要点は、途上国に対する不良債権をIMF・世銀保証の優良債権に変換し、流動化を図ることにあった。実際に、ブレイディ債（期限30年）は高い格付けを得ることに成功し、1990年代に入ると中南米諸国への民間資金の流入が進んだ。これを契機に、デリバティブの発展に支えられ、途上国への資金流入が活発化した。エマージング・マーケットと呼ばれる途上国金融・資本市場は、急激な資金流入で不安定性を増大させ、1994年のメキシコ通貨危機（「テキーラ効果」）、1997年の東アジア通貨危機に帰結した。

2 プラザ合意からルーブル合意へ

介入政策への転換 アメリカが従来のドル高・為替市場不介入の政策を転換し、協調介入によるドル高是正に大きく舵を切る画期となったのが、1985年9月22日のプラザ合意である。プラザ合意は、アメリカのイニシアティブによって実行された。

第1期目のレーガン政権は、リーガン財務長官、スプリンケル財務副長官のもとで、為替市場への不介入を貫いたが、その間、ドルは昭和59（1984）年4月に1ドル223円をつけて以降、急速に上昇に転じ、同年10月には250円を突破した。アメリカの貿易収支は悪化し、1984年に貿易赤字は史上初めて1000億ドルを越した。

こうしたなかで、1985年1月17日に開催されたG5では、必要に応じて市場に協調して介入するというウィリアムズバーグ・サミットのコミットメントが再確認され、アメリカは消極的ながらも介入を容認する姿勢を示した。アメリカが、介入支持へとはっきりと転換するのは、レーガン政権2期目に入り、2月に、財務長官ベーカー、財務副長官ダーマンのチームに交替してからである。

この頃、日本政府も、貿易摩擦の深刻化に直面して、円安是正の必要性を強く感じ始めていた。中曽根首相は、私的ブレーンに検討作業を行わせ、日米間

で通貨調整協議を行う方針を6月までに固めた。

6月21日に東京で開催されたG10では、「国際通貨制度改革に関する報告書」が採択された。会議後に発表されたコミュニケでは、固定相場制への復帰、およびターゲット・ゾーン（目標相場圏）構想を非現実的として退けるとともに、各国が政策協調によって為替相場の安定を図ること、為替市場への介入は限定的役割を果たすに過ぎないにしても、必要な際には積極的に協調介入を行うという結論が示された。

G10直前の6月19日に、アメリカ側の要請によって、大場（財務官）＝マルフォード（財務次官補）非公式会談が持たれ、二国間政策協議を行うことで合意した。これを受けて22日には竹下（蔵相）＝ベーカー（財務長官）会談が行われた。日本側が為替市場への協調介入を主張したのに対して、アメリカは日本に対し、財政政策の転換を求めた。7月23日の日米パリ会合、8月21日の日米ハワイ会合において、日本に対して景気刺激のための減税、財政支出拡大を主張するアメリカ側と、協調介入の重要性を強調する日本側との意見の擦り合せが行われ、政策協調と市場介入を2つの柱とするプラザ合意の枠組みが固まった。

プラザ合意　アメリカ側で、プラザ合意の構想が固まったのは6月頃だとされる。日本側がこの構想を知らされたのは、7月23日の日米パリ会合においてであった。

9月15日にG5代理会合（ロンドン）が開催され、プラザ合意の声明文と「ノンペーパー」（協調介入の具体的計画を記した文書）についての検討が行われた。西独の黒字問題を明記すべきかどうか、ドルの引下げと表現するか、非ドル主要通貨の上昇と表記するか、介入という表現を用いるかどうかなどの点が議論になった。会議では、G5をレーガン大統領の新通商政策発表の前に行うこと、それまでは事前に公表されていなかったG5の開催を、今回は事前に公表することが申し合わされた。

9月22日にニューヨークのプラザホテルでG5が開催され、非ドル主要通貨

の対ドルレートの引上げの合意（いわゆるプラザ合意）が成立した。

　合意文書は、「為替レートが対外不均衡を調整する上で役割を果たすべきことに合意した」と述べ、ファンダメンタルズ（基礎的経済条件）をよりよく反映するためには、「主要非ドル通貨の対ドル・レートのある程度の更なる秩序ある上昇が望ましい」とし、必要であればG5諸国は、「これを促進するために密接に協力する」と結んでいた。

　介入の具体的方法を取り決めた「ノンペーパー」では、為替レートを10～12％ドル安に修正すること、そのために、中央銀行が共同して6週間に180億ドルのドル売り介入を行い、その後はドル高への反転を防止するラチェット式の介入を行うこと、介入通貨はドル、円、マルクの3通貨とすることなどの点が合意された。介入資金の各国別分担は、米、日がそれぞれ30％、西独が25％、フランスが10％、英国が5％となった。

　声明文の表現では、アメリカの主張がすべて通ったものの、プラザ合意の内容は、ドル高修正の協調介入と、日本とヨーロッパ諸国の内需拡大を促すマクロ政策協調の同時達成というアメリカの意図は貫かれず、協調介入に力点が置かれる結果となった。

　9月23日から協調介入が行われ、声明前の1ドル238円50銭から9月末には210円台までドル安が進んだ。その後、ドル高への揺り戻しがあったが、10月24日に日銀は短期金融市場の高め誘導に踏み切り、また、アメリカが10月末に積極的なドル売り介入を行ったため、11月には200円台までドルは下落した。

　こうして、10～12％のドル下方修正を行うという目標は2カ月間で達成された。介入総額は102億ドル、内訳は、アメリカ32億ドル、日本30億ドル、独・仏・英合計で20億ドル、その他G10諸国20億ドルであった。

マクロ政策協調への合意　円高は協調介入完了後も急速な勢いで進み、昭和61年2月には200円台を突破し、3月には170円台、5月には160円台、7月には150円台になった。こうしたなかで、円高不況への懸念が強まり、産業界には、内需拡大を求める声が高まった。4月には、日本経済の輸出依存型構造か

らの脱皮を説いた、中曽根首相の私的諮問機関である「国際協調のための経済構造調整研究会」の報告書(「前川レポート」)が発表された。一方、アメリカの対外貿易赤字はドル下落によっても縮小せず、1985年秋には71年ぶりに純債務国に転落した。

昭和60年11月13日に開催されたG5代理会合(パリ)の頃から、金融政策を中心とした政策協調への動きが始まった。翌61年1月18〜19日のG5(ロンドン)においては金融政策協調への合意は成り立たなかったが、1月30日に日銀が単独で公定歩合の引下げ(5.0%→4.5%)に踏み切ったのがきっかけとなり、3月6日、7日には日(4.5%→4.0%)、米(7.5%→7.0%)、独(4.0%→3.5%)の引下げが実現した。4月21日には、米国の要請により、日米の協調利下げが行われた(日銀の第3次公定歩合引下げ:4%→3.5%)。

急激な円高を抑えるために、日銀は3月18日以降、逆介入(ドル買介入)を始めた。しかし、昭和61年4月8日のG5、4月12〜13日の中曽根=レーガン会談では、アメリカ側は円高容認発言を繰り返した。

昭和61(1986)年5月の東京サミットにおいて、アメリカは政策協調の新たな構想を示した(ベーカー提案)。この提案は、①サミット構成7カ国蔵相・蔵相代理会議(G7)を創設し、少なくとも年1回の定期会合を持って政策協調について監視(サーベイランス)を行うこと、②政策の監視を客観的・厳密に行うためにインディケーター(経済指標)を導入し、経済実態がインディケーターから乖離した時には自動是正措置をとるという内容であった。インディケーターとしては、GNP成長率、インフレ率、金利、失業率、財政赤字比率、経常収支、貿易収支、通貨供給量の伸び、外貨準備、為替レートの10の指標が掲げられた。サーベイランスの実施については合意が得られたが、ベーカー提案の自動是正措置については、日本や西独から、機械的・強制的な適用は好ましくないという意見が出され、5月29日のパリG5では、この意見が支配的となった。その後、9月27日のG7(第1回目のG7)においては、多角的サーベイランスの第1回目の作業が行われた。この会議を通じて、G7の間で、アメリカの財政赤字の削減、日独の内需拡大という政策協調によって国際収支不均

衡を是正し、為替安定を図るという合意が形成された。

　昭和61年9月6日、26日に宮澤蔵相とベーカー財務長官との2度の会談が持たれ、10月31日に宮澤＝ベーカー共同声明が出された。共同声明では、日本側は①日本政府が景気刺激を目的に補正予算案を国会に提出すること、②個人所得課税及び法人課税の限界税率の引下げを含む税制改革を実施すること、③日銀が公定歩合を3.5%から3%へ引き下げることの3点を、米側は、①グラム＝ロドマン＝ホリングス法に沿って財政赤字の削減を行うべく努力すること、②歴史的税制改革を法制化すること、③引続き保護主義的圧力に抗して自由・公正な貿易を推進することの3点を声明した。さらに、為替相場について、為替の不安定は安定した経済成長を脅かすので、今後は安定に向けて協力すると謳った。日本が内需拡大を約束し、それに応える形で、アメリカが為替安定への努力を約束したことが、この声明の要点であった。

　ルーブル合意　昭和62年の年明けとともに、円とマルクを対象とした投機が活発になり、1月19日には円は150円を突破した。宮澤蔵相は急遽渡米し、1月21日の宮澤＝ベーカー会談で、150円水準での為替安定を目指すという暗黙の合意が成立し、ベーカー財務長官は、G7の開催を提案した。1987年1月～2月に3回のG5代理会議が開催され、為替相場のレファレンス・レンジを設定する方向で調整が進んだ。

　1987年2月22日に、パリでG6が開催され、ドルを現状水準で安定させるという合意が発表された。いわゆるルーブル合意である。

　この会議は、本来G7で開催されるはずであったが、イタリアは、同国抜きで事前にG5が開催されることを知り、抗議をしてボイコットしたので、G6で開催された。G6では、黒字国の内需拡大、赤字国の財政赤字縮小が確認され、サーベイランスの方法、金融政策協調、為替レートの安定が協議された。その結果、サーベイランスについては、指標を6指標（成長率、インフレ、経常／貿易収支、財政収支、金融情勢、為替レート）とし、定期的点検を実施することが合意された。為替レートについては、これ以上のドルの下落は求めないと

いう点では一致したものの、為替安定の中心レートの水準と幅については、明確な合意は成立しなかった（2月22日の円ドルレートは153円であった）。金融政策協調については、声明には、まったく書き込まれなかった。各国別の意思表明において、日本は、①税制全般にわたる抜本的見直し、②昭和62年度予算の速やかな実施、③総合経済対策の準備、④公定歩合の引上げ（公定歩合の3.0％から2.5％への引下げは2月23日に実施された）を約束した。

　ルーブル合意と大規模な市場介入にもかかわらず、ドル安・円高はさらに進行し、3月23日には150円を、4月24日には140円を突破した。

ブラック・マンデー　中曽根＝レーガン会談（昭和62年4月30日〜5月1日）、ベネチア・サミット（6月8日〜10日）ではルーブル合意が再確認されたが、各国の政策協調の足並みはなかなか揃わなかった。アメリカは黒字国責任論を唱えて、一層の金利引下げ、内需拡大を迫り、日・独は金融緩和の行き過ぎへの警戒を強めた。

　そうしたなかで、10月19日には、ニューヨーク株式市場で、1929年10月24日の「暗黒の木曜日（ブラック・サーズデー）」を上回る大幅な株価下落が起きた（ブラック・マンデー）。東京市場でも、日経平均が14.9％の下落を記録した（20日）。株価はすぐに回復したが、ドル安は止まるところを知らず、為替安定を訴えた12月22日のG7共同声明もなんら効果がなく、年末にはドルは123円台まで下落した。

　昭和63年に入ると、協調介入の効果もあり、為替相場は安定を取り戻し、昭和63年前半は1ドル125〜130円で推移した。1月23日の竹下＝レーガン会談では、協調介入の資金確保のためにSDRを用いる新しい枠組みを作ることで合意が成立した。これにより、日米のスワップ協定の協定介入枠は50億ドルから150億ドルに拡張された。

金利引下げと構造調整　昭和63年半ば以降、焦点はインフレ抑制のための金利引下げに移った。7月1日の西ドイツの公定歩合引下げを皮切りに、西ヨーロッパ各国が協調利下げに踏み切り、8月9日には、FRBが11カ月ぶりに公

定歩合を引き上げた。ルーブル合意は、金利抑制を1つの柱とする協調体制であったので、各国が金利引上げを行ったことは、ルーブル合意の終焉を意味した。

そうしたなかで、日銀の澄田智総裁は9月24日のG5、G7の際に、金融政策を変更する意図のないことを声明し、日本だけが低金利を持続することとなった。日本は、平成元年5月31日に、ようやく2年3カ月ぶりに公定歩合の引上げに踏み切った。

また、平成元年4月2日に開催されたG7（ワシントン）では、マクロ経済政策の協調が中心であることを確認しつつ、あわせて、構造調整＝ミクロ政策の補完的役割にも配慮するという合意がなされた。その後、国際政策協調の力点は、マクロ政策から構造調整協議に移行して行った。

3 市場開放と円の国際化

国際収支の動向　経常収支面では、貿易収支は、輸出の好調な伸び、円高による輸入額の減少により、昭和60年、61年に引続き黒字幅を拡大した。昭和61年の貿易収支は928億ドルの黒字を計上し、その後黒字幅は縮小した。経常黒字も同様に、昭和62年の870億ドルをピークに縮小に転じ、平成2年には357億ドルになった（巻末統計15）。対米貿易黒字も、昭和63年から平成2年にかけて一時的に縮小した。しかし、欧米の対日市場開放圧力が弱まる気配はなかった（平成3年以降、再び貿易収支と経常収支の黒字、対米貿易黒字は拡大した）。

資本収支の面では、長期資本の大幅な流出超過が続いた。長期資本の流出超過は、昭和60年の645億ドルから、63年の1309億ドルまで増大し、その後、減少した。長期対外投資の規模は貿易黒字を上回ったが、それを可能にしたのは為銀の海外からの短期資金調達であった。

対外投資のうち、もっとも大きな割合を占めたのは、証券投資、特に債券投資であった。米国国債を中心にアメリカの占める比重が高かったが、平成元年から2年にかけては、ルクセンブルクが最大となった。

対外資産の拡大　昭和59年末から平成2年末の間に、対外資産残高は3412億ドルから1兆8578億ドルへと5.4倍に、対外負債は2668億ドルから1兆5298億ドルへと5.7倍に拡大した。純資産は、当該期間中、一貫して増大し、743億ドルから3281億ドルへと4.4倍に膨らんだ（巻末統計16）。対外資産・負債における民間部門の比重の増大は、昭和40年代後半以来の傾向であるが、民間部門の比率は、総資産では81.1％（昭和59年）から89.1％（平成2年）へ、総負債では、86.1％（昭和59年）から93.9％（平成2年）に増加した。資産では、機関投資家の海外での資産運用の本格化、為銀の東京オフショア市場取引開始、海外支店との金融取引の活発化などを反映し、証券投資と金融勘定の伸びが著しかった。資産は長期、負債は短期が中心という構造は引き続き存在した。特に対外負債に占める短期負債の割合は拡大した（昭和59年末の57.6％から平成2年末には69.7％へ）。短期負債の増大は、為銀の短期金融取引の拡大を反映するものであり、為銀の短期ポジションは悪化した。

外貨準備の激増　昭和60年は、G5でドル高是正が合意されたため、協調介入による多額のドル売りが行われ、外貨準備はほぼ横這いであった（図2-4-1）。61年4月に円が急騰すると、ドル買いの平衡操作が始まり、外貨準備は61年中に157億ドル増加した。62年には、G7における1ドル140円台の安定の合意に基づいて、大規模なドルの平衡買いがなされ、1年間で外貨準備は倍に激増した（61年12月末422億ドルから62年12月末814億ドルへ）。その後も、平成元年4月まで増加し続け、初めて1000億ドルを突破した（4月末1003億ドル）。5月以降は、ドル高進行時における為替安定のため、ドル売り介入が実施され、平成2年4月には730億ドルまで減少した。

為替市場の動向　東京外国為替市場の米ドル出来高（直物・先物・スワップ合計）は、昭和60年の1兆4072億ドルから、平成2年の5兆9625億ドルへと飛躍的な拡大を遂げた（図3-4-1）。昭和59年4月の実需原則撤廃、ダイレクト・ディーリング及びインターナショナル・ブローキングの開始（米ドル以外

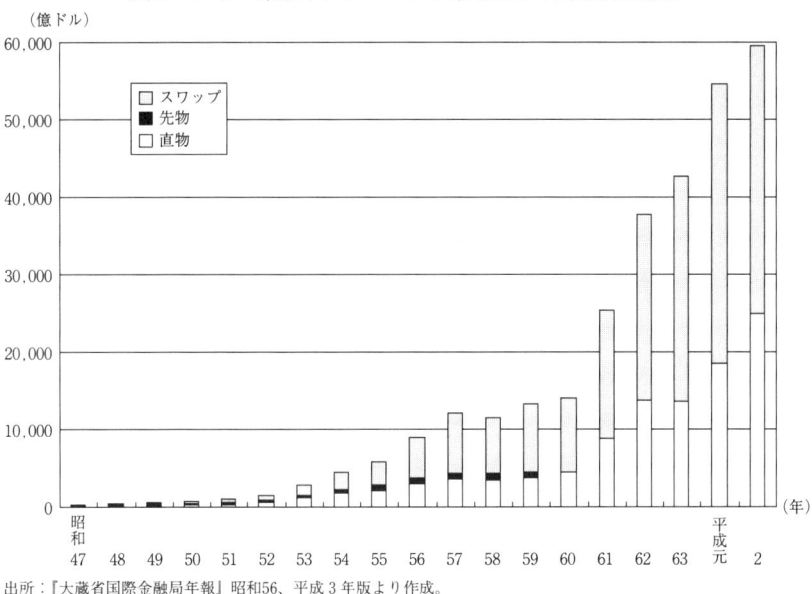

図3-4-1　東京インターバンク市場米ドル出来高の推移

（億ドル）

凡例：スワップ／先物／直物

出所：『大蔵省国際金融局年報』昭和56、平成3年版より作成。

は59年7～8月から、米ドルは60年2月から）などの自由化により、市場の厚みが増してきたためであった。

　東京、ロンドン、ニューヨークの3大為替市場を比較した平成元年4月の調査によれば、1日平均取引高（直先・スワップ計）では、ロンドンが1870億ドル、ニューヨークが1289億ドル、東京が1152億ドルであり、東京はニューヨークに匹敵する規模であった。東京市場の特徴は、取引通貨の72％が円・ドルであること、対顧客取引が31％を占め、比較的高いことである。

　昭和60年3月から緩やかにドル高是正が始まり、9月のプラザ合意をきっかけにして、急速な円高が進んだ。61年5月中旬には160円まで上昇、8月20日には152円55銭の高値をつけた。その後は、ドルはやや値を戻し、年末には160円台前半で推移した。しかし、62年に入ってからも、ドルの下落基調はとどまることなく、1月下旬には150円台を記録し、その後は140円から150円台で安定的に推移したが、10月のブラック・マンデーにより一挙に円高に振れ、年末

には120円台に突入した。12月23日のG7声明で、これ以上のドル下落に対する懸念が表明され、63年は120円台に始まり、125円で終了するという比較的安定した値動きで推移した。

平成元年には、ドルが反転し、6月中旬に151円台まで円安となった。その後も9月初旬までドル高傾向が続いたが、9月23日のG7声明がドル高是正を謳ったため、ドルは下落に転じ、年末は144円で取引を終了した。

平成2年は、4月初めに160円台まで円安が進み、その後円高に転じて、10月には124円台になったが、年末には135円まで値を戻した。

市場開放政策とアクション・プログラム　昭和50年代後半に発表されたパッケージ方式の「対外経済対策」に対して、貿易黒字縮小効果が薄いという海外からの批判が強まり、より行動計画的な対外経済政策の必要性が認識された。

昭和60年4月9日の「対外経済問題諮問委員会報告書」は、これまでの対外対策は実際には市場アクセスの改善に寄与したにもかかわらず、諸外国から厳しい批判を受けてきた理由を究明し、その対策を示した。それによれば、対策が小出しであり、タイミングが遅いこと、政策決定・実施過程において透明性に欠けること、中長期的な方針やプログラムが明確でなかったこと、総じて、能動的というよりも受動的な姿勢であった点に反省すべき余地があるとされた。同報告書は、3年程度の期間を対象とするアクション・プログラムを作成することを提言し、そのプログラムは、自主性・積極性を持ったものでなければならないとした。

報告書を受けて、昭和60年7月には、「市場開放・輸入アクセス改善のためのアクション・プログラム」が策定された。アクション・プログラムは、①原則自由・例外制限の基本的視点に立ち、政府介入を出来るだけ少なくし、消費者の選択と責任に委ねること、②新ラウンドを提唱するわが国にふさわしい積極性を持つこと、③開発途上国の経済発展の促進に役立つように配慮することの3つの基本原則を掲げた。アクション・プログラムには、約1800品目の関税率の引下げ、基準認証制度の緩和などが掲げられた。

図 3 - 4 - 2　対米貿易の推移

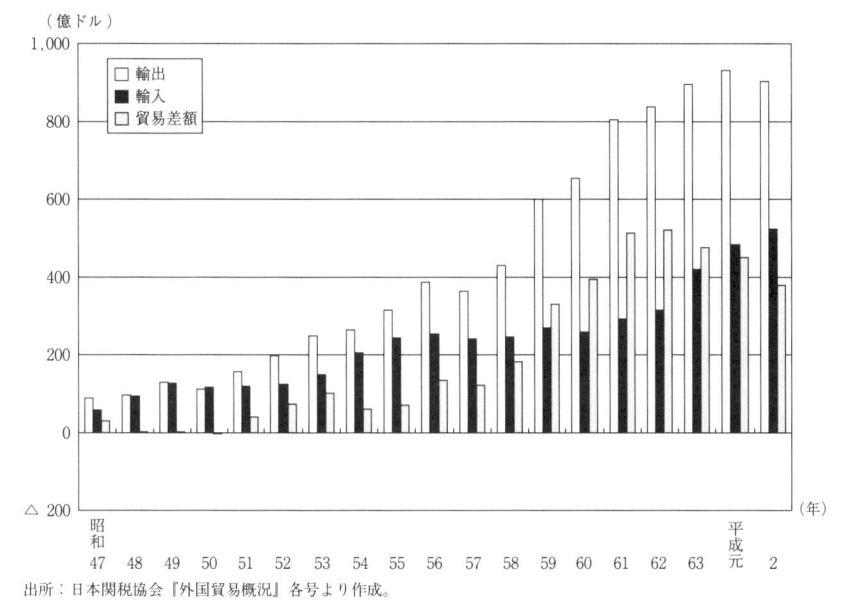

(億ドル)

出所：日本関税協会『外国貿易概況』各号より作成。

日米摩擦　1984（昭和59）年には米国の対日貿易赤字は370億ドルにも達し、国内ではレーガン政権に対して、貿易に積極的に介入するよう求める世論が高まった（図 3 - 4 - 2）。1985年には、米国議会に多くの保護主義的な法案が提出され、米政府も1974年通商法第301条の適用に踏み切った。

こうしたなかで、昭和60年 1 月から日米間の市場重視型分野別協議（MOSS協議）が、エレクトロニクス、電気通信、医薬品・医療機器、林産物の 4 市場を対象に始まった。協議は、61年 1 月10日の安倍（外相）＝シュルツ（国務長官）会談で、半導体を除き、ほぼ決着を見た。特に貿易摩擦が深刻であった半導体に関しては、61年 7 月31日に、日本の半導体輸出価格の監視、日本の米国からの半導体輸入の拡大（通産省は1992年末までに米国製半導体の日本市場におけるシェアを20％に増やすよう努力する旨のサイドレターを出した）を骨子とする日米半導体協定の締結に至った。

昭和61年 4 月 7 日には、日本経済の国際協調型経済構造への転換を目標に、

内需拡大、産業構造の転換、金融の国際化を謳った「前川レポート」(「国際協調のための経済構造調整研究会報告書」)が、中曽根首相に提出された。そこでは、国際金融面に関しては、わが国がその経済規模にふさわしい金融資本市場を確立するため、金融・資本市場の自由化を推し進めること、特に、資金運用市場を強化することが強調された。また、貿易面に関しては、前年に策定されたアクション・プログラムの完全実施、製品輸入の促進等が提言された。この報告書を受けて政府は、5月1日、「経済構造調整推進要綱」を決定、政府・与党経済構造調整推進本部を設置した。「前川レポート」は、62年4月23日の「構造調整の指針－経済審議会経済構造調整特別部会報告」(「新前川レポート」)に具体化された。

昭和62年5月、政府は「主要国と政策協調を推進しつつ、内需を中心とした景気の積極的な拡大を図るとともに、対外不均衡の是正、調和ある対外経済関係の形成に努める」ことを目的とする「緊急経済対策」を発表した。緊急経済対策は、第10項目で「輸入の拡大、市場アクセスの改善等」、第11項目で「国際社会への貢献」を掲げた。

具体的な内容としては、総額10億ドルの政府調達による外国製品の輸入、輸銀の製品輸入金融の拡充、外国金融機関のわが国市場へのアクセス改善、ODAの7年倍増目標の2年繰上げ、アンタイド資金200億ドルを今後3年間に開発途上国(特に債務国)に供与するなどが盛り込まれた。

この間、日本政府は米国政府に対して内需拡大、金利引下げ等を約束し、実施したが、対米貿易黒字は昭和60年395億ドル(対前年増加64億ドル)、61年514億ドル(同119億ドル)、62年521億ドル(同7億ドル)と増え続けた(図3－4－2)。経常黒字の対GDP比は昭和61年をピークに低下に向かい、昭和63年以降、ようやく対米貿易黒字も縮小し始めたが、貿易摩擦は容易に沈静化しなかった。

平成元年5月25日、米国政府はわが国をスーパー301条の優先国として認定すると同時に、これとは別に、日米構造問題協議(SII)の開始を提案した。同年7月14日のアルシュ・サミットの際に、協議開始の合意が成立し、2年6

月28日に最終報告書が発表された。日本側は、①公共投資を当初の予定よりも拡大するために平成3年度以降10年間の公共投資総額を430兆円（NTTなど旧三公社を含め455兆円）とすること、②流通システムを改善するため大店法を改正すること、③排他的取引慣行、系列取引を排除するために独占禁止法を改正することを約束し、米国側は、財政赤字削減のためグラム・ラドマン・ホリングス法（財政均衡法）を1993年度以降も延長し適用することなどを表明した。

金融・資本市場の国際化　昭和60年6月1日には、円建BA市場が開設された。為銀対外ポジションの改善を目的に、55年から円建BA市場の設置の提案がなされていたが、日米円ドル委員会の開催を契機に、円の国際化の観点からこの構想を推進しようという意見が強まり、実現に至ったものである。しかし、海外市場と較べて有利でないこと、手続きが複雑であることなどから、為銀や企業にとって円建BA市場を利用するインセンティブは弱く、順調に発展することはできなかった。

　また、昭和61年12月1日に、東京オフショア市場（JOM）が発足した。オフショア市場とは、金融・税制上の特別措置を講じて、非居住者間の金融取引を自由に行えるようにする市場のことであるが、東京市場はニューヨーク・オフショア市場（International Banking Facilities, IBF、1981年12月開設）に範を取って作られた。ニューヨーク・オフショア市場は、内外一体型のロンドン、香港などと異なり、国内市場と遮断した内外分離型である点に特色がある。

　大蔵省は、かねてより、国内金融市場が全面的に自由化されるまで、国内市場とは分離した形で金融国際化を推進することが好ましいという判断に立っていた。昭和57年4月には、官民合同のオフショア・バンキング調査団が海外に派遣され、58年1月に細見私案（東京IBF構想）が公表された。この段階では、東京市場の国際化が国内の金融秩序に与える影響を懸念する声も強かったが、日米円ドル委員会が発足してからは、反対論は弱まり、構想の具体化が進んだ。前掲の外国為替等審議会の答申「円の国際化について」も、オフショア

市場の制度面の整備を積極的に検討するよう示唆した。国内においても、東京市場を、ロンドン、ニューヨークとならぶ国際金融センターに発展させようという世論が高まって行った。

東京オフショア市場には、発足と同時に外為銀行181行（うち外銀69行）が参加し、市場規模は平成元年末には6,076億ドルに急拡大、発足後数年にしてニューヨーク、シンガポール、香港などを凌駕した。しかし、バブル崩壊とともに、その後停滞に陥った。

金融先物市場への参加と東京市場の創設　変動相場制への移行、金融取引の国際化とともに、リスク・ヘッジの主要としての先物取引が活発になった。金融先物取引所は、1970年代初めに米国で設立され、1980年代に入ると、ロンドン（1982年）やシンガポール（1984年）にも開設された。

国内金融機関による海外金融先物取引は、昭和62年5月22日から認められ、国内金融機関は、海外支店・現地法人を通さずに、海外の金融先物取引に参加できるようになった。また、63年3月22日からは、現物オプションの自己取引も解禁された。

わが国の金融先物市場創設に関する検討は、証券取引審議会、金融制度調査会、外国為替等審議会等で行われ、その審議を踏まえて、昭和63年1月に大蔵省は、金融先物市場創設の方針を発表した。この方針に基づき、法律・制度の整備が行われ、昭和63年5月31日に、金融先物取引法及び改正証券取引法が公布され、平成元年4月に、わが国最初の金融先物取引所である東京金融先物取引所が設立された（6月業務開始）。発足時には、証券会社、保険会社、銀行等253社が参加した。上場商品は、日本円短期金利先物、米ドル短期金利先物、日本円・米ドル通貨先物の3種類であった。

「円の国際化について」の答申　日米円ドル委員会を契機に、円の国際化の方向へ大きく動き始めた。日米円ドル委員会を受け、外国為替等審議会は円の国際化に関する審議を進め、昭和60年3月に答申「円の国際化について」を提

出した。その内容は、以下のとおりである。

「円の国際化を進めていくことはわが国経済にとって有意義であり、また、自然な流れであ」るので、金融・資本市場の効率化、国際金融センターとしての発展、国際的役割分担の点から積極的に推進すべきである。円の国際化は、経常取引における円建化（特に輸入の円建化）、円建の資本取引（特に非居住者の短期資産保有）、公的準備としての外国当局の円保有、の3つの面ともに遅れている。ユーロ市場での円の使用、保有について、わが国は従来、慎重な立場をとってきたが、その容認は、円の国際化の重要なステップとなりうる。ユーロ円市場と国内市場とは、それぞれの特色を発揮して、補完的・競合的に発展して行くことが望ましい。非居住者取引の速やかな自由化、国内市場の自由化と平仄を合せた居住者取引の早期自由化、東京市場の国際化が実施されなければならない。具体的措置としては、①ユーロ円債市場の自由化と、②中長期ユーロ円貸付等の自由化が挙げられる。①ユーロ円債市場の自由化の面では、居住者・非居住者ユーロ円債の適格基準の一層の自由化、格付け機関による格付けの定着、期間5年以上の固定金利に限定されているユーロ円債の多様化、非居住者取得のユーロ円債利子に係る源泉徴収の廃止、ユーロ円債に関する三局指導の見直しが実施される必要がある。また、②中長期ユーロ円貸付等の自由化については、邦銀による中長期ユーロ円貸付を認めること、都市銀行等による中長期ユーロ円CDの発行を、国内長短分離政策に配慮しつつ、自由化する方向で検討する必要がある。

円の国際化の状況　円の国際化とは、国際取引における円の使用の拡大、資産保有における円建比率の上昇である。具体的には、貿易取引（輸出入取引において円が用いられること）、資本取引（海外で円建の金融資産が保有されること）、公的準備（外国が円を公的準備として保有すること）の3つの側面でとらえることができる（表3-4-1）。

貿易の円建比率は、輸出については、特に昭和55年の外為法改正以降、円建化が進み、45年の0.9％から、60年には35.9％まで上昇した。しかし、米国向

表3-4-1　円の国際化

A　日本の貿易の円建決済比率

(単位:%)

	昭和45	50	55	60	平成2	7
輸出	0.9	17.5	29.4	35.9	37.5	36.0
輸入	0.3	0.9	2.4	7.3	14.5	22.7

出所:通産省「輸出入決済通貨建動向調査」による。昭和60年の輸入は年度の数値。平成7年は9月の数値。

B　ユーロ債の通貨別発行状況

(単位:億ドル、%)

	昭和60	61	62	63	平成元	2
円建	66(5)	185(10)	226(16)	159(9)	156(7)	232(13)
ドル建	968(71)	1,181(63)	581(41)	745(42)	1,175(55)	690(38)
独マルク建	96(7)	171(9)	150(11)	236(13)	164(8)	184(10)
英ポンド建	61(4)	106(6)	150(11)	236(13)	185(9)	215(12)
ECU建	69(5)	71(4)	74(5)	112(6)	126(6)	200(11)
ユーロ債総額	1,365(100)	1,877(100)	1,405(100)	1,788(100)	2,128(100)	1,819(100)

出所:OECD, *Financial Market Trends* による。

C　各国通貨当局保有外貨の通貨別構成比

(単位:%)

	昭和50	55	60	平成2	7
円	2.7	4.4	8.0	7.9	6.5
米ドル	76.1	68.6	64.9	49.4	56.4
西独マルク	10.8	14.9	15.2	17.0	13.8
英ポンド	1.4	2.9	3.0	2.8	3.2
仏フラン	1.2	1.7	0.9	2.3	2.3
ECU	—	—	—	10.1	7.1
その他	7.8	7.5	8.0	10.5	10.7

出所:IMF年次報告による。昭和55、60年にはECUが計上されていない。

け輸出の大半がドル建であること等から、その後は、横ばいとなった。輸入の円建比率も上昇したが、水準は輸出と較べればはるかに低く、平成2年度で14.5%にとどまっている。その理由は、原油等の原材料や中間財が、国際商品市況を基準にドル建で値決めされる傾向が強いこと等の理由による(その後、輸出の円建化は停滞したが、輸入の円建比率は東南アジアからの輸入の円建化が進んだために高まった)。

　資本取引面の円建化は、単一の指標で計るのは困難であるが、国際金融資本

市場における資金調達の太宗は社債であるので、ユーロ市場での起債における円建比率によって示すことにしたい。ユーロ債発行のうち円建の割合は、昭和60年には5％であったが、平成2年には13％にまで拡大した（その後、平成6年の18％をピークにして、後退した）。

公的準備面では、外国の通貨当局が円を保有する割合は、昭和50年の2.7％から昭和60年には8.0％に上昇したが、依然としてドルの圧倒的優位は揺るがなかった。

ユーロ円取引の拡大　前章で見たように、ユーロ円取引は日米円ドル委員会の設置以降、急速に自由化が進んだ。

ユーロ円貸付は、昭和56年2月から短期ものに限って認められたが、1年超の長期の貸付が、非居住者向けについては昭和60年4月から、居住者向けについては平成元年5月から認められた。ユーロ円貸付残高は、昭和59年末には5500億円にすぎなかったが、平成元年末には17兆1800億円（居住者向け13兆2400億円、非居住者向け3兆9500億円）に達した。

非居住者ユーロ円債の自由化は、昭和59年から進んだが、昭和60年6月には商品性の拡大と発行ガイドラインの緩和が実施された。昭和61年4月には、適債基準の格付基準への一本化と還流制限の緩和（発行後わが国の投資家に販売できない期間を180日から90日に短縮）が図られ、6月には外銀に対してもユーロ円債の発行が認められた。さらに平成元年6月からは、社債の期間制限の撤廃（4年未満の債券の発行解禁）、適債基準の自由化（格付けのランクを問わず発行できる）、MTNプログラムに基づく債券発行認可手続きの弾力化が実施された（その後、平成5年7月に適債基準は撤廃され、7年8月には還流制限も完全撤廃された）。（表3‐4‐2）

居住者ユーロ円債は、昭和59年4月に解禁されたが、源泉課税の対象となっていたために、60年4月の税制改正によって発行環境が整った。その後、適債基準及び減債基準の緩和等の措置が、次々と実施された（適債基準は平成8年1月に廃止された）。しかし、居住者ユーロ円債は、コスト面でユーロドル債

表 3 - 4 - 2　ユーロ円債及び円建外債の発行状況
（昭和47～平成2年）

(単位：億円)

年度	非居住者ユーロ円債	居住者ユーロ円債	円建外債
昭和47	0	0	957
48	0	0	801
49	0	0	0
50	0	0	200
51	0	0	650
52	300	0	3,260
53	150	0	8,270
54	250	0	4,002
55	550	100	2,610
56	800	400	6,125
57	950	0	8,560
58	700	0	8,990
59	2,270	0	11,145
60	14,457	1,400	12,725
61	25,515	4,170	7,850
62	29,939	5,200	4,975
63	22,130	0	7,972
平成元	35,579	120	9,990
2	49,811	7,470	5,750

出所：大蔵省『財政金融統計月報』第476号、『大蔵省国際金融局年報』平成3年版より作成。

注：「居住者ユーロ円債」の昭和55、56年は暦年値。

と比べて不利だったために、発行は低調であった。

　ユーロ円CDとユーロ円CPの発行も始まった。アメリカの銀行は、1960年代末から金利規制外のユーロダラーを取り入れるために、CD（譲渡性預金証書）を発行していた。わが国では、日米円ドル委員会報告書にユーロ円CD発行が掲げられ、昭和59年12月から発行が開始された。最初は、期間半年以内のものに限られたが、61年4月に1年以内、63年4月から2年以内に延長された。ユーロ円CDは、大部分がロンドン市場で発行され、平成元年末に残高は3478億円に達したが、その後急減した。ユーロ円CPは、国内CP発行の解禁と同時に、62年10月から発行が認められた。

円建外債・東京外貨建外債の低迷　円建外債は、昭和59年に発行額が1兆円を突破し、60年には1兆2700億円に達し、非居住者の円資金調達の中心的役割を果たしたが、60年代に入ると低迷した。①ディスクロージャー制度のために機動的に発行できないこと、②市場が狭く流動性に欠けること、③ドルへのスワップが困難なこと、④発行コストが割高であること、などがその原因であった。円建外債は制約が大きかったため、ユーロ円債へのシフトが生じた。そのため、円建公募債を発行しようとする者は、国際金融機関、ユーロ市場での知名度の低い途上国、10年以上の長期債を希望する者に限られた。国際金融機関と開発途上国だけで、円建外債発行額の60～70％を占めた[2]。

しかし、昭和62年に、ユーロ市場における振替決済機能を持つ円建外債（ダイミョウ債）発行が始まり、63年には証券取引法改正によりディスクロージャー制度の改善が図られたため、平成元年には一時的に発行高が9990ドルまで回復した。

非居住者がわが国資本市場において発行する外貨建債を、東京外貨建外債（ショーグン債）と呼ぶ。本格的な東京外貨建外債の嚆矢は、昭和60年8月に、国内発行・全額国内募集形式で発行された世銀債3億ドル（約726億円）であった。円建外債と同様、ユーロ債と較べて機動的発行が難しいこと、国内外貨債市場の規模が小さいことから伸び悩んだ。

外国銀行・証券会社の国内参入　外銀の本邦進出は既に一巡したので、昭和60年代は緩やかな伸びにとどまった。進出銀行の数は、昭和59年の76行、108支店、111駐在員事務所から、平成2年末に85行、130支店、126駐在員事務所へとなだらかな増加を見た。昭和60年には、日米円ドル委員会の合意に基づいて、現地法人形態による外国銀行の信託業務参入が、申請中の9行すべてについて認められた。既存の在日外銀支店の経営環境は、金融自由化の進展による邦銀の外貨金融への進出により、悪化する傾向にあった。

外国証券会社の本邦進出は、急速に進んだ。特に、昭和60年には、11店舗、駐在員事務所30箇所が新設され、昭和59年末の11支店、96駐在員事務所から、

平成2年末には61支店、118駐在員事務所に激増した。しかし外国証券会社の進出は、駐在員事務所の設置にとどまるケースが多く、営業店舗（支店・現地法人）は全体の3割程度であった。

〔注〕
1) 変動利付債、ゼロ・クーポン債、ディープ・ディスカウント債、カレンシー・コンバージョン（オプション）債、デュアル・カレンシー債の発行が認められた。
2) 円建外債の発行は、昭和45年のアジア開発銀行債に始まるが、昭和45年から平成2年までの発行体別内訳は、開発途上国26％、国際金融機関31％、先進国等43％であった。

4　海外市場でのプレゼンスの増大

銀行と証券会社の海外進出　邦銀の海外支店設置については、昭和59年度から各行の自主的判断が尊重されるようになり、地銀、第二地銀等の海外支店及び海外駐在員事務所の開設が相次いだ。その結果、昭和59年末の178支店、25出張所、123現地法人、303駐在員事務所から、平成2年末には309支店、280現地法人、446駐在員事務所へと拡大した。平成2年末に、地方銀行64行中、海外支店を有する銀行は23行、現地法人を有する銀行は8行に上った。

本邦証券会社の海外進出は、証券業務の国際化の急進展に伴い、昭和60年以降は年間20〜40拠点と、急速な勢いで進んだ。証券会社の海外進出は、一般に、駐在員事務所の設置から始まり、その後、現地法人の設立へ進む形をとる。昭和59年に、現地法人56、駐在員事務所39であったのが、平成2年末には現地法人156、駐在員事務所82に拡大した。昭和60年代には、特に新興の金融・資本市場である香港、シンガポール等への準大手、中堅証券会社の進出が相次いだ。大手証券会社は、ユーロ市場を中心にアンダーライター業務を拡大した。

海外起債市場における日本の躍進　昭和60年代には、日本企業の海外市場からの資金調達の伸びは著しかった。日本は、国外外債市場における資金の借り

手として、この時期にトップに躍り出た。昭和62年以降は、それまで第1位であったアメリカを追い抜き、日本の発行額はピークの平成元年には978億ドルに達した。とりわけ、ユーロ債市場での起債は爆発的な拡大を遂げ、昭和59年末の800億ドルから、平成元年末には2100億ドルに達した。

日本企業の資金調達面から見ると、昭和59年に、海外市場における起債が国内市場における起債額を上回った。①本邦企業の外債発行の審査を簡素化したこと、②ワラント債の導入（昭和57年の商法改正）、円ヘッジ債の発行認可（59年先物為替実需原則撤廃による）など多様な社債形態を認めたことなどの規制緩和は、海外での資金調達を促進した。特に、昭和59年4月に為替予約の実需原則が撤廃され、スワップを用いた低コストでの海外市場から資金を調達が可能になったことは、急激な外債発行増大をもたらした。

外債の種類別では、昭和62年にワラント債が5割を超え、平成元年には79％までを占めるに至った（図1-4-4）。それとは対照的に、普通社債は発行額、シェアともに激減した。市場別では、全体の60〜80％がユーロドル市場であった。従来のユーロドル債に代わって、ユーロドル・ワラント債が日本の株価上昇のために主役となった。その発行額は平成元年に623億ドルにも達した。ユーロドル市場での発行は主として大口で、小規模な起債はスイス市場等で行われた。

対外投資の急増　対外証券投資は、対前年比で、昭和59年には2.3倍、60年には5.1倍、61年には4.6倍と驚異的な伸びを示し、61年に約1兆3700万ドルに達した後は、横這いとなった。

この伸びの理由は、本邦機関投資家が米国債の取引の短期売買を行ったこと、事業法人等の一般投資家が米国債、米企業の株式に積極的に投資したことにあった。しかし、1987年10月に株価の大暴落（ブラック・マンデー）が起きると、米国市場からの証券取得は減少した。代って、ユーロ債が上場されるルクセンブルク市場からの取得額が、平成元年、2年にはトップになった。外貨証券の取得は、70〜80％が証券会社経由によるものであった。

対外直接投資は、昭和60年度122億ドルから、61年度223億ドル、62年度334億ドル、63年度470億ドルと連年、急速な勢いで伸び続け、平成元年度に675億ドルに達した（表1-4-1）。地域別では、北米が最も多く45〜50％を占め、ヨーロッパがそれに続いた。従来20〜30％程度を占め、アメリカと並んでいたアジアは、10％程度まで比重を落とした。また、分野別では、不動産業と金融・保険への投資が盛んであった。

　直接投資の伸びの理由としては、企業が現地生産拠点を設け、貿易摩擦を回避しようとしたという一般的な理由のほかに、企業のグローバル化に伴う持ち株会社の設立、金融の国際化による金融・保険業の進出、円高で割安となった海外不動産への投資といった、この時期の特徴的な側面を指摘することができる。

5　世界最大の援助国へ

ODA の目覚しい伸び　昭和60年9月18日、政府は第3次中期目標を決定した。①61年から平成4年までの7年間のODA実績を400億ドル以上とすること、②平成4年のODA実績を昭和60年の倍にするよう努めるというものであった。

　その後、昭和61年のODA実績が大幅に伸びたため、昭和62年5月の、対外経済協力審議会答申「わが国経済協力の推進について」は、7年倍増計画の2年繰上げを提言し、5月29日の緊急経済対策（経済対策閣僚会議決定）に、第3次中期目標を2年繰り上げること、平成2年の実績を76億ドル以上とすることが盛り込まれた。

　昭和61年と62年のODA実績は、それぞれ56億ドル（対前年増加率48.4％）、75億ドル（対前年増加率32.3％）と目覚しい伸びを記録し、第3次中期目標（7年間に倍増、76億ドルが目標）は、早くも2年間で達成されてしまった（図1-4-6）。

　昭和63年6月、トロント・サミットを前に、政府はODA第4次中期目標を発表した。その内容は、過去5年間（昭和58〜62年）のODA実績総額250億

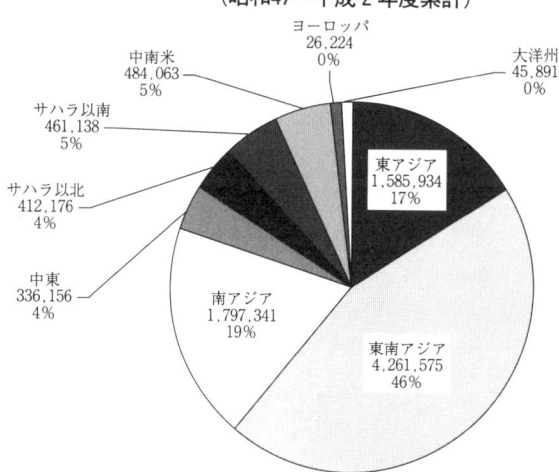

図3-4-3　円借款地域別承認状況
(昭和47～平成2年度累計)

ヨーロッパ　26,224　0%
中南米　484,063　5%
サハラ以南　461,138　5%
サハラ以北　412,176　4%
中東　336,156　4%
南アジア　1,797,341　19%
東南アジア　4,261,575　46%
東アジア　1,585,934　17%
大洋州　45,891　0%

出所：国際協力銀行編　『海外経済協力基金史』（平成15年）より作成。

ドルを、今後5年間（昭和63～平成4年）に倍の500億ドル以上とすることを謳った。また、量的拡大だけでなく、質的改善を図ることにも力点が置かれた。ODAは、目標期間中に497億ドルの実績を上げ、ほぼ目標を達成した。

平成元年には、日本のODA供与額は、アメリカを抜いて世界第1位のODA大国となった。しかし、経済協力の水準（経済規模に対する比率）で見れば、目標とされる対GNP比0.7%の半分程度の0.33～0.36%程度であり、なおフランスや西ドイツのレベルに達していなかった。

円借款の推移　昭和60年度～平成2年度の円借款の累積供与額（承認額）は4兆6411億円であり、この5年間だけで、昭和47～平成2年度までの累計額の49.3%までを占めた。

供与額がもっとも多かったのはインドネシアであり、昭和59年開始の第4次開発5カ年計画を支援するために、昭和60～平成2年度まで総額8032億円の円借款が供与された。第2位の中国へは6219億円が供与された。対中借款は、昭和59年度以降7年間の第2次円借款計画が、予定より1年繰り上げて平成5年

5月に完了し（累計5009億円）、平成2年9月から第3次円借款がスタートした。第3位はインドであり、総額4684億円が供与された。以下、フィリピン（4396億円）、タイ（3313億円）と続いた。他方、これまで大規模な借款を実施してきた韓国に対する円借款は、同国の経済発展が著しく、既に経済援助を受ける必要が減じたことから、縮小した（2335億円）。

　昭和47年度から平成2年度までを通して見ると、円借款承認総額は9兆4105億円で、その地域別内訳は、東南アジア4兆2615億円（総額の46％）、南アジア1兆7973億円（同19％）、東アジア1兆5859億円（同17％）、サハラ以南のアフリカ4611億円（同5％）、中南米4840億円（同5％）などであった（図3-4-3）。

6　貿易摩擦とウルグアイ・ラウンドの開始

東京ラウンド合意の繰上げ措置　昭和59年4月の対外経済政策において、東京ラウンド合意に則った関税率引下げの繰上げ実施が発表された。この関税引下げ措置については、その後7月に、ASEAN諸国等が先進国の関心商品に偏っていると不満を表明した。昭和60年度の関税改正は、先進国と途上国の双方に配慮したものとなった。

　昭和60年4月の対外経済対策は、東京ラウンド合意に則った関税引下げを、鉱工業品については60年度から2年繰上げ、農林水産品については1年繰上げて実施すると発表した。米国やECの繰上げ措置が順調に進まなかったため、同年12月の対外経済対策において政府は、農林水産品のうち開発途上国関連品目については2年分繰り上げる等の措置を決定した。

　昭和60年度の繰上げ実施措置の対象品目は1205品目、内訳は、開発途上国関連の農林水産品33品目、その他の農林水産品40品目、鉱工業品1132品目であった。

アクション・プログラム　貿易不均衡から日米摩擦が激化するなかで、昭和60年4月9日に「対外経済問題諮問委員会報告書」（大来レポート）が提出さ

れた。同報告書は、「世界の自由貿易体制の危機を回避し、世界経済の安定と進歩のために、我が国は市場アクセスの改善、内需中心の持続的成長、対外経済協力の拡充、製品輸入の促進等の諸施策について、中期的視点に立って、具体的施策を実施する必要がある」とし、「原則自由、例外制限」という大胆な発想転換を提起した。

　この報告書の中心は、わが国の国際化への意図を内外に示すことを目的とする、「市場アクセス改善のためのアクション・プログラム」であった。

　アクション・プログラムの最重要分野として位置づけられたのは、基準・認証制度の改善であった。米国は、非関税障壁の撤廃の手段として基準・認証制度の改善が有効であるという主張を東京ラウンドにおいて行っていた。政府は、「貿易の技術的障害に関する協定（スタンダード・コード）」を徹底させるために、昭和58年3月に法令の見直し等を実施したが、不十分なかたちに終った。アクション・プログラムでは、わが国の法令等に基づく基準・認定制度を総点検し、諸外国と較べて市場の開放性において遜色ないものにすることとした。

　昭和60年4月19日に、政府・与党対外経済対策推進本部は、アクション・プログラムの策定要領を決定し、各省庁ではアクション・プログラム策定委員会を設けて、策定作業を開始することとなった。7月30日に政府・与党対外経済対策推進本部は「市場アクセス改善のためのアクション・プログラムの骨格」を決定した。

　アクション・プログラムに基づいて、昭和61年1月1日から1849品目の関税撤廃・引下げが実施された。

　アクション・プログラムとは別に、昭和60年度から63年度に実施された主な関税措置としては、昭和61年度における皮革・革靴の輸入自由化に伴う関税割当制度の導入、昭和62年度における紙巻タバコの無税化などがある。皮革・革靴については、輸入数量制限制度（IQ）が採用されてきたが、昭和59年5月にガット理事会で日本の皮革のIQはガット違反であるとの報告が採択され、60年9月にはアメリカが皮革・革靴に通商法301条の適用を決めたことから、わが国は関税上の措置への移行に踏み切った。タバコについては、昭和60年4

月に専売公社の民営化に伴い、製造タバコの輸入が自由化されたが、その後も、外国タバコの日本国内市場でのシェアが伸びなかったため、アメリカは昭和60年9月に通商法301条を発動した。その後、日米間の協議が行われ、61年10月に、紙巻タバコの無税化等の合意が成立した。

農産物自由化及び工業製品の関税改正　昭和61 (1986) 年にアメリカがガットに対して農産物12品目の輸入自由化を求めて提訴した。審査の結果、62年12月に、雑豆・落花生以外の10品目についてクロとするパネル報告書がガット総会に提出され、63年2月に全会一致で採択された。

　これを受けて、日米二国間協議が行われ、昭和63年7月21日に、10品目のうち8品目については、平成2年度までに逐次自由化し、所要の関税率引上げ及び関税割当制度の導入を行うこととした。また、粉乳等の乳製品については、加工度の高い一部の製品を除いては自由化は行わず、でん粉についても、とうもろこしの関税割当制度の改善を行うが、輸入自由化はしないこととした。

　これと併行して、昭和63年3月に輸入枠に係る日米間の合意が期限切れを迎えた牛肉・かんきつ類について、5月にガット・パネルの設置が決定したが、二国間協議で早期解決が図られた。6月20日に、日米間で、①牛肉については平成3年度に輸入自由化を行う、②かんきつ類については、生鮮オレンジは平成3年度、オレンジ果汁は平成4年度に自由化を行う、③牛肉調整品については、昭和63年10月から平成2年度までの間に逐次輸入自由化する、等の合意が成立した。なお、輸入自由化の実施に伴い、平成元年度以降、関税率の引上げ等の措置が講じられた。

　わが国の経常収支が依然として大幅な黒字であることから、市場アクセスを一層改善し、対外不均衡を是正するために、平成2年度において1008品目に上る工業製品の大規模な関税撤廃・引下げを実施した。これは、昭和61年1月に実施されたアクション・プログラムによる関税引下げに匹敵する規模であった。その結果、機械類、写真用フィルム、抗生物質、自動車用強化ガラス、銑鉄・鋼塊、新聞用紙・壁紙が、一部の製品を除いて原則無税となった。

ウルグアイ・ラウンドの開始　東京ラウンドの終結後、保護主義的な動きが強まる中で、1983年のウィリアムズバーグ・サミットの宣言は、新ラウンドの開始を提案し、85年のボン・サミットで新ラウンドの合意が成立した。同年11月の第41回ガット総会において、新ラウンドのための準備会の設置が決定した。86年9月、ウルグアイのプンタ・デル・エステで開催されたガット閣僚会議において新ラウンド開始の閣僚宣言が採択された（プンタ・デル・エステ宣言）。

　交渉対象項目は14項目で、そのなかには、新たに取り上げられた、サービス、貿易関連投資措置、知的所有権が含まれていた。セーフガードについては、東京ラウンドで結論に達しなかったために、引き続きそのルールの明確化への合意が目指されることとなった。

　ウルグアイ・ラウンドは、当初4年間で終了する予定であったが、実際には7年以上かかり、1994年4月15日にモロッコのマラケシュで署名が行われた。それと同時に「WTOを設立するマラケシュ協定」も結ばれ、ガットは1995年1月1日からWTOに装いを改めて再発足することとなった。

統　　　計

凡　例

1. 本統計は、本文と関連させるとともに、独立の長期統計としても利用しうるよう考慮して作成した。
2. 本統計の作表にあたっては、既存の統計書等から引用転載したものに加え、利用上の便宜のための若干の加工統計も加えている。
3. 本統計は原則として昭和45年から平成7年までを採録したが、適宜の年次に始期または終期を定めたものもある。
4. 本統計で利用した引用資料については、各統計表の下欄部外に「資料」として、作成または編集機関、資料の名称、発行年又は掲載年（巻号数の場合もある。）を示した。なお、同一統計表が数ページにわたる場合、「資料」や「注」は原則として最初の統計表に一括掲記した。
5. 統計表下部の（注）は、原則として引用資料の注書の転載であるが、必要に応じて加筆もしくは省略した。
6. 本統計の年表示は、日本年号の右に西暦の下2桁をかっこ書きで併記したが、前者の「昭」は昭和、「平」は平成の略である。また、特記しないかぎり年度は会計年度を、年は暦年を示す。
7. 単位の表示は、原則として計表右上欄外に一括して掲げたが、繁雑になる時には、各項目の計数系列の頭に掲げた。また、特定項目の計数のみ単位変更が行われる場合には、表中の計数に新単位を表示した。
8. 計数の端数処理は原則として、一般経済及び財政関係の統計は四捨五入、金融関係及び対外経済関係の統計は切捨てによっている。以上の端数処理の関係で、内訳項目と合計とは一致しない場合がある。
9. 統計表中の符号は、原則として次によった。
「0」…単位未満、「-」…皆無又は該当数字なし、「△」…負の計数。

1. 主要経済

年	一般会計当初予算 ◎ 歳入・歳出	日銀券発行高 年末	日銀券発行高 年中平均	マネーサプライ M_2+CD（末残高）	全国銀行 実質預金（年末）	全国銀行 貸出金（年末）	郵便貯金 ◎ 残高（年度末）
	億円	億円	億円	億円	億円	億円	億円
昭45(70)	79,498	55,560	40,390	542,373	380,094	394,793	77,439
46(71)	94,143	64,077	46,832	673,982	487,593	490,480	96,541
47(72)	114,677	83,107	55,342	840,405	610,511	615,993	122,932
48(73)	142,841	100,991	70,238	981,885	686,748	718,533	153,765
49(74)	170,994	116,678	84,464	1,094,943	748,631	796,139	194,311
50(75)	212,888	126,171	95,942	1,253,304	855,129	887,672	245,661
51(76)	242,960	140,200	106,574	1,422,487	969,248	986,722	305,248
52(77)	285,143	154,380	116,280	1,580,331	1,083,871	1,081,046	377,264
53(78)	342,950	177,093	127,686	1,787,201	1,226,190	1,194,977	449,962
54(79)	386,001	190,686	142,563	1,950,129	1,312,993	1,272,550	519,118
55(80)	425,888	193,472	152,555	2,089,859	1,418,839	1,364,746	619,543
56(81)	467,881	202,377	158,640	2,320,417	1,580,008	1,512,137	695,676
57(82)	496,808	214,260	169,500	2,504,661	1,694,784	1,676,775	781,026
58(83)	503,796	224,660	178,654	2,686,928	1,827,976	1,863,463	862,982
59(84)	506,272	244,559	185,935	2,897,142	1,976,236	2,104,790	940,420
60(85)	524,996	254,743	197,316	3,149,388	2,174,055	2,371,700	1,029,979
61(86)	540,886	268,849	211,927	3,438,875	2,799,502	3,001,653	1,103,951
62(87)	541,010	291,868	233,768	3,808,673	3,344,025	3,377,842	1,173,907
63(88)	566,997	323,183	258,940	4,197,323	3,757,316	3,721,757	1,258,691
平元(89)	604,142	374,200	287,661	4,700,203	4,299,900	4,124,079	1,345,722
2(90)	662,368	397,978	313,368	5,049,720	4,681,751	4,433,042	1,362,803
3(91)	703,474	398,828	319,442	5,163,460	4,596,136	4,626,442	1,556,007
4(92)	722,180	390,263	326,594	5,154,843	4,439,032	4,739,132	1,700,906
5(93)	723,548	416,259	338,534	5,268,396	4,460,419	4,799,773	1,835,348
6(94)	730,817	428,803	354,968	5,414,194	4,535,279	4,802,675	1,975,902
7(95)	709,871	462,440	373,702	5,592,833	4,700,223	4,863,560	2,134,375
資　料	大蔵省	日　本　銀　行					郵政省

注：◎は会計年度。

統　計　317

指標

鉱工業生産指数	建築着工			卸売物価指数	消費者物価指数(東京)	年
生　産	床面積総計	新設住宅床面積	新設住宅戸数	総合・戦前基準指数	総合・戦前基準指数	
平成2年=100,季節調整済	千m²	千m²	千戸	(昭和9〜11年=1)	(昭和9〜11年=1)	
45.3	205,034	101,069	1,485			昭45(70)
46.5	197,737	101,544	1,464	396.7	613.7	46(71)
49.9	242,309	128,746	1,808	399.9	647.8	47(72)
57.4	281,751	146,543	1,905	463.3	724.1	48(73)
55.1	198,557	107,238	1,316	608.7	877.8	49(74)
49.0	196,292	112,422	1,356	626.8	985.3	50(75)
54.5	215,474	125,282	1,524	658.3	1,079.9	51(76)
56.7	218,509	126,818	1,508	670.8	1,170.5	52(77)
60.3	231,997	136,249	1,549	653.8	1,227.7	53(78)
64.7	245,299	136,515	1,493	701.5	1,274.0	54(79)
67.8	220,973	119,102	1,269	826.2	1,364.6	55(80)
68.5	202,714	107,853	1,152	837.7	1,428.7	56(81)
68.7	195,642	107,638	1,146	852.7	1,472.4	57(82)
70.7	189,281	99,442	1,137	833.7	1,503.8	58(83)
77.4	196,138	100,228	1,187	831.5	1,542.0	59(84)
80.3	199,560	103,132	1,236	822.4	1,578.8	60(85)
80.1	207,682	111,004	1,365	747.3	1,593.0	61(86)
82.8	237,226	132,526	1,674	719.3	1,599.3	62(87)
90.8	255,783	134,531	1,685	712.1	1,615.1	63(88)
96.1	269,210	135,029	1,663	730.4	1,659.3	平元(89)
100.0	283,421	137,490	1,707	745.4	1,709.8	2(90)
101.7	252,260	117,219	1,370	741.3	1,766.2	3(91)
95.5	246,601	120,318	1,403	729.3	1,800.4	4(92)
91.2	230,654	131,683	1,486	708.1	1,822.6	5(93)
92.0	238,066	145,581	1,570	693.7	1,834.6	6(94)
95.0	228,145	136,524	1,470	687.3	1,829.5	7(95)
通商産業省	建　　設　　省			日本銀行	総務庁	資　料

1. 主要経済指標

年	消費者物価指数		貿易額（通関統計）			企業倒産		株式（東証第一部）		
	全国（総合）	東京都区部	輸出	輸入	収支	件数	負債総額	東証株価指数（年中平均）	東証平均（225種）（年中平均）	売買株数（出来高）
	（平成2年=100)		百万ドル	百万ドル	百万ドル	件	億円	昭和43=100	円	百万株
昭45(70)	36.9	36.6	19,318	18,881	437	9,765	7,292	163.48	2,193.21	41,044
46(71)	36.8	35.9	24,019	19,712	4,307	9,206	7,126	179.62	2,385.72	59,033
47(72)	38.5	37.9	28,591	23,471	5,120	7,139	4,978	282.42	3,755.13	97,347
48(73)	43.0	42.4	36,930	38,314	△1,384	8,202	7,054	362.46	4,759.24	57,884
49(74)	53.0	51.3	55,536	62,110	△6,575	11,681	16,490	307.21	4,276.05	49,792
50(75)	59.2	57.6	55,753	57,863	△2,110	12,606	19,146	312.06	4,243.05	50,753
51(76)	64.8	63.2	67,225	64,799	2,427	15,641	22,658	347.51	4,651.42	67,287
52(77)	70.1	68.4	80,495	70,809	9,686	18,471	29,781	376.78	5,029.69	68,474
53(78)	73.1	71.8	97,543	79,343	18,200	15,875	24,756	415.41	5,537.74	93,222
54(79)	75.8	74.5	103,032	110,672	△7,641	16,030	21,913	449.88	6,272.33	94,964
55(80)	81.7	79.8	129,807	140,528	△10,721	17,884	27,225	474.00	6,870.16	100,220
56(81)	85.6	83.6	152,030	143,290	8,741	17,610	26,925	552.29	7,510.73	105,930
57(82)	88.0	86.1	138,831	131,931	6,900	17,122	23,932	548.28	7,399.36	76,379
58(83)	89.6	87.9	146,927	126,393	20,534	19,155	25,841	647.41	8,808.71	100,074
59(84)	91.7	90.2	170,114	136,503	33,611	20,841	36,441	815.47	10,560.61	99,235
60(85)	93.5	92.3	175,638	129,539	46,099	18,812	42,356	997.72	12,565.62	118,205
61(86)	94.1	93.2	209,151	126,408	82,743	17,476	38,314	1,324.26	16,401.83	193,602
62(87)	94.2	93.5	229,221	149,515	79,706	12,655	21,224	1,963.29	23,248.06	259,410
63(88)	94.9	94.5	264,917	187,354	77,563	10,122	20,010	2,134.24	27,038.57	278,608
平元(89)	97.0	97.0	275,175	210,847	64,328	7,234	12,323	2,569.27	34,058.82	218,352
2 (90)	100.0	100.0	286,948	234,799	52,149	6,468	19,959	2,177.96	29,437.18	119,034
3 (91)	103.3	103.3	314,525	236,737	77,788	10,723	81,488	1,843.18	24,295.57	91,722
4 (92)	105.0	105.3	339,650	233,021	106,628	14,069	76,015	1,359.55	18,108.64	65,438
5 (93)	106.4	106.6	360,911	240,670	120,241	14,564	68,477	1,525.09	19,100.00	84,619
6 (94)	107.1	107.3	395,600	274,742	120,858	14,061	56,294	1,600.32	19,935.90	81,132
7 (95)	107.0	107.0	442,937	336,094	106,843	15,108	39,478	1,378.93	17,329.70	88,900
資料	総務庁統計局		大蔵省			東京商工リサーチ		東京証券取引所	日本経済新聞社	東京証券取引所

注：「企業倒産件数」は負債総額1,000万円以上の企業。

(続き)

国際収支			外貨準備高年末	労働力・雇用				年
経常収支	貿易収支	総合収支		労働力人口	就業者総数	完全失業者	完全失業率	
百万ドル	百万ドル	百万ドル	百万ドル	万人	万人	万人	%	
1,970	3,963	1,374	4,399	5,153	5,094	59	1.1	昭45(70)
5,797	7,787	7,677	15,235	5,186	5,121	64	1.2	46(71)
6,624	8,971	4,741	18,365	5,199	5,126	73	1.4	47(72)
△136	3,688	△10,074	12,246	5,326	5,259	68	1.3	48(73)
△4,693	1,436	6,839	13,518	5,310	5,237	73	1.4	49(74)
△682	5,028	2,676	12,815	5,323	5,223	100	1.9	50(75)
3,680	9,887	2,924	16,604	5,378	5,271	108	2.0	51(76)
10,918	17,311	7,743	22,848	5,452	5,342	110	2.0	52(77)
16,534	24,596	5,950	33,019	5,532	5,408	124	2.2	53(78)
△8,754	1,845	△16,662	20,327	5,596	5,479	117	2.1	54(79)
△10,746	2,125	△8,396	25,232	5,650	5,536	114	2.0	55(80)
4,770	19,967	△2,144	28,403	5,707	5,581	126	2.2	56(81)
6,850	18,079	△4,971	23,262	5,774	5,638	136	2.4	57(82)
20,799	31,454	5,177	24,496	5,889	5,733	156	2.6	58(83)
35,003	44,257	△15,200	26,313	5,927	5,766	161	2.7	59(84)
49,169	55,986	△12,318	26,510	5,963	5,807	156	2.6	60(85)
85,845	92,827	△44,767	42,239	6,020	5,853	167	2.8	61(86)
87,015	96,386	△29,545	81,479	6,084	5,911	173	2.8	62(87)
79,631	95,012	△28,982	97,662	6,166	6,011	155	2.5	63(88)
57,157	76,917	△33,286	84,895	6,270	6,128	142	2.3	平元(89)
35,761	63,528	△7,234	77,053	6,384	6,249	134	2.1	2(90)
72,901	103,044	76,369	68,980	6,505	6,369	136	2.1	3(91)
117,551	132,348	71,602	68,685	6,578	6,436	142	2.2	4(92)
131,448	141,514	38,426	95,589	6,615	6,450	166	2.5	5(93)
129,140	145,944	20,428	122,845	6,645	6,453	192	2.9	6(94)
...	...	...	182,820	6,666	6,457	210	3.2	7(95)
大蔵省				総務庁統計局				資料

1. 主要経済指

《参考》経済計画の

計画の名称	策定年月	策定時内閣	計画期間	計画の目的	実質経済成長率（計画）〔計画期間における実績〕
経済社会発展計画－40年代への挑戦－	昭和42年3月（諮問41.5／答申42.2）	佐藤内閣	昭和42～46年度（5ヵ年）	均衡がとれ充実した経済社会への発展	8.2%〔9.8%〕
新経済社会発展計画	昭和45年5月（諮問44.9／答申45.4）	佐藤内閣	昭和45～50年度（6ヵ年）	均衡がとれた経済発展を通じる住みよい日本の建設	10.6%〔5.1%〕
経済社会基本計画－活力ある福祉社会のために－	昭和48年2月（諮問47.8／答申48.2）	田中内閣	昭和48～52年度（5ヵ年）	国民福祉の充実と国際協調の推進の同時達成	9.4%〔3.5%〕
昭和50年代前期経済計画－安定した社会を目指して－	昭和51年5月（諮問50.7／答申51.5）	三木内閣	昭和51～55年度（5ヵ年）	我が国経済の安定的発展と充実した国民生活の実現	6％強〔4.5%〕
新経済社会7ヵ年計画	昭和54年8月（諮問53.9／答申54.8）	大平内閣	昭和54～60年度（7ヵ年）	安定した成長軌道への移行 国民生活の質的充実 国際経済社会発展への貢献	5.7%前後〔3.9%〕
1980年代経済社会の展望と指針	昭和58年8月（諮問57.7／答申58.8）	中曽根内閣	昭和58～65年度（8ヵ年）	平和で安定的な国際関係の形成 活力ある経済社会の形成 安心で豊かな国民生活の形成	4％程度〔4.5%〕
世界とともに生きる日本－経済運営5ヵ年計画－	昭和63年5月（諮問62.11／答申63.5）	竹下内閣	昭和63～67年度（5ヵ年）	大幅な対外不均衡の是正と世界への貢献 豊かさを実感できる国民生活の実現 地域経済社会の均衡ある発展	3¾%程度〔4.0%〕
生活大国5ヵ年計画－地球社会との共存をめざして－	平成4年6月（諮問4.1／答申4.6）	宮澤内閣	平成4～8年度（5ヵ年）	生活大国への変革 地球社会との共存 発展基盤の整備	3½%程度〔0.4%〕（4～6年度平均）
構造改革のための経済社会計画－活力ある経済・安心できるくらし－	平成7年12月（諮問7.1／答申7.11）	村山内閣	平成7～12年度（6ヵ年）	自由で活力ある経済社会の創造 豊かで安心できる経済社会の創造 地球社会への参画	3％程度（8～12年度）

資料：経済企画庁『経済要覧』平成9年版。
注1．「成長率」の〔実績〕は新SNA基準（昭和60年価格）による。
　2．「消費者物価上昇率」は持家帰属分を除く総合指数による。

標（続き）
変遷と実績

名目経済成長率(計画) 〔計画期間における実績〕	完全失業率(計画) 〔計画最終年度の実績〕	消費者物価上昇率(計画) 〔計画期間における実績〕	計画最終年度(計画)における経常収支尻〔実績〕
11.3% 〔15.9%〕	— 〔1.3%〕	計画期間末までに3％程度 〔5.7%〕	14.5億ドル 〔63.2億ドル〕
14.7% 〔15.3%〕	— 〔1.9%〕	年平均4.4% 計画期間末までに3％台 〔10.9%〕	35億ドル 〔1.3億ドル〕
14.3% 〔14.5%〕	— 〔2.1%〕	年平均4％台 〔12.8%〕	59億ドル 〔140.0億ドル〕
13％強 〔10.0%〕	(55年度) 1.3％台 〔2.1%〕	年平均6％台 計画最終年度までに6％以下 〔6.4%〕	40億ドル程度 〔△70.1億ドル〕
10.3％前後 〔6.5%〕	(60年度) 1.7％程度低下 〔2.6%〕	年平均5％程度 〔3.6%〕	国際的に調和のとれた水準 〔550.2億ドル〕
6～7％程度 〔6.0%〕	(65年度) 2％程度 〔2.1%〕	年平均3％程度 〔1.6%〕	国際的に調和のとれた対外均衡の達成 〔337.2億ドル〕
4¾％程度 〔5.7%〕	(67年度) 2½％程度 〔2.2%〕	年平均1½％程度 〔2.2%〕	経常収支黒字の対GNP比を計画期間中に国際的に調和のとれた水準にまで縮小 〔1,259.0億ドル〕
5％程度 〔1.0%〕 （4～6年度平均)	2¼％程度 〔2.9%〕 （6年度)	2％程度 〔1.1%〕 （4～6年度平均)	国際的に調和のとれた対外均衡の達成 〔1,250.1億ドル〕 （6年度)
3½％程度 （8～12年度)	2¾％程度	¾％程度 （8～12年度)	世界経済の堅長な成長による経常収支黒字の縮小

2. 国民経済計

(1) 主要系列・名目国民総支出と

暦 年	国民総支出	増加率(%)	民間最終消費支出	家計最終消費支出	政府最終消費支出	国内総資本形成	総固定資本形成	民 間	住 宅	企業設備	公 的
昭45(70)	731,884	17.9	383,325	378,047	54,553	286,164	260,432	201,527	47,464	154,063	58,905
46(71)	805,919	10.1	432,300	426,868	64,214	288,518	276,372	204,377	50,792	153,585	71,995
47(72)	924,008	14.7	499,009	493,020	75,368	328,224	315,236	226,503	64,495	162,008	88,734
48(73)	1,125,195	21.8	603,078	596,508	93,364	428,237	409,384	301,082	92,938	208,144	108,302
49(74)	1,339,968	19.1	729,121	721,084	122,403	500,907	466,948	346,138	99,537	246,601	120,810
50(75)	1,481,699	10.6	847,627	839,200	148,902	486,119	481,357	347,182	104,276	242,905	134,176
51(76)	1,664,169	12.3	957,837	948,456	164,172	530,372	519,452	373,884	121,644	252,240	145,567
52(77)	1,855,301	11.5	1,070,762	1,058,699	182,432	572,624	559,820	391,437	128,830	262,606	168,383
53(78)	2,044,745	10.2	1,179,231	1,166,430	197,525	631,719	621,466	420,475	139,450	281,026	200,991
54(79)	2,218,245	8.5	1,300,779	1,285,584	214,862	719,839	701,707	481,655	152,279	329,376	220,053
55(80)	2,400,985	8.2	1,413,243	1,395,064	235,677	774,337	758,209	529,326	153,167	376,159	228,883
56(81)	2,574,165	7.2	1,499,967	1,479,883	255,848	803,317	789,083	546,294	148,845	397,449	242,788
57(82)	2,706,693	5.1	1,608,335	1,588,539	267,963	809,214	797,346	556,133	150,408	405,725	241,214
58(83)	2,820,782	4.2	1,696,874	1,675,087	279,961	790,672	788,807	553,008	141,375	411,633	235,799
59(84)	3,010,482	6.7	1,786,313	1,762,671	294,488	842,624	832,513	601,459	140,982	460,477	231,054
60(85)	3,215,559	6.8	1,887,595	1,862,346	306,853	901,983	880,395	663,913	146,334	517,579	216,482
61(86)	3,366,864	4.7	1,967,118	1,940,509	323,873	930,593	914,991	692,285	157,032	535,254	222,706
62(87)	3,518,135	4.5	2,059,562	2,033,423	329,754	998,133	991,519	754,221	195,130	559,091	237,298
63(88)	3,762,753	7.0	2,178,395	2,149,919	341,831	1,135,324	1,108,564	858,096	221,258	636,838	250,468
平元(89)	4,028,477	7.1	2,328,902	2,298,307	362,748	1,252,497	1,222,736	963,920	230,874	733,092	258,816
2(90)	4,329,719	7.5	2,492,885	2,461,536	368,066	1,388,967	1,364,666	1,082,966	252,177	830,789	281,701
3(91)	4,614,889	6.6	2,618,909	2,583,316	413,556	1,474,512	1,439,978	1,135,413	238,272	897,141	304,565
4(92)	4,752,885	3.0	2,722,944	2,686,765	432,623	1,450,143	1,435,252	1,081,834	228,034	853,800	353,419
5(93)	4,797,617	0.9	2,787,031	2,746,961	447,714	1,410,526	1,404,328	997,383	237,654	759,729	406,945
6(94)	4,832,016	0.7	2,861,536	2,823,543	457,247	1,373,407	1,372,911	959,602	257,472	702,130	413,309
7(95)	4,872,116	0.8	2,905,236	2,864,545	474,186	1,381,570	1,376,112	962,687	241,260	721,427	413,425

資料:経済企画庁『国民経済計算年報』平成11年版。
注:「国民総支出」=「国内総支出」+(「海外からの要素所得の受取り」-「海外への要素所得への支払い」)。

算（新SNA基準）
名目国内総支出（昭和45～平成7年）

（単位：億円）

在庫品増加	民間企業	公的企業	経常海外余剰	財貨・サービスの輸出と海外からの要素所得の受取		(控除) 財貨・サービスの輸入と海外への要素所得の支払い		国内総支出	増加率(%)	暦年
				財貨・サービスの輸出	海外からの要素所得の受取り	財貨・サービスの輸入	海外への要素所得の支払い			
25,732	26,341	△609	7,842	82,727	79,261	3,466	74,885	69,853	5,032	733,449	17.9	昭45(70)
12,146	15,741	△3,595	20,886	98,950	94,524	4,426	78,064	72,544	5,520	807,013	10.0	46(71)
12,988	14,953	△1,965	21,408	103,775	97,793	5,982	82,368	76,450	5,918	923,944	14.5	47(72)
18,853	20,464	△1,611	515	121,325	112,913	8,412	120,810	112,611	8,199	1,124,981	21.8	48(73)
33,959	32,746	1,213	△12,463	194,470	182,576	11,894	206,932	192,569	14,363	1,342,438	19.3	49(74)
4,762	2,388	2,374	△948	202,544	189,818	12,726	203,492	189,194	14,298	1,483,271	10.5	50(75)
10,920	8,328	2,592	11,787	238,391	225,820	12,571	226,603	212,469	14,134	1,665,733	12.3	51(76)
12,804	8,882	3,922	29,484	255,613	243,076	12,537	226,129	212,673	13,456	1,856,220	11.4	52(77)
10,273	5,800	4,473	36,250	241,048	227,285	13,763	204,798	191,739	13,059	2,044,041	10.1	53(78)
18,131	16,444	1,687	△17,234	279,036	256,273	22,763	296,270	276,286	19,984	2,215,466	8.4	54(79)
16,128	19,132	△3,004	△22,271	357,066	328,865	28,201	379,338	350,362	28,976	2,401,759	8.4	55(80)
14,235	16,487	△2,252	15,033	418,141	379,768	38,373	403,109	359,271	43,838	2,579,629	7.4	56(81)
11,868	15,419	△3,551	21,181	444,788	393,907	50,881	423,607	373,412	50,195	2,706,007	4.9	57(82)
1,865	5,319	△3,454	53,274	434,859	392,745	42,114	381,585	342,582	39,003	2,817,671	4.1	58(83)
10,111	8,652	1,459	87,057	500,193	450,660	49,533	413,136	368,655	44,481	3,005,430	6.7	59(84)
21,588	18,097	3,491	119,128	520,755	463,071	57,684	401,627	355,316	46,311	3,204,187	6.6	60(85)
15,601	11,219	4,382	145,279	434,274	380,889	53,375	288,995	247,911	41,084	3,354,572	4.7	61(86)
6,614	6,732	△118	130,687	438,166	362,096	76,070	307,480	251,949	55,531	3,497,596	4.3	62(87)
26,760	30,525	△3,765	107,203	476,071	374,832	101,239	368,869	290,651	78,218	3,739,732	6.9	63(88)
29,760	32,439	△2,679	84,331	571,126	423,518	147,608	486,795	367,681	119,114	3,999,983	7.0	平元(89)
24,301	23,447	854	59,801	644,398	459,199	185,199	584,597	428,718	155,879	4,300,398	7.5	2(90)
34,534	36,461	△1,927	107,912	664,893	467,223	197,670	556,981	391,209	165,772	4,582,991	6.6	3(91)
14,890	15,456	△566	147,176	663,926	473,405	190,521	516,750	368,907	147,843	4,710,207	2.8	4(92)
6,198	8,046	△1,848	152,346	615,783	441,972	173,811	463,437	333,432	130,005	4,753,811	0.9	5(93)
496	△1,542	2,038	139,646	611,745	444,097	167,648	472,099	343,866	128,233	4,792,601	0.8	6(94)
5,459	4,337	1,122	111,124	645,239	453,929	191,310	534,115	382,719	151,396	4,832,202	0.8	7(95)

2. 国民経済計
(2) 主要系列・実質国民総支出と実質国内

暦年	国民総支出	増加率(%)	民間最終消費支出	家計最終消費支出	政府最終消費支出	国内総資本形成	総固定資本形成	民間	住宅	企業設備	公的
昭45(70)	1,879,179	10.3	1,092,866	1,073,470	189,262	630,491	586,869	432,430	135,747	296,683	154,439
46(71)	1,963,196	4.5	1,152,912	1,135,169	198,457	635,943	614,503	431,342	142,155	289,188	183,161
47(72)	2,131,387	8.6	1,256,403	1,239,114	208,311	698,547	676,462	463,586	167,806	295,780	212,876
48(73)	2,302,993	8.1	1,367,050	1,350,940	219,571	781,472	754,694	531,288	193,469	337,819	223,406
49(74)	2,270,144	△1.4	1,365,902	1,350,446	218,646	731,059	690,490	493,418	169,642	323,776	197,072
50(75)	2,342,030	3.2	1,426,054	1,411,500	246,177	693,051	685,797	476,031	171,652	304,379	209,766
51(76)	2,435,415	4.0	1,467,520	1,453,022	256,588	718,502	705,686	490,701	186,640	304,060	214,985
52(77)	2,543,492	4.4	1,526,710	1,509,473	267,299	740,338	725,795	490,318	187,650	302,669	235,477
53(78)	2,679,850	5.4	1,606,904	1,589,267	281,223	795,880	783,314	514,449	198,073	316,376	268,866
54(79)	2,829,453	5.6	1,711,130	1,691,436	293,041	846,842	829,499	553,340	196,344	356,996	276,159
55(80)	2,904,540	2.7	1,729,284	1,707,424	302,160	838,951	826,303	563,392	178,348	385,044	262,911
56(81)	2,991,236	3.0	1,754,720	1,731,096	315,747	858,480	845,181	573,794	174,237	399,557	271,386
57(82)	3,089,988	3.3	1,831,179	1,808,420	324,941	855,621	843,349	577,629	172,954	404,674	265,720
58(83)	3,164,479	2.4	1,892,333	1,867,758	333,212	835,892	834,139	574,289	162,739	411,550	259,851
59(84)	3,290,323	4.0	1,942,004	1,915,927	341,042	877,582	869,813	618,821	159,252	459,569	250,992
60(85)	3,441,658	4.6	2,006,416	1,978,922	342,024	932,859	913,223	678,578	163,428	515,150	234,646
61(86)	3,541,705	2.9	2,076,689	2,048,079	359,615	971,733	957,065	715,205	176,676	538,530	241,859
62(87)	3,697,135	4.4	2,164,131	2,136,170	365,235	1,051,582	1,044,528	786,533	216,230	570,303	257,995
63(88)	3,927,326	6.2	2,278,599	2,248,889	373,752	1,192,335	1,164,276	895,130	240,883	654,247	269,146
平元(89)	4,120,974	4.9	2,387,025	2,356,273	381,129	1,291,462	1,260,057	991,934	242,971	748,963	268,123
2(90)	4,329,374	5.1	2,491,389	2,461,548	386,810	1,391,199	1,366,848	1,084,458	254,651	830,807	281,390
3(91)	4,494,371	3.8	2,554,098	2,520,934	394,516	1,446,561	1,411,630	1,116,421	233,043	883,378	295,209
4(92)	4,549,616	1.2	2,607,076	2,573,858	402,241	1,404,650	1,389,809	1,051,740	217,893	833,848	338,068
5(93)	4,564,559	0.3	2,637,439	2,599,950	411,701	1,370,963	1,362,689	971,489	223,085	748,403	391,201
6(94)	4,589,402	0.5	2,688,006	2,653,319	421,541	1,352,587	1,352,430	950,341	241,955	708,386	402,088
7(95)	4,657,142	1.5	2,743,684	2,706,311	435,461	1,384,664	1,375,999	971,372	226,202	745,170	404,627

資料：経済企画庁『国民経済計算年報』平成11年版。
注：「国民総支出」=「国内総支出」+(「海外からの要素所得の受取り」-「海外への要素所得への支払い」)。

算（新SNA基準）
総支出（平成2年価格）（昭和45～平成7年）

(単位：億円)

在庫品増加	民間企業	公的企業	経常海外余剰	財貨・サービスの輸出と海外からの要素所得の受取り	財貨・サービスの輸出	海外からの要素所得の受取り	（控除）財貨・サービスの輸入と海外への要素所得の支払い	財貨・サービスの輸入	海外への要素所得の支払い	国内総支出	増加率（％）	暦年
43,622	44,601	△979	△33,439	121,061	112,113	8,948	154,501	141,500	13,001	1,883,231	10.3	昭45(70)
21,440	29,099	△7,659	△24,116	140,852	130,046	10,806	164,968	151,469	13,499	1,965,889	4.4	46(71)
22,085	26,350	△4,265	△31,874	149,272	135,404	13,868	181,145	167,375	13,770	2,131,290	8.4	47(72)
26,778	29,589	△2,811	△65,101	159,847	142,497	17,350	224,948	208,102	16,846	2,302,488	8.0	48(73)
40,570	40,633	△63	△45,464	195,723	175,472	20,251	241,186	216,803	24,383	2,274,277	△1.2	49(74)
7,254	4,436	2,818	△23,252	194,024	173,799	20,225	217,276	194,493	22,783	2,344,587	3.1	50(75)
12,815	9,942	2,873	△7,194	221,108	202,652	18,456	228,302	207,476	20,826	2,437,785	4.0	51(76)
14,543	10,685	3,858	9,145	243,674	226,426	17,248	234,529	215,961	18,568	2,544,812	4.4	52(77)
12,565	7,006	5,559	△4,157	243,918	225,854	18,064	248,075	230,887	17,188	2,678,975	5.3	53(78)
17,343	15,904	1,439	△21,561	264,592	235,576	29,016	286,153	260,700	25,453	2,825,889	5.5	54(79)
12,648	15,561	△2,913	34,145	309,827	275,583	34,244	275,682	240,467	35,215	2,905,511	2.8	55(80)
13,299	16,122	△2,823	62,290	354,684	310,136	44,548	292,395	241,456	50,939	2,997,626	3.2	56(81)
12,272	16,106	△3,834	78,246	371,158	313,040	58,118	292,912	235,509	57,403	3,089,272	3.1	57(82)
1,752	5,487	△3,735	103,043	375,212	327,924	47,288	272,169	228,354	43,815	3,161,007	2.3	58(83)
7,769	6,455	1,314	129,695	430,604	376,455	54,149	300,909	252,248	48,661	3,284,835	3.9	59(84)
19,635	17,759	1,876	160,358	458,817	396,930	61,887	298,458	248,727	49,731	3,429,503	4.4	60(85)
14,668	10,760	3,908	133,668	430,518	374,339	56,179	296,850	253,577	43,273	3,528,799	2.9	61(86)
7,055	7,119	△64	116,187	452,304	372,321	79,983	336,117	277,712	58,405	3,675,557	4.2	62(87)
28,059	29,937	△1,878	82,641	500,165	394,409	105,756	417,525	335,843	81,682	3,903,253	6.2	63(88)
31,405	32,208	△803	61,359	581,438	430,440	150,998	520,079	398,220	121,859	4,091,835	4.8	平元(89)
24,351	23,514	837	59,976	645,723	460,117	185,606	585,747	429,660	156,087	4,299,855	5.1	2(90)
34,932	36,868	△1,936	99,196	677,204	484,259	192,945	578,007	416,282	161,725	4,463,151	3.8	3(91)
14,841	15,452	△611	135,648	690,810	508,162	182,648	555,162	413,365	141,797	4,508,765	1.0	4(92)
8,273	9,693	△1,420	144,456	680,622	515,005	165,617	536,166	412,292	123,874	4,522,815	0.3	5(93)
157	△2,767	2,924	127,268	697,992	538,645	159,347	570,724	448,805	121,919	4,551,973	0.6	6(94)
8,665	7,466	1,199	93,334	750,961	567,867	183,094	657,628	512,741	144,887	4,618,935	1.5	7(95)

2. 国民経済計
(3) 主要系列・名目国民総支出と

年度	国民総支出	増加率(%)	民間最終消費支出	家計最終消費支出	政府最終消費支出	国内総資本形成	総固定資本形成	民間	住宅	企業設備	公的
昭45(70)	751,520	15.8	394,566	389,379	56,469	291,204	266,837	205,120	48,435	156,685	61,717
46(71)	828,063	10.2	444,882	439,430	66,390	294,399	283,556	205,299	52,332	152,967	78,257
47(72)	965,391	16.6	520,556	514,708	77,946	347,429	333,767	239,212	70,275	168,937	94,556
48(73)	1,166,792	20.9	628,067	621,750	96,800	452,283	428,310	322,791	98,491	224,299	105,519
49(74)	1,381,558	18.4	763,896	755,641	131,444	491,812	469,866	341,671	96,153	245,518	128,194
50(75)	1,522,094	10.2	869,946	861,742	152,615	498,082	494,472	354,743	111,004	243,739	139,729
51(76)	1,711,525	12.4	987,844	978,788	168,358	540,619	527,530	379,896	123,819	256,077	147,634
52(77)	1,900,348	11.0	1,094,576	1,081,973	186,453	582,935	572,280	395,760	131,226	264,534	176,520
53(78)	2,087,809	9.9	1,207,796	1,195,084	201,519	652,514	640,014	431,843	138,489	293,354	208,171
54(79)	2,254,018	8.0	1,329,356	1,313,313	219,371	734,689	716,640	495,942	155,754	340,188	220,699
55(80)	2,453,600	8.9	1,436,133	1,417,815	241,224	788,723	770,969	536,718	151,323	385,395	234,252
56(81)	2,603,343	6.1	1,524,538	1,504,446	260,022	801,515	788,867	548,459	148,100	400,358	240,409
57(82)	2,734,615	5.0	1,633,360	1,613,668	269,613	805,025	797,930	557,741	152,239	405,502	240,189
58(83)	2,859,973	4.6	1,719,218	1,696,763	283,042	796,885	793,244	559,487	138,723	420,764	233,757
59(84)	3,057,253	6.9	1,807,957	1,783,604	298,082	857,291	843,565	614,363	142,177	472,186	229,202
60(85)	3,255,011	6.5	1,907,633	1,882,171	310,380	912,279	891,595	676,710	147,608	529,102	214,885
61(86)	3,406,959	4.7	1,989,642	1,963,290	325,593	937,429	925,497	700,134	161,762	538,371	225,363
62(87)	3,577,964	5.0	2,084,841	2,058,231	332,406	1,038,514	1,027,428	781,964	208,498	573,466	245,464
63(88)	3,819,982	6.8	2,212,525	2,184,348	345,648	1,156,983	1,134,948	886,109	221,128	664,982	248,839
平元(89)	4,099,693	7.3	2,365,503	2,336,046	367,336	1,284,732	1,252,912	988,677	234,168	754,509	264,235
2(90)	4,415,891	7.7	2,525,812	2,493,972	395,201	1,429,499	1,400,858	1,114,497	255,526	858,971	286,361
3(91)	4,663,318	5.6	2,654,171	2,618,076	417,948	1,473,634	1,439,241	1,124,562	230,955	893,608	314,678
4(92)	4,765,675	2.2	2,734,159	2,695,632	436,907	1,439,014	1,431,413	1,060,994	227,626	833,368	370,419
5(93)	4,808,319	0.9	2,811,362	2,773,160	450,393	1,398,340	1,392,317	978,878	242,150	736,729	413,439
6(94)	4,826,714	0.4	2,866,656	2,827,733	461,968	1,367,399	1,364,281	959,931	260,197	699,733	404,350
7(95)	4,940,078	2.3	2,929,950	2,899,096	476,735	1,420,128	1,408,832	975,952	242,645	733,307	432,879

資料：経済企画庁『国民経済計算年報』平成11年版。
注：「国民総支出」＝「国内総支出」＋（「海外からの要素所得の受取り」－「海外への要素所得への支払い」）。

統　計　327

算（新 SNA 基準）
名目国内総支出（昭和45～平成7年度）

(単位：億円)

在庫品増加	民間企業	公的企業	経常海外余剰	財貨・サービスの輸出と海外からの要素所得の受取		海外からの要素所得の受取り	(控除)財貨・サービスの輸入と海外への要素所得の支払い		海外への要素所得の支払い	国内総支出	増加率(%)	年　度
				財貨・サービスの輸出			財貨・サービスの輸入					
24,367	25,248	△881	9,281	86,570	82,873	3,697	77,289	72,126	5,163	752,985	15.7	昭45(70)
10,843	14,768	△3,925	22,393	100,004	95,252	4,752	77,611	71,930	5,681	828,993	10.1	46(71)
13,662	15,465	△1,803	19,460	107,346	100,628	6,718	87,887	81,696	6,191	964,863	16.4	47(72)
23,973	24,992	△1,020	△10,358	131,780	122,589	9,191	142,138	132,589	9,549	1,167,150	21.0	48(73)
21,947	20,927	1,020	△5,594	205,435	193,083	12,352	211,029	195,724	15,305	1,384,511	18.6	49(74)
3,610	1,305	2,305	1,451	207,876	195,511	12,365	206,425	192,539	13,886	1,523,616	10.0	50(75)
13,088	10,684	2,404	14,704	245,854	233,255	12,599	231,151	217,142	14,009	1,712,934	12.4	51(76)
10,656	6,492	4,164	36,384	256,881	244,102	12,779	220,497	207,122	13,375	1,900,945	11.0	52(77)
12,500	8,324	4,176	25,980	237,774	222,290	15,484	211,793	198,097	13,696	2,086,022	9.7	53(78)
18,048	17,344	704	△29,398	303,602	278,921	24,681	333,000	309,964	23,036	2,252,372	8.0	54(79)
17,754	20,396	△2,642	△12,480	364,470	335,694	28,776	376,950	346,308	30,642	2,455,466	9.0	55(80)
12,648	14,965	△2,317	17,268	433,184	391,038	42,146	415,916	369,101	46,815	2,608,013	6.2	56(81)
7,095	11,293	△4,198	26,616	438,882	389,410	49,472	412,266	364,184	48,082	2,733,224	4.8	57(82)
3,641	6,196	△2,555	60,828	447,013	403,715	43,298	386,185	346,926	39,259	2,855,934	4.5	58(83)
13,725	11,883	1,842	93,923	514,881	462,020	52,861	420,958	373,908	47,050	3,051,441	6.8	59(84)
20,684	17,245	3,439	124,720	501,464	444,975	56,489	376,745	332,371	44,374	3,242,896	6.3	60(85)
11,932	7,280	4,652	154,295	430,811	373,940	56,871	276,516	232,971	43,545	3,393,633	4.6	61(86)
11,085	11,219	△134	122,203	443,669	360,700	82,969	321,467	261,244	60,223	3,555,218	4.8	62(87)
22,035	26,753	△4,718	104,826	496,882	387,089	109,793	392,056	305,677	86,379	3,796,568	6.8	63(88)
31,820	32,632	△812	82,123	603,172	437,142	166,030	521,049	389,945	131,104	4,064,768	7.1	平元(89)
28,642	27,486	1,156	65,379	649,385	461,736	187,649	584,006	424,090	159,916	4,388,158	8.0	2(90)
34,393	36,462	△2,069	117,566	667,465	470,412	197,053	549,899	384,420	165,479	4,631,744	5.6	3(91)
7,601	7,462	139	155,595	663,523	472,963	190,560	507,928	364,223	143,705	4,718,820	1.9	4(92)
6,023	7,638	△1,615	148,224	602,955	436,004	166,951	454,731	328,638	126,093	4,767,461	1.0	5(93)
3,118	1,082	2,036	130,691	614,960	444,163	170,797	484,269	351,772	132,497	4,788,414	0.4	6(94)
11,296	9,225	2,071	103,265	676,158	463,961	212,197	572,892	403,276	169,616	4,897,497	2.3	7(95)

2. 国民経済計
(4) 主要系列・実質国民総支出と実質国内

年度	国民総支出	増加率(%)	民間最終消費支出	家計最終消費支出	政府最終消費支出	国内総資本形成	総固定資本形成	民間	住宅	企業設備	公的
昭45(70)	1,900,762	8.3	1,107,443	1,088,849	191,582	637,540	597,349	436,625	137,350	299,275	160,724
46(71)	1,998,264	5.1	1,172,880	1,155,240	200,838	647,704	628,135	431,733	145,075	286,658	196,402
47(72)	2,183,314	9.3	1,287,858	1,271,328	210,439	720,348	697,628	477,681	174,533	303,148	219,947
48(73)	2,292,600	5.0	1,365,050	1,349,874	219,442	777,300	742,991	538,995	194,742	344,253	203,996
49(74)	2,277,556	△0.7	1,385,093	1,369,423	225,176	704,001	679,964	475,863	161,051	314,812	204,101
50(75)	2,370,898	4.1	1,434,044	1,420,007	249,584	706,092	699,177	483,738	180,815	302,922	215,439
51(76)	2,460,560	3.8	1,482,130	1,468,284	259,554	721,869	706,133	491,543	186,696	304,847	214,590
52(77)	2,573,280	4.6	1,542,930	1,524,787	270,541	748,292	736,062	492,551	189,997	302,553	243,511
53(78)	2,715,805	5.5	1,633,275	1,615,864	285,248	813,568	797,905	522,697	194,303	328,394	275,208
54(79)	2,855,288	5.1	1,721,226	1,700,553	295,430	846,313	829,010	558,748	195,123	363,625	270,262
55(80)	2,925,119	2.4	1,733,542	1,711,447	305,148	846,809	832,186	566,644	175,713	390,931	265,542
56(81)	3,009,473	2.9	1,769,656	1,746,049	319,316	853,933	841,065	573,733	172,598	401,136	267,332
57(82)	3,109,795	3.3	1,850,139	1,827,584	325,660	849,419	842,462	578,462	174,714	403,748	264,000
58(83)	3,191,409	2.6	1,905,219	1,879,809	335,572	841,867	838,354	581,032	159,401	421,631	257,322
59(84)	3,323,832	4.1	1,953,198	1,926,284	342,002	892,021	879,381	630,790	160,144	470,646	248,591
60(85)	3,467,374	4.3	2,022,263	1,994,609	345,026	940,823	923,805	691,474	164,579	526,894	232,331
61(86)	3,576,847	3.2	2,101,224	2,072,899	362,202	981,602	971,374	726,034	182,262	543,772	245,340
62(87)	3,756,232	5.0	2,187,715	2,159,182	267,602	1,093,482	1,082,497	816,233	229,538	586,695	266,264
63(88)	3,979,752	6.0	2,309,478	2,280,235	376,139	1,217,539	1,189,831	923,585	240,020	683,564	266,247
平元(89)	4,166,744	4.7	2,407,505	2,378,254	382,164	1,312,753	1,282,348	1,011,536	243,900	767,636	270,812
2(90)	4,388,035	5.3	2,507,599	2,477,306	390,419	1,420,582	1,393,161	1,109,941	255,763	854,178	283,219
3(91)	4,519,710	3.0	2,578,023	2,544,363	395,949	1,441,411	1,405,211	1,101,734	224,348	877,385	303,477
4(92)	4,550,841	0.7	2,608,118	2,572,361	404,277	1,391,964	1,384,460	1,030,492	216,526	813,967	353,968
5(93)	4,566,384	0.3	2,652,976	2,617,529	414,103	1,362,365	1,355,070	956,384	227,095	729,289	398,686
6(94)	4,593,344	0.6	2,693,180	2,657,493	425,965	1,352,922	1,349,708	955,428	244,355	711,073	394,279
7(95)	4,734,740	3.1	2,779,303	2,741,805	437,760	1,435,544	1,421,128	994,117	227,880	766,236	427,011

資料：経済企画庁『国民経済計算年報』平成11年版。
注：「国民総支出」=「国内総支出」+(「海外からの要素所得の受取り」-「海外への要素所得への支払い」)。

算（新SNA基準）
総支出（平成 2 年価格）（昭和45～平成 7 年度）

（単位：億円）

在庫品増加	民間企業	公的企業	経常海外余剰	財貨・サービスの輸出と海外からの要素所得の受取	財貨・サービスの輸出	海外からの要素所得の受取り	（控除）財貨・サービスの輸入と海外への要素所得の支払い	財貨・サービスの輸入	海外への要素所得の支払い	国内総支出	増加率（%）	年 度
40,191	41,818	△1,627	△35,804	125,885	116,499	9,386	161,689	148,585	13,104	1,904,480	8.2	昭45(70)
19,569	27,355	△7,786	△23,158	142,565	131,080	11,485	165,723	151,982	13,741	2,000,519	5.0	46(71)
22,721	26,890	△4,169	△35,331	153,629	138,402	15,227	188,960	174,902	14,058	2,182,145	9.1	47(72)
34,309	36,231	△1,922	△69,192	164,035	146,005	18,030	233,227	214,535	18,692	2,293,262	5.1	48(73)
24,037	23,219	818	△36,714	199,704	179,324	20,380	236,418	211,169	25,249	2,282,425	△0.5	49(74)
6,915	3,999	2,916	△18,782	198,412	179,099	19,313	217,195	195,484	21,711	2,373,295	4.0	50(75)
15,736	12,956	2,780	△2,992	228,158	210,015	18,143	231,150	210,946	20,204	2,462,621	3.8	51(76)
12,230	8,068	4,162	11,517	247,598	230,253	17,345	236,081	217,899	18,182	2,574,118	4.5	52(77)
15,663	10,209	5,454	△16,285	242,908	222,729	20,179	259,193	241,326	17,867	2,713,493	5.4	53(78)
17,303	16,568	735	△7,682	277,587	246,319	31,268	295,268	256,084	39,184	2,853,205	5.1	54(79)
14,623	17,668	△3,045	39,620	316,138	281,754	34,384	276,518	239,879	36,639	2,927,374	2.6	55(80)
12,868	15,726	△2,858	66,568	364,142	315,377	48,765	297,573	243,388	54,185	3,014,895	3.0	56(81)
6,957	1,134	△4,177	84,577	368,634	312,363	56,271	284,057	229,324	54,733	3,108,256	3.1	57(82)
3,513	6,148	△2,635	108,751	387,092	338,734	48,358	278,341	234,496	43,845	3,186,896	2.5	58(83)
12,641	11,259	1,382	136,611	440,939	383,421	57,518	304,328	253,106	51,222	3,317,537	4.1	59(84)
17,018	15,345	1,673	159,262	453,034	392,762	60,272	293,772	246,413	47,359	3,454,460	4.1	60(85)
10,228	6,025	4,203	131,819	433,635	373,857	59,778	301,816	256,022	45,794	3,562,863	3.1	61(86)
10,985	11,055	△70	107,432	462,689	375,476	87,213	355,257	291,944	63,313	3,732,332	4.8	62(87)
27,008	29,447	△1,739	76,597	520,069	405,523	114,546	443,473	353,363	90,110	3,955,316	6.0	63(88)
30,405	30,991	△586	64,322	607,511	438,601	168,910	543,189	409,819	133,370	4,131,204	4.4	平元(89)
27,421	26,466	955	69,435	653,676	467,000	186,676	584,241	425,161	159,080	4,360,438	5.5	2(90)
36,200	38,146	△1,946	104,327	683,183	491,907	191,276	578,856	418,263	160,593	4,489,027	2.9	3(91)
7,503	7,582	△79	146,483	695,498	513,325	182,173	549,015	411,624	137,391	4,506,059	0.4	4(92)
7,295	8,486	△1,191	136,940	674,409	515,753	158,656	537,469	417,622	119,847	4,527,576	0.5	5(93)
3,214	248	2,966	121,277	709,156	546,409	162,747	587,878	461,576	126,302	4,556,900	0.6	6(94)
14,416	12,622	1,794	82,133	777,419	573,459	203,960	695,286	532,242	163,044	4,693,824	3.0	7(95)

2. 国民経済計

(5) 国民所得と国民可処分所得

年度	国民所得	増加率(%)	雇用者所得	財産所得(非企業部門)	一般政府	対家計民間非営利団体	家計	企業所得
昭45(70)	610,297	17.1	332,939	50,703	2,325	290	48,088	226,655
46(71)	659,105	8.0	388,966	58,822	3,263	315	55,244	211,317
47(72)	779,369	18.2	457,020	68,690	2,527	428	65,735	253,659
48(73)	958,396	23.0	574,028	88,487	3,334	538	84,615	295,881
49(74)	1,124,716	17.4	737,524	119,487	4,127	818	114,542	267,704
50(75)	1,239,907	10.2	838,518	133,778	1,449	1,059	131,270	267,611
51(76)	1,403,972	13.2	943,286	145,532	△4,041	1,353	148,220	315,154
52(77)	1,557,032	10.9	1,049,978	146,288	△9,795	1,627	154,456	360,766
53(78)	1,717,785	10.3	1,128,006	138,691	△15,809	1,483	153,017	451,088
54(79)	1,822,066	6.1	1,221,262	159,296	△23,112	2,106	180,302	441,508
55(80)	1,995,902	9.5	1,328,084	217,602	△31,089	3,866	244,826	450,216
56(81)	2,097,489	5.1	1,432,771	226,814	△36,748	3,595	259,968	437,904
57(82)	2,193,918	4.6	1,516,835	223,320	△43,885	3,185	264,020	453,762
58(83)	2,308,057	5.2	1,589,753	232,762	△55,970	3,583	285,149	485,542
59(84)	2,436,089	5.5	1,677,824	239,361	△59,301	3,324	295,337	518,904
60(85)	2,602,784	6.8	1,760,928	248,433	△60,345	3,365	305,414	593,422
61(86)	2,711,297	4.2	1,825,177	259,428	△55,739	2,951	312,217	626,692
62(87)	2,838,955	4.7	1,897,388	258,729	△49,946	1,755	306,920	682,837
63(88)	3,013,800	6.2	2,007,584	263,447	△45,479	694	308,231	742,769
平元(89)	3,221,436	6.9	2,160,871	304,799	△40,642	462	344,979	755,766
2(90)	3,457,391	7.3	2,339,172	384,748	△33,790	1,738	416,800	733,470
3(91)	3,630,542	5.0	2,511,887	399,344	△25,619	379	424,583	719,311
4(92)	3,690,881	1.7	2,583,854	354,732	△29,172	△1,796	385,699	752,295
5(93)	3,724,644	0.9	2,649,386	351,149	△9,396	△874	361,419	724,109
6(94)	3,737,720	0.4	2,713,555	289,179	△16,993	△5,154	311,326	734,985
7(95)	3,807,146	1.9	2,752,597	258,261	△28,952	△5,170	292,383	796,288

資料:経済企画庁『国民経済計算年報』平成11年版。
注: 1.「企業所得」=「営業余剰」+「財産所得の受取」-「財産所得の支払」。
   2.「国民所得」=「雇用者所得」+「財産所得(非企業部門)」+「企業所得(配当受取後)」。

算（新SNA基準）
の分配（昭和45〜平成7年度）

(単位：億円)

民間法人企業	公的企業	個人企業	間接税（控除）補助金	国民所得（市場価格表示）	その他の経常移転（純）	国民可処分所得	増加率(%)	年度
96,944	2,470	127,241	45,037	655,334	△462	654,872	16.9	昭45(70)
87,794	△853	124,376	48,669	707,774	△689	707,085	8.0	46(71)
102,040	957	150,662	57,366	836,736	△264	836,471	18.3	47(72)
108,961	3,955	182,966	68,486	1,026,883	△492	1,026,391	22.7	48(73)
74,740	△2,741	195,705	74,425	1,199,141	△429	1,198,713	16.8	49(74)
69,880	△7,020	204,752	77,358	1,317,265	△567	1,316,698	9.8	50(75)
94,662	△4,965	225,456	92,520	1,496,492	△684	1,495,808	13.6	51(76)
119,262	1,425	240,079	104,540	1,661,573	△811	1,660,761	11.0	52(77)
178,830	947	271,311	120,039	1,837,823	△1,325	1,836,499	10.6	53(78)
169,057	1,523	270,928	135,231	1,957,297	△2,043	1,955,255	6.5	54(79)
189,617	9,664	250,934	144,565	2,140,467	△2,453	2,138,014	9.3	55(80)
184,071	3,002	250,831	158,236	2,255,726	△2,558	2,253,168	5.4	56(81)
196,881	2,490	254,391	165,574	2,359,491	△2,254	2,357,237	4.6	57(82)
227,159	△1,092	259,476	176,603	2,484,660	△2,661	2,481,999	5.3	58(83)
254,625	△4,476	268,755	193,299	2,629,388	△2,290	2,627,098	5.8	59(84)
281,747	△123	311,798	206,835	2,809,619	△2,474	2,807,145	6.9	60(85)
311,406	△2,207	317,492	225,854	2,937,150	△2,377	2,934,774	4.5	61(86)
341,476	△79	341,440	252,456	3,091,410	△3,612	3,087,798	5.2	62(87)
374,952	6,855	360,962	282,469	3,296,268	△3,803	3,292,465	6.6	63(88)
356,290	37,654	361,821	283,794	3,505,230	△3,420	3,501,810	6.4	平元(89)
330,521	45,742	357,207	316,438	3,773,827	△3,201	3,770,627	7.7	2(90)
304,278	33,443	381,590	337,120	3,967,662	△3,762	3,963,900	5.1	3(91)
331,107	26,227	394,962	339,249	4,030,130	△5,175	4,024,955	1.5	4(92)
289,140	7,744	427,225	341,129	4,065,773	△5,776	4,059,997	0.9	5(93)
284,601	4,229	446,155	349,040	4,086,760	△6,049	4,080,711	0.5	6(94)
323,671	27,114	445,503	358,887	4,166,033	△8,274	4,157,759	1.9	7(95)

3．予算審議成立経過一覧（昭和45～平成7年度）

事　項	提　出 年月日	衆議院議決 年月日	参議院議決 年月日	予算額 歳（収）入	予算額 歳（支）出	備　考
	昭	昭	昭	億円	億円	
〔昭和45年度〕						
第63回　国　会（特別）						
一般会計暫定予算	45.3.26	45.3.30	45.3.31	(1,551)	(6,117)	⎫
特別会計暫定予算	45.3.26	45.3.30	45.3.31	(19,982)	(29,173)	⎬ 4.1～4.18日分
政府関係機関暫定予算	45.3.26	45.3.30	45.3.31	(2,936)	(2,461)	⎭
一般会計予算	45.2.14	45.3.20	45.4.17	79,498	79,498	
特別会計予算	45.2.14	45.3.20	45.4.17	184,031	169,883	
政府関係機関予算	45.2.14	45.3.20	45.4.17	60,763	58,081	
第65回　国　会						
一般会計補正予算（第1号）	46.1.22	46.2.9	46.2.12	2,633	2,633	
特別会計補正予算（特第1号）	46.1.22	46.2.9	46.2.12	△2,854	△2,642	
政府関係機関補正予算（機第1号）	46.1.22	46.2.9	46.2.12	56	56	
〔昭和46年度〕						
第65回　国　会						
一般会計予算	46.1.22	46.3.1	46.3.29	94,143	94,143	
特別会計予算	46.1.22	46.3.1	46.3.29	199,985	182,538	
政府関係機関予算	46.1.22	46.3.1	46.3.29	68,509	65,618	
第67回　国　会（臨時）						
一般会計補正予算（第1号）	46.10.18	46.10.30	46.11.9	2,447	2,447	
特別会計補正予算（特第1号）	46.10.18	46.10.30	46.11.9	2,048	2,036	
政府関係機関補正予算（機第1号）	46.10.18	46.10.30	46.11.9	1,360	1,360	
〔昭和47年度〕						
第68回　国　会						
一般会計暫定予算	47.3.28	47.3.30	47.3.31	(5,560)	(11,017)	⎫
特別会計暫定予算	47.3.28	47.3.30	47.3.31	(29,885)	(40,934)	⎬ 4.1～4.30日分
政府関係機関暫定予算	47.3.28	47.3.30	47.3.31	(6,516)	(5,808)	⎭
一般会計予算	47.1.28	47.4.3	47.4.28	114,677	114,677	
特別会計予算	47.1.28	47.4.3	47.4.28	227,696	205,100	2.26内閣修正書提出
政府関係機関予算	47.1.28	47.4.3	47.4.28	84,778	81,366	
第70回　国　会（臨時）						
一般会計補正予算（第1号）	47.10.27	47.11.8	47.11.13	6,513	6,513	
特別会計補正予算（特第1号）	47.10.27	47.11.8	47.11.13	3,795	3,795	
政府関係機関補正予算（機第1号）	47.10.27	47.11.8	47.11.13	484	484	
〔昭和48年度〕						
第71回　国　会（特別）						
一般会計暫定予算	48.3.28	48.3.30	48.3.31	(4,544)	(7,040)	⎫
特別会計暫定予算	48.3.28	48.3.30	48.3.31	(28,959)	(41,496)	⎬ 4.1～4.11日分
政府関係機関暫定予算	48.3.28	48.3.30	48.3.31	(2,372)	(1,581)	⎭
一般会計予算	48.1.26	48.3.13	48.4.11	142,841	142,841	
特別会計予算	48.1.26	48.3.13	48.4.11	270,990	243,837	
政府関係機関予算	48.1.26	48.3.13	48.4.11	98,967	95,402	
第72回　国　会						
一般会計補正予算（第1号）	48.12.1	48.12.10	48.12.14	9,885	9,885	
特別会計補正予算（特第1号）	48.12.1	48.12.10	48.12.14	5,903	5,848	
政府関係機関補正予算（機第1号）	48.12.1	48.12.10	48.12.14	△587	△601	

3. 予算審議成立経過一覧（昭和45～平成7年度）（続き）

事　項	提出年月日	衆議院議決年月日	参議院議決年月日	予算額 歳（収）入（億円）	予算額 歳（支）出（億円）	備　考
〔昭和49年度〕						
第72回　国　会	昭	昭	昭			
一般会計暫定予算	49.3.27	49.3.29	49.3.30	(7,616)	(9,998)	⎱ 4.1～4.10日分
特別会計暫定予算	49.3.27	49.3.29	49.3.30	(82,389)	(43,621)	
政府関係機関暫定予算	49.3.27	49.3.29	49.3.30	(2,080)	(1,135)	⎰
一般会計予算	49.1.21	49.3.12	49.4.10	170,994	170,994	
特別会計予算	49.1.21	49.3.12	49.4.10	331,162	300,841	
政府関係機関予算	49.1.21	49.3.12	49.4.10	108,154	105,359	
第74回　国　会（臨時）						
一般会計補正予算（第1号）	49.12.13	49.12.20	49.12.23	20,987	20,987	
特別会計補正予算（特第1号）	49.12.13	49.12.20	49.12.23	8,096	8,895	
政府関係機関補正予算（機第1号）	49.12.13	49.12.20	49.12.23	4,385	4,988	
〔昭和50年度〕						
第75回　国　会						
一般会計予算	50.1.24	50.3.4	50.4.2	212,888	212,888	⎱ 空白1日間 (4.1)
特別会計予算	50.1.24	50.3.4	50.4.2	397,226	364,119	
政府関係機関予算	50.1.24	50.3.4	50.4.2	126,447	122,336	⎰
第76回　国　会（臨時）						
一般会計補正予算（第1号）	50.10.9	50.10.29	50.11.7	△4,516	△4,516	
特別会計補正予算（特第1号）	50.10.9	50.10.29	50.11.7	4,797	4,945	
政府関係機関補正予算（機第1号）	50.10.9	50.10.29	50.11.7	1,215	3,376	
〔昭和51年度〕						
第77回　国　会						
一般会計暫定予算	51.3.25	51.3.29	51.3.31	(8,854)	(29,223)	⎱ 4.1～40日間
特別会計暫定予算	51.3.25	51.3.29	51.3.31	(69,345)	(99,160)	
政府関係機関暫定予算	51.3.25	51.3.29	51.3.31	(14,403)	(17,103)	⎰
一般会計予算	51.1.23	51.4.9	51.5.8	242,960	242,960	
特別会計予算	51.1.23	51.4.9	51.5.8	501,512	462,368	
政府関係機関予算	51.1.23	51.4.9	51.5.8	151,015	145,782	
第80回　国　会						
一般会計補正予算（第1号）	52.2.3	52.2.19	52.2.22	3,542	3,542	
特別会計補正予算（特第1号）	52.2.3	52.2.19	52.2.22	4,171	4,171	
政府関係機関補正予算（機第1号）	52.2.3	52.2.19	52.2.22	△6,127	△6,127	
〔昭和52年度〕						
第80回　国　会						
一般会計暫定予算	52.3.29	52.3.30	52.3.31	(1,319)	(16,443)	⎱ 4.1～4.16日分
特別会計暫定予算	52.3.29	52.3.30	52.3.31	(52,036)	(89,093)	
政府関係機関暫定予算	52.3.29	52.3.30	52.3.31	(6,273)	(9,144)	⎰
一般会計予算	52.2.3	52.3.18	52.4.16	285,143	285,143	3月15日本予算修正
特別会計予算	52.2.3	52.3.18	52.4.16	607,428	563,637	
政府関係機関予算	52.2.3	52.3.18	52.4.16	169,620	165,525	
第82回　国　会						
一般会計補正予算（第1号）	52.10.3	52.10.17	52.10.24	2,701	2,701	
特別会計補正予算（特第1号）	52.10.3	52.10.17	52.10.24	2,576	2,576	
政府関係機関補正予算（機第1号）	52.10.3	52.10.17	52.10.24	3,746	3,746	

3．予算審議成立経過一覧（昭和45〜平成7年度）（続き）

事　項	提　出年月日	衆議院議決年月日	参議院議決年月日	予算額 歳（収）入 (億円)	予算額 歳（支）出 (億円)	備　考
第84回 国 会	昭	昭	昭			
一般会計補正予算（第2号）	53.1.17	53.1.28	53.1.31	5,622	5,622	
特別会計補正予算（特第2号）	53.1.17	53.1.28	53.1.31	2,344	2,344	
政府関係機関補正予算（機第2号）	53.1.17	53.1.28	53.1.31	815	815	
〔昭和53年度〕						
第84回 国 会						
一般会計予算	53.1.24	53.3.7	53.4.4	342,950	342,950	⎫ 空白3日間
特別会計予算	53.1.24	53.3.7	53.4.4	720,111	677,938	⎬ (4.1〜4.3)
政府関係機関予算	53.1.24	53.3.7	53.4.4	182,229	178,253	⎭
第85回 国 会						
一般会計補正予算（第1号）	53.9.26	53.10.6	53.10.12	1,450	1,450	
特別会計補正予算（特第1号）	53.9.26	53.10.6	53.10.12	2,108	1,922	
政府関係機関補正予算（機第1号）	53.9.26	53.10.6	53.10.12	1,489	1,350	
〔昭和54年度〕						
第87回 国 会						
一般会計予算	54.1.25	54.3.7	54.4.3	386,001	386,001	⎫ 空白2日間
特別会計予算	54.1.25	54.3.7	54.4.3	826,402	782,981	⎬ (4.1〜4.2)
政府関係機関予算	54.1.25	54.3.7	54.4.3	193,420	194,001	⎭
第91回 国 会						
一般会計補正予算（第1号）	55.1.24	55.2.12	55.2.14	10,674	10,674	
特別会計補正予算（特第1号）	55.1.24	55.2.12	55.2.14	3,253	2,999	
政府関係機関補正予算（機第1号）	55.1.24	55.2.12	55.2.14	△1,885	△1,240	
〔昭和55年度〕						
第91回 国 会						
一般会計予算	55.1.24	55.3.8	55.4.4	425,888	425,888	⎫ 空白3日間
特別会計予算	55.1.24	55.3.8	55.4.4	951,211	897,706	⎬ (4.1〜4.3)
政府関係機関予算	55.1.24	55.3.8	55.4.4	203,108	204,379	⎭
第94回 国 会						
一般会計補正予算（第1号）	56.1.26	56.2.10	56.2.13	10,925	10,925	
特別会計補正予算（特第1号）	56.1.26	56.2.10	56.2.13	9,313	9,151	
政府関係機関補正予算（機第1号）	56.1.26	56.2.10	56.2.13	2,942	2,684	
〔昭和56年度〕						
第94回 国 会						
一般会計予算	56.1.26	56.3.7	56.4.2	467,881	467,881	⎫
特別会計予算	56.1.26	56.3.7	56.4.2	1,051,227	990,137	⎬ 空白1日間 (4.1)
政府関係機関予算	56.1.26	56.3.7	56.4.2	220,408	222,220	⎭
第96回 国 会						
一般会計補正予算（第1号）	57.1.25	57.2.16	57.2.17	3,372	3,372	
特別会計補正予算（特第1号）	57.1.25	57.2.16	57.2.17	774	774	
政府関係機関補正予算（機第1号）	57.1.25	57.2.16	57.2.17	1,195	1,195	
〔昭和57年度〕						
第96回 国 会						
一般会計予算	57.1.25	57.3.9	57.4.5	496,808	496,808	⎫ 空白4日間
特別会計予算	57.1.25	57.3.9	57.4.5	1,134,468	1,069,428	⎬ (4.1〜4.4)

3．予算審議成立経過一覧（昭和45～平成7年度）（続き）

事　項	提出年月日	衆議院議決年月日	参議院議決年月日	予算額 歳（収）入	予算額 歳（支）出	備　考
	昭	昭	昭	億円	億円	
政府関係機関予算	57.1.25	57.3.9	57.4.5	234,587	235,821	
第97回国会						
一般会計補正予算（第1号）	57.11.30	57.12.17	57.12.25	△21,187	△21,187	
特別会計補正予算（特第1号）	57.11.30	57.12.17	57.12.25	△12,634	△12,772	
〔昭和58年度〕						
第98回国会						
一般会計予算	58.1.22	58.3.8	58.4.4	503,796	503,796	空白3日間
特別会計予算	58.1.22	58.3.8	58.4.4	1,198,819	1,134,433	(4.1～4.3)
政府関係機関予算	58.1.22	58.3.8	58.4.4	242,316	243,881	
第101回国会						
一般会計補正予算（第1号）	59.2.8	59.2.22	59.2.24	4,598	4,598	
特別会計補正予算（特第1号）	59.2.8	59.2.22	59.2.24	△1,760	△1,760	
〔昭和59年度〕						
第101回国会						
一般会計暫定予算	59.3.28	59.3.29	59.3.30	(286)	(30,397)	
特別会計暫定予算	59.3.28	59.3.29	59.3.30	(27,982)	(28,029)	4.1～11日分
政府関係機関暫定予算	59.3.28	59.3.29	59.3.30	(5,242)	(2,722)	
一般会計予算	59.2.8	59.3.13	59.4.10	506,272	506,272	
特別会計予算	59.2.8	59.3.13	59.4.10	1,290,976	1,230,980	
政府関係機関予算	59.2.8	59.3.13	59.4.10	250,379	252,112	
第102回国会						
一般会計補正予算（第1号）	60.1.25	60.2.9	60.2.13	8,861	8,861	
特別会計補正予算（特第1号）	60.1.25	60.2.9	60.2.13	3,882	3,881	
政府関係機関補正予算（機第1号）	60.1.25	60.2.9	60.2.13	△456	△586	
〔昭和60年度〕						
第102回国会						
一般会計予算	60.1.25	60.3.9	60.4.5	524,996	524,996	空白4日間
特別会計予算	60.1.25	60.3.9	60.4.5	1,257,437	1,195,306	(4.1～4.4)
政府関係機関予算	60.1.25	60.3.9	60.4.5	132,351	133,072	
第104回国会						
一般会計補正予算（第1号）	60.1.24	61.2.13	61.2.15	7,232	7,232	
特別会計補正予算（特第1号）	60.1.24	61.2.13	61.2.15	7,027	△4,542	
政府関係機関補正予算（機第1号）	60.1.24	61.2.13	61.2.15	－	－	
〔昭和61年度〕						
第104回国会						
一般会計予算	61.1.24	61.3.8	61.4.4	540,886	540,886	空白3日間
特別会計予算	61.1.24	61.3.8	61.4.4	1,444,964	1,371,226	(4.1～4.3)
政府関係機関予算	61.1.24	61.3.8	61.4.4	134,086	134,885	
第107回国会						
一般会計補正予算（第1号）	61.10.31	61.11.6	61.11.11	△2,638	△2,638	
特別会計補正予算（特第1号）	61.10.31	61.11.6	61.11.11	6,410	6,265	
政府関係機関補正予算（機第1号）	61.10.31	61.11.6	61.11.11	△441	△396	
〔昭和62年度〕						
第108回国会						

3．予算審議成立経過一覧（昭和45〜平成7年度）（続き）

事　項	提　出 年月日	衆議院議決 年月日	参議院議決 年月日	予算額 歳（収）入	予算額 歳（支）出	備　考
	昭	昭	昭	億円	億円	
一般会計暫定予算	62.3.27	62.3.30	62.3.31	(25,307)	(88,290)	︶4.1〜50日間
特別会計暫定予算	62.3.27	62.3.30	62.3.31	(253,786)	(342,274)	
政府関係機関暫定予算	62.3.27	62.3.30	62.3.31	(4,596)	(1,075)	
一般会計予算	62.1.26	62.4.23	62.5.20	541,010	541,010	
特別会計予算	62.1.26	62.4.23	62.5.20	1,591,724	1,491,380	
政府関係機関予算	62.1.26	62.4.23	62.5.20	522,606	527,607	
第109回　国　会						
一般会計補正予算（第1号）	62.7.6	62.7.17	62.7.24	20,793	20,793	
特別会計補正予算（特第1号）	62.7.6	62.7.17	62.7.24	19,168	19,168	
政府関係機関補正予算（機第1号）	62.7.6	62.7.17	62.7.24	△1,191	△1,014	
第112回　国　会						
一般会計補正予算（第2号）	63.1.25	63.2.18	63.2.20	20,339	20,339	
特別会計補正予算（特第2号）	63.1.25	63.2.18	63.2.20	42,105	14,503	
政府関係機関補正予算（機第2号）	63.1.25	63.2.18	63.2.20		△0	
〔昭和63年度〕						
第112回　国　会						
一般会計暫定予算	63.4.2	63.4.4	63.4.5	(211)	(30,915)	︶空白4日間 (4.1〜4.8)
特別会計暫定予算	63.4.2	63.4.4	63.4.5	(34,790)	(33,851)	
政府関係機関暫定予算	63.4.2	63.4.4	63.4.5	(750)	(72)	
一般会計予算	63.1.25	63.3.10	63.4.7	566,997	566,997	
特別会計予算	63.1.25	63.3.10	63.4.7	1,673,015	1,568,040	
政府関係機関予算	63.1.25	63.3.10	63.4.7	51,849	52,460	
第114回　国　会	平	平	平			
一般会計補正予算（第1号）	元.2.8	元.3.3	元.3.7	51,520	51,520	
特別会計補正予算（特第1号）	元.2.8	元.3.3	元.3.7	24,859	12,399	
政府関係機関補正予算（機第1号）	元.2.8	元.3.3	元.3.7	△490	△299	
〔平成元年度〕						
第114回　国　会						
一般会計暫定予算	元.3.29	元.3.30	元.3.31	(28,431)	(92,245)	︶空白7日間 (5.21〜5.27)
特別会計暫定予算	元.3.29	元.3.30	元.3.31	(261,775)	(334,786)	
政府関係機関暫定予算	元.3.29	元.3.30	元.3.31	(4,661)	(1,089)	
一般会計予算	元.2.8	元.4.28	※	604,142	604,142	※自然成立（元.5.28） 4.1〜5.20
特別会計予算	元.2.8	元.4.28	※	1,720,102	1,584,408	
政府関係機関予算	元.2.8	元.4.28	※	53,240	53,760	
第117回　国　会						
一般会計補正予算（第1号）	2.1.19	—	—	—	—	︶審議未了 (2.1.24解散)
特別会計補正予算（特第1号）	2.1.19	—	—	—	—	
政府関係機関補正予算（機第1号）	2.1.19	—	—	—	—	
第118回　国　会						
一般会計補正予算（第2号）	2.2.28	2.3.22	否決	58,977	58,977	︶自然成立（2.3.26）
特別会計補正予算（特第2号）	2.2.28	2.3.22	〃	14,910	2,326	
政府関係機関補正予算（機第2号）	2.2.28	2.3.22	〃	6,020	△702	
〔平成2年度〕						
第118回　国　会						
一般会計暫定予算	2.3.28	2.4.3	否決	(29,536)	(102,000)	︶空白3日間（4.1〜 4.3）自然成立
特別会計暫定予算	2.3.28	2.4.3	〃	(264,821)	(307,917)	

3．予算審議成立経過一覧（昭和45～平成7年度）（続き）

事　項	提出年月日	衆議院議決年月日	参議院議決年月日	予算額 歳（収）入	予算額 歳（支）出	備　考
	平	平	平	億円	億円	
政府関係機関暫定予算	2.3.28	2.4.3	否決	(4,321)	(1,131)	⎫(2.4.4) 4.1～5.20
一般会計暫定補正予算	2.5.16	2.5.17	〃	(5,170)	(19,611)	⎬自然成立 (2.5.18)
特別会計暫定補正予算	2.5.16	2.5.17	〃	(93,831)	(73,792)	⎭4.1～6.8
政府関係機関暫定補正予算	2.5.16	2.5.17	〃	(1,748)	(2,796)	
一般会計予算	2.2.28	2.5.10	〃	662,368	662,368	⎫
特別会計予算	2.2.28	2.5.10	〃	1,917,890	1,754,857	⎬自然成立 (2.6.7)
政府関係機関予算	2.2.28	2.5.10	〃	56,170	55,228	⎭
第120回 国 会						
一般会計補正予算（第1号）	2.12.10	2.12.13	否決	22,810	22,810	⎫
特別会計補正予算（特第1号）	2.12.10	2.12.13	〃	16,532	13,781	⎬自然成立(2.12.17)
政府関係機関補正予算（機第1号）	2.12.10	2.12.13	〃	470	△93	⎭
第120回 国 会						
一般会計補正予算（第2号）	3.2.25	3.2.28	3.3.6	11,334	11,334	
特別会計補正予算（特第2号）	3.2.25	3.2.28	3.3.6	8,850	△3,154	
〔平成3年度〕						
第120回 国 会						
一般会計暫定予算	3.3.26	3.3.27	3.3.28	(1,231)	(54,218)	⎫
特別会計暫定予算	3.3.26	3.3.27	3.3.28	(118,897)	(142,209)	⎬4.1～4.12日分
政府関係機関暫定予算	3.3.26	3.3.27	3.3.28	(1,401)	(159)	⎭
一般会計予算	3.1.25	3.3.14	否決	703,474	703,474	⎫
特別会計予算	3.1.25	3.3.14	〃	2,073,522	1,897,792	⎬自然成立 (3.4.11)
政府関係機関予算	3.1.25	3.3.14	〃	63,916	64,374	⎭
第122回 国 会						
一般会計補正予算（第1号）	3.12.6	3.12.11	3.12.13	2,660	2,660	
特別会計補正予算（特第1号）	3.12.6	3.12.11	3.12.13	△7,686	△9,902	
政府関係機関補正予算（機第1号）	3.12.6	3.12.11	3.12.13	△276	△566	
〔平成4年度〕						
第123回 国 会						
一般会計暫定予算	4.3.27	4.3.30	4.3.31	(1,058)	(55,244)	⎫
特別会計暫定予算	4.3.27	4.3.30	4.3.31	(87,139)	(80,917)	⎬4.1～4.11日分
政府関係機関暫定予算	4.3.27	4.3.30	4.3.31	(1,171)	(162)	⎭
一般会計予算	4.1.24	4.3.13	否決	722,180	722,180	⎫
特別会計予算	4.1.24	4.3.13	〃	2,180,501	1,990,315	⎬自然成立 (4.4.9)
政府関係機関予算	4.1.24	4.3.13	〃	67,771	67,832	⎭
第125回 国 会						
一般会計補正予算（第1号）	4.10.30	4.12.1	4.12.8	△7,283	△7,283	
特別会計補正予算（特第1号）	4.10.30	4.12.1	4.12.8	1,016	1,839	
政府関係機関補正予算（機第1号）	4.10.30	4.12.1	4.12.8	△218	△230	
〔平成5年度〕						
第126回 国 会						
一般会計予算	5.1.22	5.3.16	否決	723,548	723,548	⎫
特別会計予算	5.1.22	5.3.16	〃	2,307,029	2,069,079	⎬自然成立 (5.3.31)
政府関係機関予算	5.1.22	5.3.16	〃	71,404	71,876	⎭
一般会計補正予算（第1号）	5.5.18	5.6.8	〃	21,887	21,887	
特別会計補正予算（特第1号）	5.5.18	5.6.8	〃	14,575	16,235	
政府関係機関補正予算（機第1号）	5.5.18	5.6.8	〃	525	563	

3. 予算審議成立経過一覧（昭和45～平成7年度）（続き）

事　項	提　出 年月日	衆議院議決 年月日	参議院議決 年月日	予算額 歳（収）入 億円	予算額 歳（支）出 億円	備　考
第128回 国 会	平	平	平			
一般会計補正予算（第2号）	5.11.30	5.12.8	5.12.15	7,087	7,087	
特別会計補正予算（特第2号）	5.11.30	5.12.8	5.12.15	50,006	45,247	
政府関係機関補正予算（機第2号）	5.11.30	5.12.8	5.12.15	△360	△440	
第129回 国 会						
一般会計補正予算（第3号）	6.2.15	6.2.22	6.2.23	21,852	21,852	
特別会計補正予算（特第3号）	6.2.15	6.2.22	6.2.23	19,385	10,070	
政府関係機関補正予算（機第3号）	6.2.15	6.2.22	6.2.23	△180	△221	
〔平成6年度〕						
第129回 国 会						
一般会計暫定予算	6.3.29	6.3.30	6.4.1	(38,286)	(110,514)	⎫
特別会計暫定予算	6.3.29	6.3.30	6.4.1	(372,652)	(426,055)	⎬ 4.1～5.20日分
政府関係機関暫定予算	6.3.29	6.3.30	6.4.1	(6,076)	(9,655)	⎭
一般会計暫定補正予算	6.5.18	6.5.18	6.5.20	(29,190)	(108,930)	⎫
特別会計暫定補正予算	6.5.18	6.5.18	6.5.20	(262,206)	(267,856)	⎬ 4.1～6.29日分
政府関係機関暫定補正予算	6.5.18	6.5.18	6.5.20	(5,649)	(12,023)	⎭
一般会計予算	6.3.4	6.6.8	6.6.22	730,817	730,817	
特別会計予算	6.3.4	6.6.8	6.6.22	2,476,323	2,237,479	
政府関係機関予算	6.3.4	6.6.8	6.6.22	75,795	76,259	
第132回 国 会						
一般会計補正予算（第1号）	7.1.20	7.2.7	7.2.9	△6,735	△6,735	
特別会計補正予算（特第1号）	7.1.20	7.2.7	7.2.9	6,403	△5,186	
政府関係機関補正予算（機第1号）	7.1.20	7.2.7	7.2.9	△362	△762	
一般会計補正予算（第2号）	7.2.24	7.2.27	7.2.28	10,223	10,223	
特別会計補正予算（特第2号）	7.2.24	7.2.27	7.2.28	1,049	1,049	
〔平成7年度〕						
第132回 国 会						
一般会計予算	7.1.20	7.2.27	7.3.22	709,871	709,871	
特別会計予算	7.1.20	7.2.27	7.3.22	2,669,593	2,417,183	
政府関係機関予算	7.1.20	7.2.27	7.3.22	80,008	80,862	
一般会計補正予算（第1号）	7.5.15	7.5.18	7.5.19	27,261	27,261	
特別会計補正予算（特第1号）	7.5.15	7.5.18	7.5.19	7,555	7,613	
政府関係機関補正予算（機第1号）	7.5.15	7.5.18	7.5.19	153	207	
第134回 国 会						
一般会計補正予算（第2号）	7.10.4	7.10.13	7.10.18	53,252	53,252	
特別会計補正予算（特第2号）	7.10.4	7.10.13	7.10.18	17,860	18,010	
政府関係機関補正予算（機第2号）	7.10.4	7.10.13	7.10.18	△1,584	△1,488	
第136回 国 会						
一般会計補正予算（第3号）	8.1.22	8.2.14	8.2.16	△10,044	△10,044	
特別会計補正予算（特第3号）	8.1.22	8.2.14	8.2.16	△1,447	△1,320	

資料：財政調査会編『国の予算』、大蔵省主計局調査課編『財政統計』各年度。

4. 国債・借入金等の現在額

(単位:百万円、%)

年度末	国債(A)	内国債	外貨債	短期証券	借入金	一時借入金	総額(B)	国民所得(億円)(C)	(A/C)	(B/C)
昭45(70)	3,651,618	3,597,457	54,160	1,941,434	633,295	—	6,226,347	610,297	6.0	10.2
46(71)	4,732,990	4,685,538	47,453	2,063,129	809,508	—	7,605,627	659,105	7.2	11.5
47(72)	6,552,058	6,508,490	43,567	3,541,021	1,111,212	500,000	11,704,291	779,369	8.4	15.0
48(73)	8,306,854	8,267,134	39,720	3,256,701	1,090,937	500,000	13,154,492	958,396	8.7	13.7
49(74)	10,515,728	10,479,485	36,243	3,820,575	1,373,120	—	15,709,423	1,124,716	9.3	14.0
50(75)	15,809,534	15,776,484	33,049	4,123,072	2,860,302	2,300	22,795,207	1,239,907	12.8	18.4
51(76)	22,955,242	22,925,619	29,623	5,088,823	4,633,890	—	32,677,954	1,403,972	16.4	23.3
52(77)	32,814,053	32,786,731	27,321	7,325,041	5,958,766	—	46,097,860	1,557,032	21.1	29.6
53(78)	43,633,505	43,617,123	16,382	10,658,529	8,047,842	—	62,339,876	1,717,785	25.4	36.3
54(79)	57,300,798	57,284,494	16,304	9,861,961	10,391,193	—	77,553,952	1,822,066	31.4	42.6
55(80)	71,921,098	71,905,962	15,136	11,859,473	11,231,327	—	95,011,898	1,995,902	36.0	47.6
56(81)	83,641,806	83,629,892	11,914	11,564,626	11,625,662	—	106,832,094	2,097,489	39.9	50.9
57(82)	97,862,580	97,851,289	11,291	9,767,340	13,709,158	—	121,339,078	2,193,918	44.6	55.3
58(83)	111,505,862	111,502,036	3,826	9,607,703	16,130,473	—	137,244,038	2,308,057	48.3	59.5
59(84)	123,797,551	123,794,397	3,153	9,823,231	16,518,762	—	150,139,544	2,436,089	50.8	61.6
60(85)	136,611,399	136,610,623	776	10,261,200	16,698,700	—	163,571,299	2,602,784	52.5	63.0
61(86)	147,326,638	147,325,970	668	14,462,000	22,900,570	—	184,689,208	2,711,297	54.3	68.6
62(87)	154,113,906	154,113,439	467	19,004,000	25,494,483	—	198,612,389	2,838,955	54.3	70.5
63(88)	159,095,149	159,095,149	—	20,475,450	26,635,011	—	206,205,610	3,013,800	52.8	68.8
平元(89)	163,098,007	163,098,007	—	16,616,000	28,319,349	—	208,033,355	3,221,436	50.6	65.0
2(90)	168,547,248	168,547,248	—	16,356,000	31,770,820	—	216,674,068	3,457,391	48.7	63.2
3(91)	173,657,162	173,657,162	—	15,802,000	35,131,863	—	224,591,025	3,630,542	47.8	61.9
4(92)	180,905,019	180,905,019	—	15,593,000	42,852,844	—	239,350,863	3,690,881	49.0	64.8
5(93)	195,135,424	195,135,424	—	22,221,000	50,522,302	—	267,878,726	3,724,644	52.4	71.9
6(94)	209,364,323	209,364,323	—	22,988,000	59,368,521	—	291,720,844	3,737,720	56.0	78.0
7(95)	227,975,278	227,975,278	—	29,362,000	69,015,371	—	326,352,649	3,807,146	59.9	85.7

資料:大蔵省理財局編『国債統計年報』各年度。
注:1.「国債、借入金等」とは、内国債、外貨債、短期証券、借入金および一時借入金の総称である。
  2.「国民所得」は、経済企画庁の「国民経済計算(新SNA基準)」による。

5. 財政投融資計画と実績

(単位：億円、％)

年度	当初計画 金額	対前年度伸び額	対前年度伸び率	前年度の最終計画に対する当年度当初計画の伸び率	追加額	改定計画 金額	対前年度伸び率	実績 金額	対前年度伸び額	対前年度伸び率
昭45(70)	35,799	5,029	16.3	11.6	2,441	38,240	19.2	37,990	6,166	19.4
46(71)	42,804	7,005	19.6	11.9	7,890	50,694	32.6	50,087	12,097	31.8
47(72)	56,350	13,546	31.6	11.2	8,008	64,358	27.0	60,378	10,291	20.5
48(73)	69,248	15,294	28.3	11.8	6,361	75,609	22.1	74,134	15,331	26.1
49(74)	79,234	9,986	14.4	4.8	12,058	91,292	20.7	90,378	16,244	21.9
50(75)	93,100	13,866	17.5	2.0	13,957	107,057	17.3	105,610	15,232	16.9
51(76)	106,190	13,090	14.1	△0.8	7,703	113,893	6.4	112,179	6,569	6.2
52(77)	125,382	19,192	18.1	10.1	13,878	139,260	22.3	134,142	21,963	19.6
53(78)	148,876	23,494	18.7	6.9	6,536	155,412	11.6	140,207	6,065	4.5
54(79)	168,327	19,451	13.1	8.3	526	168,853	8.6	161,746	21,539	15.4
55(80)	181,799	13,472	8.0	7.7	768	182,567	8.1	181,036	19,290	11.9
56(81)	194,897	13,098	7.2	6.8	1,337	196,234	7.5	194,102	13,066	7.2
57(82)	202,888	7,991	4.1	3.4	5,475	208,363	6.2	206,037	11,935	6.1
58(83)	207,029	4,141	2.0	△0.6	2,214	209,243	0.4	207,045	1,008	0.5
59(84)	211,066	4,037	1.9	0.9	△1,547	209,519	1.0	196,119	△10,926	△5.3
60(85)	208,580	△2,486	△1.2	△0.4	133	208,713	△0.4	204,905	8,786	4.5
61(86)	221,551	12,971	6.2	6.2	722	222,273	6.5	215,361	10,456	5.1
62(87)	270,813	49,262	22.2	21.8	11,722	282,535	27.1	275,948	60,587	28.1
63(88)	296,140	25,327	9.4	4.8	5,713	301,853	6.8	295,225	19,277	7.0
平元(89)	322,705	26,565	9.0	6.9	12,075	334,780	10.9	330,132	34,907	11.8
2(90)	345,724	23,019	7.1	3.3	14,683	360,407	7.7	358,139	28,007	8.5
3(91)	368,056	22,332	6.5	2.1	22,097	390,153	8.3	381,535	23,396	6.5
4(92)	408,022	39,966	10.9	4.6	59,254	467,276	19.8	461,302	79,767	20.9
5(93)	457,706	49,684	12.2	△2.0	87,786	545,492	16.7	524,577	63,275	13.7
6(94)	478,582	20,876	4.6	△12.3	42,734	521,316	△4.4	503,237	△21,340	△4.1
7(95)	481,901	3,319	0.7	△7.6	39,347	521,248	0.0	422,631	△80,606	△16.0

資料：大蔵省『財政金融統計月報』第555号。

注：昭和48年度計画から様式の変更が行われた。47年度計画を新様式に組み替えた計数は53,954億円である。

6. マネーサプライ（各種マネーサプライの年末残高）

(単位：億円)

年 末	M₂	M₁	現金通貨	預金通貨 要求払預金	一般法人	個 人	準通貨 定期性預金	一般法人	個 人	CD 譲渡性預金	M₂+CD
昭45(70)	542,373	213,595	50,978	162,617	—	—	328,778	—	—	—	542,373
46(71)	673,982	276,931	59,577	217,354	—	—	397,051	166,533	—	—	673,982
47(72)	840,405	345,261	77,061	268,200	—	—	495,144	210,603	—	—	840,405
48(73)	981,885	403,115	91,133	311,982	—	—	578,770	238,028	—	—	981,885
49(74)	1,094,943	449,512	107,309	342,203	201,892	129,098	645,431	241,307	377,991	—	1,094,943
50(75)	1,253,304	499,487	115,786	383,701	229,182	141,130	753,817	272,438	453,845	—	1,253,304
51(76)	1,422,487	561,791	128,581	433,210	257,194	160,070	860,696	306,369	524,188	—	1,422,487
52(77)	1,580,331	607,867	141,224	466,643	281,502	170,875	972,464	337,940	597,443	—	1,580,331
53(78)	1,787,201	689,289	162,590	526,699	318,494	195,185	1,097,912	374,809	680,040	—	1,787,201
54(79)	1,937,203	710,201	170,519	539,682	310,249	208,975	1,227,002	404,606	774,268	12,926	1,950,129
55(80)	2,069,873	695,727	174,753	520,974	306,074	199,275	1,374,146	449,835	872,897	19,986	2,089,859
56(81)	2,292,063	765,070	185,840	579,230	346,564	216,013	1,526,993	494,045	975,615	28,354	2,320,417
57(82)	2,465,837	808,995	197,757	611,238	360,230	231,046	1,656,842	540,717	1,058,315	38,824	2,504,661
58(83)	2,635,846	808,018	205,751	602,267	356,385	228,060	1,827,828	619,131	1,148,950	51,082	2,686,928
59(84)	2,818,087	863,743	221,136	642,607	372,243	248,436	1,954,344	663,578	1,227,116	79,055	2,897,142
60(85)	3,068,036	889,795	234,068	655,727	375,260	262,385	2,178,241	776,185	1,323,313	81,352	3,149,388
61(86)	3,353,072	982,144	261,980	720,164	417,463	290,310	2,370,928	870,770	1,413,066	85,803	3,438,875
62(87)	3,726,943	1,029,727	285,826	743,901	398,601	332,850	2,697,216	1,043,177	1,524,058	81,730	3,808,673
63(88)	4,093,756	1,118,440	315,214	803,226	417,209	374,253	2,975,316	1,195,661	1,611,174	103,567	4,197,323
平元(89)	4,576,238	1,144,736	366,806	777,930	344,354	423,131	3,431,502	1,411,048	1,812,134	123,965	4,700,203
2(90)	4,950,086	1,196,281	372,543	823,738	377,465	432,719	3,753,805	1,417,197	2,083,460	99,634	5,049,720
3(91)	5,075,264	1,310,441	379,704	930,737	465,317	451,700	3,764,823	1,271,887	2,215,509	88,196	5,163,460
4(92)	5,067,945	1,361,380	381,030	980,350	493,989	467,325	3,706,565	1,190,604	2,256,954	86,898	5,154,843
5(93)	5,181,890	1,456,146	408,494	1,047,652	532,937	494,828	3,725,744	1,153,941	2,323,756	86,506	5,268,396
6(94)	5,341,018	1,516,653	423,529	1,093,124	535,281	537,252	3,824,365	1,178,790	2,416,223	73,176	5,414,194
7(95)	5,489,864	1,715,441	462,310	1,253,131	565,539	664,547	3,774,423	1,132,349	2,423,460	102,969	5,592,833

資料：日本銀行『日本銀行百年史 資料編』昭和61年、同『経済統計年報』昭和52、54、60、平成2、7年。

注：1．「現金通貨」は、日本銀行券発行高および補助貨幣流通高から対象金融機関の保有分を差し引いたものである。
2．「預金通貨」は、対象金融機関の一般預金・公金預金中の要求払預金（当座、普通、貯蓄、通知、別段、納税準備の各預金）の合計から保有小切手・手形を差し引いたものである。
3．「準通貨」は、対象金融機関の一般預金・公金預金・相互銀行掛金の合計から要求払預金を除いたものである。
4．「CD」は、対象金融機関の譲渡性預金のうち一般法人・個人・公金設定分である。
5．「M₂+CD」の対象金融機関は、日本銀行、全国銀行（信託勘定を除き、第二地方銀行協会加盟の相互銀行を含む）。

7. 主要

年中 (年末)	法定金利（年末）							郵便貯金 通常貯金
	銀行貸出			銀行預金				
	貸付 ①	手形割引 ②	当座貸越	定期預金			普通預 (貯)金	
				3カ月	6カ月	1カ年		
昭45(70)	8.00	6.25	9.00	4.00	5.00	5.75	2.25	3.60
46(71)	7.25	5.50	8.25	4.00	5.00	5.75	2.25	3.60
47(72)	6.25	4.50	7.25	3.75	4.75	5.25	2.00	3.36
48(73)	9.00	7.25	10.00	4.25	③7.25	6.25	2.50	3.84
49(74)	11.00	9.25	12.00	5.50	6.75	7.75	3.00	4.32
50(75)	8.50	6.75	9.50	4.50	5.75	6.75	2.50	3.84
51(76)	8.50	6.75	9.50	4.50	5.75	6.75	2.50	3.84
52(77)	6.25	4.50	7.25	3.25	4.50	5.25	1.50	2.88
53(78)	5.50	3.75	6.50	2.50	3.75	4.50	1.00	2.40
54(79)	8.25	6.50	9.25	4.00	5.25	6.00	2.00	3.36
55(80)	9.25	7.50	10.25	5.00	6.25	7.00	2.75	4.08
56(81)	7.75	6.00	8.75	4.25	5.50	6.25	2.25	3.60
57(82)	7.75	6.00	8.75	3.75	5.00	5.75	1.75	3.12
58(83)	7.25	5.50	8.25	3.75	5.00	5.75	1.75	3.12
59(84)	7.25	5.50	8.25	3.50	4.75	5.50	1.50	2.88
60(85)	7.25	5.50	8.25	3.50	4.75	5.50	1.50	2.88
61(86)	5.50	3.75	6.50	1.76	3.01	3.76	0.26	1.68
62(87)	5.125	3.375	6.125	1.76	2.64	3.39	0.26	1.68
63(88)	5.125	3.375	6.125	1.76	2.64	3.39	0.26	1.68
平元(89)	—	5.75	—	2.32	3.57	4.32	0.50	1.92
2 (90)	—	8.25	—	4.08	5.33	6.08	2.08	3.48
3 (91)	—	6.625	—	3.25	4.50	5.25	1.5	2.88
4 (92)	—	4.5	—	2.54	3.07	3.82	0.38	1.8
5 (93)	—	3.0	—	2.13	2.64	3.39	0.22	1.32
6 (94)	—	3.0	—	—	—	—	0.25	1.35
7 (95)	—	1.625	—	—	—	—	0.10	0.25

資料：日本銀行『経済統計年報』昭和48、50、60、平成2、8年より作成。
注：1. ①昭和44年9月8日以降は、信用度により0.5％高、50年4月19日以降は、貸出期間または信用度等に
　　②昭和45、46年は日本銀行再割適格商業手形等信用度の高い手形の割引および貸付、47年以降は信用
　　③昭和48年12月10日から49年1月12日までに預入された預金に対する特例措置。
　　④平成元年4月以降は第二地方銀行協会加盟行（相互銀行を含む）を含む。
　2. 昭和45年4月1日以降は日本銀行のガイドライン利率。
　3.「実行貸出金利」の最高・最低金利は主要地における最高・最低金利を集計し単純平均したものである。
　　は、利率別貸出残高の加重平均。
　4.「信託予想配当率」は、各行の自主決定金利。
　5.「コールレート」は、昭和59年までは東京市場レート、60年1月以降は全市場レート。54年4月以降、

統　計　343

金利水準

(単位：%)

実行貸出金利							コールレート	
貸　付 (昭和51年以降年末)		割　引 (昭和51年以降年末)		指定金銭信託 予定配当率 (年　末)	貸付信託 予想配当率 (年　末)	無条件物 (有担保翌日物)	
全国銀行 ④	都市銀行	全国銀行 ④	都市銀行	5年以上	5年もの	最　高	最　低
7.718	7.427	7.534	7.425	7.23	7.47	8.500	7.500
7.700	7.366	7.312	7.155	7.03	7.27	7.500	5.000
7.234	6.807	6.439	6.230	6.63	6.82	5.250	4.250
7.330	7.084	6.694	6.582	7.53	8.52	12.000	4.875
8.989	9.182	9.527	9.600	8.83	9.02	13.500	11.500
9.068	9.136	9.210	9.196	8.13	8.32	13.000	7.500
8.322	8.096	7.655	7.529	8.13	8.32	7.500	6.750
7.063	6.555	5.850	5.619	6.53	6.72	7.000	4.500
6.241	5.771	4.802	4.601	6.03	6.22	5.000	3.750
7.182	7.047	6.589	6.565	7.13	7.32	8.3750	4.6875
8.243	8.246	8.397	8.366	7.73	7.92	12.8750	7.9375
7.655	7.533	7.144	7.058	7.88	8.02	9.1250	6.3125
7.300	7.169	6.444	6.336	7.88	8.02	7.4375	6.3750
6.951	6.778	6.077	5.960	7.18	7.32	6.9375	5.8750
6.697	6.518	5.844	5.734	6.58	6.72	6.6250	5.5625
6.570	6.393	5.803	5.702	6.48	6.62	8.4375	5.7500
5.626	5.388	4.540	4.335	5.18	5.32	7.3750	3.4375
5.048	4.849	3.899	3.692	4.68	4.82	4.3750	2.9375
5.035	4.923	3.859	3.669	4.68	4.82	4.2500	3.1250
5.828	5.798	5.302	5.364	5.48	5.62	6.7500	3.6875
7.664	7.876	8.098	8.116	7.10	7.22	8.2500	6.3125
6.984	6.947	7.062	6.875	5.9	6.02	8.1906	6.2470
5.648	5.448	5.116	4.879	4.5	4.62	5.6184	3.8267
4.553	4.289	3.918	3.565	1.98	2.10	3.8338	2.3794
4.193	4.007	3.512	3.252	2.73	2.90	2.2687	2.0000
2.982	2.745	2.234	1.863	0.78	0.90	2.1858	0.4000

より、これと異なる利率を適用することがあった。
度の特に高い手形の割引および貸付、平成元年以降、新短期プライムレート。

昭和27年以降は貸出約定平均金利、年平均金利は月別平均金利（金利別貸出の加重平均）の単純平均。51年以降

自由レートの採用に伴い中心レートで表示。

8. 全国銀

年末	銀行数	資産									
		現金	預ヶ金①	コールローン	有価証券	国債	社債	株式	貸出金	割引手形	貸付金②
昭45(70)	86	39,279	10,939	7,710	71,474	5,599	41,019	14,786	394,793	117,171	277,621
46(71)	85	41,647	12,367	7,200	87,308	9,791	48,193	17,155	490,480	126,717	363,763
47(72)	87	58,242	16,042	5,969	114,668	18,428	53,711	24,419	615,993	144,555	471,437
48(73)	86	69,333	26,939	4,798	132,801	15,990	60,756	28,374	718,533	164,261	554,271
49(74)	86	73,956	30,132	8,934	150,714	12,532	66,825	30,671	796,139	177,435	618,703
50(75)	86	87,073	26,301	13,914	180,457	32,546	70,541	33,529	887,672	187,748	699,923
51(76)	86	91,265	26,869	12,062	229,089	72,008	73,924	36,969	986,722	212,429	774,293
52(77)	86	84,185	27,538	11,253	276,378	103,817	77,802	41,730	1,081,046	225,358	855,687
53(78)	86	101,044	30,000	10,378	336,648	150,906	79,652	47,495	1,194,977	242,268	952,709
54(79)	86	115,642	31,651	20,088	372,353	155,933	89,243	57,211	1,272,550	249,192	1,023,357
55(80)	86	131,526	45,687	35,574	398,005	152,627	99,778	65,954	1,364,746	269,111	1,095,635
56(81)	86	126,279	44,708	57,581	432,050	156,704	111,307	76,043	1,512,137	274,909	1,237,238
57(82)	86	124,743	54,454	81,474	456,055	157,545	119,091	84,880	1,676,775	281,792	1,394,982
58(83)	86	143,348	66,927	104,046	491,410	168,192	127,970	94,091	1,863,463	279,134	1,584,328
59(84)	87	160,330	75,165	95,264	525,579	164,987	136,440	106,737	2,104,790	287,705	1,817,084
60(85)	87	157,394	93,122	130,769	577,904	162,201	146,212	117,652	2,371,700	281,316	2,090,383
61(86)	87	148,344	134,696	176,715	671,006	186,538	167,953	130,315	3,001,653	250,934	2,719,020
62(87)	87	178,006	258,470	168,562	760,979	218,416	176,946	158,568	3,377,842	234,353	3,112,876
63(88)	87	205,131	337,746	152,003	880,137	263,640	190,982	204,664	3,721,757	234,206	3,456,050
平元(89)	155	328,255	451,111	178,414	1,125,861	312,671	233,327	278,435	4,124,079	280,443	3,843,635
2(90)	154	318,273	453,332	172,743	1,240,370	300,714	246,831	342,784	4,433,042	259,956	4,173,084
3(91)	153	225,385	415,129	162,519	1,206,168	279,797	253,905	367,296	4,626,442	259,080	4,367,361
4(92)	151	125,886	366,475	169,919	1,181,147	271,440	263,578	371,027	4,739,132	232,097	4,507,034
5(93)	164	134,713	372,706	136,755	1,208,830	287,148	264,264	379,225	4,799,773	226,652	4,573,119
6(94)	166	121,207	378,903	137,939	1,216,285	277,883	248,410	415,054	4,802,675	211,842	4,590,831
7(95)	171	116,950	332,888	126,351	1,246,585	283,503	236,173	439,448	4,863,560	196,038	4,667,521

資料：日本銀行『経済統計年報』昭和50、60、平成2、8年より作成。

注：1．平成元年4月以降は第二地方銀行協会加盟行（相互銀行を含む）を含む。
2．①金銭信託を含む。昭和62年11月以降、海外譲渡性預金を含む。
　②国内店名義の現地貸付分を含む。
　③「普通預金」は特別当座預金を含む。
　④「定期預金」は据置貯金を含む。
　⑤債権発行高および債権募集金の合計。
　⑥「諸準備金」は資本準備金、利益準備金および任意準備金の合計額である。

行主要勘定

(単位：億円)

				負債及び資本						
預金	当座預金	普通預金 ③	通知預金	定期預金 ④	債券 ⑤	借用金	コールマネー	支払承諾	資本金	諸準備金 ⑥	年末
413,088	46,273	69,539	48,230	224,354	47,666	28,157	20,754	55,658	7,137	14,059	昭45(70)
522,757	56,313	85,238	70,290	277,800	58,319	10,392	15,703	66,629	7,938	17,242	46(71)
660,378	69,315	105,652	84,362	354,705	73,729	22,460	10,739	71,060	9,720	21,110	47(72)
744,172	78,958	128,377	88,763	396,020	87,595	23,794	12,226	102,871	11,506	25,880	48(73)
810,996	80,327	144,476	102,535	429,019	99,138	18,772	25,631	119,844	11,889	29,729	49(74)
929,213	89,164	158,724	122,922	499,899	117,705	20,060	26,018	144,744	13,288	32,831	50(75)
1,046,484	100,660	181,403	133,087	571,008	137,419	21,944	27,293	163,191	14,079	36,237	51(76)
1,152,386	100,787	196,394	135,802	651,210	154,803	24,059	26,091	158,273	16,374	39,732	52(77)
1,310,489	126,309	221,216	144,434	737,413	172,131	29,108	22,836	144,284	17,450	43,420	53(78)
1,407,448	116,006	242,756	151,582	812,912	185,731	22,223	38,266	154,110	17,857	47,098	54(79)
1,529,783	119,694	242,556	145,846	905,067	196,083	24,793	53,713	175,838	18,390	50,445	55(80)
1,687,445	126,302	264,115	160,990	1,001,580	211,825	17,367	74,649	168,247	20,500	52,274	56(81)
1,799,957	127,423	280,018	167,622	1,075,959	233,376	23,599	91,956	173,319	20,957	56,245	57(82)
1,948,955	139,247	282,810	161,701	1,183,229	262,651	38,764	108,050	170,966	21,657	61,300	58(83)
2,110,313	150,487	312,601	171,213	1,261,027	293,794	31,812	123,053	178,532	22,402	68,228	59(84)
2,306,019	140,881	328,571	171,232	1,399,613	314,542	43,494	157,041	204,262	24,266	75,828	60(85)
2,936,055	156,203	367,104	167,980	1,811,778	359,721	66,823	222,179	217,114	25,366	84,213	61(86)
3,510,500	158,901	409,678	161,208	2,144,646	381,749	68,718	241,375	240,535	32,993	101,996	62(87)
3,947,843	176,894	457,802	159,752	2,427,373	414,508	73,558	242,525	251,207	45,928	128,437	63(88)
4,598,039	246,325	566,473	143,950	2,876,952	446,245	72,685	343,932	324,234	68,863	178,584	平元(89)
4,954,026	233,652	604,637	128,822	3,064,971	518,358	98,575	337,355	401,850	76,807	203,242	2(90)
4,779,069	233,952	625,524	118,177	3,075,603	550,221	171,572	403,587	392,390	77,405	218,197	3(91)
4,530,473	197,955	633,579	103,057	3,016,444	580,730	189,582	492,537	356,839	77,783	228,377	4(92)
4,560,668	232,597	655,512	102,888	3,046,228	564,972	179,176	491,286	303,901	79,628	233,461	5(93)
4,623,480	222,767	678,610	96,800	3,109,275	560,477	201,954	444,431	292,537	81,469	238,883	6(94)
4,787,705	229,220	743,420	106,350	3,130,678	539,641	176,106	414,190	294,844	83,636	237,496	7(95)

9. 生命保険会社契約

年度末	社数	新規契約高 件数	新規契約高 金額	現在契約高 件数	現在契約高 金額	払込資本金又は基金	運用資産
		千件		千件			
昭45(70)	20	9,831	233,052	64,577	782,301	3	57,617
46(71)	20	10,139	273,313	66,478	985,031	3	68,358
47(72)	21	10,710	310,255	71,154	1,222,832	3	80,591
48(73)	21	10,744	372,469	70,945	1,540,746	3	93,853
49(74)	21	10,936	540,756	72,837	2,050,957	3	109,439
50(75)	21	21,635	654,904	162,788	2,654,178	33	127,970
51(76)	21	20,656	711,623	174,769	3,343,926	33	147,732
52(77)	21	20,197	689,471	184,943	4,006,007	33	169,019
53(78)	21	19,438	755,684	192,877	4,635,581	63	194,319
54(79)	21	19,171	768,681	203,271	5,213,986	63	224,919
55(80)	21	18,823	762,389	209,818	5,723,283	63	259,690
56(81)	22	19,174	835,249	226,456	6,428,514	108	297,543
57(82)	23	29,784	884,541	266,827	7,061,765	143	341,886
58(83)	23	32,684	916,389	309,238	7,586,724	143	389,661
59(84)	23	29,350	877,407	328,092	8,076,702	143	450,141
60(85)	23	23,863	950,567	348,631	8,809,675	143	527,451
61(86)	24	26,208	1,075,880	371,844	9,673,928	192	639,062
62(87)	24	23,336	1,252,079	386,893	10,793,611	225	776,117
63(88)	25	33,478	1,537,674	417,632	12,321,344	407	949,207
平元(89)	25	27,957	1,623,501	442,657	14,038,132	426	1,135,623
2(90)	26	26,365	1,755,412	470,495	15,953,087	616	1,276,627
3(91)	27	40,743	1,852,670	515,742	17,756,370	726	1,389,030
4(92)	27	41,923	1,808,340	555,507	19,057,302	726	1,516,514
5(93)	27	90,142	1,829,708	610,299	20,073,705	726	1,646,169
6(94)	27	50,882	1,711,837	657,121	20,824,105	727	1,730,721
7(95)	29	38,587	1,734,210	688,716	21,395,315	827	1,823,454

資料:生命保険協会・日本損害保険協会編『保険年鑑』昭和50、60、平成2、7年度。
注:1. 事業年度は翌年3月末。
　2.「社数」は、昭和47~49年度は琉球生命保険会社(50年に日本生命に合併)、50年度以降西武オー
　　生命保険会社、61年度以降エクイタブル生命保険会社、63年度以降プルデンシャル生命保険会社、
　3. 昭和45~55年度は年金保険が含まれていない。
　4.「現金預金」は、金銭の信託を含む。
　5.「貸付金」は、コールローンを、昭和63年度以降買入金銭債権を含む。
　6.「当期利益金」は、当期未処理分利益(剰余)金。

統　計　347

高及び資産運用状況

(単位：億円)

現金預金	貸付金	コールローン	有価証券	株式	資産総額	当期利益金	当期損失金
592	39,641	351	12,745	11,453	58,548	2,718	—
712	47,926	276	14,342	13,130	69,417	3,412	—
909	56,002	246	17,420	16,153	81,812	4,033	—
1,166	65,484	662	20,095	18,066	95,531	5,367	—
1,350	76,522	938	23,138	20,229	111,106	6,608	—
1,620	88,208	636	27,941	23,286	128,960	7,542	0
2,017	100,708	967	33,990	27,149	148,946	9,380	1
2,322	110,506	1,005	44,121	31,560	170,460	9,769	4
3,074	119,899	944	58,195	36,544	196,318	10,674	6
3,455	136,496	1,818	70,213	40,551	227,443	12,269	9
4,452	159,000	2,149	79,760	45,201	262,578	15,388	13
5,626	176,589	1,544	96,910	50,842	300,988	16,388	14
9,767	197,978	1,285	113,279	55,848	346,138	18,361	16
16,832	212,532	957	136,530	62,118	395,269	20,171	20
30,450	231,781	1,141	160,505	69,216	457,401	22,635	31
62,486	243,722	1,467	189,814	81,139	538,706	23,286	42
75,705	257,668	1,301	267,919	111,005	653,172	24,947	64
94,052	287,866	2,233	349,337	155,777	792,584	27,521	90
109,070	337,085	2,180	447,495	195,942	970,828	29,166	127
106,822	415,498	3,850	547,783	253,600	1,161,597	35,100	180
119,226	508,225	7,988	577,359	287,667	1,302,513	35,714	223
114,919	581,234	17,791	615,343	306,924	1,417,010	27,949	270
123,766	610,784	23,666	674,406	313,378	1,542,357	19,242	273
192,430	640,487	32,375	690,089	328,975	1,670,867	14,069	293
157,931	668,519	34,392	773,918	329,736	1,756,562	11,909	321
137,444	714,627	41,205	874,034	318,600	1,849,761	12,061	357

ルステート生命保険会社、56年度以降ソニー・プルデンシャル生命保険会社、57年度以降アイ・エヌ・エイ平成2年度にはオリエントエイオン生命保険会社をそれぞれ含む。

10. 損害保険会社契約

年度末	社数	新規契約高 件数	新規契約高 金額	現在契約高 件数	現在契約高 金額	資本金又は基金	運用資産
		千件		千件			
昭45(70)	21	107,985	3,910,669	72,881	2,469,047	641	11,842
46(71)	21	109,420	4,396,236	77,442	2,869,660	899	15,785
47(72)	22	111,397	5,293,497	82,364	3,335,652	1,012	19,793
48(73)	22	117,172	6,673,363	91,824	4,352,953	1,402	24,436
49(74)	22	124,405	8,745,059	104,313	6,075,151	1,545	28,606
50(75)	22	131,543	10,802,026	114,378	7,525,153	1,545	32,757
51(76)	22	136,335	13,216,701	126,886	9,883,168	1,763	38,204
52(77)	22	143,648	16,302,143	146,024	12,479,721	1,989	43,277
53(78)	22	163,625	20,131,891	164,180	16,065,843	2,023	48,768
54(79)	22	179,228	25,071,464	183,381	19,512,579	2,188	54,518
55(80)	22	182,678	30,105,617	199,978	23,849,609	2,236	61,575
56(81)	22	183,198	35,351,011	214,158	28,752,288	2,597	68,108
57(82)	22	177,285	40,915,761	230,774	33,968,747	2,913	75,229
58(83)	22	171,852	43,112,519	246,715	35,711,673	2,962	84,687
59(84)	22	179,540	45,099,827	260,829	37,358,011	3,074	93,494
60(85)	22	178,991	45,512,981	274,049	37,426,972	3,082	106,284
61(86)	23	181,517	46,415,040	286,552	38,315,026	3,219	135,345
62(87)	23	177,724	46,874,481	297,600	38,936,793	3,688	158,128
63(88)	23	180,636	49,897,684	299,372	40,879,465	4,497	187,523
平元(89)	24	182,560	53,546,874	310,046	42,785,973	6,099	217,288
2 (90)	24	191,527	54,087,515	320,865	43,119,318	6,135	239,815
3 (91)	25	197,596	55,085,694	330,156	45,430,659	6,213	242,249
4 (92)	25	200,522	53,394,311	343,126	45,038,058	6,215	251,394
5 (93)	25	204,804	55,462,842	347,476	47,360,727	6,223	253,194
6 (94)	26	197,428	57,097,669	357,405	48,848,830	6,256	262,259
7 (95)	26	195,248	61,264,180	366,431	51,456,609	6,305	272,548

資料：生命保険協会・日本損害保険協会編『保険年鑑』昭和50、60、平成2、7年度。
注：1．事業年度は翌年3月末。
　　2．「契約高」は、元受契約の計数である。
　　3．「現金・預金」には、郵便貯金、当座預金および金銭信託を含む。なお、昭和47年度以降は現金

高及び資産運用状況

(単位：億円)

現金預金	貸付金	コールローン	有価証券	株　式	資産総額	当　期利益金	当　期損失金
2,249	4,439	663	4,492	3,657	14,329	256	－
3,160	6,033	432	5,752	4,760	18,460	381	－
4,429	6,870	279	7,470	6,158	22,831	533	－
4,775	9,632	310	8,518	7,147	28,010	573	－
5,537	11,444	497	9,719	8,005	33,421	542	－
6,221	12,885	441	11,449	8,940	38,761	579	1
7,603	13,622	820	14,259	9,903	44,894	655	0
9,180	13,391	821	17,716	11,282	50,771	691	－
10,628	12,942	1,011	21,882	12,885	57,112	814	0
11,756	14,993	983	23,940	14,068	64,209	949	－
13,063	17,230	832	26,959	15,689	72,017	1,192	－
13,910	18,696	1,068	30,559	17,441	79,912	1,235	－
14,752	19,749	1,128	35,789	18,602	88,194	1,207	－
15,528	20,788	1,091	42,713	19,522	98,389	1,267	－
15,838	23,193	1,594	48,544	20,403	108,139	1,378	－
18,921	26,388	1,722	54,711	22,079	121,734	1,555	－
24,838	32,533	3,307	70,848	24,248	150,803	1,689	－
27,304	38,452	2,166	84,407	28,476	175,242	1,911	21
34,529	48,750	3,254	95,924	32,800	206,694	2,213	35
35,606	64,886	3,059	105,713	38,189	237,665	2,247	62
35,856	80,438	4,152	110,965	43,205	261,808	2,228	74
33,892	80,797	5,226	113,523	45,623	265,662	2,011	85
31,102	79,233	7,036	125,373	47,657	274,445	1,887	84
30,730	75,705	8,329	130,447	49,613	276,387	1,671	83
27,960	73,978	8,229	142,101	52,740	284,598	1,511	81
27,971	75,554	10,031	150,846	53,734	294,529	1,495	73

を除く預金計数である。「有価証券」には買入金銭債権、貸付信託を含む。

11. 公社債発行・償還・

年　度	地　方　債			政府保証債			金　融 利付金融債		
	発　行	償　還	現存額	発　行	償　還	現存額	発　行	償　還	現存額
昭45(70)	4,151	1,619	17,478	2,632	1,992	19,889	11,810	6,595	44,560
46(71)	7,259	2,048	22,688	3,991	2,312	21,568	19,295	7,962	55,893
47(72)	9,390	2,998	29,080	4,024	3,202	22,390	21,241	7,698	69,436
48(73)	13,057	3,707	38,430	4,039	4,059	22,370	20,766	9,065	81,137
49(74)	17,554	3,323	52,661	3,999	3,784	22,586	24,271	10,183	95,225
50(75)	22,784	4,381	71,063	4,620	3,033	24,172	29,193	13,132	111,287
51(76)	27,221	5,977	92,308	8,040	2,948	29,264	34,345	19,682	125,950
52(77)	29,066	7,186	114,188	10,346	2,768	36,842	36,079	21,711	140,318
53(78)	33,484	9,750	137,922	13,724	3,792	46,774	39,037	23,503	155,852
54(79)	34,998	9,392	163,528	15,186	1,728	60,232	34,642	28,673	161,821
55(80)	21,188	10,491	174,225	15,765	1,822	74,175	46,887	31,994	176,714
56(81)	24,160	12,431	185,954	16,222	2,608	87,789	55,395	36,699	195,409
57(82)	24,600	16,912	193,642	22,454	5,330	104,912	59,677	37,803	217,283
58(83)	27,268	19,448	201,462	27,894	6,441	126,366	63,905	40,064	241,123
59(84)	28,245	21,332	208,374	26,060	7,047	145,379	53,342	32,129	262,337
60(85)	23,444	24,183	207,636	27,479	8,427	164,431	74,209	52,687	283,859
61(86)	24,961	26,740	205,857	27,999	11,431	180,999	81,522	56,017	309,363
62(87)	25,520	28,388	202,989	22,312	13,845	189,465	88,174	61,669	335,869
63(88)	22,719	28,353	197,355	22,573	16,879	195,160	95,849	69,967	361,750
平元(89)	24,608	26,494	195,468	18,208	18,236	195,132	107,579	62,472	406,857
2 (90)	20,549	23,718	192,300	19,083	18,272	195,944	195,896	110,711	492,041
3 (91)	26,185	22,870	195,615	19,072	17,672	197,343	143,686	101,123	534,604
4 (92)	38,895	23,209	211,302	18,077	20,044	195,376	113,031	99,759	547,877
5 (93)	63,736	25,412	249,626	23,570	21,754	197,192	106,565	100,949	553,492
6 (94)	75,249	24,377	300,498	26,179	19,077	204,294	121,227	123,555	551,164
7 (95)	86,629	24,873	362,254	32,370	18,289	218,375	138,382	193,281	496,265

資料：日本銀行『経済統計年報』平成8年。
注：1．「地方債」，「普通社債」は私募債を含む。
　　2．「転換社債」の償還額には株式払込額を含む。

現存額（国内起債分）

(単位：億円)

債			普通社債			転換社債			年　度
割引金融債									
発　行	償　還	現存額	発　行	償　還	現存額	発　行	償　還	現存額	
19,917	16,465	18,817	6,233	3,213	29,748	1,146	62	1,285	昭45(70)
23,828	19,751	22,893	8,734	3,222	35,260	850	169	1,966	46(71)
29,026	24,297	27,623	6,738	4,335	37,663	2,880	496	4,350	47(72)
35,699	30,691	32,630	8,797	4,610	41,850	4,103	1,220	7,232	48(73)
40,892	35,560	37,962	10,182	5,626	46,407	2,835	1,037	9,030	49(74)
51,602	41,654	47,910	15,410	4,956	56,860	3,310	1,548	10,792	50(75)
60,022	49,903	58,029	12,033	5,178	63,716	555	1,223	10,124	51(76)
68,848	60,273	66,603	12,742	6,375	70,082	1,625	769	10,980	52(77)
74,903	68,795	72,711	13,468	8,553	74,996	2,770	1,380	12,370	53(78)
82,609	76,419	78,900	13,262	3,852	84,406	3,535	3,106	12,799	54(79)
88,746	82,788	84,858	10,104	4,426	90,085	965	2,264	11,500	55(80)
92,347	86,366	90,839	13,149	4,936	98,298	5,260	1,984	14,776	56(81)
104,304	97,390	97,753	10,810	9,636	99,472	4,175	1,782	17,169	57(82)
121,104	103,285	115,572	7,163	9,396	97,239	8,610	2,650	23,129	58(83)
142,763	125,854	132,481	7,702	9,429	95,512	16,115	3,079	36,165	59(84)
188,794	169,985	151,291	10,008	10,907	94,613	15,855	6,506	45,515	60(85)
204,937	193,613	162,615	11,029	11,213	94,429	34,680	6,556	73,638	61(86)
240,912	222,797	180,730	11,634	9,772	96,290	50,550	23,073	101,116	62(87)
240,093	239,385	181,438	10,820	7,522	99,589	69,945	32,341	138,720	63(88)
249,271	243,191	187,518	10,959	9,573	100,975	76,395	49,334	165,781	平元(89)
273,183	276,115	184,586	29,247	10,845	119,376	9,110	13,977	160,914	2(90)
310,481	286,071	208,996	40,814	11,228	148,963	12,790	3,974	169,729	3(91)
374,835	365,367	218,464	46,662	8,589	187,034	5,750	7,367	168,112	4(92)
293,262	287,626	224,100	34,259	12,161	209,132	20,280	5,617	182,775	5(93)
257,575	245,858	235,816	35,817	12,593	232,356	25,525	14,237	194,063	6(94)
295,261	266,535	264,542	59,981	19,162	273,171	10,100	9,011	195,152	7(95)

12. 株価指数・株価平均（東証第一部）

(単位：円)

年	東証株価指数（全銘柄）昭和43.1.4＝100					旧東証修正株価平均（225種）(注)昭和24.5.16＝176.21					加重株価平均	単純株価平均（全銘柄）
	平均	最高	月日	最低	月日	平均	最高	月日	最低	月日		
昭45(70)	163.35	185.70	4.8	147.08	12.9	2,193.21	2,534.45	4.6	1,929.64	5.27	137.42	181.58
46(71)	180.04	209.00	8.14	148.05	1.6	2,385.72	2,740.98	8.14	1,981.74	1.6	145.49	184.70
47(72)	282.38	401.70	12.28	199.93	1.4	3,755.13	5,207.94	12.28	2,712.31	1.4	225.89	270.98
48(73)	362.50	422.48	1.24	284.69	12.18	4,759.25	5,359.74	1.24	3,958.57	12.18	279.17	309.10
49(74)	307.31	342.47	6.5	251.96	10.9	4,276.05	4,787.54	6.1	3,355.13	10.9	229.23	267.56
50(75)	312.06	333.11	7.2	268.24	1.10	4,243.05	4,564.52	5.12	3,627.04	1.10	217.41	268.95
51(76)	347.51	383.88	12.28	326.28	1.5	4,651.42	4,990.85	12.28	4,403.06	1.5	232.14	307.48
52(77)	376.78	390.93	9.29	350.49	11.24	5,029.69	5,287.65	9.5	4,597.26	11.24	244.71	320.77
53(78)	415.41	452.60	12.13	364.04	1.4	5,537.74	6,097.26	12.13	4,867.91	1.4	264.22	365.68
54(79)	449.88	465.24	9.29	435.13	7.13	6,272.33	6,590.69	9.29	5,925.87	4.10	281.27	383.93
55(80)	474.00	497.96	10.20	449.01	3.10	6,870.16	7,188.28	11.6	6,475.93	3.28	293.00	382.92
56(81)	552.29	603.92	8.17	495.79	1.5	7,510.73	8,019.14	8.17	6,956.52	3.13	333.39	406.35
57(82)	548.22	593.72	12.28	511.52	8.17	7,399.36	8,026.99	12.7	6,849.78	10.1	321.62	381.98
58(83)	647.41	731.82	12.28	574.51	1.25	8,808.71	9,893.82	12.28	7,803.18	1.25	373.17	463.29
59(84)	815.47	913.37	12.28	735.45	1.4	10,560.61	11,577.44	12.4	9,703.35	7.23	472.54	603.29
60(85)	997.72	1,058.35	7.27	916.93	1.4	12,565.62	13,128.94	12.17	11,545.16	1.5	574.95	682.47
61(86)	1,324.26	1,583.35	8.20	1,025.85	1.21	16,401.83	18,936.24	8.20	12,881.50	1.21	757.23	866.18
62(87)	1,963.29	2,258.56	6.11	1,557.46	1.13	23,248.06	26,646.43	10.14	18,544.05	1.13	1,115.93	1,103.85
63(88)	2,134.24	2,357.03	12.28	1,690.44	1.4	27,038.57	30,159.00	12.28	21,217.04	1.4	1,211.85	1,294.17
平元(89)	2,569.27	2,884.80	12.28	2,364.33	3.27	34,058.82	38,915.87	12.29	30,183.79	1.5	1,444.39	1,579.99
2(90)	2,177.96	2,867.70	1.4	1,523.43	10.1	29,437.18	38,712.88	1.4	20,221.86	10.1	1,214.82	1,577.50
3(91)	1,843.18	2,028.85	3.18	1,638.06	12.24	24,295.57	27,146.91	3.18	21,456.76	8.19	1,023.11	1,268.41
4(92)	1,359.55	1,763.43	1.6	1,102.50	8.18	18,108.64	23,801.18	1.6	14,309.41	8.18	746.85	899.42
5(93)	1,525.09	1,698.67	9.3	1,250.06	1.25	19,100.00	21,148.11	9.13	16,078.71	11.29	833.06	963.30
6(94)	1,600.32	1,712.73	6.13	1,445.97	1.4	19,935.90	21,552.81	6.13	17,369.74	1.4	864.11	987.40
7(95)	1,378.93	1,585.87	12.27	1,193.16	6.13	17,329.70	20,011.76	12.27	14,485.41	7.3	732.65	789.70

資料：東京証券取引所『東証統計年報』昭和51年、同『証券統計年報』平成8年、日本銀行『経済統計年報』昭和50、平成2年。

注：昭和46年6月まで旧東証修正株価平均、46年7月〜50年4月はNSB225種修正平均、50年5月以降は日経ダウ平均株価。

13. 輸出入総額（円建・ドル建）

(単位：百万円、千ドル)

年	円建			ドル建		
	輸 出	輸 入	輸出入(△)超過	輸 出	輸 入	輸出入(△)超過
昭45(70)	6,954,367	6,797,221	157,147	19,317,687	18,881,168	436,519
46(71)	8,392,768	6,909,956	1,482,812	24,018,881	19,711,749	4,307,132
47(72)	8,806,072	7,228,979	1,577,093	28,591,144	23,470,711	5,120,434
48(73)	10,031,427	10,404,355	△372,928	36,929,971	38,313,604	△1,383,633
49(74)	16,207,880	18,076,382	△1,868,502	55,535,755	62,110,456	△6,574,701
50(75)	16,545,314	17,170,027	△624,713	55,752,805	57,863,088	△2,110,283
51(76)	19,934,618	19,229,169	705,450	67,225,483	64,798,968	2,426,515
52(77)	21,648,070	19,131,780	2,516,290	80,494,793	70,808,654	9,686,139
53(78)	20,555,841	16,727,624	3,828,217	97,543,143	79,343,043	18,200,100
54(79)	22,531,539	24,245,351	△1,713,812	103,031,640	110,672,248	△7,640,608
55(80)	29,382,472	31,995,325	△2,612,853	129,807,025	140,527,652	△10,720,627
56(81)	33,468,985	31,464,146	2,004,839	152,030,247	143,289,675	8,740,572
57(82)	34,432,501	32,656,303	1,776,198	138,831,166	131,931,214	6,899,952
58(83)	34,909,269	30,014,784	4,894,485	146,927,471	126,393,051	20,534,420
59(84)	40,325,294	32,321,127	8,004,167	170,113,888	136,503,049	33,610,839
60(85)	41,955,659	31,084,935	10,870,724	175,637,772	129,538,747	46,099,025
61(86)	35,289,714	21,550,717	13,738,997	209,151,151	126,407,786	82,743,365
62(87)	33,315,191	21,736,913	11,578,278	229,221,230	149,515,113	79,706,117
63(88)	33,939,183	24,006,320	9,932,863	264,916,803	187,353,686	77,563,117
平元(89)	37,822,535	28,978,573	8,843,962	275,174,619	210,846,628	64,327,991
2 (90)	41,456,940	33,855,208	7,601,732	286,947,518	234,798,639	52,148,879
3 (91)	42,359,893	31,900,154	10,459,740	314,525,461	236,736,729	77,788,732
4 (92)	43,012,281	29,527,419	13,484,862	339,649,603	233,021,388	106,628,215
5 (93)	40,202,449	26,826,357	13,376,092	360,911,138	240,670,208	120,240,929
6 (94)	40,497,553	28,104,327	12,393,226	395,599,983	274,741,972	120,858,011
7 (95)	41,530,895	31,548,754	9,982,141	442,937,428	336,094,204	106,843,224

資料：日本関税協会『外国貿易概況』各号。
注：本表は税関に提出された輸出入申告書、積戻申告書、保税倉庫入申告書、保税工場移入申告書等に基づいて作成されたもので、「一般貿易」に関する数値である。

14. 外国為

年末	基準相場 米ドル	米英クロスレート	為替銀行電信売相場① 米ドル	インターバンク相場 米ドル・直物				英ポンド		1カナダ・ドル		1スイス・フラン		1マルク		1スウェーデン・クローナ	
				終値	終値月中平均②	年中最安値	年中最高値	1ポンドにつき円		ドルにつき円		フランにつき円		につき円		1スウェーデン・クローナにつき円	
	1ドルにつき円	1ポンドにつき円	1ドルにつき円	1ドルにつき円													
昭45(70)	360.00	2.39365	357.95	−	357.65	357.40	359.84	③	864.00	③	333.00		83.40	③	98.36	③	69.59
46(71)	308.00	2.55295	315.70	314.75	314.80	314.20	358.50	③	802.56		307.55		78.64	③	95.58	③	63.99
47(72)	308.00	2.34825	302.50	301.10	302.00	301.10	314.84	③	723.03		309.51		81.69	③	95.58	③	63.99
48(73)	308.00	2.32275	281.00	280.00	280.00	253.20	302.75		650.37		281.15		86.18		103.57		61.17
49(74)	308.00	2.34650	301.60	300.94	300.95	272.00	304.40		706.18		303.99		118.05		124.80		73.97
50(75)	308.00	2.02400	306.15	305.15	305.15	284.90	307.00		617.62		300.24		116.46		116.52		69.50
51(76)	308.00	1.70150	293.70	293.00	292.80	286.00	306.25		498.20		290.31		119.68		124.12		71.00
52(77)	308.00	1.91900	241.05	240.00	240.00	238.00	293.05		460.56		219.38		120.48		114.42		51.38
53(78)	234.00	2.04200	195.40	195.10	194.60	175.50	242.50		397.37		164.07		120.31		107.03		45.40
54(79)	206.00	2.21400	241.00	239.90	239.70	194.60	251.80		530.70		205.48		150.28		138.88		57.79
55(80)	242.00	2.39000	204.80	203.60	203.00	202.95	264.00		485.17		169.98		113.57		102.84		46.29
56(81)	210.00	1.91500	221.10	220.25	219.90	198.70	247.40		421.11		185.42		122.94		97.97		39.69
57(82)	233.00	1.61760	236.75	235.30	235.00	217.70	278.50		380.00		191.31		117.06		98.88		32.35
58(83)	237.00	1.45350	233.45	232.00	232.20	227.20	247.80		337.50		186.62		106.57		85.13		29.08
59(84)	231.00	1.15825	252.05	251.58	251.10	220.00	251.70		290.84		189.99		96.48		79.59		27.96
60(85)	254.00	1.44850	201.35	200.60	200.50	199.80	263.65		290.42		143.21		97.58		82.14		26.63
61(86)	185.00	1.48450	161.60	160.10	160.05	152.55	203.30		237.59		115.94		99.41		83.32		23.75
62(87)	151.00	1.88650	124.05	122.00	123.00	121.85	159.20		232.04		94.71		96.91		78.32		21.34
63(88)	127.00	1.81050	127.00	125.90	125.85	120.45	136.80		227.85		105.55		83.96		71.14		20.60
平元(89)	130.00	1.61050	144.55	143.40	143.45	141.85	144.73		231.03		123.81		92.95		84.78		23.13
2 (90)	150.00	1.93350	−	135.40	134.80	129.30	137.10		259.86		115.89		105.74		90.13		24.06
3 (91)	135.00	1.86750	−	125.25	125.20	125.10	142.02		233.81		108.35		92.13		82.50		22.57
4 (92)	130.00	1.51050	−	124.65	124.75	118.60	134.95		188.43		98.15		85.07		76.98		17.63
5 (93)	118.00	1.47750	−	111.89	111.85	100.40	125.95		165.20		84.62		75.17		64.35		13.41
6 (94)	107.00	1.56650	−	99.83	99.74	96.35	113.60		156.24		71.15		76.20		64.37		13.42
7 (95)	93.00	1.55150	−	102.91	102.83	79.75	104.50		159.54		75.37		89.15		71.58		15.49

資料：『大蔵省国際金融局年報』昭和57、63、平成6年版、『国際金融年報』平成8年版、日本銀行『経済統計年報』
注：1．「米英クロスレート」はロイター電。
　　2．①平成2年9月末分から廃止。
　　　②月末の中心相場である。
　　　③昭和48年以前の指定個所は公定相場。その他の裁定相場については、「オーストラリア・ドル」はロ
　　　　ーヨーク市場における実勢を東京インターバンク中心相場で裁定。
　　　④中国銀行の円・元決済レート。

替相場

裁定相場③

フランス・フラン	オランダ・ギルダー	ベルギー・フラン	オーストリア・シリング	デンマーク・クローネ	イタリア・リラ	ノルウェー・クローネ	中国・元④	ポルトガル・エスクード	オーストラリア・ドル	年末
1フランス・フランにつき円	1ギルダーにつき円	100ベルギー・フランにつき円	1オーストリア・シリングにつき円	1デンマーク・クローネにつき円	100リラにつき円	1ノルウェー・クローネにつき円	1元につき円	1エスクードにつき円	1オーストラリア・ドルにつき円	
③ 64.82	③ 99.45	③ 720.00	③ 13.85	③ 48.00	③ 57.60	③ 50.40	—	③ 12.53	③ 403.20	昭45(70)
③ 60.21	③ 94.92	③ 687.26	③ 13.22	③ 44.13	③ 52.97	③ 46.35	—	③ 11.30	③ 366.83	46(71)
③ 60.21	③ 94.92	③ 687.26	③ 13.22	③ 44.13	③ 52.97	③ 46.35	135.84	③ 11.30	③ 392.70	47(72)
59.60	99.19	677.25	14.14	44.59	46.07	48.93	139.45	10.86	③ 416.50	48(73)
67.74	120.46	832.88	17.68	53.46	46.44	57.83	163.38	12.29	399.37	49(74)
68.32	113.73	772.03	16.51	49.51	44.64	54.70	156.09	11.18	383.67	50(75)
59.06	119.14	814.72	17.48	50.58	33.50	56.72	155.72	9.31	319.39	51(76)
51.06	105.88	733.20	15.88	41.54	27.58	46.82	138.36	6.01	275.73	52(77)
46.72	98.71	675.11	14.60	38.23	23.47	38.90	122.98	4.26	224.12	53(78)
59.68	126.09	855.46	19.33	44.54	29.83	48.67	160.71	4.82	265.25	54(79)
44.81	94.86	642.91	14.60	33.75	21.80	39.15	133.43	3.82	240.16	55(80)
38.61	89.39	571.91	14.05	30.04	18.43	37.91	126.41	3.34	248.75	56(81)
34.87	89.61	501.60	14.14	28.09	17.17	32.35	121.86	2.61	230.80	57(82)
27.88	75.91	417.44	12.11	23.61	14.03	30.21	117.39	1.74	209.47	58(83)
26.01	70.48	397.78	11.34	22.26	12.91	27.59	88.81	1.48	207.47	59(84)
26.87	72.99	401.92	11.68	22.55	12.05	26.72	63.05	1.27	136.84	60(85)
25.14	73.76	399.43	11.72	22.00	11.96	21.80	42.46	1.10	106.51	61(86)
23.10	69.61	374.09	11.13	20.32	10.60	19.83	33.22	0.95	88.87	62(87)
20.77	63.07	339.04	10.11	18.40	9.66	19.24	33.56	0.86	107.41	63(88)
24.82	75.13	403.57	12.04	21.90	11.32	21.79	30.42	0.96	113.29	平元(89)
26.50	79.83	436.01	12.80	23.34	11.94	23.01	25.82	1.00	103.82	2(90)
24.15	73.13	400.06	11.70	21.18	10.88	20.95	23.17	0.93	95.10	3(91)
22.57	68.59	375.02	10.95	19.82	8.47	18.01	21.68	0.85	85.95	4(92)
18.90	57.48	308.72	9.17	16.47	6.52	14.87	12.95	0.63	75.95	5(93)
18.69	57.49	313.65	9.13	16.39	6.16	14.75	11.80	0.63	77.32	6(94)
20.96	64.18	348.34	10.17	18.48	6.47	16.21	12.39	0.69	76.38	7(95)

昭和47、50、平成2、9年。

ンドン市場、「スイス・フラン」はチューリッヒ市場、(昭和48年以降はニューヨーク市場)、その他はニュー

15. 国際収支表・(IMFベース:円建・ドル建)
(ドル建)

(単位:百万ドル、%)

	昭45(70)	46(71)	47(72)	48(73)	49(74)	50(75)	51(76)	52(77)	53(78)
1. 経常収支	1,970	5,797	6,624	△136	△4,693	△682	3,680	10,918	16,534
(1) 貿易収支①	3,963	7,787	8,971	3,688	1,436	5,028	9,887	17,311	24,596
輸出	18,969	23,566	28,032	36,264	54,480	54,734	66,026	79,333	95,634
輸入	15,006	15,779	19,061	32,576	53,044	49,706	56,139	62,022	71,038
(2) 貿易外収支②	△1,785	△1,738	△1,883	△3,510	△5,842	△5,354	△5,867	△6,004	△7,387
受取	4,009	4,840	6,238	8,493	12,031	13,498	14,459	16,277	19,619
支払	5,794	6,578	8,121	12,003	17,873	18,852	20,326	22,281	27,006
(3) 移転収支	△208	△252	△464	△314	△287	△356	△340	△389	△675
受取	98	127	138	149	189	197	228	263	298
支払	306	379	602	463	476	553	568	652	973
2. 長期資本収支③	△1,591	△1,082	△4,487	△9,750	△3,881	△272	△984	△3,184	△12,389
資産(本邦資本)	△2,031	△2,231	△5,020	△8,468	△4,063	△3,392	△4,559	△5,247	△14,872
負債(外国資本)	440	1,149	533	△1,282	182	3,120	3,575	2,063	2,483
3. 短期資本収支④⑤	724	2,435	1,966	2,407	1,778	△1,138	111	△648	1,538
4. 誤差脱漏⑥	271	527	638	△2,595	△43	△584	117	657	267
5. 総合収支	1,374	7,677	4,741	△10,074	△6,839	△2,676	2,924	7,743	5,950
6. 金融勘定⑥	1,374	7,677	4,741	△10,074	△6,839	△2,676	2,924	7,743	5,950
(うち外貨準備増減(△))	(903)	(10,836)	(3,130)	(△6,119)	(△1,272)	(△703)	(3,789)	(6,244)	(10,171)

	昭54(79)	55(80)	56(81)	57(82)	58(83)	59(84)	60(85)	61(86)	62(87)
1. 経常収支	△8,754	△10,746	4,770	6,850	20,799	35,003	49,169	85,845	87,015
(1) 貿易収支①	1,845	2,125	19,967	18,079	31,454	44,257	55,986	92,827	96,386
輸出	101,232	126,736	149,522	137,663	145,468	168,290	174,015	205,591	224,605
輸入	99,387	124,611	129,555	119,584	114,014	124,033	118,029	112,764	128,219
(2) 貿易外収支②	△9,472	△11,343	△13,573	△9,848	△9,106	△7,747	△5,165	△4,932	△5,702
受取	25,596	31,499	39,783	41,085	37,587	42,154	45,511	53,700	79,640
支払	35,068	42,842	53,356	50,933	46,693	49,901	50,676	58,632	85,342
(3) 移転収支	△1,127	△1,528	△1,624	△1,381	△1,549	△1,507	△1,652	△2,050	△3,669
受取	365	387	441	465	480	565	424	419	633
支払	1,492	1,915	2,065	1,846	2,029	2,072	2,076	2,469	4,302
2. 長期資本収支③	△12,976	2,324	△9,672	△14,969	△17,700	△49,651	△64,542	△131,461	△136,532
資産(本邦資本)	△16,294	△10,817	△22,809	△27,418	△32,459	△56,775	△81,815	△132,095	△132,830
負債(外国資本)	3,318	13,141	13,137	12,449	14,759	7,124	17,273	634	△3,702
3. 短期資本収支④⑤	2,735	3,141	2,265	△1,579	23	△4,295	△936	△1,609	23,865
4. 誤差脱漏⑥	2,333	△3,115	493	4,727	2,055	3,743	3,991	2,458	△3,893
5. 総合収支	△16,662	△8,396	△2,144	△4,971	5,177	△15,200	△12,318	△44,767	△29,545
6. 金融勘定⑥	△16,662	△8,396	△2,144	△4,971	5,177	△15,200	△12,318	△44,767	△29,545
(うち外貨準備増減(△))	(△12,692)	(△4,905)	(3,171)	(△5,141)	(1,234)	(△1,817)	(197)	(15,729)	(39,240)

	昭63(88)	平元(89)	2(90)	3(91)	4(92)	5(93)	6(94)
1. 経常収支	79,631	57,157	35,761	72,901	117,551	131,448	129,140
(1) 貿易収支①	95,012	76,917	63,528	103,044	132,348	141,514	145,944
輸出	259,765	269,570	280,374	306,557	330,850	351,292	384,176
輸入	164,753	192,653	216,846	203,513	198,502	209,778	238,232
(2) 貿易外収支②	△11,263	△15,526	△22,292	△17,660	△10,112	△3,949	△9,296
受取	111,754	143,854	165,809	188,504	193,913	203,564	215,775
支払	123,017	159,380	188,101	206,164	204,025	207,513	225,071
(3) 移転収支	△4,118	△4,234	△5,475	△12,483	△4,685	△6,117	△7,508
受取	1,097	1,025	1,020	1,213	1,402	1,343	1,481
支払	5,215	5,259	6,495	13,696	6,087	7,460	8,989
2. 長期資本収支③	△130,930	△89,246	△43,586	37,057	△28,459	△78,336	△82,037
資産(本邦資本)	△149,883	△192,118	△120,766	△121,446	△57,962	△73,608	△110,232
負債(外国資本)	18,953	102,872	77,180	158,503	29,503	△4,728	28,195
3. 短期資本収支④⑤	19,521	20,811	21,468	△25,758	△7,039	△14,426	△8,897
4. 誤差脱漏⑥	2,796	△22,008	△20,877	△7,831	△10,451	△260	△17,778
5. 総合収支	△28,982	△33,286	△7,234	76,369	71,602	38,426	20,428
6. 金融勘定⑥	△28,982	△33,286	△7,234	76,369	71,602	38,426	20,428
(うち外貨準備増減(△))	(16,183)	(△12,767)	(△7,842)	(△8,073)	(△295)	(△26,904)	(△27,256)

資料:大蔵省『財政金融統計月報』第186、199、244、255、278、290、521号。

注: 1. 「短期資本収支」の「△」は、資本の流出(資産の増加および負債の減少)を示す。
2. 「金融勘定」の「△」は対外支払ポジションの悪化(資産の減少および負債の増加)を示す。
3. 昭和45年はSDR配分額122百万ドル、46年は同128百万ドル、47年は同160百万ドルをそれぞれ含む。
4. ①昭和54年7月以降委託加工賃、仲介貿易(ネット受取額)を含まない。
②昭和54年7月以降委託加工賃、仲介貿易(ネット受取額)を含む。
③昭和54年以降現先取引を含まない。　④昭和54年以降現先取引を含む。
⑤「金融勘定」に属するものを除く。　⑥昭和54年7月以降外貨準備の評価増減を含まない。

15. 国際収支表・(IMF ベース：円建・ドル建)
(円建)

(単位：億円、%)

	昭45(70)	46(71)	47(72)	48(73)	49(74)	50(75)	51(76)	52(77)	53(78)
1．経常収支	7,052	19,919	19,999	△329	△13,293	△2,005	10,777	28,431	34,845
(1) 貿易収支①	14,190	26,839	27,124	10,028	4,606	14,929	29,178	45,687	51,698
輸出	67,920	81,676	84,880	98,287	159,270	162,489	195,538	212,003	200,035
輸入	53,730	54,837	57,756	88,259	154,664	147,560	166,360	166,316	148,337
(2) 貿易外収支②	△6,392	△6,051	△5,718	△9,513	△17,067	△15,880	△17,391	△16,204	△15,449
受取	14,355	16,781	18,893	23,035	35,201	40,046	42,850	43,608	41,014
支払	20,747	22,832	24,611	32,548	52,268	55,926	60,241	59,812	56,463
(3) 移転収支	△746	△869	△1,407	△844	△832	△1,054	△1,010	△1,052	△1,404
2．長期資本収支③	△5,696	△3,609	△13,573	△26,556	△11,303	△888	△2,837	△8,410	△24,660
資産(本邦資本)	△7,269	△7,738	△15,176	△23,038	△11,909	△10,094	△13,474	△13,870	△30,847
負債(外国資本)	1,573	4,129	1,603	△3,518	606	9,206	10,637	5,460	6,187
3．短期資本収支④⑤	2,594	8,808	5,986	6,515	5,155	△3,329	313	△1,830	3,042
4．誤差脱漏⑥	968	1,971	1,924	△6,817	△142	△1,765	350	1,675	620
5．総合収支	4,918	27,089	14,336	△27,187	△19,583	△7,987	8,603	19,866	13,847

	昭54(79)	55(80)	56(81)	57(82)	58(83)	59(84)	60(85)	61(86)	62(87)
1．経常収支	△19,695	△25,772	11,470	17,746	49,603	83,503	115,176	141,787	125,413
(1) 貿易収支①	3,607	3,458	44,957	45,552	74,903	105,488	131,415	153,410	139,040
輸出	222,790	285,797	330,222	342,463	345,579	399,995	412,319	344,095	323,582
輸入	219,183	282,339	285,265	296,911	270,676	294,507	280,904	190,685	184,542
(2) 貿易外収支②	△20,842	△25,728	△29,924	△24,371	△21,628	△18,431	△12,287	△8,130	△8,351
受取	56,244	71,269	87,921	102,322	89,282	100,199	108,436	90,180	114,587
支払	77,086	96,997	117,845	126,693	110,910	118,630	120,723	98,310	122,938
(3) 移転収支	△2,460	△3,502	△3,563	△3,435	△3,672	△3,554	△3,952	△3,493	△5,276
2．長期資本収支③	△28,313	4,807	△21,862	△36,640	△42,362	△118,696	△152,327	△217,411	△198,184
資産(本邦資本)	△35,494	△24,320	△50,578	△67,901	△77,084	△135,670	△192,736	△220,452	△194,019
負債(外国資本)	7,181	29,127	28,716	31,261	34,900	16,974	40,409	3,041	△4,165
3．短期資本収支④⑤	6,069	6,594	4,547	△3,809	29	△10,097	△1,902	3,135	34,331
4．誤差脱漏⑥	5,204	△7,195	926	11,333	4,909	9,383	9,836	4,897	△4,857
5．総合収支	△36,735	△21,566	△4,919	△11,370	12,357	△35,907	△29,217	△73,862	△43,297

	昭63(88)	平元(89)	2(90)	3(91)	4(92)	5(93)	6(94)
1．経常収支	101,923	78,532	52,026	97,668	149,023	146,127	131,995
(1) 貿易収支①	121,679	105,762	91,512	138,389	167,516	157,025	148,885
輸出	332,800	372,122	404,342	412,102	418,724	389,809	391,710
輸入	211,121	266,359	312,833	273,713	251,208	232,784	242,825
(2) 貿易外収支②	△14,476	△21,430	△31,709	△23,688	△12,582	△4,110	△9,220
受取	143,273	199,006	240,056	253,665	245,890	226,443	220,448
支払	157,749	220,438	271,764	277,353	258,472	230,553	229,669
(3) 移転収支	△5,280	△5,800	△7,774	△17,035	△5,908	△6,787	△7,670
2．長期資本収支③	△168,109	△124,064	△66,395	49,792	△34,859	△85,917	△79,186
資産(本邦資本)	△192,327	△267,323	△176,611	△163,549	△72,806	△80,636	△111,164
負債(外国資本)	24,218	143,259	110,215	213,343	37,949	△5,278	31,976
3．短期資本収支④⑤	25,304	29,651	30,176	△35,138	△9,103	△16,132	△9,045
4．誤差脱漏⑥	3,214	△30,950	△29,761	△10,487	△12,432	318	△17,648
5．総合収支	△37,668	△46,831	△13,952	101,838	92,632	44,395	26,116

資料：日本銀行『国際収支統計月報』各号、大蔵省『財政金融統計月報』第521号。
注：1．円表示額は、ドル表示の国際収支をインターバンク中心相場の月中平均レートで換算したもの。
　　2．平成8年より国際収支統計の作成マニュアルがIMF方式第4版から第5版へ移行したことに伴い、昭和60年までの計数が遡及改訂されたが、本統計においては、長期統計としての連続性を重視し、改訂前の計数を採用した。

16. 対外

(1)

年末	総額	長期資産	民間部門	直接投資	輸出延払	借款	証券投資	その他	政府部門
昭46(71)	32,753	11,270	7,626	1,851	4,950	330	348	147	3,644
47(72)	43,595	16,185	11,404	2,574	5,228	1,472	1,950	180	4,781
48(73)	47,551	24,733	18,806	4,546	6,191	3,969	3,898	202	5,927
49(74)	55,942	28,984	22,242	6,559	6,805	4,641	4,083	154	6,742
50(75)	58,334	32,357	24,522	8,322	6,832	4,984	4,104	280	7,835
51(76)	67,990	36,899	27,786	10,313	7,403	5,384	4,158	528	9,113
52(77)	80,060	42,085	31,177	11,958	8,791	4,322	5,595	511	10,908
53(78)	118,725	63,299	46,467	14,329	10,753	8,785	12,204	396	16,832
54(79)	135,365	83,663	62,141	17,227	10,468	14,938	19,003	505	21,522
55(80)	159,580	87,881	66,504	19,612	9,773	14,839	21,439	841	21,377
56(81)	209,257	117,090	89,269	24,506	13,225	18,944	31,538	1,056	27,821
57(82)	227,688	139,451	110,025	28,969	15,905	23,228	40,070	1,853	29,426
58(83)	271,956	170,905	138,051	32,178	18,110	29,266	56,115	2,382	32,854
59(84)	341,208	229,184	191,946	37,921	22,824	40,601	87,578	3,022	37,238
60(85)	437,701	301,297	264,458	43,974	23,603	46,870	145,748	4,263	36,839
61(86)	727,306	476,136	424,704	58,071	31,992	69,211	257,933	7,497	51,432
62(87)	1,071,631	646,181	565,100	77,022	37,189	97,469	339,677	13,743	81,081
63(88)	1,469,347	832,669	728,168	110,780	48,791	123,663	427,218	17,716	104,501
平元(89)	1,771,003	1,019,218	901,736	154,367	52,866	137,084	533,781	23,638	117,482
2(90)	1,857,862	1,096,085	973,626	201,441	47,138	130,074	563,815	31,158	122,459
3(91)	2,006,521	1,247,847	1,090,059	231,791	47,300	141,239	632,129	37,600	157,788
4(92)	2,035,238	1,315,551	1,132,193	248,058	44,569	143,411	656,491	40,664	183,358
5(93)	2,180,880	1,412,928	1,195,622	259,795	42,077	152,123	696,016	45,611	217,306
6(94)	2,424,231	1,548,571	1,278,501	275,574	42,100	158,287	753,618	48,922	270,070

資料：日本銀行『国際収支統計月報』各号、大蔵省『財政金融統計月報』第508、521号。

資産負債残高
資　産

(単位：百万ドル)

輸出延払	借　款	その他	短期資産	民間部門	金融勘定	その他	政府部門	金融勘定	その他	年　末
175	2,476	993	21,483	6,241	6,020	221	15,242	15,235	7	昭46(71)
184	3,074	1,523	27,410	9,040	8,864	176	18,370	18,365	5	47(72)
270	3,874	1,783	22,818	10,567	10,003	564	12,251	12,246	5	48(73)
328	4,558	1,856	26,958	13,439	13,085	354	13,519	13,518	1	49(74)
330	5,497	2,008	25,977	13,162	12,947	215	12,815	12,815	0	50(75)
330	6,568	2,215	31,091	14,486	14,295	191	16,605	16,604	1	51(76)
330	8,022	2,556	37,975	14,764	14,457	307	23,211	23,212	△ 1	52(77)
429	12,894	3,509	55,426	21,964	21,364	600	33,462	33,463	△ 1	53(78)
575	16,574	4,373	51,702	31,087	29,946	1,141	20,615	20,614	1	54(79)
689	15,507	5,181	71,699	46,047	45,158	889	25,652	25,648	4	55(80)
1,148	19,936	6,737	92,167	62,912	61,074	1,838	29,255	29,252	3	56(81)
1,124	20,436	7,866	88,237	63,927	61,117	2,810	24,310	24,308	2	57(82)
1,165	22,473	9,216	101,051	75,492	72,087	3,405	25,559	25,556	3	58(83)
1,189	24,491	11,558	112,024	84,761	77,562	7,199	27,263	27,261	2	59(84)
1,062	23,293	12,484	136,404	108,753	99,719	9,034	27,651	27,650	1	60(85)
1,423	33,558	16,451	251,170	207,876	194,713	13,163	43,294	43,294	0	61(86)
1,664	43,145	36,272	425,450	343,261	320,171	23,090	82,189	82,175	14	62(87)
1,885	55,570	47,046	636,678	538,802	502,256	36,546	97,876	97,869	7	63(88)
1,750	60,471	55,261	751,785	666,712	627,846	38,866	85,073	85,072	1	平元(89)
1,425	60,927	60,107	761,777	682,068	644,519	37,549	79,709	79,708	1	2(90)
1,468	77,285	79,035	758,674	685,401	640,828	44,573	73,273	73,272	1	3(91)
1,404	88,261	93,693	719,687	646,897	599,888	47,009	72,790	72,789	1	4(92)
1,417	103,608	112,281	767,952	668,261	607,796	60,465	99,691	99,690	1	5(93)
1,423	121,073	147,574	875,660	748,553	670,505	78,048	127,107	127,099	8	6(94)

16. 対外資
(2) 負

年末	総額	長期負債	民間部門	直接投資	輸出延払	借款	証券投資	その他	政府部門	借款
昭46(71)	22,980	9,554	8,121	1,337	97	1,950	3,838	899	1,433	667
47(72)	29,728	13,147	11,683	1,645	141	1,764	7,351	782	1,464	624
48(73)	34,535	10,061	9,025	1,602	130	1,694	4,940	659	1,036	493
49(74)	46,999	9,843	7,991	1,867	124	1,504	3,722	774	1,852	452
50(75)	51,316	13,603	11,886	2,084	98	1,702	6,044	1,958	1,717	414
51(76)	58,416	18,402	15,586	2,208	93	2,075	11,161	49	2,816	379
52(77)	58,080	19,575	16,048	2,229	80	1,758	11,908	73	3,527	341
53(78)	82,511	29,276	22,892	2,841	66	1,921	17,976	88	6,384	306
54(79)	106,588	36,355	27,970	3,422	38	1,815	22,606	89	8,385	268
55(80)	148,046	47,289	34,744	3,270	21	1,623	29,744	86	12,545	225
56(81)	198,339	70,335	49,738	3,915	5	1,478	43,982	358	20,597	178
57(82)	203,006	77,645	53,097	3,998	0	1,325	47,076	698	24,548	149
58(83)	234,697	102,794	76,551	4,364	16	1,320	69,948	903	26,243	124
59(84)	266,862	113,222	83,738	4,458	24	1,266	77,081	909	29,484	103
60(85)	307,880	122,328	91,776	4,743	131	1,211	84,847	844	30,552	84
61(86)	546,955	192,336	152,192	6,514	33	1,199	143,611	835	40,144	66
62(87)	830,887	236,181	178,810	9,018	35	1,101	166,206	2,450	57,371	47
63(88)	1,177,601	311,625	268,431	10,416	23	1,061	254,886	2,045	43,194	26
平元(89)	1,477,788	447,472	405,498	9,160	16	18,895	373,990	3,437	41,974	7
2(90)	1,529,803	464,022	408,084	9,850	4	58,015	334,523	5,692	55,938	—
3(91)	1,623,449	647,402	565,249	12,297	10	99,697	443,821	9,424	82,153	—
4(92)	1,521,619	658,469	578,826	15,511	23	119,679	431,422	12,191	79,643	—
5(93)	1,570,063	711,803	623,535	16,884	11	135,753	456,754	14,133	88,268	—
6(94)	1,735,257	804,204	707,218	19,211	5	139,346	532,305	16,351	96,986	—

資料：日本銀行『国際収支統計月報』各号、大蔵省『財政金融統計月報』第508、521号。
注：「短期負債・民間部門・その他」に現先取引を含む。

産負債残高
債

(単位：百万ドル)

証券投資	その他	短期負債	民間部門	金融勘定	その他	政府部門	金融勘定	その他	年末
235	531	13,426	12,834	7,491	5,343	592	358	234	昭46(71)
217	623	16,581	15,581	8,356	7,225	1,000	726	274	47(72)
204	339	24,474	23,369	13,468	9,901	1,105	708	397	48(73)
183	1,217	37,156	36,008	24,676	11,332	1,148	619	529	49(74)
214	1,089	37,713	36,395	26,418	9,977	1,318	712	606	50(75)
1,434	1,003	40,014	38,339	28,387	9,952	1,675	955	720	51(76)
2,186	1,000	38,505	36,075	26,865	9,210	2,430	1,505	925	52(77)
5,078	1,000	53,235	48,089	36,735	11,354	5,146	3,733	1,413	53(78)
8,117	0	70,233	64,408	50,208	14,200	5,825	3,852	1,973	54(79)
12,320	—	100,757	94,466	77,974	16,492	6,291	3,858	2,433	55(80)
20,419	—	128,004	120,980	100,619	20,361	7,024	3,922	3,102	56(81)
24,399	—	125,361	118,809	100,103	18,706	6,552	3,864	2,688	57(82)
26,119	—	131,903	125,064	107,308	17,756	6,839	3,765	3,074	58(83)
29,381	—	153,640	145,900	130,098	15,802	7,740	3,590	4,150	59(84)
30,468	—	185,552	176,985	160,984	16,001	8,567	4,557	4,010	60(85)
40,078	—	354,619	341,847	322,163	19,684	12,772	7,103	5,669	61(86)
57,324	—	594,706	583,057	530,072	52,985	11,649	3,922	7,727	62(87)
43,168	—	865,976	850,968	765,165	85,803	15,008	5,144	9,864	63(88)
41,967	—	1,030,316	1,004,111	894,679	109,432	26,205	16,957	9,248	平元(89)
55,938	—	1,065,781	1,028,775	898,886	129,889	37,006	28,814	8,192	2(90)
82,153	—	976,047	924,666	803,521	121,145	51,381	42,864	8,517	3(91)
79,643	—	863,150	807,208	684,677	122,531	55,942	46,648	9,294	4(92)
88,268	—	858,260	791,511	659,648	131,863	66,749	55,926	10,823	5(93)
96,986	—	931,053	829,898	678,958	150,940	101,155	89,031	12,124	6(94)

あとがき

　本文でも述べたように、昭和40年代の後半以降、わが国経済は国際環境の様々な変化に直面し、特に第1次オイル・ショックに際しては、経済社会の混乱のなかで急激な成長鈍化を経験した。そのため、その後の不況からの脱出を財政金融政策が主導することとなり、財政面では大量の国債発行が継続されて財政状況を著しく悪化させる結果となった。また、金融面ではその後、わが国における国際化・自由化を求める外圧が強まり、政府としても迅速な対応が必要とされた。まさに、2つのコクサイ化時代が到来したといえる。以後、わが国は国際通貨体制の再建に積極的に参加しつつ、適度の経済成長、国際収支の均衡、物価の安定を図ったが、財政金融政策はこれらの問題ばかりでなく、国民福祉の充実という大きな課題を負うこととなり、政策に不断の変革が求められる情勢となったのである。

　このようにみると、本書で取り上げた昭和47年度から平成2年度までの約20年間は、オイル・ショックからの脱却、新たに生じた国際経済摩擦の解消、プラザ合意後の円高不況の克服など、国際化の過程でわが国の財政金融政策が、安定成長を確固たるものにしようと懸命に模索した時代であったと考えられる。「安定成長期」にありながらも決して平坦ではなかった財政金融の政策運営について要約した本書は、財務総合政策研究所の発足20周年を機に、同研究所の情報システム部によって刊行が企画されたものであり、財務省における財政史研究の成果が生かされている。

　ところで、財務総合政策研究所が財政金融研究所の名称で大蔵省内に誕生したのは、昭和60年5月1日のことであった。同月開催されたボン・サミットの共同宣言が重要な伏線となって9月22日にはプラザ合意が成立し、その後は国際化の新たな幕が開けられた。このような「安定成長期」の後期を特徴づける大きな出来事の最中に、研究所は中長期の展望に立った政策運営のあり方を探

求するための活動を開始したのである。爾来20年を経た今日、経済の国際化・自由化の加速、少子高齢化の進展など経済社会が急速に変貌しており、歴史の教訓を踏まえつつ将来未来を見据え政策作りに役立つ研究を進めるという姿勢が、いよいよ強く求められている。いつの日にかまた、1990年代以降を対象とする財政金融政策史が編まれることと思うが、平成バブルの崩壊や長期の景気停滞などわが国経済が稀有の困難に遭遇したタイム・スパンに対して、どのようなタイトルが掲げられ、どのような視点から財政金融政策の検証が行われるか、楽しみは尽きない。

　最後になったが、本書の刊行に当たっては、日本経済評論社の栗原哲也社長からあらゆるご配慮を頂戴しており、この場をお借りし厚くお礼を申しあげたい。

　　平成18年3月

　　　　　　　　　　　　　　　　　　財務省財務総合政策研究所
　　　　　　　　　　　　　　　　　総括主任研究官　寺井　順一

人名索引

ア行

愛知揆一　101, 105
安倍晋太郎　297
稲山嘉寛　197
ヴィッテベーン（Hendrikus Johannes Witteveen）　117
牛場信彦　118, 209
江崎真澄　197
大来佐武郎　218, 310
大場智満　199, 200, 201, 288
大平正芳　25, 29, 37, 39, 51, 64, 117, 138, 143, 166

カ行

海部俊樹　237
カーター（James Carter）　105, 108, 117
金子一平　64, 143
カムドシュ（Michel Jean Camdessus）　285
キッシンジャー（Henry Alfred Kissinger）　104
倉成正　129
河野通一　177
ゴルバチョフ（Mikhail Sergeyevich Gorbachev）　285

サ行

佐々木直　177
サッチャー（Margaret Hilda Thatcher）　6, 191
佐藤栄作　20
ジスカールデスタン（Valéry Giscard d'Estaing）　105, 127
シュミット（Helmut Schmidt）　105, 108
シュルツ（George Pratt Shultz）　105, 297
ジョーンズ（James Jones）　196
鈴木善幸　138, 147, 148

ス行（続）

ストラウス（Robert S. Strauss）　118, 209
スプリンケル（Beryl Wayne Sprinkel）　200, 287
澄田智　293
ソロモン（Ezra Solomon）　171, 199

タ行

竹下登　30, 65, 143, 149, 199, 201, 203, 224, 233, 288, 292
田中角栄　20, 21, 32, 37, 58, 59
ダーマン（Richard Gordon Darman）　287
土光敏夫　138, 231

ナ行

中曽根康弘　139, 149, 167, 171, 199, 200, 217, 227, 229, 246, 254, 287, 290, 292, 298
ニクソン（Richard Milhous Nixon）　3, 19, 57, 66, 99, 110, 114
西村英一　26

ハ行

バーグステン（C. Fred Bergsten）　116
橋本龍太郎　238
原健三郎　224, 249
福田赳夫　25, 36, 37, 62, 64, 117, 119, 129
福田一　25, 138
ブッシュ（George Herbert Walker Bush）　237
ブラント（Willy Brandt）　193
ブレイディ（Nicholas Frederick Brady）　286
ベーカー（James A. Baker）　285, 287, 288, 290, 291
坊秀男　62, 74
細見卓　101, 299
保利茂　37
ボルカー（Paul Adolph Volcker）　101, 270
ボルドリッジ（Malcolm Baldridge）　196

マ行

前川春雄　218, 256, 290, 298
マクナマラ（Robert Strange McNamara）　193
マクナマル（R. T. McNamar）　199
松川道哉　117
マルフォード（David C. Mulford）　201, 288
三木武夫　25, 37, 128
ミッテラン（Francois Mitterrand）　192
宮澤喜一　217, 229, 284, 286, 291
森永貞一郎　117, 177

モルガン（Lee Laverne Morgan）　199

ヤ行

ヨウ（Edwin H. Yeo）　117

ラ行

リーガン（Donald Thomas Regan）　199, 200, 203, 287
レーガン（Ronald Wilson Reagan）　6, 142, 171, 190, 198, 199, 215, 287, 288, 290, 292

ワ行

渡辺美智雄　147, 149

事項索引

ア行

IMF（国際通貨基金）　104, 285
IMF オイル・ファシリティ　104
IMF 拡大構造調整ファシリティー（ESAF）　286
IMF 拡大信用供与措置（EFF）　286
IMF 協定第 2 次改正（昭和53年条約第 4 号）　107
IMF 構造調整ファシリティ（SAF）　286
IMF 国際通貨制度に関する総務会暫定委員会　106
IMF の多角的サーベイランス　192
IMF 輸出変動・偶発補償融資制度（CCFF）　286
IMF 輸出変動保障措置（CFF）　286
愛知＝ボルカー会談　101
青色事業主特別経費準備金制度　58
青色申告控除　58
ASEAN（東南アジア諸国連合）　283
新しい金融制度について（金融制度調査会答申）　278, 281
新しい金融制度について（金融制度調査会第二委員会第 1 次中間報告）　279
新しい金融制度について（金融制度調査会第一委員会第 2 次中間報告）　281
新しい時代に対応するための生命保険事業のあり方（保険審議会答申）　275, 276, 278
新しい時代を迎えた損害保険事業のあり方（保険審議会答申）　275, 277
安倍＝シュルツ会談　297
アルシュ・サミット　284
安定成長下の財政運営に関する中間報告（財政制度審議会報告）　39, 41
EC 外相委員会　197
一次産品共通基金（CF）　127
一般歳出　154
一般消費税　57, 62, 63, 65, 147, 166
稲山ミッション　197
イラン政変（イスラム革命）　28, 108
インターナショナル・ブローキング　294
インパクト・ローン　206
ウイリアムズバーグ・サミット　192, 287
ウイリアムズバーグ宣言　192, 283, 313
ウェルナー報告　100
牛場＝ストラウス会談（日米通商交渉）　118
牛場＝ストラウス共同発表　209
売上税　229, 247, 248, 255
売上税導入問題　217
江崎ミッション　197
SDR（特別引出権）　107, 292
NTT 株式（の売却）　226, 230, 233, 253
NTT 株式売却資金による無利子貸付制度　250, 253
円切上げ回避策　113, 123
円借款　309
円対策 8 項目（総合的対外経済政策、昭和46年）　114
円高不況　6, 11, 216, 223, 230, 251, 257, 289
円高メリット　6
円建外債　123, 305
円建外債発行の全面開放　142
円建シンジケート・ローン　205
円建対外貸付の自由化　143
円建 BA 市場の創設　262, 299
円転規制（直物外国為替持高規制）　115
円転換規制の撤廃　142, 203
円の国際化　299
円の国際化について（外国為替等審議会答申）　202, 299, 300
（緊急）円防衛策　113, 116
円安批判　113, 116
OAPEC（アラブ石油輸出国機構）　21, 103
オイル・ショック（第 1 次）　3, 10, 20, 24, 27, 33, 35, 49, 59, 66, 70, 103, 109, 111, 115, 120, 131, 132
オイル・ショック（第 2 次）　5, 10, 28, 71, 108, 110, 122, 137, 140, 159, 194, 196
オイル・ダラー　116
オイル・マネー　103

欧州復興開発銀行　285
OECD（経済協力開発機構）　104,107
OECD 金融支援協定　104
OECD 貿易委員会　126
大型間接税　140
大来レポート（対外経済問題諮問委員会報告書）　218,296,310
大口融資規制　71,176
大蔵省資金運用部　55,163,251,255
大阪証券取引所　273
ODA（政府開発援助）　128,208,308
ODA 第1次中期目標　128,209
ODA 第2次中期目標　209
ODA 第4次中期目標　308
大場＝マルフォード会談　201
大場＝マルフォード非公式会談　288
沖縄振興対策　31
沖縄返還　20
沖縄返還協定（昭和47年条約第2号）　20
オタワ・サミット　191
オフショア・バンキング調査団　299
OPEC（石油輸出国機構）　21

カ行

「外―外」外債　115
海外直接投資　14
外貨集中制の廃止　115,119
外貨準備　110,195,294
外貨建中長期対外貸付　205
外国為替及び外国貿易管理法（昭和24年法律第228号）　119
外国為替及び外国貿易管理法の一部を改正する法律（新外為法、昭和54年法律第65号）　120,175
外国為替資金特別会計　21
外国為替等審議会　201,300
外国銀行の信託業務参入　204,259,305
外国金融機関の市場アクセス問題　244
外国証券会社の本邦進出　305
外国保険事業者に関する法律（外事法、昭和24年法律第184号）　274
概算要求基準（シーリング）　226,228,233,234,236
概算要求枠（シーリング）　36,41,46,144,146,147,148,153

外資に関する法律（昭和25年法律第163号）　119
介入スタディについての声明　192
外務員制度　98,188
価格変動準備金の廃止　65
額面割当増資　85
貸金業の規制等に関する法律（昭和58年法律第32号）　183
過剰流動性（ブーム）　21,82,103,132
ガット（関税と貿易に関する一般協定）　311,312
ガット・ウルグアイ・ラウンド　313
ガット・ケネディ・ラウンド　130
ガット・東京ラウンド　130,209
ガット・パネル　312
合併・転換法（昭和43年法律第86号）　178,265
株価指数オプション取引　273
株価指数先物取引　273
寡婦控除　58
株先50　273
株式時価発行の増加問題　85
株式保有の法人化・機関化　83
株主構成の変化と資本市場のあり方について（証券取引審議会報告）　84
借換債の弾力的発行　240
借換債の前倒し発行　239,240
簡易課税制度　249
関税率審議会　130
関税割当制度　311,312
完全無担保転換社債　86
（日独）機関車論　5,43,45,107
機関投資家　307
起債会　85
基準・認証制度の改善　311
逆介入（ドル買介入）　290
キャピタルゲイン課税　165,246
CAMEL 法　269
行革関連特例法（昭和56年法律第93号）　147,228,235,238
行財政改革に関する当面の基本方針（昭和56年閣議決定）　147
業際問題　83
行政改革に関する第1次答申　139,147,165
行政改革に関する第3次答申－基本答申－

事項索引 369

139, 148, 232
行政改革に関する第5次答申－最終答申－ 139
行政改革本部 26
協調介入 256, 288, 289, 292, 294
狂乱物価 24, 70
居住者外貨貸制度 114, 116
居住者外貨預金（勘定） 119, 206
居住者ユーロ円債（の発行解禁） 142, 303
緊急経済対策（昭和62年度） 218, 229, 298
緊急土地対策（要綱） 222, 249
キングストン合意 106
銀行規制監督委員会（クック委員会） 222, 260
銀行行政の自由化・弾力化措置 171, 175, 180, 269
銀行検査 80, 181, 269
銀行の海外証券業務への参入 208
「銀証分離」政策 208
金融緩和政策 6, 10, 26, 70, 137, 173, 217, 218, 223, 258
金融機関の公共債ディーリング 83, 175, 176, 241
金融機関の国債窓口販売（国債窓販） 83, 162, 175, 176, 241
金融機関引受国債の売却制限緩和 72
金融機関保有債券の評価損問題 159
金融先物市場 264
金融先物取引法（昭和63年法律第77号） 264, 300
金融・資本市場の自由化問題 142
金融自由化の現状と今後のあり方（金融制度調査会第1次中間報告） 183
金融自由化の進展とその環境整備（金融制度調査会小委員会報告） 260
金融制度改革関連法（平成4年法律第87号） 278, 281
金融制度調査会 79, 82, 171, 174, 175, 177, 183, 260, 265, 300
金融制度調査会金融制度第一委員会 279
金融制度調査会金融制度第二委員会 279
金融制度調査会今後の金融のあり方に関する小委員会 183
金融制度調査会制度問題研究会 265, 278
金融制度調査会制度問題専門委員会 281

金融の国際化の現状と今後の対応（金融制度調査会第2次中間報告） 260
金融の自由化及び円の国際化についての現状と展望 171, 173, 184, 201
金融の分野における官業の在り方に関する懇談会（郵貯懇） 169, 182
金融引締政策 5, 10, 24, 70, 72, 159, 174, 258
金融問題研究会 74
勤労者財産形成制度の上限額の引上げ 71
グリーン・カード（少額貯蓄等利用者カード）制度 163, 182, 247
黒字減らし8項目（昭和52年） 118
経営諸比率指導 77, 180, 269
景気の二面性 215
経済安定化措置 70
経済構造調整推進本部 218
経済構造調整推進要綱 218, 298
経済社会基本計画 60
経済社会の構造変化に対応した保険事業のあり方について（保険審議会答申） 188
経済審議会 153
経済対策閣僚会議 43, 67, 117, 118, 129, 197, 199, 210, 256
決算指導 90
決算調整資金 44
決算調整資金に関する法律（昭和53年法律第4号） 45
現先取引 57
建設公債（建設国債、4条公債） 8, 31, 40, 51, 53, 72, 148, 154, 155, 160, 230, 233, 236
建設公債の流動化 160
公共事業の施行促進 20, 26, 45
公共事業の抑制 22, 29
公債依存度（国債依存度） 8, 26, 37, 41, 46, 48, 49, 55, 140, 143, 146, 148, 150, 153, 155, 236
公債に関する諸問題及び歳出の節減合理化に関する報告 144
交際費課税の強化 62, 65
厚生年金の国庫負担繰延べ措置の延長 228
拘束性預金（歩積・両建） 79
公定歩合 10, 20, 22, 24, 26, 29, 33, 40, 49, 53, 55, 70, 72, 105, 137, 158, 173, 174, 217, 218, 221, 240, 243, 258, 259, 290, 293
交付税及び譲与税配付金特別会計 68
交付税及び譲与税配付金特別会計による資金運

用部借入れ（の停止） 40, 152
コール・レート 73
国債価格変動引当金制度 53
国債借換問題懇談会 156, 160, 240
国債管理政策研究会 54
国際協調のための経済構造調整研究会 256
国際経済協力会議（CIEC） 127
国債市場の整備等について 244
国債整理基金特別会計 159, 226
国債整理基金特別会計法（明治39年法律第6号） 156
国債整理基金特別会計法改正（昭和60年法律第83号） 240
国際通貨改革概要 102, 106
国際通貨制度改革に関する報告書（G10） 288
国際通貨制度の改革に関する報告書（IMF理事会） 102
国際通貨面での約束に関する声明 192
国債の完全入札発行 241
国債の現金償還 159
国債の公募入札発行 53, 55, 241, 242, 243
国債の資金運用部引受発行 49, 52, 53, 55, 66, 68, 155, 157, 163, 168, 241, 242, 251
国債の市中消化 155, 168, 239
国債のシンジケート団引受発行 49, 52, 53, 55, 157
国債の大規模償還 242
国債の大量発行（時代） 25, 29, 51, 52, 85
国債の売却自粛措置の撤廃 54
国債の部分的入札発行 244
国債の郵便貯金引受 243
国債の流動化 52, 85, 161
国債発行等懇談会 51, 55, 157
国債費 10, 46, 144, 226
国債引受シンジケート団（引受シ団、シ団） 85, 160, 161
国債費定率繰入れの停止 149, 155, 156, 228
国鉄財政再建対策（昭和48年閣議了解） 232
国土利用計画法改正（昭和62年法律第47号） 221
国民生活安定緊急措置法（昭和48年法律第121号） 24
国民生活審議会 96
5項目対策（「当面の国債管理政策について」） 157, 159, 161
固定相場制 3, 70
コマーシャル・ペーパー（CP） 264
今後における行政改革の具体的方策について（行政改革大綱、昭和57年閣議決定） 139, 232
今後の開発協力の推進について（対外経済協力審議会答申） 128
今後の関税政策のあり方について（関税率審議会答申） 130
今後の税制のあり方についての答申（昭和52年中間答申） 63
今後の税制のあり方についての答申（昭和58年中間答申） 165, 167
今後の損害保険事業のあり方について（保険審議会答申） 188
今後の望ましい公社債市場の在り方（証券取引審議会報告書） 85
今後の保険事業のあり方について（保険審議会答申） 96, 98, 99

サ行

財形住宅貯蓄非課税制度 248
財形貯蓄非課税制度 248
歳出百科 146
財政運営に必要な財源の確保を図るための特別措置に関する法律（昭和56年法律第39号） 253
財政危機キャンペーン 63
財政再建予算 226
財政再建元年度予算 140, 145
財政再建に関する決議 64, 145, 167
財政再建目標（特例公債依存脱却目標） 29, 46, 54, 140, 152, 223, 234, 235, 239, 242
財政執行の繰延（抑制） 22, 37
財政収支試算 43, 46, 52, 63
財政制度審議会 31, 37, 39, 44, 46, 52, 61, 144, 148, 150, 153, 157, 238
財政体質を改善するために税制上とるべき方策についての答申（昭和55年中間答申） 146, 164
財政投融資（計画） 8, 66, 168, 229, 251
財政投融資計画の原資難 168, 251
財政投融資資金の自主運用 255
財政の中期展望（中期財政展望） 146, 152, 230, 234, 238

事項索引

財政非常事態宣言　148,155
財政法（昭和22年法律第34号）　40,45
財テク　257
歳入欠陥問題（一般会計の税収不足問題）　38,51
サウジアラビア金融局（SAMA）　116
サマー・レビュー　140,143,145
サラ金（サラリーマン金融）　183
三角大福戦争　25
産業投資特別会計　226,230,252,253
産業投資特別会計法改正（昭和60年法律第85号）　252
三局指導　208
3K問題　144,150,232
暫定予算　33,37,229
三人委員会　176,177
CD（譲渡性預金）　79,175
G5　6,105,287,288,290,294
G5代理会合　288,290
G6　291
G7　192,284,290,293,294
G10　288
C20（国際通貨制度改革に関する20ヵ国委員会）　102,106
G20　106
JR株式の売却　233
Jカーブ効果　219
JT株式の売却　226,253
時価発行増資　85
事業債起債調整の廃止　85
事業主報酬制度　58
資金運用部資金　69,169
資金運用部資金法の一部を改正する法律（昭和62年法律第2号）　255
資金運用部の市中国債買入　55
資金運用部の市中国債売却　55
自己資本比率規制　222
自己資本比率規制の国際統一に関する合意（バーゼル合意）　222,260
市場開放・輸入アクセス改善のためのアクション・プログラム　202,218,296,310,312
市場開放対策（第1次）　196
市場開放対策（第2次）　197,210
市場開放対策（第3次）　198
市場開放問題苦情処理推進本部（OTO）　197,210
市場金利連動型預金（MMC）の導入　262
市場重視型分野別協議（MOSS協議）　297
実需原則の撤廃　142,203,294
質的融資規制　71
資本自由化（対内直接投資の自由化）　124
社会保険診療報酬課税制度の特例（医師優遇税制）の見直し　58,60,62,65
社債発行限度暫定措置法（昭和52年法律第49号）　86
社債発行市場のあり方について（証券取引審議会報告）　272
社債発行の有担保原則　86
ジャパン・プレミアム　116,121
自由金利大口定期預金の創設　264
15ヵ月予算　44
自由民主党税制調査会（党税調）　58,61,64
出資の受入れ、預り金及び金利等の取締りに関する法律の一部を改正する法律（昭和58年法律第33号）　183
ジュネーブ議定書　131
準備預金制度　264
少額貯蓄非課税制度（マル優制度）の上限額の引上げ　71
少額貯蓄非課税制度（マル優制度）の撤廃　217,224,247,248,255
証券会社の銀行業務への参入　208
証券業協会連合会　90
証券検査　91,187
証券取引審議会　84,85,273,281,300
証券取引審議会証券先物特別部会　273
証券取引に係る基本的制度の在り方について（証券取引審議会報告）　281
証券取引法（昭和23年法律第25号）　88
証券取引法改正（昭和56年法律第62号）　162
証券取引法改正（昭和60年法律第71号）　272
証券取引法改正（昭和63年法律第75号）　264,272,300
消費税　223,235,248
消費税導入問題　224
消費税法の一部を改正する法律（平成3年法律第73号）　224
商法改正（昭和56年法律第74号）　208
昭和59年度の財政運営に必要な財源の確保を図

るための特別措置等に関する法律（昭和59年法律第52号）　161
昭和57年度における国債整理基金に充てるべき資金の繰入れの特例に関する法律（昭和58年法律第1号）　157
昭和50年度の公債の発行の特例に関する法律（昭和50年法律第89号）　40, 51
昭和40年度における財政処理の特別措置に関する法律（昭和41年法律第4号）　57
ジョーンズ報告（第3次）　196
食糧管理制度　150
食糧管理特別会計の赤字補填　150
所得税法の一部を改正する法律（昭和55年法律第8号）　164
審議会行政　93
新行政改革大綱（昭和58年閣議決定）　139
新銀行法（昭和56年法律第59号）　71, 162, 171, 174, 175, 176, 181
新経済社会7ヵ年計画の基本構想　29, 46, 140, 153
新経済政策　19, 99
新国際経済秩序（NIEO）　127
新債務戦略　284
シンジケート・ローン　121
新市場開放対策　210
新ノンマリン代理店制度　189
新前川レポート（構造調整の指針－経済審議会経済構造調整特別部会報告）　218, 298
スーパー301条　282, 297, 298
スタグフレーション　5, 38, 70
スネーク・イン・ザ・トンネル　100
スミソニアン会議　19
スミソニアン協定（スミソニアン国際通貨体制）　16, 20, 99, 101, 114
生活関連物資の関税引下げ　132
税制調査会（政府税制調査会）　57, 58, 59, 60, 61, 63, 65, 146, 163, 164, 165, 167, 245
税制調査会第二部会　246
税制調査会第三部会　246
税制の抜本的見直しについての答申（昭和61年）　246
税制問題等調査特別委員会　250
政府開発援助の抜本的改善について（対外経済協力審議会意見書）　129
政府保証債　168

政府・与党経済構造調整推進本部　298
政府・与党対外経済対策推進本部　311
生命保険会社の国債窓口販売　241
石炭並びに石油及び石油代替エネルギー対策特別会計　132
石油緊急対策要綱　35
石油需給適正化法（昭和48年法律第122号）　24
石油税　132
石油戦略　103
石油臨時特別税　245
ゼロ・シーリング　8, 139, 147
1980年代の経済社会の展望と指針　141, 153, 226
全国青色申告会　58
選別融資　24, 71
専門金融機関制度のあり方について（金融制度調査会制度問題研究会報告）　279
総合経済対策（昭和52年）　67, 117
総合経済対策（昭和53年）　27, 45, 118
総合経済対策（昭和55年）　137
総合経済対策（昭和57年）　137
総合経済対策（昭和58年）　153, 168, 198, 199, 203, 210
総合経済対策（昭和61年）　228
総合保養地域整備法（リゾート法，昭和62年法律第71号）　254
相互銀行の普通銀行転換　178, 265
総ざらいの増税　154, 164
総需要抑制政策　24, 27, 35, 37, 50, 66
増税なき財政再建　139, 140, 147, 148, 154, 165, 167, 227
総量規制　11, 222, 259
租税特別措置の見直し（改正）　60, 61, 65, 167
ソロモン・レポート　171
損害保険料率算定会　93

タ行

ターゲット・ゾーン（目標相場圏）構想　192, 288
ダーティー・フロート論　107, 116
対外貸付（現地貸付）　120
対外貸付の融資総枠制限の撤廃　205
対外経済関係調整法（昭和47年法律第125号）

事項索引 373

114
対外経済協力審議会 128
対外経済緊急対策 31
対外経済対策（昭和56年） 142, 210
対外経済対策（昭和59年） 198, 310
対外経済対策（昭和60年） 310
対外経済対策の推進について（昭和52年） 117
対外経済問題関係閣僚会議 218
対外経済問題諮問委員会 218
対外資産 110, 195, 294
対外証券投資 307
対外直接投資 124, 308
第3次円対策5項目（昭和47年） 32, 114, 130
第三分野 278
大数の法則 92
第2次円対策7項目（昭和47年） 114
対日輸入監視制度 197
ダイミョウ債 305
第4次中東戦争 21, 103
第4次防衛力整備計画（昭和47年閣議決定） 31, 32
ダイレクト・ディーリング 294
多角的貿易交渉（MTN） 130
竹下＝ベーカー会談 288
竹下＝リーガン共同新聞発表 199, 203
竹下＝レーガン会談 292
タックスヘイブン税制 247
田中金脈問題 25
たばこ消費税 247
WTO（世界貿易機関） 313
WTOを設立するマラケッシュ協定（平成6年条約第15号） 313
為銀主義 120
単一欧州議定書 282
短資規制の強化 118
短資規制の撤廃 116
地価変動の監視区域制度 221
地方交付税交付金 40, 144, 149, 152, 156
地方交付税法等の一部を改正する法律（昭和59年法律第37号） 152
地方債依存度 152
地方財政対策 155, 226
地方債の引受 169

中期国債 53
中期防衛力整備計画（中期防）（昭和60年閣議決定） 227
中期（2年定期）預金の創設 71
中小企業金融専門機関等のあり方と制度の改正について（金融制度調査会答申） 177
超過累進準備率の導入 264
長期税制のあり方についての答申 57, 63
通達行政 93
「強いドル」政策 6
ディスクロージャー 176, 305
店舗行政 76, 179, 187, 267
転換社債 270
統一的輸出信用政策にかかるコンセンサス 126
東京オフショア市場（JOM） 299
東京外貨建外債（ショーグン債） 305
東京金融先物取引所 300
東京サミット（1979年） 109
東京サミット（1986年） 284, 290
東京証券取引所（会員権取得問題） 204, 273
東京宣言 130
東京ドル・コール市場 119
東京ラウンド合意 310
投資ジャーナル・グループ事件 273
当面の緊急対策について（昭和48年） 35
当面の経済情勢と経済運営について（昭和56年） 137
当面の経済情勢とその対策について（昭和51年） 43
当面の経済対策（内需拡大・黒字減らし7項目、昭和53年） 118
当面の国債借換問題についての基本的考え方 160
当面の国債借換問題について 240
当面の地価等土地対策に関する答申 221
特定中小企業者事業転換対策臨時措置法（昭和61年法律第4号） 216
特別償却制度 250
特別土地保有税 59
特例公債（特例国債、赤字国債） 7, 8, 25, 31, 40, 41, 48, 51, 53, 55, 61, 63, 72, 140, 148, 149, 153, 155, 160, 227, 229, 230, 233, 235, 236, 238, 243
特例公債の借換 160

特例公債法の借換禁止規定の廃止　239
土地譲渡所得の特別控除の改正　250
土地譲渡所得の分離課税制度　58
特恵関税制度　132
トリレンマ克服予算　34
ドル高是正　216, 244, 294
ドル防衛策　108, 119, 196
ドロール報告書　282
トロント・サミット　284
トロント・スキーム　284

ナ行

「内－外」外債　115
内需拡大（政策）　6, 11, 46, 70, 168, 174, 227, 233, 251, 256, 289
内需拡大に関する対策（昭和60年10月）　218, 256
内需拡大に関する対策（昭和60年12月）　218
中曽根＝レーガン会談　199, 290, 292
7項目対策（経済対策閣僚会議決定）　67
7項目対策（「当面の国債管理政策について」）　55
南北サミット（協力と開発に関する国際会議）　193
NIES（新興工業国）　283
ニクソン・ショック（ドル・ショック）　3, 10, 19, 31, 57, 66, 99, 110
日米円ドル委員会（日米共同円ドルレート、金融・資本市場問題特別会合）　142, 171, 184, 198, 204, 299, 300, 305
日米円ドル委員会作業部会　200
日米円ドル委員会フォローアップ会合　202, 244
日米円ドル委員会報告書　142, 171, 173, 201, 259, 273, 304
日米協調利下げ　290
日米金融市場ワーキング・グループ　202
日米経済摩擦（貿易摩擦）　196, 282, 297, 310
日米賢人会議レポート　211
日米構造協議（SII）　172, 298
日米パリ会合　288
日米半導体協定（昭和61年外務省告示第365号）　297
日本開発銀行　253
日本銀行団の年　122

日本銀行の国債買いオペレーション　52, 54, 56, 85, 159
日本国有鉄道の分割民営化　148, 229, 231
日本国有鉄道経営再建促進特別措置法（昭和55年法律第111号）　232
日本国有鉄道再建監理委員会　232
日本国有鉄道清算事業団　233
日本国有鉄道清算事業団法（昭和61年法律第90号）　233
日本専売公社（の民営化）　148, 226, 247, 253
日本電信電話株式会社の株式の売払収入の活用による社会資本の整備の促進に関する特別措置法（昭和62年法律第86号）　250
日本電信電話株式会社の株式の売払収入の活用による社会資本の整備の促進に関する特別措置法の実施のための関係法律の整備に関する法律（昭和62年法律第87号）　253
日本電信電話公社（の民営化）　148, 226, 253
日本輸出入銀行　114, 253
日本輸出入銀行緊急輸入外貨貸付制度　118
日本列島改造計画　20, 21, 32
年金福祉事業団　255
納税者番号制度　164
延払輸出金融（サプライヤーズ・クレジット）　125
乗換え　160, 163
ノンペーパー　288

ハ行

配偶者特別控除（の創設）　246, 247
バブル経済　7, 11, 93, 220, 221, 236, 257, 270
バブル崩壊　7, 8, 258
バランスシート調整　7
非課税貯蓄制度の適正化　247
非関税障壁の撤廃　131, 311
非居住者ユーロ円債の自由化　303
ビナイン・ネグレクト政策　108
ヒューストン・サミット　284
ファイル・アンド・ユース制度　189
福祉元年　21, 33
福田ドクトリン（「我が国の東南アジア政策」）　129
不公平税制の見直し（是正）　65, 163
不正商品協定　133
普通銀行のあり方（金融制度調査会答申）

事項索引　375

82, 175
物価対策閣僚協議会　22
物価調整減税　60, 62
物価問題関係閣僚会議　29
プラザ合意　6, 11, 16, 105, 215, 227, 228, 256, 257, 287, 288, 295
ブラック・マンデー　6, 11, 220, 222, 258, 270, 292, 295, 307
ブレイディ債　287
ブレイディ提案　286
フレーム試算　140, 143
ブレトンウッズ国際通貨体制　19
プンタ・デル・エステ宣言　313
分類資産　82
平成景気　221, 236, 252
平成不況　236, 238
ベーカー構想（ベーカー・イニシアティブ）　285
ベーカー提案　290
ベネチア・サミット（1980年）　191
ベネチア・サミット（1987年）　284, 292
ベルサイユ・サミット　192
変動相場制（フロート制）　5, 16, 19, 31, 100, 111
防衛関係費対GNP比1％枠　227
貿易黒字問題　34
貿易の技術的障害に関する協定（スタンダード・コード、昭和55年条約第11号）　311
貿易摩擦（国際経済摩擦）　141, 143, 209
法人税貸倒引当金法定繰入率の引下げ　65, 247
法人臨時特別税　245
ホーム・メイド・インフレ　72
保険業法（昭和14年法律第41号）　93
保険審議会　93, 96, 188
母子福祉年金の給付額引上げ　37
補助貨幣回収準備金の取崩し　168
補助金等の整理合理化　226
補正予算　32, 35, 37, 40, 43, 46, 48, 148, 149, 153, 227, 229, 234, 235
細見私案（東京IBF構想）　299
ボン・サミット（1978年）　45, 108, 118
ボン・サミット（1985年）　216, 283, 313
本省監理会社　88
本邦銀行の海外進出　120, 306

本邦証券会社の海外進出　306

マ行

マイナス・シーリング　147, 148, 153, 169, 227, 233
前川レポート（国際協調のための経済構造調整研究会報告書）　218, 256, 290, 298
窓口指導　10, 22, 29, 137
マニラ宣言　127
マネーサプライ　14, 70, 258
宮澤提案（宮澤構想）　284, 286
宮澤＝ベーカー会談　291
宮澤＝ベーカー共同声明　291
民間外債の発行（停止）　115, 122, 207
民間事業者の能力の活用による特定施設の整備の促進に関する臨時措置法（民活法、昭和61年法律第77号）　254
無担保公募社債　86
メキシコ債務危機　206
メニュー・アプローチ　285
戻し税　62
モルガン・ペーパー　199

ヤ行

USTR（米国通商交渉特別代表部）　282
有価証券譲渡益課税（の強化）　65, 165
有価証券に係る投資顧問業の規制等に関する法律（昭和61年法律第74号）　273
郵便局の国際窓口販売　255
郵便貯金金利の引下げ　174
郵便貯金特別会計　255
郵便貯金特別会計金融自由化対策資金　242, 255
郵便貯金の少額貯蓄利子非課税制度　170, 242, 248, 255
郵便貯金非課税制度改定に際しての政府・与党合意　255
郵便貯金問題に関する関係三大臣合意　170
ユーロ円貸付　203, 303
ユーロ円債　123, 204
ユーロ円CD　204, 304
ユーロ円CP　304
ユーロドル・ワラント債　307
輸出前受規制　115
輸入価格動向調査　27

輸入数量制限制度（IQ） 311
輸入促進措置 118
要監視会社制度 91
預金金利の自由化 175, 261
預金準備率の引上げ 10, 22, 24, 29, 72
預金準備率の引下げ 137
預金保険制度 264
予算編成方針 31, 37, 168
預託金利法定制の廃止 254
預託金利の逆転現象 254

ラ行

ラーメン減税 165
ランブイエ・サミット（1975年） 106, 107, 131
リクルート事件 224, 250
利子・配当所得課税の総合課税 162
利子・配当所得の一律源泉分離課税制度 247, 248
利子・配当所得の源泉分離選択課税制度 163
利子・配当所得の税率引上げ 62
旅客鉄道会社及び日本貨物鉄道会社に関する法律（昭和61年法律第88号） 232
臨時行政改革推進審議会（行革審、新行革審） 139, 153, 221, 233, 249
臨時行政改革推進審議会土地対策検討委員会（土地臨調） 222
臨時行政調査会（第2次臨調、土光臨調） 8, 138, 140, 147, 148, 154, 165, 167, 231
臨時地方特例交付金 40
臨時特別公債 238, 245
累積債務問題 192, 285
ルーブル合意 219, 284, 291, 293
レーガノミクス 6, 190
レファレンス・レンジ 291
老人・母子家庭等に対する利子非課税制度 242, 247, 248
老年者扶養控除の創設 58
老齢福祉年金の給付額引上げ 37
ロクイチ国債 159
60年償還ルール 159, 161
ロッキード事件 25
ロンドン経済宣言 192
ロンドン・サミット（1977年） 108
ロンドン・サミット（1984年） 192

ワ行

わが国経済協力の推進について（対外経済協力審議会答申） 308
我が国の経済協力の基本方針 209
ワシントン合意 126
ワラント債（新株引受権付社債） 208, 270
湾岸危機 224, 236
湾岸戦争 224, 236, 245
湾岸地域における平和回復活動を支援するため平成2年度において緊急に講ずべき財政上の措置に必要な財源の確保に係る臨時措置に関する法律（平成3年法律第2号） 245
湾岸平和基金 237, 239

【執筆者略歴】(50音順)

浅井良夫（あさい・よしお）

1949年生まれ。一橋大学大学院経済学研究科博士課程単位取得退学（経済学博士）。

現在、成城大学経済学部教授。

主な業績 『戦後改革と民主主義－経済復興から高度成長へ－』（吉川弘文館、2001年）、『昭和財政史－昭和49～63年度』第7巻「国際金融・対外関係事項・関税行政」（共著、東洋経済新報社、2004年）ほか。

伊藤　修（いとう・おさむ）

1956年生まれ。東京大学大学院経済学研究科博士課程単位取得退学（経済学博士）。

現在、埼玉大学経済学部教授。

主な業績 『日本型金融の歴史的構造』（東京大学出版会、1995年）、『昭和財政史－昭和49～63年度』第6巻「金融」（共著、東洋経済新報社、2003年）ほか。

寺井順一（てらい・じゅんいち）

1954年生まれ。早稲田大学第一文学部卒業。

現在、財務省財務総合政策研究所総括主任研究官。

主な業績 『昭和財政史－昭和49～63年度』第3巻「特別会計・政府関係機関・国有財産」（共著、東洋経済新報社、2002年）、『苦悩の蔵相たち－止められなかった戦争』（霞出版社、2004年）ほか。

安定成長期の財政金融政策——オイル・ショックからバブルまで——

2006年3月6日	第1刷発行	定価（本体5400円＋税）	

編　者　財務省財務総合政策研究所編

発行者　栗　原　哲　也

発行所　株式会社　日本経済評論社

〒101-0051　東京都千代田区神田神保町3-2
電話　03-3230-1661　FAX　03-3265-2993
E-mail: nikkeihy@js7.so-net.ne.jp
URL: http://www.nikkeihyo.co.jp/
印刷＊藤原印刷・製本＊美行製本
装幀＊渡辺美知子

乱丁落丁本はお取替えいたします．　　Printed in Japan
© ZAIMUSHO Zaimusougouseisakukenkyusyo, 2006
ISBN4-8188-1826-7

・本書の複製権・譲渡権・公衆送信権（送信可能化権を含む）は㈱日本経済評論社が保有します．

・JCLS 〈㈱日本著作出版権管理システム委託出版物〉
本書の無断複写は著作権法上での例外を除き禁じられています．複写される場合は，そのつど事前に，㈱日本著作出版権管理システム（電話03-3817-5670，FAX03-3815-8199、e-mail: info@jcls.co.jp）の許諾を得てください．

金融危機と革新
― 歴史から現代へ ―

伊藤正直・靎見誠良・浅井良夫編著

A5判　四二〇〇円

金融危機をめぐる制度と政策と市場の交錯を、国際比較の視点も含みつつ歴史的に検討し、危機の克服とシステム革新がどのように図られてきたかを提示。

政府資金と地方債

加藤三郎著

A5判　四二〇〇円

政府資金による地方公共団体融資のシステムの形成過程を明らかにして、わが国の政府資金にかんする考え方の深層を分析。戦前・戦後にわたって地方還元の実態を解明する。

決済システムと銀行・中央銀行
― 歴史と現状 ―

吉田暁著

A5判　六二〇〇円

決済システムは基本的に預金振替のシステムであり、これを通じて預金はマネーとなるという認識の下に、電子マネー、金融の不安定性から、当面の金融政策に至る論点を提起。

アジア通貨危機とIMF

荒巻健二著

A5判　三八〇〇円

アジア危機の原因は各国の構造問題にあったのか、それともグローバル化した金融市場の不安定性の現われだったのか。IMF、米国と日本の対応の違いを検証する。

最終決済なき国際通貨制度
―「通貨の商品化」と変動為替相場制の帰結―

平勝廣著

A5判　四二〇〇円

変動相場制への移行とそのもとでの金融のグローバル化は「通貨の商品化」をもたらし、通貨を根本的に変質させた。最終決済なき国際通貨制度と市場経済のゆくえはどうなる？

（価格は税抜）

日本経済評論社